南宋川陕边防行政运行体制研究

何玉红 著

杭州市社会科学院 编

南宋及南宋都城临安研究系列丛书

博士文库

浙江文化研究工程项目（23WH18-3Z）
浙江省哲学社会科学重点研究基地成果

浙江省文化研究工程指导委员会

主　　任	易炼红			
副 主 任	黄建发	刘　捷	彭佳学	陈奕君
	刘小涛	王　纲	胡　伟	任少波
成　　员	胡庆国	朱卫江	陈　重	来颖杰
	盛世豪	徐明华	孟　刚	毛宏芳
	尹学群	吴伟斌	褚子育	张　燕
	俞世裕	郭华巍	鲍洪俊	高世名
	蔡袁强	郑孟状	陈　浩	陈　伟
	盛阅春	朱重烈	高　屹	何中伟
	李跃旗	胡海峰		

《南宋及南宋都城临安研究系列丛书》编辑委员会

主　　　编　王国平

执 行 主 编　章　琪　何忠礼

执行副主编（以姓氏笔画为序）

　　　　　　　朱学路　孙　璐　杨　毅　张旭东
　　　　　　　范立舟　周小忠　徐吉军

编撰办公室工作人员（以姓氏笔画为序）

　　　　　　　尹晓宁　李　辉　魏　峰

浙江文化研究工程成果文库总序

[签名]

  有人将文化比作一条来自老祖宗而又流向未来的河,这是说文化的传统,通过纵向传承和横向传递,生生不息地影响和引领着人们的生存与发展;有人说文化是人类的思想、智慧、信仰、情感和生活的载体、方式和方法,这是将文化作为人们代代相传的生活方式的整体。我们说,文化为群体生活提供规范、方式与环境,文化通过传承为社会进步发挥基础作用,文化会促进或制约经济乃至整个社会的发展。文化的力量,已经深深熔铸在民族的生命力、创造力和凝聚力之中。

  在人类文化演化的进程中,各种文化都在其内部生成众多的元素、层次与类型,由此决定了文化的多样性与复杂性。

  中国文化的博大精深,来源于其内部生成的多姿多彩;中国文化的历久弥新,取决于其变迁过程中各种元素、层次、类型在内容和结构上通过碰撞、解构、融合而产生的革故鼎新的强大动力。

  中国土地广袤、疆域辽阔,不同区域间因自然环境、经济环境、社会环境等诸多方面的差异,建构了不同的区域文化。区域文化如同百川归海,共同汇聚成中国文化的大传统,这种大传统如同春风化雨,渗透于各种区域文化之中。在这个过程中,区域文化如同清溪山泉潺潺不息,在中国文化的共同价值取向下,以自己的独特个性支撑着、引领着本地经济社会的发展。

  从区域文化入手,对一地文化的历史与现状展开全面、系统、扎实、有序的研究,一方面可以藉此梳理和弘扬当地的历史传统和文化资源,繁荣和丰富当代的先进文化建设活动,规划和指导未来的文化发展蓝图,增强文化软实力,为全面建设小康社会、加快推进社会主义现代化提供思想保证、精神动力、智力支持和舆论力量;另一方面,这也是深入了解中国文化、研究中国文化、发展中国文化、创新中国文化的重要途径之一。如今,区域文化研究日益受到各地重视,成为我国文化研究走向深入的一个重要标志。我们今天实施浙江文化研究工程,其目的和意义也在于此。

千百年来,浙江人民积淀和传承了一个底蕴深厚的文化传统。这种文化传统的独特性,正在于它令人惊叹的富于创造力的智慧和力量。

浙江文化中富于创造力的基因,早早地出现在其历史的源头。在浙江新石器时代最为著名的跨湖桥、河姆渡、马家浜和良渚的考古文化中,浙江先民们都以不同凡响的作为,在中华民族的文明之源留下了创造和进步的印记。

浙江人民在与时俱进的历史轨迹上一路走来,秉承富于创造力的文化传统,这深深地融汇在一代代浙江人民的血液中,体现在浙江人民的行为上,也在浙江历史上众多杰出人物身上得到充分展示。从大禹的因势利导、敬业治水,到勾践的卧薪尝胆、励精图治;从钱氏的保境安民、纳土归宋,到胡则的为官一任、造福一方;从岳飞、于谦的精忠报国、清白一生,到方孝孺、张苍水的刚正不阿、以身殉国;从沈括的博学多识、精研深究,到竺可桢的科学救国、求是一生;无论是陈亮、叶适的经世致用,还是黄宗羲的工商皆本;无论是王充、王阳明的批判、自觉,还是龚自珍、蔡元培的开明、开放,等等,都展示了浙江深厚的文化底蕴,凝聚了浙江人民求真务实的创造精神。

代代相传的文化创造的作为和精神,从观念、态度、行为方式和价值取向上,孕育、形成和发展了渊源有自的浙江地域文化传统和与时俱进的浙江文化精神,她滋育着浙江的生命力、催生着浙江的凝聚力、激发着浙江的创造力、培植着浙江的竞争力,激励着浙江人民永不自满、永不停息,在各个不同的历史时期不断地超越自我、创业奋进。

悠久深厚、意韵丰富的浙江文化传统,是历史赐予我们的宝贵财富,也是我们开拓未来的丰富资源和不竭动力。党的十六大以来推进浙江新发展的实践，使我们越来越深刻地认识到，与国家实施改革开放大政方针相伴随的浙江经济社会持续快速健康发展的深层原因，就在于浙江深厚的文化底蕴和文化传统与当今时代精神的有机结合，就在于发展先进生产力与发展先进文化的有机结合。今后一个时期浙江能否在全面建设小康社会、加快社会主义现代化建设进程中继续走在前列，很大程度上取决于我们对文化力量的深刻认识、对发展先进文化的高度自觉和对加快建设文化大省的工作力度。我们应该看到，文化的力量最终可以转化为物质的力量，文化的软实力最终可以转化为经济的硬实力。文化要素是综合竞争力的核心要素，文化资源是经济社会发展的重要资源，文化素质是领导者和劳动者的首要素质。因此，研究浙江文化的历史与现状，增强文化软实力，为浙江的现代化建设服务，是浙江人民的共同事业，也是浙江各级党委、政府的重要使命和责任。

2005年7月召开的中共浙江省委十一届八次全会，作出《关于加快建设文化大省的决定》，提出要从增强先进文化凝聚力、解放和发展生产力、增强社会公共服务能力入手，大力实施文明素质工程、文化精品工程、文化研究工程、文化保护工程、文化产业促进工程、文化阵地工程、文化传播工程、文化人才工程等"八项工程"，实施科教兴国和人才强国战略，加快建设教育、科技、卫生、体育等"四个强省"。作为文化建设"八项工程"之一的文化研究工程，其任务就是系统研究浙江文化的历史成就和当代发展，深入挖掘浙江文化底蕴、研究浙江现象、总结浙江经验、指导浙江未来的发展。

浙江文化研究工程将重点研究"今、古、人、文"四个方面，即围绕浙江当代发展问题研究、浙江历史文化专题研究、浙江名人研究、浙江历史文献整理四大板块，开展系统研究，出版系列丛书。在研究内容上，深入挖掘浙江文化底蕴，系统梳理和分析浙江历史文化的内部结构、变化规律和地域特色，坚持和发展浙江精神；研究浙江文化与其他地域文化的异同，厘清浙江文化在中国文化中的地位和相互影响的关系；围绕浙江生动的当代实践，深入解读浙江现象，总结浙江经验，指导浙江发展。在研究力量上，通过课题组织、出版资助、重点研究基地建设、加强省内外大院名校合作、整合各地各部门力量等途径,形成上下联动、学界互动的整体合力。在成果运用上,注重研究成果的学术价值和应用价值,充分发挥其认识世界、传承文明、创新理论、咨政育人、服务社会的重要作用。

我们希望通过实施浙江文化研究工程,努力用浙江历史教育浙江人民、用浙江文化熏陶浙江人民、用浙江精神鼓舞浙江人民、用浙江经验引领浙江人民,进一步激发浙江人民的无穷智慧和伟大创造能力,推动浙江实现又快又好发展。

今天,我们踏着来自历史的河流,受着一方百姓的期许,理应负起使命,至诚奉献,让我们的文化绵延不绝,让我们的创造生生不息。

2006 年 5 月 30 日于杭州

序　言

徐规

　　靖康之变，北宋灭亡。建炎元年(1127)五月初一日，宋徽宗第九子、钦宗之弟赵构在应天府(河南商丘)即帝位，重建宋政权。不久，宋高宗在金兵的追击下一路南逃，最终在杭州站稳了脚跟，并将此地称为行在所，成为实际上的南宋都城。

　　南宋自立国起，到最终为元朝灭亡(1279)，国祚长达一百五十三年之久。对于南宋社会，历来评价甚低，以为它国力至弱，君臣腐败，偏安一隅，一无作为。但是近代以来，一些具有远见卓识的史学家却有不同看法，如著名史学大师陈寅恪先生在二十世纪四十年代初指出：

　　　　华夏民族之文化，历数千载之演进，造极于赵宋之世。①

著名宋史专家邓广铭先生更认为：

　　　　宋代是我国封建社会发展的最高阶段，两宋期内的物质文明和精神文明所达到的高度，在中国整个封建社会历史时期之内，可以说是空

---

① 陈寅恪：《金明馆丛稿二编》，生活·读书·新知三联书店2001年出版。

前绝后的。①

很显然,对宋代的这种高度评价,无论是陈寅恪还是邓广铭先生,都没有将南宋社会排斥在外。我以为,一些人所以对南宋贬抑至深,在很大程度上是出于对患有"恐金病"的宋高宗和权相秦桧一伙倒行逆施的义愤,同时从南宋对金人和蒙元步步妥协,国土日朘月削,直至灭亡的历史中,似乎也看到了它的懦弱和不振。当然,缺乏对南宋史的深入研究,恐怕也是其中的一个原因。

众所周知,南宋历史悠久,国土虽只及北宋的五分之三,但人口少说也有五千万左右,经济之繁荣,文化之辉煌,人才之众多,政权之稳定,是历史上任何一个偏安政权所不能比拟的。因此,对南宋社会的认识,不仅要看到它的统治集团,更要看到它的广大人民群众;不仅要看到它的军事力量,更要看到它的经济、文化和科学技术等各个方面,看到它的人心之所向。特别是由于南宋的建立,才使汉唐以来的中华文明在这里得到较好的传承和发展,不至于产生大的倒退。对于这一点,人们更加不应该忽视。

北宋灭亡以后,由于在淮河、秦岭以南存在着南宋政权,才出现了北方人口的大量南移,再一次给中国南方带来了充足的劳动力、先进的技术和丰富的生产经验,从而推动了南宋农业、手工业、商业和海外贸易的显著的进步。

与此同时,南宋又是中国古代文化最为光辉灿烂的时期。它具体表现为:

一是理学的形成和儒学各派的互争雄长。

南宋时候,程朱理学最终形成,出现了以朱熹为代表的主流派道学,以胡安国、胡宏、张栻为代表的湖湘学,以谯定、李焘、李石为代表的蜀学,以陆九渊为代表的心学。此外,浙东事功学派也在尖锐复杂的民族矛盾和阶级矛盾的形势下崛起,他们中有以陈傅良、叶适为代表的永嘉学派,以陈亮、唐

---

① 邓广铭:《关于宋史研究的几个问题》,载《社会科学战线》1986年第2期。

仲友为代表的永康学派,以吕祖谦为代表的金华学派。理宗朝以前,各学派之间互争雄长,呈现出一派欣欣向荣的景象。

二是学校教育的大发展,推动了文化的普及。

南宋学校教育分中央官学、地方官学、书院和私塾村校,它们在南宋都获得了较大发展。如南宋嘉泰二年(1202),仅参加中央太学补试的士人就达三万七千余人,约为北宋熙宁初的二百五十倍。① 州县学在北宋虽多次获得倡导,但只有到南宋才真正得以普及。两宋共有书院三百九十七所,其中南宋占三百十所,②比北宋的三倍还多,著名的白鹿洞、象山、丽泽等书院,都是各派学者讲学的重要场所。为了适应科举的需要,私塾村校更是遍及城乡。学校教育的大发展,有力地推动了南宋文化的普及,不仅应举的读书人较北宋为多,就是一般识字的人,其比例之大也达到了有史以来的高峰。

三是史学的空前繁荣。

通观整个南宋,除了权相秦桧执政时期,总的说来,文禁不密,士大夫熟识政治和本朝故事,对国家和民族有很强的责任感,不少人希望借助于史学研究,总结历史上的经验和教训,以供统治集团作为参考。另一方面,南宋重视文治,读书应举的人比以前任何时候都多,对史书的需要量极大,许多人通过著书立说来宣扬自己的政治主张,许多人将刻书卖书作为谋生的手段。这样就推动了南宋史学的空前繁荣,流传下来的史学著作,尤其是本朝史,大大超过了北宋一代,南宋史家辈出,他们治史态度之严肃,考辨之详赡,一直为后人所称道。四川、两浙东路、江南西路和福建路都是重要的史学中心。四川以李焘、李心传、王称等人为代表。浙东以陈傅良、王应麟、黄震、胡三省等人为代表。江南西路以徐梦莘、洪皓、洪迈、吴曾等人为代表,福建路以郑樵、陈均、熊克、袁枢等人为代表。他们既为后世留下了宝贵的史料,也创立了新的史学体例,史书中反映的爱国思想也对后世史家产生了

---

① 徐松辑:《宋会要辑稿》崇儒一之三九,中华书局1987年影印本。
② 参见曹松叶《宋元明清书院概况》,载《中山大学语言历史研究所周刊》第十集,第111-115期,1929年12月至1930年出版。

重大影响。

四是公私藏书十分丰富。

南宋官方十分重视书籍的搜访整理,重建具有国家图书馆性质的秘书省,规模之宏大,藏书之丰富,远远超过以前各个朝代。私家藏书更是随着雕板印刷业的进步和重文精神的倡导而获得了空前发展。两宋时期,藏书数千卷且事迹可考的藏书家达到五百余人,生活于南宋的藏书家有近三百人,①又以浙江为最盛,其中最大的藏书家有郑樵、陆宰、叶梦得、晁公武、陈振孙、尤袤、周密等人,他们藏书的数量多达数万卷至十数万卷,有的甚至可与秘府、三馆等相匹敌。

五是文学、艺术的繁荣。

南宋是中国古代文学、艺术繁荣昌盛的时代。词是两宋最具代表性的文学形式,据唐圭璋先生所辑《全宋词》统计,在所收作家籍贯和时代可考的八百七十三人中,北宋二百二十七人,占百分之二十六;南宋六百四十六人,占百分之七十四,李清照、辛弃疾、陆游、姜夔、刘克庄等都是南宋杰出词家。宋诗的地位虽不及唐代,但南宋诗就其数量和作者来说,却大大超过了北宋。由北方南移的诗人曾几、陈与义;有"中兴四大诗人"之称的陆游、杨万里、范成大、尤袤;有同为永嘉(浙江温州)人的徐照、徐玑、翁卷、赵师秀;有作为江湖派代表的戴复古、刘克庄;有南宋灭亡后作"遗民诗"的代表文天祥、谢翱、方凤、林景熙、汪元量、谢枋得等人。此外,南宋的绘画、书法、雕塑、音乐舞蹈以及戏曲等,都在中国文化史上占有一定的地位。

在日常生活中,南宋的民俗风情,宗教思想,乃至衣、食、住、行等方面,对今天的中国也有着深刻影响。

南宋亦是我国古代科学技术发展史上最为辉煌的时期,正如英国学者李约瑟所说:"对于科技史家来说,唐代不如宋代那样有意义,这两个朝代的气氛是不同的。唐代是人文主义的,而宋代较着重科学技术方面……每当

---

① 参见《中国藏书通史》第五编第三章《宋代士大夫的私家藏书》,宁波出版社2001年出版。

人们在中国的文献中查找一种具体的科技史料时,往往会发现它的焦点在宋代,不管在应用科学方面或纯粹科学方面都是如此。"①此话当然一点不假,不过如果将南宋与北宋相比较,李约瑟上面所说的话,恐怕用在南宋会更加恰当一些。

首先,中国四大发明中的三大发明,即指南针、火药和印刷术而言,在南宋都获得了比北宋更大的进步和更广泛的应用。别的暂且不说,仅就将指南针应用于航海上,并制成为罗盘针使用这一点来看,它就为中国由陆上国家向海洋国家的转变创造了技术上的条件,意义十分巨大。再如,对人类文明有重大贡献的活字印刷术虽然发明于北宋,但这项技术的成熟与正式运用却是在南宋。其次,在农业、数学、医药、纺织、制瓷、造船、冶金、造纸、酿酒、地学、水利、天文历法、军器制造等方面的技术水平都比过去有很大进步。可以这样说:在西方自然科学东传之前,南宋的科学技术在很大程度上代表了中国封建社会科学技术的最高水平。

南宋军事力量虽然弱小,但军民的斗争意志却异常强大。公元1234年,金朝为宋蒙联军灭亡以后,宋蒙战争随即展开。蒙古铁骑是当时世界上最为强大的军队,它通过短短的二十余年时间,就灭亡了西夏和金,在此前后又发动三次大规模的西征,横扫了中亚、西亚和俄罗斯等大片土地,前锋一直打到中欧的多瑙河流域。但面对如此劲敌,南宋竟顽强地抵抗了四十五年之久,这不能不说是世界战争史上的一个奇迹。从中涌现出了大量可歌可泣的英雄人物,反映了南宋军民不畏强暴的大无畏战斗精神,他们与前期的岳飞精神一样,成为中华民族宝贵的精神财富。

古人有言:"以古为镜,可以知兴替。"近人有言:"古为今用,推陈出新。"前者是说,认真研究历史,可为后人提供历史上的经验和教训,以少犯错误;后者是说,应该吸取历史上一切有益的东西,通过去粗取精、改造、发展,以造福人民,总之,认真研究历史,有利于加强精神文明的建设,也有利于将我国建设成为一个和谐的、幸福的社会。我觉得南宋可供我们借鉴反

---

① 《中国科学技术史·导论》中译本,科学出版社、上海古籍出版社1990年出版。

思和保护利用的东西实为不少。

以前,南宋史研究与北宋史研究相比,显得比较薄弱,但随着杭州市社会科学院主持的50卷《南宋史研究丛书》编撰出版工作的基本完成,这一情况发生了一些令人欣喜的改变。但历史研究没有穷尽,关于南宋和南宋都城临安的研究,尚有许多问题值得进一步探讨,也还有一些空白需要填补。近日,欣闻杭州市社会科学院南宋史研究中心拟进一步深化和扩大南宋史研究,同时出版"博士文库",加强对南宋史研究后备人才的培养,对杭州凤凰山皇城遗址综保工程,也正从学术上予以充分配合和参与,此外还正在点校和整理部分南宋史的重要典籍。组织编撰《南宋及南宋都城临安研究系列丛书》,对于开展以上一系列的研究,我认为很有意义。我相信,在汲取编撰《南宋史研究丛书》成功经验的基础上,新的系列丛书一定会进一步推动我国南宋史研究的深入开展,对杭州乃至全国的精神文明建设都有莫大的贡献,故乐为之序。

2010年11月于杭州市道古桥寓所

目　录

浙江文化研究工程成果文库总序 …………………… 习近平（1）

序　言 …………………………………………………… 徐　规（1）

导　言 ……………………………………………………………（1）
　　一、问题的提出 ………………………………………………（1）
　　二、研究史回顾 ………………………………………………（6）
　　三、视角的转换与问题的深化 ……………………………（11）

第一章　南宋川陕战区的战略地位与军事戍防体系 ………（14）
　　第一节　整体防御视野下南宋川陕战区的战略地位 ……（14）
　　　　一、"天下者,常山蛇势也" ………………………………（15）
　　　　二、"号令中原,必基于此" ………………………………（19）
　　　　三、"无蜀是无东南也" ……………………………………（20）
　　第二节　南宋川陕军事戍防体系 ……………………………（25）
　　　　一、屯驻重心：兴州、金州、兴元府 ………………………（25）
　　　　二、外部屏障：关外诸州 …………………………………（29）
　　　　三、战略据点：关隘与堡寨 ………………………………（32）

第二章　中央与地方之间：南宋川陕宣抚处置司的运行 ……（42）
　　第一节　时变与应对：川陕宣抚处置司设置缘起 …………（42）

一、两宋之际川陕战略地位的凸显 …………………………（43）
　　二、两宋之际川陕地方行政运行的弊端与困境 ……………（48）
　　三、两宋之际整合地方力量和加强地方权力的呼声与实践 ……（55）
　第二节　"便宜行事"与中央集权：川陕宣抚处置司的运行 ………（63）
　　一、宣抚处置司"便宜"之权的使用 …………………………（65）
　　二、中央对宣抚处置司"便宜"之权的制约 …………………（71）
　　三、从"便宜"之权的运作看中央与地方关系 ………………（78）
　第三节　地方武力与中央权威：曲端之死的背后 ………………（85）
　　一、曲端之死评价的症结 ……………………………………（86）
　　二、以曲端为代表的川陕地方武力 …………………………（89）
　　三、宣抚处置司与川陕地方武力的冲突 ……………………（96）
　　四、曲端死后的川陕地方武力及中央的对策 ……………（102）

第三章　兴州地域集团与南宋川陕边防 …………………………（109）
　第一节　南宋兴州地域集团的形成与表现 ………………………（111）
　　一、武将世代统兵及其权力膨胀 …………………………（111）
　　二、兴州军事实力强大 ……………………………………（117）
　　三、兵源的固定化与本土化趋势 …………………………（123）
　　四、军队屯驻地的固定 ……………………………………（133）
　　五、武将及军队在地方的影响力 …………………………（137）
　　六、武将知州 ………………………………………………（145）
　第二节　南宋中央对兴州地域集团的防范 ………………………（152）
　　一、兴州地域集团的出现与宋朝治国之策的矛盾 ………（153）
　　二、以文驭武 ………………………………………………（160）
　　三、征调西兵 ………………………………………………（172）
　　四、从三都统制到四都统制 ………………………………（181）
　　五、兵民分离 ………………………………………………（188）
　　六、兵将分离 ………………………………………………（196）

七、利州路分合 ·· (200)

第四章　南宋川陕边防财政运营 ··································· (210)
第一节　南宋川陕边防财政管理 ··································· (210)
一、川陕边防财政管理机构设置 ······························ (210)
二、四川总领所的职能 ·· (212)
第二节　南宋川陕边防财政运营中的权力博弈 ···················· (220)
一、赵开、李迨与吴玠的冲突 ································ (221)
二、王之望与武将的关系 ····································· (235)
三、总领对吴挺的制约 ·· (243)
四、四川总领所的运行与吴曦之变 ···························· (247)

第五章　南宋川陕边防后勤保障 ··································· (262)
第一节　南宋川陕边防后勤保障体系 ······························ (262)
一、军费消耗与筹集 ·· (262)
二、军粮消耗与筹集 ·· (277)
三、军粮籴买与转运 ·· (288)
四、屯田与水利建设 ·· (299)
五、兵器及战马等保障 ·· (308)
第二节　战争与物资供应对南宋川陕社会的影响 ·················· (318)
一、关外诸州的凋敝 ·· (318)
二、汉中的衰落 ··· (321)
三、四川赋役加重 ·· (327)

结　语 ·· (330)
一、祖宗家法：变通与坚守之间 ······························ (332)
二、中央与地方关系：削弱地方权力与加强边防的困境 ········ (333)

主要参考文献 ·· (336)
后　记 ·· (350)
再版后记 ··· (354)

导　言

一、问题的提出

近些年来,区域研究方兴未艾,日益成为学术界关注的重要领域,中国文化的地域差异问题备受学者的重视。对中国这样一个地域辽阔、区域特色明显的研究对象而言,学者认为,"通常把'中国'作为单一实体来对待的尝试,正在为详细研究所揭示的诸多情况所减弱,区别于外部世界的'中国文化的差异性',虽仍在打动旅行者的心,但这一陈旧观念却正被中国国内所发现的各种亚文化群体所打破"。因此,"面对这个国家的规模和地理差异、地方社会组织的不同以及不同领域内发展的不平衡,要努力找到整个变革动态的单一进程或关键,难免要失败"①。这意味着,如果没有对具有独特个性的区域进行深入研究,直接影响到对整个中国社会和中国历史的全面认识。因此,学术界倡导在探索中国社会内部变化与结构时,应注重从区域特色入手,即"把中国按'横向'分解为区域、省、州、县与城市,以展开区域性与地方历史的研究"②。在史学界,以区域史为研究对象的论著不断涌现,尤其在经济史领域,不同历史时期的区域经济史著作日渐增多。在宋代历史研究中,关注区域差异和以区域史为研究对象的论著也相继出版,取得

---

① （美）费正清、费维恺:《剑桥中华民国史》下卷,中国社会科学出版社1993年版,第2—7页。
② （美）柯文著,林同奇译:《在中国发现历史——中国中心观在美国的兴起》(增订本),"译者代序",中华书局2002年版,第8页。

了一些重要成果,如程民生《宋代地域经济》①、程民生《宋代地域文化》②、贾大泉《宋代四川经济述论》③、林文勋《宋代四川商品经济史研究》④、龙登高《宋代东南市场研究》⑤、陈国灿《宋代江南城市研究》⑥、杨果《宋代两湖平原地理研究》⑦等。国外宋代区域史研究中,日本斯波义信《宋代江南经济史研究》⑧与美国学者的相关研究成果最为突出⑨。

  区域史研究是历史研究的重要内容,同样是历史研究的重要方法。在区域史研究中,以中央与地方关系为主线,通过区域历史的探讨,可以达到对整体史的认识。这成为探讨中央与地方关系的一个独特视角,也是深化区域史研究的重要途径。对此,学术界呼吁,"将区域研究放入更为广阔的历史进程——通过考察特殊来折射一般以加深对历史的理解",因为"一种宏观性的历史视角",将能够"展示一幅更为广阔的地域性图画"⑩,体现出区域研究的方法论效应。就宋史研究而言,台湾学者黄宽重先生三十年前在《海峡两岸宋史研究动向》一文中,就呼吁开展宋代中央与地方关系的研究⑪;并针对宋史研究重北宋轻南宋的状况,认为中央与地方关系研究是南宋史研究中有待深入的议题,是讨论南宋政权性质时不可忽视的一面⑫。在南宋地方军与民间自卫武力的研究中,黄先生以其独特的观察视角与研究方法为宋代中央与地方关系研究探索出了一条新的思考路径⑬。那么,

---

  ① 河南大学出版社 1992 年版。
  ② 河南大学出版社 1997 年版。
  ③ 四川省社会科学院出版社 1985 年版。
  ④ 云南大学出版社 1994 年版。
  ⑤ 同上。
  ⑥ 中华书局 2002 年版。
  ⑦ 湖北人民出版社 2001 年版。
  ⑧ 方健、何忠礼译,江苏人民出版社 2000 年版。
  ⑨ (比)魏希德撰,刘成国、李梅编译:《美国宋史研究的新趋向:地方宗教与政治文化》,载《中国史研究动态》2011 年第 3 期。
  ⑩ 陈君静:《近三十年来美国的中国地方史研究》,载《史学史研究》2002 年第 1 期。
  ⑪ 载《历史研究》1993 年第 3 期。
  ⑫ 黄宽重:《南宋史研究与教学的几个议题》,载黄宽重《宋史丛论》,台北新文丰出版公司 1993 年版。
  ⑬ 黄宽重:《南宋地方武力:地方军与民间自卫武力的探讨》,台北东大图书公司 2002 年版。

在宋代这样一个中央集权发达的历史时期,能否选取一个区域,并通过该区域的历史演进探讨中央与地方关系的互动?这是本文的主旨所在。

本文选取南宋时期具有重要战略地位和诸多地域特色的川陕战区为研究对象,力图在中央与地方关系的视野下,将川陕战区置于南宋历史发展的进程中,突破就"川陕"论"川陕"的局限,由对川陕战区政治演进的探讨进而深化对南宋历史的认识。

本文所言川陕战区,其地理范围大致相当于今陕西省南部、四川省北部、甘肃省南部三省交叉地带,也即以今汉中盆地为中心及其周边地区,大致与南宋利州路相当。绍兴十一年(1141)和议,宋金东以淮河为界,西以大散关为界。因此,这一地区北与金朝临洮路、凤翔路、京兆府路为界,西与吐蕃为界,东与南宋京西南路为界,南面自西向东与南宋成都府路、潼川府路、夔州路为界。由于战争等原因,川陕战区的四至并非一成不变,在南宋不同历史时期,其地理范围有较大延伸。如在富平之战前,其包括北宋时期的陕西五路。绍兴八年(1138)金朝将陕西、河南之地归于南宋,陕西五路同样属于本文所述"川陕"的范围。而且在探讨诸如四川总领所等制度时,为了说明制度的演变趋势,地理范围更大。因此,本文只确定大体的地理范围,以区别于严格历史地理学意义上的方位界定。故只使用"川陕"一词而未使用"利州路"等概念。且南宋时期,这一地带处于宋金、宋蒙对峙的前沿,其军事国防功能尤为突出,防御外敌成为这一地区最重要的职能,几乎该地区乃至整个四川的政治、经济、民生等都与此密切相关。因此本文不以"南宋川陕地区研究"、"南宋川陕政区研究"、"南宋利州路研究"为题,而命之为"南宋川陕边防行政运行体制研究",以此反映这一区域的历史特色。此处还需要说明的是,本文标题虽为"南宋",但如上所述的川陕边防行政运行体制的演变主要发生在南宋中前期,也即南宋与金对峙时期,南宋与蒙元对峙时期的情形虽有涉及,但不是全文论述的重点。

区域划分有不同的标准,如划分为行政区、文化区、经济区等。在南宋扮演着重要角色的川陕战区,将其作为一个独立区域进行考察,其依据如下。

第一,从自然地理形势看,此地可以作为一个独立的考察区域。以今汉中盆地为核心的南宋川陕战区,地理形势独特,北与关中平原以秦岭为界。秦岭山高峰险,层峦叠嶂,是我国南北方的自然分界线。历史上出现的南北对峙局面,东多以淮河为界,西多以秦岭为界①。汉中盆地南与四川以大巴山为界。同秦岭一样,大巴山危峰奇峙,是另一天然屏障。两大屏障之间,河水充足,气候适宜,土壤肥沃。秦岭、大巴山虽群峰耸立,其间却有诸多交通要道连接南北,如穿越秦岭有陈仓道、褒斜道、傥骆道、子午道,越过大巴山有金牛道、米仓等。以此地为据点,翻过秦岭可直窥关中,进入黄河流域;越过大巴山,又可南下巴蜀,进而以顺流之势直达江南。因此,这一地带成为南方北进关中和北方南下巴蜀乃至长江下游的桥头堡。其自给封闭的自然形势,又是地方势力滋生和割据自立的理想之地。地处两大天然屏障之间的地理形势,北瞰关中,西控秦陇,南蔽巴蜀,东连襄邓的战略地位,使这一地带成为历代兵家必争之地,一幕幕惊心动魄、引人入胜的历史画面曾在此展开。

第二,南宋时期,此地区是一个独立的战区。宋金、宋蒙对峙时期,南宋形成两淮、荆襄、川陕三个大的防御区域,共同捍卫南宋的安全,其中川陕地带在保卫东南安全的整体战略中发挥着重要作用。确保川陕战区的稳固是实现东南安全的关键环节。川陕战区的战略地位极为重要,军事防御任务尤为突出。南宋初即有人认为,此地"前控六路之师,后据两川之粟,左通荆、襄之财,右出秦、陇之马,天下大计,斯可定矣","号令中原,必基于此"②。富平之败,陕西五路失陷,此地成为宋金兵力直接接触的战场。和尚原、饶风岭、仙人关等战,宋军牢牢占据此地,打破了金兵由此入川以窥江南的计划,捍卫了南宋半壁山河。从南宋整体防御战略看,川陕战区始终是一个发挥重要作用的独立战区。

---

① 史念海:《论我国历史上东西对立的局面和南北对立的局面》,载《中国历史地理论丛》1992年第1期。
② 李心传:《建炎以来系年要录》(以下简称《系年要录》)卷二八,建炎三年十月戊戌条,中华书局1988年版,第563页。

第三,政治演进中的特殊性。学术界经常论及"四川特殊性"问题。北宋如此①,南宋的表现更为突出②。就南宋而言,其诸多特殊性均与本文所言川陕战区的军事防御密切相关。直接与川陕防御有关的宣抚使、制置使、总领所制度自不待言,就连属于教育领域的"四川类省试"也与川陕防御紧密相联③。因此在南宋川陕战区,特殊性问题就表现得更明显,也更具说服力,这些特殊性主要有以下几个方面。

首先,地域武将家族势力。众所周知,宋朝实行强干弱枝、以文驭武的国策。在此背景下,南宋川陕战区却出现了吴玠、吴璘、吴挺、吴曦三代世袭为将,长期独据一方之事,并且发生了宋朝历史上少见的武将割据为王的事件——吴曦之变。吴氏武将势力的崛起,是南宋川陕战区特殊性的一个突出表现。这为考察南宋以文驭武、强干弱枝国策的实际运作提供了一个绝好的个案。

其次,宣抚使、制置使制度。北宋宣抚使因事因时而设,事已即罢。南宋初曾以中央大员分任各地宣抚使,之后废除,并不常置。但南宋川陕宣抚使、制置使自建炎三年(1129)开始设置,直到南宋灭亡,常设不辍,由此产生宣抚使等与武将、宣抚使等与中央的双重矛盾。这一制度是南宋川陕边防行政体制的重要组成部分,是有别于其他区域的另一个方面。

---

① 葛绍欧:《北宋对四川的经营》,载宋史座谈会编《宋史研究集》第16辑,台北"国立编译馆"1986年版;林文勋:《北宋四川特殊化政策考析》,载云南大学历史系编《纪念李埏教授从事学术活动五十周年史学论文集》,云南大学出版社1992年版;余蔚、任海平:《北宋川峡四路的政治特殊性分析》,载《历史地理》第17辑,上海人民出版社2001年版。

② 林天蔚:《南宋时强干弱枝政策是否动摇?——四川特殊化之分析》,载香港大学《东方文化》第18卷第1、2期,1980年。又收入林天蔚《宋代史事质疑》,台北商务印书馆1987年版;吴擎华:《试论宋代四川经济特殊性》,载《中华文化论坛》2004年第1期。

③ 穆朝庆:《论南宋科举中的"类省试"》,载《中州学刊》1987年第6期;张希清:《南宋科举类省试述论》,载邓广铭、王云海等主编《宋史研究论文集》,河南大学出版社1993年版;祝尚书:《论南宋的四川"类省试"》,载《四川师范大学学报》2003年第5期;(韩)裴淑姬:《南宋四川类省试及其授官、考官的特点》,载何忠礼主编《南宋史及南宋都城临安研究》下,人民出版社2009年版。穆朝庆先生认为,"时断时续的民族战争及川陕的特殊战略地位,是类试产生并在川陕地区长期保持的直接原因",而且肯定,"类试亦配合了川陕的军事防务"。张希清先生也认为,"南宋先后与金、蒙对峙于淮河至大散关一线,四川及陕西在政治上、经济上、军事上都具有十分重要的战略地位。四川类省试乃是笼络士人、经营川陕的重要手段"。

其三,总领所制度。南宋由筹措军费等而设置淮东、淮西、湖广、四川四大总领所,负责各地屯戍大军的后勤供应,同时兼管其他军政事务。作为专门负责川陕屯驻大军后勤供应的四川总领所,又区别于淮东、淮西、湖广三总领所。"东南三总领皆仰朝廷科拨,独四川总领专制利源,即有军兴,朝廷亦不问"①。四大总领所中,四川总领所又具有较强的独立性,体现出川陕战区在财政运营与后勤保障中有别于其他战区的一面。

总之,川陕战区作为南宋独立的防御区域具有重要的战略地位,在其政治演进中表现出诸多特殊性,在南宋境域内无疑具有明显的地域特色。将南宋川陕战区作为独立区域单元进行考察,不仅可行,而且有利于进一步探讨南宋中央与地方间的互动关系。

二、研究史回顾

对本文所言南宋川陕战区的战略地位、战争、宣抚处置司、武将势力、经济等,学术界已作出了有益的探索。

刘子健《背海立国与半壁山河的长期稳定》②,就南宋各地区的政治功能作了高度概括,认为川陕地区属于"边卫地区"。范立舟《论南宋立国后的战略构想与军事部署》③,就建炎、绍兴间南宋三大战区的战略构想与军事部署作了探讨。史念海《论我国历史上东西对立的局面和南北对立的局面》④,将宋、金在秦岭一带的关系置于南北对立的宏观视野下进行分析。关文发《试论南宋时期四川的战略地位》⑤,从定都临安、宋金战争、宋蒙战争三个方面,对南宋四川的战略地位作了探讨。就汉中的战略地位,梁中效《汉中安康在南宋时期的战略地位》⑥,从战争、经济发展等方面作了评价。

---

① 李心传:《建炎以来朝野杂记》(以下简称《朝野杂记》)甲集卷一一《总领诸路财赋》,中华书局 2000 年版,第 226 页。
② 载刘子健《两宋史研究汇编》,台北联经出版事业公司 1987 年版。
③ 载范立舟主编《历史文献与传统文化》第 9 集,南方出版社 2002 年版。
④ 载《中国历史地理论丛》1992 年第 1 期。
⑤ 载《西南师范学院学报》1982 年第 1 期。
⑥ 载《汉中师范学院学报》1996 年第 1 期。

此外,在有关汉中历史地理、交通等的研究中,对南宋川陕战区的地理位置与战略地位也有所论及①。

南宋川陕战区战争频繁,对此地军事与战争的研究,成果丰富。学术界对宋金富平、仙人关、和尚原、德顺等历次战争以及宋蒙之间在川陕战区战争的性质、前因后果、成败得失等的研究用力较多。其中宋金战争研究以华山、李蔚、王曾瑜等先生为代表②。宋蒙战争研究以陈世松、李天鸣、胡昭曦等先生为代表③。

吴氏三代世袭统兵,在南宋川陕地区形成强大的家族势力。对此研究首推王智勇、杨倩描二位先生。王智勇《吴氏家族的兴亡——宋代武将家族个案研究》④,先后章节为:吴玠吴璘早期事迹考述、吴玠抗金事迹述评、吴璘保蜀事迹述评、走向衰亡的吴氏家庭。作者将吴氏家族的势力兴衰与宋金关系变化以及南宋军事史、政治史相结合,探讨了武将家族与南宋中央的矛盾。作者的这一主题又在《吴氏世将与南宋政治》⑤一文

---

① 黄盛璋:《川陕交通的历史发展》,载《地理学报》1957年第11期;史念海:《秦岭巴山间在历史上的军事活动及其战地》,载史念海《河山集》四集,陕西师范大学出版社1991年版;史念海:《汉中历史地理》,载史念海《河山集》六集,山西人民出版社1997年版;陕西军事历史地理概述编写组:《陕西军事历史地理概述》,陕西人民出版社1985年版;蓝勇:《四川古代交通路线史》,西南师范大学出版社1989年版;马强:《汉水上游与蜀道历史地理研究》,四川人民出版社2004年版。

② 华山:《南宋初年的宋金陕西之战》,载《历史教学》1955年第6期;李蔚:《吴玠吴璘抗金事迹述评》,载《兰州大学学报》1963年第2期;王曾瑜:《宋金富平之战》,载《中州学刊》1983年第1期;王曾瑜:《和尚原和仙人关之战述评》,载《西南师范学院学报》1983年第2期;王曾瑜:《南宋对金第二次战争的重要战役述评》,载北京大学中国中古史研究中心编《纪念陈寅恪先生诞辰百年学术论文集》,北京大学出版社1989年版;吴泰:《南宋初宋金陕西"富平之战"述论》,载《西南师范学院学报》1983年第3期;李清凌:《南宋秦陇军民的抗金斗争》,载《历史教学与研究》1985年。以上诸文均收入甘肃省庄浪县政协第四届委员会编《吴玠吴璘研究资料选编》,甘肃人民出版社1997年版;沈起炜:《宋金战争史略》,湖北人民出版社1958年版;王智勇:《论宋、金德顺之战》,载《四川大学学报》2003年第4期;另,王智勇《南宋吴氏家族的兴亡——宋代武将家族个案研究》(巴蜀书社1995年版)与杨倩描《吴家将——吴玠吴璘吴挺吴曦合传》(河北大学出版社1996年版)均对宋金战争作了研究。

③ 陈世松:《蒙古定蜀史稿》,四川省社会科学院出版社1985年版;陈世松、匡裕彻、朱清泽、李鹏贵:《宋元战争史》,四川省社会科学院出版社1988年版;李天鸣:《宋元战史》,台北食货出版社1988年版;胡昭曦主编:《宋蒙(元)关系史》,四川大学出版社1992年版。

④ 巴蜀书社1995年版。

⑤ 载《中国史研究》1996年第4期。

中作了集中阐释。杨倩描《吴家将——吴玠吴璘吴挺吴曦合传》①,对吴玠等在川陕地区的战争事迹以及历史功过作了评价,对吴氏军事集团的形成、发展、衰亡历程作了详细述论。全书共十二章,分别为:动乱年代、富平之战、和尚原之战、饶风关之战、仙人关之战、休兵罢战、蜀中三大将、秦陇之战、德顺之战、权力危机、整军护塞、吴曦之乱。杨倩描还著有《吴玠吴璘家族考》②一文。陈家秀曾发表《吴氏武将势力的成长与发展》③与《吴氏武将对四川之统治及南宋的对策》④两文,前文历述吴玠与吴璘势力的崛起与发展,后文讨论吴氏武将势力对四川经济的剥夺以及南宋中央的对策等。对吴曦之变的研究,除王智勇、杨倩描以上专著外,有张邦炜《吴曦叛宋原因何在》⑤、杨倩描《"吴曦之乱"析论》⑥、王智勇《论吴曦之变》⑦等,蔡东洲、胡宁《安丙研究》⑧一书有《安丙与吴曦之乱》一章。上述研究首推张邦炜先生一文,作者将吴曦叛宋的原因归结为南宋中央与地方、文臣与武将的矛盾冲突。此文与王智勇《吴氏世将与南宋政治》是同类研究中的佳作,为吴家将研究乃至整个南宋川陕区域史研究的深化指出了一条新的思考路径。对川陕战区其他武将也有研究论文发表⑨。

对南宋川陕宣抚使、制置使这一重要制度,学者关注不多。李昌宪《宋代四川帅司路考述》⑩,着力于对两宋时期四川帅司路的设置、治所变化等考述。王曾

---

① 河北大学出版社 1996 年版。
② 载《河北学刊》1990 年第 2 期。
③ 载《台北师专学报》1984 年第 11 期。
④ 载《台北师专学报》1985 年第 12 期。
⑤ 载《天府新论》1992 年第 5 期。
⑥ 载《浙江学刊》1990 年第 5 期。
⑦ 载四川联合大学古籍整理研究所、四川联合大学宋代文化研究资料中心编《宋代文化研究》第 5 辑,巴蜀书社 1995 年版。
⑧ 巴蜀书社 2004 年版。
⑨ 杨倩描:《南宋郭氏军事集团述论》,载《山西大学学报》1991 年第 1 期;李蔚:《略论曲端》,载《兰州大学学报》1981 年第 1 期;王智勇:《论曲端》,载四川大学古籍研究所、四川大学宋代文化研究中心编《宋代文化研究》第 8 辑,巴蜀书社 1999 年版;李贵录:《"曲端冤狱"与南宋初年的陕西陷失》,载《南开学报》2002 年第 6 期。
⑩ 载《文史》第 44 辑,中华书局 1998 年版。

瑜《宋代宣抚使等的属官体制》①,论述宣抚使等的属官体制,并非是对四川宣抚使制度的专门研究。余蔚《论南宋宣抚使和制置使制度》②,对南宋四川宣抚司和制置司的治所、辖区等有所论及。蔡哲修《张浚与川陕的经略(1129—1133)——"南宋偏安局面的形成"研究之二》③与梁天锡《张浚执政兼宣抚处置使考》④两文,专就川陕宣抚处置使张浚的事迹功过作了探讨,虽属人物研究,但已涉及到宣抚使制度的诸多方面。陈世松《南宋四川历任制置使》⑤,对南宋宝庆三年(1227)至淳祐三年(1243)历任四川宣抚使、制置使的任职迄止时间作了梳理。林天蔚《南宋时强干弱枝政策是否动摇?——四川特殊化之分析》⑥一文第一节《四川宣抚使及其引起之特殊局面》,是从总体论述四川宣抚使制度的成果。从人物角度入手,学术界对几位事迹卓显的宣抚使、制置使作了研究,研究的焦点主要集中在张浚⑦、安丙⑧与余玠⑨三人之上。对范成大⑩、虞允文⑪、王炎⑫、

---

① 载《文史》第22辑,中华书局1984年版。
② 载《中华文史论丛》2007年第1辑。
③ 载《大陆杂志》第90卷第1期。
④ 载宋史座谈会编《宋史研究集》第26辑,台北"国立编译馆"1997年版。
⑤ 载《西南师范学院学报》1982年第3期。
⑥ 林天蔚:《宋代史事质疑》,台湾商务印书馆1987年版。
⑦ 杨德泉:《张浚事迹述评》,载邓广铭、郦家驹等主编《宋史研究论文集》,河南人民出版社1984年版;王德忠:《张浚新论》,载《东北师大学报》1992年第3期;方健:《再论张浚——兼答阎邦本同志》,载岳飞研究会编《岳飞研究》第4辑,中华书局1996年版;阎邦本:《对〈张浚事迹述评〉的几点商榷》,载《四川师范学院学报》1989年第2期;阎邦本:《对〈张浚事迹述评〉的商榷之二》,载《四川师范学院学报》1992年第5期;阎邦本:《读〈再论张浚:答阎邦本同志〉》,载《四川师范学院学报》1998年第1期。
⑧ 蔡东洲、胡宁:《安丙研究》,巴蜀书社2004年版;刘敏:《安丙述评》,载《中国文化论坛》2001年第1期;唐云梅:《安丙及其家庭成员考略》,载《中国历史文物》2002年第6期;朱瑞熙:《论南宋中期四川的重要官员安丙》,载朱瑞熙、王曾瑜、蔡东洲主编《宋史研究论文集》第11辑,巴蜀书社2006年版。
⑨ 姚从吾:《余玠评传》,载宋史座谈会编《宋史研究集》第4辑,台北"国立编译馆"1969年版;陈世松:《余玠传》,重庆出版社1982年版。
⑩ 张邦炜、陈盈洁:《范成大治蜀述论》,载《四川师范大学学报》2004年第5期。
⑪ 柳定生:《张浚与虞允文》,载《文史杂志》第2卷第4期,1942年。
⑫ 孔凡礼:《都堂一纸诏 千载恨悠悠——王炎治边业绩及其悲剧结局叙略》,载《文史知识》1995年第11期;傅璇琮、孔凡礼:《陆游与王炎的汉中交游》,载《杭州师范学院学报》1995年第5期;傅璇琮、孔凡礼:《陆游南郑从军诗失传探密——兼论南宋抗金大将王炎的悲剧命运》,载《文学遗产》2001年第4期。

彭大雅①、孟珙②等，学界也有关注。官性根《宋代成都府政研究》③论及南宋四川制帅选任与职责等情况。

对南宋四川总领所的研究，已有一些成果。林天蔚《南宋时强干弱枝政策是否动摇？——四川特殊化之分析》一文第三节《四川总领所之特殊财权及其影响》，对四川总领所有简要介绍。陈璋《论南宋初年四川都转运使》④，历述南宋初年赵开、李迨担任四川都转运使的事迹。日本学者伊原弘《南宋總領所の任用官——"開禧用兵"前後の四川を中心に》⑤，讨论开禧北伐前后四川总领的任用问题。雷家圣《南宋高宗收兵权与总领所的设置》⑥，论及高宗收兵权中四川总领所的设置及对四川政局的影响。雷家圣《南宋四川总领所地位的演变——以总领所与宣抚司、制置司的关系为中心》⑦，就南宋四川总领所的设置与地位演变展开讨论。

宋代四川经济史研究一直是学术界关注的热点。以贾大泉、林文勋为代表的学者，对宋代四川经济史作了全面深入的研究⑧。因本文所言川陕战区隶属于南宋四川地区，因此以上诸研究均对这一地带的经济有所涉及。专文论述者，如梁中效《宋代汉水上游的水利建设与经济开发》⑨、《宋代蜀

---

① 张政烺：《宋四川安抚制置副使知重庆府彭大雅事辑》，载张政烺《张政烺文史论集》，中华书局2004年版。
② 黄宽重：《孟珙年谱》，载黄宽重《南宋史研究集》，台北新文丰出版公司1985年版；黄宽重：《孟珙与四川》，载黄宽重《南宋军政与文献探索》，台北新文丰出版公司1990年版。
③ 巴蜀书社2010年版。
④ 载《大陆杂志》第41卷第5期。
⑤ 载礒部武雄编《多贺秋五郎博士古稀纪念论文集》，东京不昧堂1983年版。
⑥ 载《逢甲人文社会学报》第16期，2008年。
⑦ 载《台湾师大历史学报》第41期，2009年。
⑧ 贾大泉：《宋代四川经济述论》，四川省社会科学院出版社1985年版；林文勋：《宋代四川商品经济史研究》，云南大学出版社1994年版；贾大泉：《宋代四川地区的茶叶和茶政》，载《历史研究》1980年第4期；《宋代四川与吐蕃等族的茶马贸易》，载《西藏研究》1982年第1期；《宋代四川的酒政》，载《社会科学研究》1983年第4期；《宋代四川城市经济的发展》，载《四川大学学报》1986年第2期；《宋代四川的农村商品生产》，载《西南师范学院学报》1985年第1期；《井盐与宋代四川的政治和经济》，载《西南师范学院学报》1983年第3期；韩茂莉：《宋代川峡地区农业生产述论》，载《中国史研究》1992年第4期。
⑨ 载《中国历史地理论丛》1995年第2期。

道城市与区域经济述论》①、《宋代蜀道交道与汉中经济的重大发展》②,雷震《南宋时期汉中的屯田与水利》③等。以上诸文多集中在水利与屯田等内容上。有关南宋马政的研究中涉及到南宋川秦马的内容④。史继刚《南宋高宗朝的川陕军粮问题》⑤,是仅见的一篇探讨川陕边防后勤供应的论文。学术界对赵开⑥以及有关南宋四川财政的论述中⑦,涉及到川陕边防财政管理与后勤供应等问题。

最后,需要对罗文《宋代中央集权体制下之四川》⑧一书作一介绍。作者以宋代四川为研究对象,其主旨在回答宋代采取哪些措施,以抵消四川由于距离政治中心遥远等原因而存在的分裂倾向,其内容主要是讨论四川类省试、官员管理制度等在中央集权中的作用。该书虽然对宣抚使、总领所等只作为背景作了简要交代,并未展开深入分析,但对本文研究思路的形成具有很好的启发作用。

三、视角的转换与问题的深化

从已有研究的回顾可见,有关南宋川陕战区的研究已取得了较大成就,但同样存在诸多不足:

1. 对南宋战区的划分、南宋川陕战区的战略地位作了探讨。不足之处

---

① 载《西南师范大学学报》2004年第5期。
② 载《汉中师范学院学报》1995年第3期。
③ 载《汉中师范学院学报》1999年第2期。
④ 金宝祥:《南宋马政考》,载《文史杂志》第1卷第9期,1941年;冯永林:《宋代的茶马贸易》,载《中国史研究》1986年第2期;杜文玉:《宋代马政研究》,载《中国史研究》1990年第2期;林瑞翰:《宋代边郡之马市及马之纲运》,载宋史座谈会编《宋史研究集》第11辑,台北"国立编译馆"1979年版;梁中效:《南宋东西交通大动脉——"马纲"驿路初探》,载《成都大学学报》1996年第1期;杨建勇:《宋代川秦市马及其纲运》,四川联合大学历史系1998年硕士论文;魏天安:《南宋川陕买马制度》,载何忠礼主编《南宋史及南宋都城临安研究》上,人民出版社2009年版。
⑤ 载《西南师范大学学报》1999年第2期。
⑥ 杨倩描:《赵开酒法述评》,载《河北大学学报》1986年第3期;杨师群:《也评赵开酒法——与杨倩描同志商榷》,载《河北大学学报》1989年第1期;胡宁:《论赵开总领四川财赋》,载《西华师范大学学报》2004年第3期。
⑦ 王晓燕:《南宋前期的四川财政及其管理》,四川联合大学历史系1998年硕士论文。
⑧ 台北"中国文化大学"1983年版。

在于,将川陕战区与其他战区的比较以及与南宋中央安全联系的认识不足。对兴元府的重要性讨论较多,而对整个川陕军事戍防体系等问题的探讨并不深入。

2. 对张浚等几位宣抚使只是从人物评价角度作了探讨。但对川陕宣抚处置司的设置缘起、制度本身的运作,以及从中体现出的中央与地方关系等,尚未进入研究视野。现有的研究状况与这一制度的重要性很不相称,也与近年来学术界在制度史研究中强调"走向'活'的制度史"①的研究旨趣存在很大差距。

3. 军事史与战争史的研究取得了很大成绩,对历次战争的性质、过程、影响等梳理得较为清晰。对吴家将几代人物的事迹、家族兴衰作了深入探讨。虽然对中央与武将的关系有所认识,但从区域史的视角出发,深入到中央与地方关系层面,吴家将的研究仍存有进一步探讨的余地。

4. 对南宋川陕边防地区的经济发展等研究较多,尽管涉及到军事后勤问题,但对四川总领所在运作中与武将的关系,以及川陕边防财政运营的实态、后勤保障体系等问题,有系统的研究尚不多见。

已有的成果,为本选题的进一步研究奠定了坚实的基础,同时,也提出了严峻的挑战。问题的拓展与深化期待视角的转换。

本文旨在以南宋川陕边防地区为切入点,力求将区域政治演变置于整个南宋历史进程中进行考察,通过这一区域的政治演进,透视南宋中央与地方间的互动关系。南宋建都临安,川陕战区承担着兴复中原与保卫东南安全的重任,对这样一个特殊区域,为既确保其拥有较大的自主权,以实现对金、蒙的有效防御,同时又不致坐大难图、割据一方,南宋中央实行了哪些措施?这些措施在川陕战区的执行程度如何?地方作出了哪些回应?这才是南宋川陕战区政治演进的核心内容。

除中央与地方关系的视角外,在全文论述中,笔者特别注重制度的实际

---

① 邓小南:《走向"活"的制度史——以宋代官僚政治制度史研究为例的点滴思考》,载包伟民主编《宋代制度史研究百年(1900—2000)》,商务印书馆2004年版。

运行这一点。南宋川陕边防行政运行有对外与对内两方面内容,对外主要表现为宋金、宋蒙间的军事冲突。由于学术界对战争的研究较为丰富,尽管这是川陕边防行政运行中的重要内容,却不是本文讨论的中心。川陕边防行政的内部运作是本文主要用力之处,主要包括宣抚处置司、总领所制度、后勤保障的具体运行等。而且在制度讨论中,笔者不仅仅局限于从制度条文规定作静态的描述,而是侧重对制度实际运作状态的探讨。显然,在中央与地方关系的视野下,南宋川陕战区的内部运作状态等内容,依然存在较大的研究空间。

第一章　南宋川陕战区的战略地位与军事戍防体系

南宋时期的川陕战区，是宋金、宋蒙长期对峙的前沿地带。南宋以此作为兴复中原的基地和保护东南安全的屏障；金、蒙力图以此为突破口，进而实现对南宋的占领。川陕战区是一个直接关系到南宋能否实现中兴大业与巩固政权双重目标的关键地带，也是金、蒙南下必须要面对的一道坚固屏障。显然，不管从南宋防御，还是金、蒙进攻看，川陕地带确是一个极为敏感的地区，为此受到南宋、金、蒙极大的关注，各方在战略决策、制度设计、资源配置等方面均作出了巨大的投入。可以说，川陕战区是各方注意和争夺的焦点，成为影响各方利益的一个关键区域。

第一节　整体防御视野下南宋川陕战区的战略地位

川陕战区在南宋发挥着重要作用，是由诸多因素决定的。其中，南宋整体防御战略部署直接影响到川陕战区的地位。从军事战略角度看，川陕战区只是南宋整体防御战略的一个组成部分，只有在与其他地区的比较与联系中，其战略地位才能凸显出来。在本节中，笔者从南宋当时人的认识入手，探讨南宋朝野在勾画防御战略时，如何将川陕战区与其他地区进行比较，如何将川陕战区同中央安全联系在一起，从南宋整体防御战略来审视川陕战区的重要性。

"自古立国于东南,其攻守之势有三:曰淮甸,曰陇蜀,曰荆襄"①。南宋自建立之日起,先与金朝并立,后与蒙古对峙。在南宋与金、蒙长期对峙与争斗中,自东向西逐步形成江淮、荆襄、川陕三大战区,共同承担防御外敌进攻的任务。三大战区分区防御战略的形成,主要在于南宋北部边境线漫长,不可能做到处处设防,只能利用各地区的自然形势,划分区域,各自设防。其中,在江淮地区,河网密布,湖泊纵横,天然沟堑或人造沟渠、城池交错其间,使金、蒙骑兵优势无法发挥出来。在荆襄地带,丘陵起伏,城高池深,形成一个独立的防御区域。川陕交界地带自古以形势险要而著称,崇山峻岭,此起彼伏,关隘堡寨,耸立其间,是难以逾越的天然屏障。三大战区分区防御战略一方面可以起到独立运作、各自设防的目的,又可以发挥相互支援、牵制外来进攻势力的作用。各战区自成一体,又联为一个有机的整体。三大战区中自然地理形势各异,距南宋政治中心临安远近不同,所承担的防御任务轻重有别、目标不一。刘子健先生《背海立国与半壁山河的长期稳定》②一文,从政治地理学的角度,将南宋境内各区域的政治功能作了高度概括。南宋建都临安,"背海立国",两浙、福建等地是南宋的政治核心区域。为确保山河稳固,在南宋背海面陆基本地带外有三大辅助地区。第一是淮河地区,属于前卫地区。其次是襄阳一带,其最大的军事作用是策应,东连淮河,西连川陕,属于联卫地区。第三就是作为边卫地区的川陕地带。三地因所处地理位置不同,承担不同的政治任务。

南宋时代的人如何认识这一战略部署?在他们眼中各战区的功能如何?川陕战区的特殊作用又体现在哪里?以下分别论述。

一、"天下者,常山蛇势也"

在南宋人看来,江淮之地距离临安最近,是拱卫南宋政治中心的第一道

---

① 林駉:《古今源流至论续集》卷一《形势(淮甸陇蜀荆襄)》,文渊阁《四库全书》本。
② 载刘子健《两宋史研究汇编》。

屏障,一旦外来进攻势力跨越江淮地带,临安危在旦夕。南宋建立之初,江淮一带防守失利,金兵步步南下,高宗一度逃亡海上。江淮地带的重要性自南宋建立之日起就获得足够的重视,所谓"淮甸者,国家所必争不可失之地"①。绍兴二年(1132)十月,胡寅分析东南安全问题时指出:"淮甸者,国之唇;江南者,国之齿。"②江淮得失,直接关乎东南安危。

荆襄地区虽然距临安较远,其战略地位却不可低估。辛弃疾曾从南北对立的大势分析荆襄的地位:"自古南北之分,北兵南下,由两淮而绝江,不败则死,由上流而下江,其事必成,故荆襄上流,为东南重地,必然之势也。"③就荆襄地区的地理位置,陈亮有高度的概括:"控引京洛,侧睨淮蔡;包括荆楚,襟带吴蜀。沃野千里,可耕可守;地形四通,可左可右。"④荆襄地区处在南北东西的中心位置,向北可以连接京洛地区,向东向南与江淮地区接境,西与川陕接壤。从防守与进攻看,"进可以蹙敌,而退可以保境"⑤。以上是南宋人对江淮、荆襄两大战区战略地位的认识。

在江淮、荆襄、川陕三大战区的比较与联系中,南宋人多用"首"、"脊"、"尾"等词来作比喻。早在建炎三年(1129)五月,汪若海就上疏曰:

> 天下者,常山蛇势也,秦、蜀为首,东南为尾,中原为脊。今以东南为首,安能起天下之脊哉?将图恢复,必在川、陕。⑥

这种以"首"、"尾"等词来形容各战区不同防御功能的表述在南宋人笔下多有所见。洪咨夔两次提到这一问题,其一曰:"天下大势,首蜀尾淮,而腰膂荆襄,自昔所甚重也。"⑦另一次曰:"东南立国之势,腹心江浙,腰膂荆

---

① 《系年要录》卷八七,绍兴五年三月癸卯条,第1456页。
② 《系年要录》卷五九,绍兴二年十月癸巳条,第1019页。
③ 辛弃疾:《论荆襄上流为东南重地疏(孝宗时)》,载黄淮、杨士奇编《历代名臣奏议》卷三三六,上海古籍出版社1989年版,第4361页。
④ 陈亮:《陈亮集》卷二《中兴论》,中华书局1974年版,第23页。
⑤ 徐梦莘:《三朝北盟会编》(以下简称《会编》)卷二一三,绍兴十三年九月条,引《朱胜非行状》,上海古籍出版社1987年版,第1533页。
⑥ 脱脱:《宋史》卷四〇四《汪若海传》,中华书局1977年版,第12218页。
⑦ 洪咨夔:《平斋文集》卷一六《召试馆职策》,《四部丛刊》续编本。

襄,维蜀道之山川,如人身之头目。"①真德秀也曾以"首"、"尾"等词形容南宋各地区的战略地位:"今之边面控连要害者,近则两淮、荆襄,远则蜀之关外,然以地形考之,蜀居上流,实东南之首,荆襄其吭,而两淮其左臂也。"②南宋人关于各战区功能的"首"、"尾"比喻,有两点值得注意,一反映了南宋人的整体防御战略思想,强调各战区连为一体的重要性;二是根据各地区所处位置的不同,对各战区的具体功能区别对待,强调各自不同的防御任务及其优势。总括南宋人的看法,在三大战区中,川陕战区始终处于整体防御体系的最前沿,所谓"首"、"头目"、"上流"等表述,形象地表明川陕战区关键性的战略地位与举足轻重的防御功能。

分区设防战略能否实现防御的目标,取决于各战区间的相互协调。关于三大战区在防御与进攻中的协作问题,南宋人有清楚的认识。

先看三大战区在抵御外来进攻势力时,应如何保持紧密的联系,以期做到相互配合,牵制和分化进攻势力。

李焘总结南宋以前东南防守的经验时形象地指出:"吴为天下之首,蜀为天下之尾,而荆楚为天下之中,击其首则尾至,击其尾则首至,击其中则首尾俱至,是常山之蛇不独论兵为然,而因地势以行兵者,盖亦似之。"③就是强调各战区在防御中牵制敌势的作用。刘子翚认为,南宋初年金兵所以能步步得进,"盖彼无畏首畏尾之虞,而得全用其力也"。因此,他建议:吴蜀"二方一统,力不应分",应相互配合,"若虏迫近江淮,陕蜀之兵当稍循金房而南,若窥全蜀,则江淮之兵当稍循荆襄而北,批亢捣虚,互为声援,以分虏势"④。之后南宋及时作出战略调整,各战区互相支援,得以长期立国东南,正所谓"四川,天下之根本;荆州,襟带之上流;两淮,形胜之要地。顷者四川严守关之师,荆州附鄂渚之军,两淮成犄角之势,截然四固,南纪以安"⑤。

---

① 《平斋文集》卷二五《上安宣抚启》。
② 真德秀:《西山先生真文忠公文集》卷三《直前奏札二(癸酉十月十一日上)》,《四部丛刊》初编本。
③ 李焘:《六朝通鉴博议》卷三《桓温伐汉遂定巴蜀之地》,《四库全书》珍本初集本。
④ 刘子翚:《屏山集》卷七《论时事札子八首代宝学泉州作·吴蜀》,文渊阁《四库全书》本。
⑤ 曹勋:《松隐集》卷二五《论畏天》,文渊阁《四库全书》本。

三大战区协调一致,共同捍卫南宋北部防线的安全。

再看在进攻中各战区如何做到协同作战,发挥整体优势。

南宋偏安东南,其所处形势与三国吴蜀、东晋相似。因此,南宋人常借鉴这一时期防御成败的经验教训,认为"吴、荆、蜀连衡之势,可全而不可亏,可合而不可散"①。宋室南渡,从江淮、荆襄直至川蜀,均为南宋所有,这为协调各地力量提供了绝佳的机会。"今天下之势,曰淮曰蜀云者,是今日可合之势也……然守淮守蜀,二者可合而不可离,亦不可偏举,此一定之论也"②。时人认为南宋可以实现中兴,正在于"吴蜀地皆我有,人无异心,势无不合"。江东与蜀地辅车相连,以重师屯驻襄阳,北接宛洛,西接益梁,南阻汉水,将江东与川蜀联为一体,足以成为"取胜之资"③。

在南宋朝臣的兴复战略中,江淮、荆襄、川陕三大战区一旦形成合一之势,互为犄角,兴复大计就近在咫尺。章如愚指出南宋有三大险要,分别为长江之险、荆湖之险以及巴蜀之险。"为今之计,自淮泗以捣青徐,自寿春以取汝颍,取财于蜀,合军于陕,以遏河陇,出师襄阳,因粮唐邓,以趋京洛,则天下之大势一矣"④。陈良翰有同样的建议,以蜀汉之兵窥关、陕,荆襄之众趋韩、魏,江淮之师捣青、徐,"三者之势,相为犄角,不容有偏"⑤。显然,南宋时人勾画的兴复策略,不是孤立地依赖某一个战区的力量,而是从三个战区同时出击,协同作战。绍兴三十一年(1161),宋金战事在即,朝臣就建议:"今刘锜在维扬,则令分万人自楚、泗入山东;成闵、吴拱在荆襄,则分万人自襄汉入京西;吴璘在兴州,则分万人自仙人关抵关陕。"⑥

可见,川陕战区是南宋整体防御战略的重要组成部分,只有在三大战区

---

① 程公许:《沧洲尘缶编》卷一四《试阁职策》,《四库全书》珍本初集本。
② 李石:《方舟集》卷九《淮蜀论》,《四库全书》珍本初集本。
③ 范浚:《范香溪先生文集》卷一三《形势上》,《四部丛刊》续编本。
④ 章如愚:《群书考索》前集卷五八《地理门·江淮襄阳巴蜀》,书目文献出版社1992年版,第393页。
⑤ 朱熹:《朱熹集》卷九七《敷文阁直学士陈公行状》,四川教育出版社1996年版,第5003页。
⑥ 《系年要录》卷一九二,绍兴三十一年九月癸未条,第3220页。

的相互比较中,川陕战区的重要地位才得以体现。

二、"号令中原,必基于此"

建炎三年(1129),中央派张浚出使川陕,拉开南宋经略川陕的序幕。张浚至兴元,即上奏曰:

> 窃见汉中实天下形势之地,号令中原,必基于此。谨于兴元积粟理财,以待巡幸,愿陛下早为西行之谋,前控六路之师,后据两川之粟,左通荆、襄之财,右出秦、陇之马,天下大计,斯可定矣。①

占据汉中,拥有关陕精兵、秦陇良马,仰仗蜀中物资、荆襄财富,足以成就大业。在此之后,朝野关于以川陕战区为据点,进而占领关中兴复中原的呼声,终南宋时期一直存在。张浚出使,请求高宗西幸,以号令中原,时人予以高度赞赏,"奉迎大驾,西幸梁秦,以图关中者,中兴之宏规也"②。究其原因,同样是基于对川陕战区战略地位的认识:

> 汉中之胜,背负巴蜀,左控关陇,西连氐羌,兵劲用饶,形利势便,进可以据上流之阻,退可以待四方之变。

张浚在此用兵,"因宣抚之师,东向以收中原,一年而定关陕,二年而复大梁,不四五年而天下定矣"③。南宋中央在任命四川制置使时,都对他们委以从川陕战区兴复大业的重任。如沈介委任制置使时,中央赐诏曰:"恢复之举,当自西陲始。"④丘崈为制置使时,有朝臣以为"异时规恢远图,亦必基于此"⑤。孝宗朝虞允文等宣抚四川,朝廷也是寄有此厚望。当然,担此重任者,必为南宋精心选拔,所谓"有才而无识者,不足以为蜀帅;有勇而无谋者,亦不足以为蜀帅","付之以众人所不敢当之事,期之以众人所不能成之功"⑥。川陕

---

① 《系年要录》卷二八,建炎三年十月戊戌条,第563页。
② 胡寅:《斐然集》卷一七《寄宣抚枢密》,《四库全书》珍本初集本。
③ 朱松:《韦斋集》卷九《上胡察院书》,《四部丛刊》续编本。
④ 史浩:《鄮峰真隐漫录》卷六《赐四川制置使沈介诫谕诏》,文渊阁《四库全书》本。
⑤ 卫泾:《后乐集》卷一四《与四川制置丘侍郎密札》,《四库全书》珍本初集本。
⑥ 袁燮:《絜斋集》卷四《论蜀札子二》,《丛书集成》新编本。

地方大员委寄之专,威望之隆,权力之大,非他路地方大员可比,这从另一侧面反映出南宋对川陕战区战略重要性的高度重视。

南宋川陕战区地处川陕交界,内有四川丰富的物资供应,外有陕西精兵良马支持,将川陕地区紧密连接在一起。因此,时人在讨论复兴大业的策略时,非常重视川陕战区在连接川陕二地资源中的作用。高宗时,直秘阁喻汝砺上书,"论天下形势,必资之秦;论秦雍军须,必资之蜀。秦与蜀,壤界之国也。拥四川之饶,据五路之强,而中兴之大势定矣"①。若占据川陕交界地带,足以成就中兴大业。持同样看法者不乏其人,认为"秦地形胜,精卒良马之所自出,实军国之根本,然即今诸军衣食,仰给四川,则蜀又为陕右之根本"②。南宋以川陕战区为据点,拥有秦地精兵良马,仰仗蜀地财赋,上流之势随之增重,足以成为复兴中原的基础,正所谓"蜀货可以富国,秦兵可以强国",占据川陕交界地带,"出秦甲,下蜀货,而血气周流矣"③,中兴大计莫过于此。除了物质资源外,川陕战区还可以发挥战略上声东击西的优势。倪朴曾有一个建议,"欲一举而复中原,非蜀兵不可"。究其原因,倪朴正是看重战略上的东西策应,所谓"彼以吾之精兵皆在于东南,其所虑于我者亦东南也……蜀之于吴,相去万里,势若不相关,彼必不虞于我也。彼之意在东南,而吾之意在西北,吾得志于西北,则东南之兵不足虑也"④。

总之,在南宋人看来,川陕战区是实现中兴大业的前沿基地。"号令中原,必基于此"一语,正是川陕战区在进攻中重要战略地位的形象表述。

三、"无蜀是无东南也"

从南宋与金、蒙对峙的实际情形看,除开禧北伐、端平入洛等几次短暂的"兴复"之举外,南宋始终处于防御态势,川陕战区的重要性也主要体现在防御金、蒙进攻之中。"无蜀是无东南也"是南宋对川陕防御作用的高度概

---

① 喻汝砺:《裕蜀策(高宗时)》,载《历代名臣奏议》卷九一,第1254页。
② 《系年要录》卷一三一,绍兴九年八月庚午条,第2110—2111页。
③ 《系年要录》卷五三,绍兴二年四月甲申条,第934页。
④ 倪朴:《倪石陵书·拟上高宗皇帝书》,《丛书集成》续编本。

括。史载,兴州大将吴挺卒,久未除代,赵汝愚上奏,认为如此恐将引起军变,余端礼曰:"赵某所请,非为吴氏计,乃为蜀计,非为蜀计,乃为东南计,若无大将,是无蜀也,无蜀是无东南也,军中请帅,而迟迟不报,人将生心,六朝、后唐皆以有蜀而存,无蜀而亡,此大验也。"①川陕战区的得失直接关乎东南安全与政权存亡。

从南宋经略对策看,也极为重视川陕战区,所谓"中兴南渡,首吴尾蜀,有常山之势,前褒后剑,得金城之险,乃眷西顾,护蜀如头目,保蜀如元气"②。张浚出使川陕,时人从战略角度予以高度评价,"张浚之在陕右,实东南之扞蔽,西川之喉衿。虽未能攘除丑类,尽收关中之土疆,而可以控扼河山,牵制南侵之夷虏,其为朝廷屏翰,盖亦匪轻矣"③。富平之战,宋军大败,但从整体战略看,"关陕虽失,而全蜀按堵,且以形势牵制东南,江、淮亦赖以安"④。冯时行在绍兴初年上书岳飞曰:朝廷自渡江以来,十余年间,金兵竭力相图,而终不得志者,在于东南与川陕之间的相互协作,"设使此虏今冬遂得川蜀,控带上流,俯视吴、楚,是犹一柱已摧,而余柱皆侧,其首已断,其尾可知……四川一失,东南利害愈重,不待言而可知"⑤。川陕战区一旦突破,东南安全岌岌可危。

南宋时,由于边防危机日益严重,探讨南宋边防地区历史与地理形势的著述一度兴起,蔚为成风,以期从中汲取经验教训。在此类著述中,川陕战区的战略地位始终受到学者们的高度重视。如李焘认为:"江南建国,蔽之以淮沘之阻,则藩维乃固;制之以巴蜀之险,则上流乃安。"从江南与巴蜀的关系看,"有蜀则吴强,无蜀则吴弱"⑥。而朱黼认为:"蜀之在吴,犹心腹之

---

① 杨万里:《诚斋集》卷一二四《宋故少保左丞相观文殿大学士赠少师郇国余公墓志铭》,《四部丛刊》初编本。
② 李文子:《蜀鉴序》,载郭允蹈《蜀鉴》,巴蜀书社1985年版。
③ 章谊:《论张浚在陕右宜除副贰往助(高宗时)》,载《历代名臣奏议》卷二三九,第3144页。
④ 《宋史》卷三六一《张浚传》,第11301页。
⑤ 冯时行:《冯缙云先生集·上岳相公书》,转引自岳珂编,王曾瑜校注《鄂国金佗稡编续编校注》,中华书局1989年版,第499—501页。
⑥ 《六朝通鉴博议》卷一〇《陈论》。

有咽喉,门庭之有堂奥也。咽喉闭塞,则心腹不能以自存,堂奥有盗,则门庭不能以自立。"①这一比喻更加形象地说明川陕战区与东南安全的紧密关系。朱黼还说:"天下全,以关洛为重;天下裂,以蜀为重。蜀者,南北之关洛也。北不合蜀,无以图东南;南不连蜀,无以图西北。"②川陕战区直接关乎南北势力的盛衰。类似的论述较多,其核心内容就是强调川陕战区对东南安全的重要性。

川陕战区能起到保护东南安全的作用,还从金、蒙的进攻策略中得到反映。

南宋初年,金军大举南下,但军事策略的先后次序如何,在金朝决策层有较大分歧。史载,金太宗下诏南下之时,"河北诸将欲罢陕西兵,并力南伐。河东诸将不可,曰:'陕西与西夏为邻,事重体大,兵不可罢。'"宗翰认为:"初与夏约夹攻宋人,而夏人弗应。而耶律大石在西北,交通西夏。吾舍陕西而会师河北,彼必谓我有急难。河北不足虞,宜先事陕西,略定五路,既弱西夏,然后取宋。"最后的决议是"康王构当穷其所往而追之。俟平宋,当立藩辅如张邦昌者。陕右之地,亦未可置而不取"③。可见,自宋金对立之初,金军已经将夺取陕西之地视为其整体战略的重要组成部分。在金军看来,南宋"陕西五路兵力雄劲,当并力攻取"④,南宋川陕战区备受金军的关注于此可见。史载,绍兴四年(1134),岳飞军中校尉王大节,投归刘豫之子刘麟,并向其建策:集中兵力,攻破南宋川陕防线,"既得四川,然后发江之舟,鼓櫂而下,江南屯戍之兵,魂散胆裂矣"。并认为金兵趋淮甸,渡长江,直捣吴会之策,"其谋非不善,但恐南兵扼长江未可渡,则我师挫锐矣。不若攻四川必取之地,以图万全。虽若迟而远,然大功可以必成"⑤。开禧三年(1207),吴曦据兴州叛变,从金兵的策略

---

① 朱黼:《永嘉朱先生三国六朝五代纪年总辨》卷一三《梁·高祖武皇帝上》,《四库全书》存目丛书本。
② 《永嘉朱先生三国六朝五代纪年总辨》卷七《东晋·太宗简文皇帝》。
③ 脱脱:《金史》卷七四《宗翰传》,中华书局1975年版,第1698页。
④ 《金史》卷一九《世纪补》,第409页。
⑤ 《系年要录》卷八〇,绍兴四年九月壬申条,引赵甡之《遗史》,第1317页。

看，若吴曦归附金朝，川陕防线失去阻力，南下之势随之形成。金兵的这一策略在赐吴曦为蜀王的诏令中表露得很清楚："若按兵闭境不为异同，使我师并力巢穴而无西顾之虞，则全蜀之地卿所素有，当加封册，一依皇统册构故事。更能顺流东下，助为掎角，则旌麾所指尽以相付。"①寥寥数语，一方面反映金兵因南宋川陕战区军事力量的存在，始终具有"西顾之虞"，另一方面金兵也计划一面进攻东南，一面依赖吴曦能够东下，互相支援。金军的担忧及其策略恰恰反映出川陕战区对南宋东南安全的重要性。

吴曦之变平定后，宋金再次议和，南宋要求归还金军占领的川陕防线上的关隘等，认为"东南立国，吴、蜀相依，今川、陕关隘大国若有之，则是撤蜀之门户，不能保蜀，何以固吴"②？坚决要求金军归还川陕关隘之地。"不能保蜀，何以固吴"与"无蜀是无东南"的表述一样，突出表现出川陕战区的战略地位。蒙元力量兴起，如何躲避蒙军的兵锋，金兵中间产生分歧，其中就有朝臣建议"西幸"，认为："秦、巩之间山岩深固，粮饷丰赡。不若西幸，依险固以居，命帅臣分道出战，然后进取兴元，经略巴蜀，此万全策也。"③金军的策略依然将南宋川陕战区作为突破口。

金军的军事策略如此，而南宋朝臣最为担忧的也是金军突破川陕战区，顺江而南下。南宋初年，有朝臣上奏，"谍传金人并兵趣川、陕，盖以向来江左用兵非敌之便，故二三岁来悉力窥蜀。其意以谓蜀若不守，江、浙自摇，故必图之"。对南宋而言，"今日利害，在蜀兵之胜负"④。因此，就要更加重视川陕防务。绍兴二年（1132），黄州布衣吴伸上书："金人重兵悉趋陕西，志在吞蜀，万一不幸，蜀有变动，彼将顺流而下，水陆并进，则陛下岂可复有乘桴之行乎？"⑤金兵对川陕的进攻，直接威胁到东南的安全。时人担忧，"车

---

① 《金史》卷九八《完颜纲传》，第2179页。
② 同上书《完颜匡传》，第2170页。
③ 《金史》卷一一九《完颜仲德传》，第2606页。
④ 《宋史》卷三七八《綦崇礼传》，第11681页。
⑤ 《系年要录》卷六一，绍兴二年十二月丁亥条，第1044页。

驾抚巡东南,重兵所聚,限以大江,敌未易遽犯,其所窥伺者全蜀也。一失其防,陛下不得高枕而卧矣"①。嘉定年间,袁燮论关外事宜,认为金兵侵占兴元、金、洋等州,"万一乘我少懈,夺我江源,顺流而下,不可不虑也"②。朝臣类似的忧虑,正反映出川陕战区对东南安全的重要性。

  蒙元进攻同样强调以南宋川陕为突破口,其战略经过了优先攻蜀、重点攻蜀、最后取蜀的演变③。南宋杨大渊降元后的建议就是,"取吴必先取蜀"④。元人虞集记载,"国朝以金始亡,将并力于宋,连兵入蜀"⑤。同样,宋人也担心蒙军从川陕突破,进而夺取江南,"近闻谍报颇有先通川路,后会江南之意,万一乡导者与之画王濬造大舟远舫之策,直下荆州,则江浙震惊,而不但全蜀之忧矣"⑥。对川陕战区保护东南安全的重要性,不能不想起"王濬楼船下益州,金陵王气黯然收"的诗句来。时过境迁,但川陕地带拱卫东南的地缘形势并未改变。

  综上可见,川陕战区是南宋朝野勾画的整体战略蓝图中的一个关键环节。"天下者,常山蛇势也",是时人从整体防御战略的高度对川陕战区特殊之处的审视,即川陕战区是南宋整体防御体系的一个重要组成部分。"号令中原,必基于此",则侧重从进攻的角度看川陕战区的战略位置,也即川陕战区是南宋实现中兴大业的基地。从防御的角度看,川陕战区是保障东南安全的坚实屏障,所谓"无蜀是无东南也"。在整体防御战略的视野下,川陕战区是一个直接关系到南宋能否实现中兴大业与巩固政权双重目标的关键地带。显然,不管从南宋整体战略部署,还是军事防御与进攻来看,川陕战区地带均是一个极为敏感的地区,为此受到南宋政权的极大关注。川陕战区在南宋之所以能够发挥重要的战略防御作用,是与

---

  ① 《宋史》卷三八二《曾几传附曾开传》,第11770页。
  ② 《西山先生真文忠公文集》卷四七《显谟阁学士致仕赠龙图阁学士开府袁公行状》。
  ③ 陈世松:《蒙古定蜀史稿》第八章第二节《蒙古攻蜀战略的变化》,四川省社会科学院出版社1985年版。
  ④ 宋濂:《元史》卷一六一《杨大渊传》,中华书局1976年版,第3778页。
  ⑤ 虞集:《道园类稿》卷四九《史母程夫人墓志铭》,元人文集珍本丛刊本。
  ⑥ 吴泳:《鹤林集》卷一五《绍兴吴玠守蜀关二事》,《四库全书》珍本初集本。

南宋朝野从整体战略防御角度对川陕战区的战略定位密不可分的。川陕战区在南宋整体防御战略部署中的关键性地位,是南宋高度重视并着意经营此地的重要原因。

第二节 南宋川陕军事戍防体系

南宋边疆防御的一个突出弱点是边防线漫长,从江淮之地向西经过荆襄直到川陕地区,绵延数千里。即使就一个战区而言,仍然存在边防线漫长的弊端,这给有效设防带来很大不利。若在各地均屯驻军队,则力量分散,防御功能下降。宋朝军队数量虽多,也不可能在各地均屯驻足以抵御外敌进攻的军队。南宋设防的困境在于既要达到防御的目的,又要避免防线漫长的弊端。基于此,南宋边疆防御充分利用各地天然或人工形成的地理形势,在大战区内再划分为小的区域,占据形胜要地,做到有重点的设防。本节主要对南宋川陕战区的具体设防作一分析,以此勾画出川陕军事戍防体系的基本情况。

一、屯驻重心:兴州、金州、兴元府

南宋川陕战区在军事戍防上的一个突出特点是以兴州、金州与兴元府为三大屯驻重心。

兴州,即今陕西略阳,古称武兴,是南宋川陕战区中的一个重镇,开禧三年(1207)吴曦据兴州叛变,之后改为沔州。兴州地当秦蜀要冲,唐代柳宗元就记载到兴州的险要地势,"崖谷峻隘,十里百折"①。兴州地理位置非常重要,在南宋人看来,"蜀号天险,沔当要冲",兴州在防御与进攻中发挥着重要的作用,所谓"进可以瞰秦陇,退可以蔽梁益"②。早在金军进攻之初,兴州

---

① 柳宗元:《柳宗元集》卷二六《兴州江运记》,中华书局1979年版,第715页。
② 《平斋文集》卷一八《利州路转运判官陈隆之除直宝章阁权知沔州兼利州路提刑兼提举制》。

远离兵锋,其战略地位就已经凸显出来。在外患频仍、内乱四起之时,史斌僭号兴州,图谋割据自立①。富平之战,宋军大败,退守川陕交界地带,有人建议将宣抚司南移至夔州,刘子羽坚决反对,认为"宣司但当留驻兴州,外系关中之望,内安全蜀之心",以此为据点,呼召诸将,收集散亡,坚壁固垒,观衅而动②。理宗时,曹友闻知沔州,蒙军先攻武休关,入兴元府,又欲进攻大安军,制置使赵彦呐檄曹友闻控制大安,曹友闻指出:"沔阳,蜀之险要,吾重兵在此,敌有后顾之忧,必不能越沔阳而入蜀。"③南宋与金对峙时期,川陕战区的兵力分布,兴州的驻军数量一直占据首位,"三路之兵,敌常以兴州为重"④。吴曦在兴州发生叛变,其原因之一就是占据兴州这一形势重地,可以利用兴州强大的军事力量。绍兴十四年(1144),利州路分为东西两路,之后数次分合,利州路分为两路时,兴州为利州西路治所。兴州的战略地位由此可见。

金州即今陕西安康,是南宋川陕战区东部的一个重镇。南宋人称"金城外控边陲,内连巴蜀,有民有兵,号为价藩"⑤。金州处在荆襄战区与川陕战区的中间地带,是连接两大战区的枢纽。金州在防御中的重要性体现为两点,一是直接抵御从北部进攻的势力,二是连接荆襄与川陕两大战区。先看第一点,从地理位置言,金州与金朝接界,"金之为郡,最系极边,上津一带,紧与商虢为邻,西城汉阴,距长安不数百里"⑥。绍兴十年(1140),胡世将欲调集金州驻军,遭到知金州范综的反对,其原因正在于金州在防御中的重要地位,"金州关隘四十余处,皆系要冲,比商州去金人尤近,止合量度事宜紧慢,如敌果来侵犯,当并力捍御"⑦。绍兴十一年

---

① 李裕民:《宋江余党二次造反考——史斌与宋江史事新探》,载《陕西师范大学学报》2001年第3期。
② 《朱熹集》卷八八《少傅刘公神道碑》,第4506页。
③ 《宋史》卷四四九《曹友闻传》,第13236页。
④ 周必大:《文忠集》卷一四七《奉诏录二·金州傅钧奏》,文渊阁《四库全书》本。
⑤ 楼钥:《攻媿集》卷三五《知雅州宋南强知金州》,《四部丛刊》初编本。
⑥ 李鸣复:《论保金城之险疏(理宗时)》,载《历代名臣奏议》卷九九,第1354页。
⑦ 《系年要录》卷一三七,绍兴十年七月条,第2206页。

(1141)宋金和议成,割商州之半于金兵,金州遂成为宋金交界的前沿要地。光宗时,知金州杨王休言及金州的战略地位,"今郡为西蜀喉襟,上津县即商於之旧邑,自商之丰阳西至洋之重阳关,横亘一千三百里,关隘六十四,边面阔远"①。再看第二点。《舆地纪胜》卷189《金州》曰:金州乃"秦头楚尾,一大都会"。该书引《安康郡志序》曰:金州"东接襄、沔,南通巴、达,西连梁、洋,北控商、虢"。又引周粹中《漏泽园记》曰:"郡当秦、蜀、荆、楚之冲。"②以上之言,均强调金州在两大战区之间的枢纽地位。南宋人曾高度概括金州在川陕战区中的重要地位曰:"边兵不敢窥蜀塞,至今恃此为金汤。"③

兴元府即今汉中市。兴元府是汉中的政治中心,兴元府的战略地位首先体现在整个汉中的战略形势中。汉中连接关中与巴蜀,突破汉中,北上可占领关中,进而可兴复中原;南下可吞并巴蜀,继续南下江东。汉中得失,干系至大。对汉中的地理形势,王庶曾曰:

> 蜀以汉中、金、洋为咽喉……梁、洋东彻陕、华,西极洮、岷,北临三秦,南压九江,表里山河,可战可守,乃天下之脊也。④

章如愚则侧重汉中对巴蜀的屏蔽作用,认为"徒知有巴蜀之势,而不知所以为汉中之备,则非知巴蜀之险者也……汉中又所以为巴蜀之门户"⑤。黄裳认为南宋有五大"重镇",分别为汉中、襄阳、江陵、鄂渚、京口,应当派将相大臣坚守,"五镇强则国体重"⑥。由于汉中的重要战略地位,南宋朝廷不仅在此屯驻大军,而且召集流亡、兴修水利、大兴屯田⑦,这些措施在抵抗金、蒙进攻时发挥了重要作用。

兴元府自古以来就是战略重镇。北宋之时,就有人指出兴元府的战略

---

① 《攻媿集》卷九一《文华阁待制杨公行状》。
② 王象之:《舆地纪胜》卷一八九《金州》,四川大学出版社2005年版,第5556页。
③ 王炎:《双溪类稿》卷七《送吴司令知金州》,文渊阁《四库全书》本。
④ 《会编》卷二一〇,绍兴十二年八月十日条,引《王庶家集·定倾论》,第1516页。
⑤ 《群书考索》前集卷五八《地理门·江淮襄阳巴蜀》,第392页。
⑥ 《宋史》卷三九三《黄裳传》,第12000页。
⑦ 梁中效:《汉中安康在南宋时期的战略地位》,载《汉中师范学院学报》1996年第1期。

地位，"自三代已来，号为巨镇，疆理所属，正当秦、蜀出入之会"；"远通樊、邓，旁接秦、陇"①。南宋时期，兴元府的战略地位更为突出。如叶适论述南宋边防形势与进攻策略时认为，"我之当进而置兵者四"，兴元为其中之一，"当进而置兵其必进者二"，即兴元与襄阳，所谓"必进"，是指"襄阳之出宛洛，兴元之出秦凤，二者我之所必当有，事据中州，按关陇形势之最先，古今之同论，决不可易者也"②。南宋时利州路数次分合，当利州路分为东西两路时，兴元府为利州东路的治所；当东西两路合为一路时，以兴元府为治所。对兴元府的战略地位，孙应时曾有如下评价，"井络之墟，势雄南郑，文昌所镇，声动西州"③；"汉中形势，号五百里石穴，而南郑为都会，盖西蜀六十州之命也"④。与南宋对峙的元人依然看重兴元府的战略位置，他们称："兴元形势，西控巴蜀，东扼荆襄，山南诸城，无要此者。"⑤

兴州、金州、兴元府是南宋川陕战区三个战略要地，形成三个军事屯驻重心。南宋这一战略部署，其背后有节制武将的目的⑥，此处只关注三大屯驻重心在防御与进攻中的战略考虑。林駉描述三地配合在兴复中原中的重要性时说：

> 蜀之根本在成都，而汉中为唇齿。汉中为保蜀之藩篱，而以陕、陇为近援。守南郑则长安为可窥，守武兴则陇西为可取，陇、蜀之势，大抵然也。⑦

南宋整体防御战略中，江淮、荆襄与川陕相互支援，牵制敌势。即使在一个战区内划分为几个更小的区域，仍有同样的考虑。如果兴州、兴元府、金州

---

① 文同：《丹渊集》卷三四《奏为乞修兴元府城及添兵状》，《四部丛刊》初编本。
② 叶適：《水心先生文集》卷五《终论六》，《四部丛刊》初编本。
③ 孙应时：《烛湖集》卷三《代丘帅回兴元宇文尚书启》，文渊阁《四库全书》本。
④ 《烛湖集》卷四《回兴元宇文尚书简》。
⑤ 姚燧：《兴元府行省夹谷公神道碑》，载苏天爵编《元文类》卷六二，商务印书馆1936年版。
⑥ 宋金和议达成后，川陕战区外在威胁缓解，吴氏武将势力膨胀，为此南宋将川陕战区驻军分为兴州、金州、兴元府三地屯驻，由三都统制统领，以期实现分化吴氏武将势力的目的。吴曦之变后，又进而改为四都统制，期间一度出现兵力分散等窘境。详见本书第三章《兴州地域集团与南宋川陕边防》第二节《南宋中央对兴州地域集团的防范·从三都统制到四都统制》。
⑦ 《古今源流至论续集》卷一《形势（淮甸陇蜀荆襄）》。

三地共同出兵,"兴州兵可于凤州先出,据和尚原,取宝鸡,下瞰凤翔,彼必以重兵与兴州兵相缀,然后以兴元之师直出骆谷、子午谷,金州军马由商於出七盘,与兴元之兵合势伺隙"①。三面出击,互相配合。

兴州、兴元府、金州三大屯驻重心,自西向东,互为声援,既避免在各地屯军力量分散的弊端,又能发挥协同作战的战略优势。其中兴元府为核心,金州与兴州为东西两翼。对此,南宋人周南有详细论述:

> 西蜀之兵,分为三路。金州当其东,兴元制其西,兴州当其北,各据一面。三路之中,兴元最为要害。盖进则当陕之凤翔,退则据蜀之咽喉,故重兵不可不置于此,事势不可不力于此,大帅不可不设于此。次地理考之,敌人犯蜀,不过三路:曰岷凤,曰兴元,曰金州而已。然自兴元而至兴州,百三十余里;自兴元而至阶、成与凤,远亦不出三四百里,是自兴元而应接西路,不为甚远也。自兴元而至于洋七十里,自洋而东至于金州二百五十里,是自兴元而应接东路,亦不为甚远也。是以南渡之初,国家深知其然,镇以重臣,开宣司于汉中。夫使朝廷择才智之臣,据根本要害之地,平时得以考核将帅,蓄积财用。一旦有事,得以专制二道十万之兵,东西应援,不出于三四百里之外,而敌人不得蹑吾咽喉之地,岂非固国之善谋哉。②

兴州、金州、兴元府三大屯驻重心的形成,体现出南宋中央在战略部署上的深谋远虑,川陕战区作用的发挥正得益于这一设防中的精心部署。

二、外部屏障:关外诸州

在南宋川陕战区的西部,阶州、成州、西和州、凤州四州的战略地位同样重要,关外四州即指此四州,还有称为关外五州者,指以上四州再加天水军。以上诸州,从地理位置看,西和州、天水军、成州、凤州处在宋金边界线之南、

---

① 《文忠集》卷一四七《奉诏录二·金州傅钧奏》。
② 周南:《山房集》卷八《杂记》,涵芬楼秘笈本。

兴州之北；阶州处在兴州以西、西和州与成州之南。关外诸州是抵御金、蒙进攻的前沿地带，直接拱卫兴州这一军事屯驻地的安全。能否坚守关外诸州，是巩固川陕战区的一个关键因素。

对关外之地的战略地位，南宋人有清楚的认识：

> 阶、成、和、凤，蜀之垣墉也。其地险绝，为吾障蔽，则关内诸郡，虽不立城壁，自然安固。①

关外诸州以其险要的地理位置，成为抵御外敌进攻汉中乃至四川的重要屏障，正所谓"近代宋保蜀，以南制北，阶、成、岷、凤为藩篱，汉中为门户"②。富平之战后，吴玠在评价关外之地的重要性时说："关外，蜀之门户，不可轻弃，金人所以不敢轻入者，恐玠议其后耳。若相与居下，敌必随入险反守，徐取间道，则吾势日蹙，大事去矣。"③吴玠凭借多年的战争经验，洞悉关外诸州对蜀地的屏障作用。开禧三年（1207），吴曦之变，将关外之地献于金兵，形势极为严峻。平定吴曦之变后，朝臣主张收复关外诸州，认为"曦死，贼胆以破，关外四州为蜀要害，盍乘势复取"，其中杨巨源"力言四州不取，必有后患"④。安丙认为："此不可缓也，缓则彼守益固，蜀唇亡齿寒矣。"⑤于是分遣诸将，乘势收复西和等州，关外诸州重新掌握在宋军之手。南宋后期，有人主张放弃关外之地，将防线向南撤退，立即遭到朝臣的谴责，"或谓近日议论有欲弃关外四州者，以其费多而守备众也。不知四州之急，起于中兴，失关陇则四州急，弃四州则梁、洋、沔、利急，地愈狭则急愈甚矣"⑥。关外诸州丧失，川陕防线将随之节节崩溃。

在防御中，关外诸州的重要性如此；从进攻看，关外诸州的作用同样不可低估。淳熙年间，朝臣谋划的进攻策略就是"合取要地无逾长安、凤翔、德

---

① 《絜斋集》卷四《论蜀札子二》。
② 罗璧：《罗氏识遗》卷三《封略自然之险》，《丛书集成》新编本。
③ 《系年要录》卷六三，绍兴三年二月己亥条，第1072页。
④ 《宋史》卷四〇二《杨巨源传》，第12196页。
⑤ 《安丙墓志铭》，转引自蔡东洲、胡宁《安丙研究》第七章《安丙墓志铭考补》，巴蜀书社2004年版。
⑥ 曹彦约：《昌谷集》卷一三《与蜀帅桂侍郎札子》，《四库全书》珍本初集本。

顺。若取凤翔,则出师凤州散关;若取秦州德顺,则出成州皂郊。又金州之师,可出上津,进取商虢,以窥长安"①。从凤州、成州出兵,再配合金州之师,三方力量形成合一之势。

以下分别看各州的地位。

阶州,即今甘肃陇南武都。阶州地处川陕战区前沿,西与吐蕃接壤。《方舆胜览》记载阶州的形胜曰:"东接梓潼,道通陇、蜀,土地险阻。"阶州境内有七方关、白马关等重要关隘。在南宋时期,阶州在抗击金、蒙进攻中发挥了重要作用,其中境内的杨家崖在抗金中的作用尤为知名。杨家崖"即阶州家计寨,控白江、月掌山路"。建炎、绍兴年间,吴玠、吴璘坚守蜀口,"命逐州各择地为寨。而家计寨最控扼险阻,又素有积粟水泉之类,寇至常不能破"②。

成州,即今甘肃成县。南宋时成州之北与金朝凤翔路接境,对成州的战略地位,时人曰:"成州与秦州接境,正系控扼紧要去处。"③时人还称成州,"虽云关外之偏州,实亦国西之要地"④。

西和州,即今甘肃西和,旧称岷州,绍兴十四(1144)年改为西和州⑤。西和处在南宋疆域的最西北,北面与金朝的临洮路、凤翔路接境。在关外诸州中,西和因处在边防的最前沿,"关表西州,襟带秦陇,实全蜀之保障,而西和最为要冲"。从其形势看:

> 北望祁山,烟云吞吐,冈峦起伏,武侯之遗烈可想也;西望熙洮,联亘湟中,营平经理之规,犹有存者;东望长安,慨然感叹,卷三秦以定天下,汉所有兴乎……固吾州将以固吾蜀也。⑥

西和是北出关陇以及进入川蜀的门户。吴曦之变献关外诸州后,李好

---

① 《文忠集》卷一四七《奉诏录二·兴州具奏》。
② 祝穆撰,祝洙增订:《方舆胜览》卷七〇《利州西路·阶州》,中华书局2003年版,第1233页。
③ 徐松:《宋会要辑稿》兵二九之一二,中华书局1957年版。
④ 《烛湖集》卷一《答新成州宇文知郡子震状》。
⑤ 《宋会要辑稿》方舆七之八。
⑥ 张维:《陇右金石录》卷四《西和州筑城记》,兰州古籍书店1990年版。

义力主收复,认为"西和乃腹心之地,西和下,则三州可不战而复矣。今不图,后悔无及"①。理宗之时,面对蒙军的进攻,朝臣坚持主张坚守关外之州,其中就认为"最是西和,四郡之脊膂也"②,西和州依然是朝臣关注的焦点。

凤州,即今陕西凤县。凤州之北与金朝凤翔路接境。凤州的战略地位因其境内的大散关而著称,所谓"凤州南去是南岐,大散横盘势更危"③。

秦州,即今甘肃天水。绍兴十一年(1141)宋金和议,割商、秦之半于金,"存上津、丰阳、天水三县及陇西成纪余地"④。《方舆胜览》载,"及虏骑西来,陕右百城尽陷,惟天水独存,议者以为当升军。会四川宣抚使安丙奏,乞将天水县创为军,仍置天水县"⑤。天水县升为军,正体现出其战略地位的重要,所谓"县当险陀之冲者,中原数扰,此最要道"⑥。史载:金兵占领秦州后,"徙城北山……然山径最险,敌既城其上,若控以兵,则秦陇亦未易窥也"⑦。可见,秦州之半割于金兵,其险要为金兵占有,对南宋而言,天水在防御中的作用并不突出。

由上可见,关外诸州地处川陕防线前沿,战略地位重要,具有险要的地理形势,对川陕边防的巩固发挥着重要的作用。驻守关外诸州是川陕军事戍防体系的重要组成部分,关外诸州防御功能的加强,使之成为南宋川陕战区一道坚实的屏障。

三、战略据点:关隘与堡寨

川陕战区内的关隘,是南宋得以依赖的天然屏障。南宋川陕战区关隘

---

① 《宋史》卷四〇二《李好义传》,第12199页。
② 《鹤林集》卷一八《论蜀事四失三忧及保蜀三策札子》。
③ 汪元量撰,孔凡礼辑校:《增订湖山类稿》卷三《凤州歌》,中华书局1984年版,第97页。
④ 《宋史》卷三〇《高宗七》,第556页。
⑤ 《方舆胜览》卷六九《利州西路·天水军》,第1209页。
⑥ 魏了翁:《鹤山先生大全文集》卷七五《知文州主管华州云台观安君墓志铭》,《四部丛刊》初编本。
⑦ 员兴宗:《九华集》卷二四《西陲笔略·秦州徙城北山》,《四库全书》珍本初集本。

的具体部署,时人总结为:"蜀之所恃以为国者,险也,外三关不守,而保内三关,内三关不守,而保汉沔,汉沔不守而保三泉。"①关于内三关与外三关的具体所指,李天鸣先生有详细考证:外三关是指大散关、黄牛堡、皂郊堡,内三关是指武休关、仙人关、七方关②。富平之败,陕西五路丧失,绍兴十一年(1141),宋金和议,割商、秦之半与金兵,"于是西阻天水、皂郊,东阻大散、黄牛,而阶、成、和、凤遂为西南剧",大散等关与关外诸州层层设防,所谓"无五州,不可保蜀;无大散、皂郊诸关,不可保五州"③。南宋时人也将川陕战区内的关隘与东南安全紧密联系在一起。吴曦之变平定后,宋金再次议和,南宋乞求归还金兵占领的关隘,认为"东南立国,吴、蜀相依,今川、陕关隘大国若有之,则是撤蜀之门户,不能保蜀,何以固吴?"④不难看出,关隘要地对南宋安全的重要性。

以下对几个主要关隘的战略地位作一介绍。

和尚原。绍兴十一年(1141)宋金和议后,和尚原不属南宋所有,但在此之前,和尚原在防御中一度起到重要作用。和尚原是从关中地区翻越秦岭,进入汉中的一个重要关口,位于宝鸡西南,大散关之东,战略地位非常重要,所谓"和尚原最为要冲,自原以南,则入川路散。失此原,是无蜀也"⑤。富平之败后陕西五路失陷,只保有阶、成、岷、凤等州,以及凤翔府的和尚原与陇州的方山原两个军事据点。当时,吴玠"收散卒保散关东和尚原,积粟缮兵,列栅为死守计"。有人劝吴玠退守汉中,吴玠认为:"我保此,敌决不敢越我而进,坚壁临之,彼惧吾蹑其后,是所以保蜀也。"⑥但金兵为打开通入汉中的门户,决意进攻和尚原,最终吴玠据险作战,金兵大败而归,金兵"自入中原,其败衂未尝如此也"⑦。绍兴十一年(1141),宋金划界,川陕宣抚副使

---

① 《鹤林集》卷二〇《论坏蜀四证及救蜀五策札子》。
② 李天鸣:《宋元战史》,台北食货出版社1988年版,第97页。
③ 《鹤山先生大全文集》卷八二《故太府寺丞兼知兴元府利州路安抚郭公墓志铭》。
④ 《金史》卷九八《完颜匡传》,第2170页。
⑤ 《系年要录》卷一三四,绍兴十年三月丙戌条,第2157页。
⑥ 《宋史》卷三六六《吴玠传》,第11409—11410页。
⑦ 《系年要录》卷四八,绍兴元年十月乙亥条,第862页。

胡世将认为:"一失和尚原,不便自弃地三百余里,又顿失险要,其间入川路径,散漫不一,为害甚大。"①划分地界时,南宋多次与金兵争夺和尚原、方山原等地,但最终未果,"弃和尚原、方山原。以大散关为界,于关内得兴赵原为控扼之所"②。使南宋川陕防御中丧失了两个重要的关口。

大散关。大散关地处关中与汉中之间的天然屏障秦岭之上。绍兴十一年(1141)宋金和议成,以大散关为界,南宋以大散关以南的兴赵原与黄牛堡为战略要地。从宋金对峙局面看,大散关以北即是金兵的重兵屯驻地凤翔,大散关向南便是兴赵原与黄牛堡,再经过凤州南下,就是仙人关。大散关具有重要的战略地位,"为秦蜀往来要道,两山关控斗绝,出可以攻,入可以守,实表里之形势也"③。

饶风关。饶风关是由陕入川的另一重要关口,地处今陕西石泉县与西乡县之间的饶风岭上。绍兴三年(1133),金兵大举进攻,由于和尚原之败,金兵此次避开在和尚原与宋军正面作战,而是将进攻的目标放在兴元府以东的金州,力图由金州西向占领兴元府,再由兴元府进入四川。金兵在饶风关与宋军展开决战,之后金兵占领饶风关,进兵兴元府,遭到吴玠、刘子羽、王彦的打击,从汉中撤出④。

仙人关。仙人关是另一个由关中进入汉中的重要关口,位于今陕西凤县与略阳县交界之处,历来为兵家必争之地。绍兴四年(1134),金兵聚集重兵,"决意入蜀",但在仙人关遭到吴玠的沉重打击,金兵"自是不复轻动矣"⑤。绍兴九年(1139),宋廷欲将蜀口之兵移屯内地,"时朝廷恃和忘战,欲废仙人关",遭到胡世将的坚决反对,认为敌情不测,"仙人关未宜遽废",于是戒诸将不得撤备⑥。吴曦之变,旋即为安丙等所平定,对此结

---

① 《系年要录》卷一三九,绍兴十一年正月条,第2231页。
② 《系年要录》卷一四六,绍兴十二年八月条,第2352页。
③ 马端临:《文献通考》卷三二一《舆地考七·古梁州》,引《宋中兴四朝志》,浙江古籍出版社2000年版,第2522页。
④ 李蔚:《吴玠吴璘抗金史绩述评》,载《兰州大学学报》1963年第2期。
⑤ 《系年要录》卷七四,绍兴四年三月辛亥条,第1221—1222页。
⑥ 《宋史》卷三六六《吴璘传》,第11415页。

果,金人总结道:"(吴)曦之降,自当进据仙人关,以制蜀命,且为曦重。既不据关,复撤兵,使(安)丙无所惮,是宜有今日也。"①吴曦没有成功利用仙人关的战略优势,导致失败,令金人痛心不已,颇有一招不慎,满盘皆输之憾。

从与其他关隘的联系中,更能体现出仙人关的战略地位。仙人关外分左右二道,一是"左出之路","自成州径天水县,出皂郊堡,直抵秦州",此道虽"地皆平衍",但吴璘用兵之时,"即其地为壕堑,纵横引水缕行,名曰地网,以遏奔冲"。二是"右出之路","自两当县趋凤州,直出大散关、耳关,距和尚原才咫尺,彼常凭原下视散关,仅如蚁蛭,故其势易以危,卒有缓急,仙人关可恃尔"②。饶风关与仙人关,一东一西,宋军占据饶风关,可以防止金兵从川陕战区东面进入汉中;占据仙人关,可以抵御金兵从战区西面进攻;同时又可以从东西两面出击,从饶风关出兵北上,可直指长安,由仙人关"左出之路"北上,可以直接进攻秦州,从"右出之路"北出,可以进攻凤翔。对饶风关与仙人关两大关隘的战略作用,时人有高度评价:"蜀之险固多岐,而饶风一关,汉中之屏蔽;仙人一原,西河之衿喉。"③占据两关,宋军气势随之大增。

七方关。七方关位于今甘肃康县东北,南宋人称:"蜀之形势以三关为险,隶于梁曰武休,隶于沔曰仙人,曰七方。"④绍兴四年(1134)二月,金兵入攻仙人关,吴璘在和尚原率轻兵,"由七方关倍道而至,与金兵转战七昼夜",与吴玠会合,击退金兵⑤。时至蒙元入侵川陕,曹友闻戍防七方关,欲退守,时人称"七方要地,不可弃"⑥。后蒙军"东破武休关,已而破七方,遂入沔州金牛,至大安",长驱入剑门⑦,形势危急。魏了翁曾言及南宋与蒙元对峙中

---

① 《金史》卷九八《完颜纲传》,第2180页。
② 赵彦卫:《云麓漫钞》卷一,中华书局1996年版,第14页。
③ 《鹤林集》卷一五《绍兴吴玠守蜀关二事》。
④ 李鸣复:《论措置蜀事疏》(理宗时)》,载《历代名臣奏议》卷九九,第1353页。
⑤ 《宋史》卷三六六《吴玠传》,第11412页。
⑥ 《宋史》卷四四九《高稼传》,第13233页。
⑦ 《宋史》卷四四九《曹友闻传》,第13234页。

七方关之防守,"七方深处腹内,汗漫无险,异时彼自西入,则备西可矣……若俟其逾马岭,逼七方,五州地数百里已与彼共之矣"①。七方关之重要性于此可见。

黄牛堡。黄牛堡位于今陕西凤县东北,是金蒙突破大散关南下入川必经之路,在战略防御中与大散关互为犄角。绍兴三十一年(1161)九月,金兵五千余骑自凤翔大散关入川,以游骑进攻黄牛堡,形势危急,守将李彦仙等强力防守②。吴璘在黄牛堡击败金兵,形势大好,"遂取秦州,连复商、陕、原、环等十七郡"③。吴曦之变后,沿边关隘惨遭毁坏,安丙整饬军务,"及修黄牛堡",筑兴赵原,以扭转戍防之危局。嘉定年间董居谊帅蜀,金兵"破赤丹、黄牛堡,入武休关,直捣梁、洋,至大安,宋师所至辄溃,散入巴山"④。黄牛堡之失,宋军战略防御即处于不利局面。

皂郊堡。皂郊堡在天水县东北,从战略防御看,皂郊等是固守关外五州的要地,所谓"无大散、皂郊诸关,不可保五州"⑤。具体来看,皂郊堡乃仙人关左出之路,自成州、天水"出皂郊堡,直抵秦州"⑥。在时人谋划的进攻战略中,皂郊之地非常关键,"合关外所屯之众,自皂郊直趋秦州,止三十里,一日可得,既得秦州,至德顺才二百五十里,五日可复"⑦。虞允文曾从宋金对峙的大局高度评价皂郊等驻守防御的重要性,"自皂郊界首至于河池,边面阔远,路皆平夷,戍守之兵余七万",国家以之而守则固,以之而进取则可以必其成功⑧。

武休关。武休关位于凤州与兴元府之间,是秦岭南北交通要道褒斜道上的一个重要关口,战略地位非常重要。从关中由褒斜道入汉中,或由汉中

---

① 《鹤山先生大全文集》卷八二《故太府寺丞兼知兴元府利州路安抚郭公墓志铭》。
② 《系年要录》卷一九二,绍兴三十一年九月甲戌条,第3217页。
③ 《宋史》卷三七二《王之望传》,第11538页。
④ 《宋史》卷四〇二《安丙传》,第12190—12192页。
⑤ 《鹤山先生大全文集》卷八二《故太府寺丞兼知兴元府利州路安抚郭公墓志铭》。
⑥ 《云麓漫钞》卷一,第14页。
⑦ 《文忠集》卷一四七《奉诏录二·兴州具奏》。
⑧ 虞允文:《论吴璘老病王权贪狡疏(孝宗时)》,载《历代名臣奏议》卷二四〇,第3159页。

经褒斜道进入关中,武休关是必经之地。对其战略地位,史载:"凤州之东,兴元之西,褒斜谷在焉。谷口三山,翼然对峙,南曰褒,北曰斜。在唐为驿路,所以通巴汉。旁连武休关,又极东为饶风关,地斗入,粮运难致。异时独倚饶风以控商虢,由武休以达长安,故当关为蜀之咽喉。"①

除关隘外,堡寨同样是川陕战区可以依赖的防御设施,其中吴玠设置的家计寨最为著名。家计寨设置的目的,就是利用关外诸州的天然屏障,聚集沿边诸州百姓,据险相保:

> 岷曰仇池,凤曰秋防原,阶曰杨家崖,成曰董家山。是四者,皆有险可恃,有泉可饮,又为之粮以食,为之屋以居,无事则寓于州,有事则归于寨。

家计寨之中,形势险要,物资充足。以家计寨为据点,防御效果显著。从绍兴至开禧年间,金兵进攻,"视之而不敢攻,以有险在前也;遏之而不敢越,惧吾之袭其后也"②。绍兴三年(1133)五月,川陕宣抚司上奏,在仙人关大捷中,阶州杨家崖捍御官兵武节大夫姜成等二千八百三十七人,战功突出,各转一官资③。这是家计寨民众等参与抗金的一个例证。家计寨的战略优势,岷州家计寨可为典型:

> 仇池尤高峙耸拔,其形如削爪,上有良田百亩,可驻万马,飞泉凡九十有一源,大旱可济也,山径仰空如掷线,虽悍夫千百攻之,巧无所施。④

以仇池为代表的家计寨的防御作用,用"一夫当关,万夫莫开"来形容,诚不为过。为了有效发挥堡寨的作用,常加修缮就必不可少。淳熙四年(1177),兴州都统制吴挺"密修皂郊堡,增二堡,缮戎器,储于两库,敌终不觉"⑤。淳熙十四年(1187)二月,中央批准吴挺"乞下阶、成等州,常令修整山寨"的请

---

① 《云麓漫钞》卷一,第14页。
② 李鸣复:《论防蜀事疏(理宗时)》,载《历代名臣奏议》卷三三八,第4386页。
③ 《系年要录》卷八七,绍兴五年三月辛巳条,第1441页。
④ 《九华集》卷二四《西陲笔略·四川山寨天设之险》。
⑤ 《宋史》卷三六六《吴璘传附吴挺传》,第11423页。

求,下令"常令点检,遇有些小损动,即时葺修"①。显然,中央也不时诏令加强对家计寨的维护与修整。

开禧、嘉定之后,家计寨遭到破坏。据载,在吴曦之变中,"沿边关隘悉为金毁",②"而家计寨之实遂废"③。此后,安丙整饬关外堡寨防御体系,规模已具:

> 西和一面,已修仇池,聚粮积刍,使军民可守。若敌至,则坚壁不战,彼欲攻则不可,欲越则不敢。若西和可守,成州之境自不敢犯。成州黑谷、南谷亦皆顿重兵。天水虽不可守,距天水十里所,见创白环堡,与西和相为掎角,又增堡鸡头山,咸以民卒守之,及修黄牛堡,筑兴赵原,屯千余人。凤州秋防原尤为险绝,绍兴初,州治于此,宣抚吴玠尝作家计寨,前即马岭堡,正扼凤州之后。凡此数堡既坚,金人决不敢近。而河池、杀金平、鱼关皆大军屯聚,其他径路,虽关之里如大安,亦阴招民卒,授以器械,为掩击之备矣。④

蒙元入侵之初,堡寨再度发挥重要作用。宝庆三年(1227),蒙军进攻,通判高稼等在沔州,"乃创山寨八十有四,且募义兵五千人",与民众相约,"敌至则官军守原堡,民丁保山寨,义兵为游击,庶其前靡所掠,后弗容久"⑤,一度起到抵御蒙军进攻的作用。

时至宋蒙对峙晚期,家计寨丧失殆尽,关外诸州的防御又依赖山寨与城池,但效果均不佳。

先看山寨。山寨与前时的家计寨形同而实异,时人从比较中发现:

> 家计寨凡四,择地利之绝险者为之;而山寨则为数七十,无其险也。家计寨之设,乃官与民相保聚,其力足以捍敌;而山寨则家自为活,无其力也。彩画成图,但诧观美,多张虚势,无补实用,是驱之使就死地也。⑥

---

① 《宋会要辑稿》方舆一九之三二。
② 《宋史》卷四〇二《安丙传》,第 12190 页。
③ 李鸣复:《论防蜀事疏(理宗时)》,载《历代名臣奏议》卷三三八,第 4386 页。
④ 《宋史》卷四〇二《安丙传》,第 12190—12191 页。
⑤ 《宋史》卷四四九《高稼传》,第 13231 页。
⑥ 李鸣复:《论防蜀事疏(理宗时)》,载《历代名臣奏议》卷三三八,第 4386—4387 页。

可见，山寨无险可恃，丧失了家计寨凭恃险要、官民互保的特性，其作用的发挥自然减弱，形同虚设。

再看筑城。史载，家计寨废除后，筑城之议兴起，"故岷有城，凤有城，河池亦有城，岷凤之城是也。河池距杀金平三十里，咫尺天险，而亦城之。其城也，又随筑随毁，则徒费耳"。而且从防御看，"城之所容者少，民之所聚者众，是一城之外，皆无驻足之地耳。万一有警，不死于兵戈，则毙于道路矣"①。所筑之城反倒成为防御的障碍。李鸣复曾言及金州筑城"不足恃"的情形，就颇为典型：

> 郡之所仰以为根本者，城也，而城不足恃；又所赖以为藩篱者，关隘也，而关隘亦不足多恃。盖金尝有城矣，城之外又有堤焉，以捍水，城方而小，堤顺而长，各不相关涉也。迩岁帅臣有城筑之请，朝廷下城筑之令，一时任事者，心乎欲速，不暇审思，由东而北，因堤以增筑，而堤之上可以阶而升，由西而南，饬旧以为新，而新城之创修，仅与堤接。故城之形如舟焉，如带焉，首尾不相应，而其中受敌，最为要害，故曰不足恃。②

在实际抵御蒙军的攻战中，金州关隘险要丧失，所筑之城不足凭恃，不能有效利用地势险要，又无法发挥首尾相应协同作战的战略优势。看来，蒙军最终突破川陕防线，与宋军缺乏相应的城池、堡寨防护干系至大。

综上所述，南宋时期川陕战区战略地位突出，为此南宋尤为重视该地的经略和军事戍防建设，从而在川陕形成一个严密的军事戍防体系，这是川陕战略防御的重要特点。其中川陕防线自西向东形成兴州、兴元府、金州三大军事屯驻重心，以发挥联合防御与进攻的战略优势。在军事屯驻重心外，又有关外诸州的护卫，并且以仙人关等关隘为战略据点，其间又有家计寨等防御设施。在整个川陕戍防体系中，既有军事屯驻重心，又有外部护卫屏障，宋军占据交通要道上的关隘要地，调集民众驻守家计寨，从而形成一个有机的整体。南宋前中期与金军的对峙中，川陕战区能发挥强有力的防御功能，

---

① 李鸣复：《论措置蜀事疏（理宗时）》，载《历代名臣奏议》卷九九，第1353—1354页。
② 李鸣复：《论保金城之险疏（理宗时）》，载《历代名臣奏议》卷九九，第1354页。

始终能保证战区戍防体系的严密性是一个重要原因。川陕战区对南宋政权发挥了重要的战略保障作用,是与在川陕战区建立的这一军事戍防体系密不可分的。以往学界在评价南宋川陕抗金与边防巩固的原因时,多突出吴玠、吴璘等抗金将领的重要功绩。通过军事戍防这一问题,我们看到,在川陕边防的巩固中,独特的军事戍防体系也发挥了重要作用,这同样值得肯定。军事戍防体系问题,是我们认识南宋川陕防御整体面貌的一个重要侧面。

我们看到,南宋川陕军事戍防体系的形成,有自然与人事两个重要因素。从自然因素角度看,不管是兴州、金州、兴元府三大屯驻重心与阶州、成州、西和州、凤州等关外诸州,还是和尚原、仙人关、大散关、武休关以及家计寨等,均为自然险要之所在,体现出这一军事戍防"天险"之处。从人事角度看,南宋时人对川陕军事戍防中的屯驻重心、外部屏障以及战略据点等的军事功能与战略价值有清醒的认识,他们充分认识到自然地理形势对川陕戍防体系构建的重要意义,因地制宜,利用自然地理形势展开军事布防。从三大屯驻重心的确立、关外诸州屏障作用的发挥,到关隘堡寨战略据点的选择,反映出时人对自然地理形势的认识与充分利用,体现出这一戍防体系"人谋"之处。从南宋与金、蒙实际军事对峙看,宋军若能将"天险"与"人谋"密切配合,成功的几率增大,反之则很难取得成功。南宋初年张浚欲发动富平之战,吴玠进言"宜各守要害,须其弊而乘之","兵以利动,今地势不利,未见其可。宜择高阜据之,使不可胜"。吴玠看重的就是"据守险要"这一点。然张浚轻进,不据险作战,致使富平大败。之后在和尚原等战中,宋军"选据形便,出锐卒更迭挠之"①,屡屡获胜。宋人在川陕防御中总结出的"各守要害"、"选据形便"等,体现出南宋川陕军事戍防体系"天险"与"人谋"紧密结合的特点,这也是川陕军事戍防体系得以巩固的重要原因。

需要指出的是,南宋川陕军事戍防体系有一个建立、完善、变化与解体的过程。上述川陕军事戍防体系在南宋时期一直处在变化过程中,时人勾

---

① 《宋史》卷三六六《吴玠传》,第 11409—11413 页。

画的防御蓝图在具体的战事与政治背景下，往往产生诸多变化。从南宋与金、蒙在川陕战区的对峙实情看，在南宋中前期与金军对峙时期，川陕军事戍防体系作用的发挥较为突出。对这一时期川陕戍防体系内部结构及其相互间的配合等，时人予以充分肯定："蜀之有关外四州，犹朝廷之有四蜀也。蜀据上流，有四蜀而后朝廷重。四州介在关表，有四州而后蜀重。"①从巩固家计寨到坚守关隘，从固守关外诸州到加强三大屯驻重心的地位，宋军牢牢将金兵抵挡在川陕防线之外。时至南宋后期，蒙军最终突破这一地带，其中蒙元骑兵力量强大固然是重要原因，但戍防体系本身也出现不少问题，使得蒙军乘势而入，南宋在川陕的设防步步南移，其功能的发挥自然降低。时人对川陕战区在南宋晚期的防御策略多有谴责，其中之一就认为，由于策略失误，戍防体系的各个组成部分为蒙军突破，军事戍防体系崩溃，"议者皆曰蜀经三变，一败而失四堡者，董居谊之罪也。二败而弃五州者，郑损之罪也。三败而委三关者，桂如渊之罪也"②。显然，"蜀经三变"中的策略失误，直接导致"四堡"、"五州"、"三关"这些川陕防御得以依赖的重要组成部分接连丧失，战区的内部体系遂被逐步瓦解，其功能的发挥也就大打折扣，其独特的戍防体系即趋解体。

---

① 李鸣复：《论措置蜀事疏（理宗时）》，载《历代名臣奏议》卷九九，第1353页。
② 吴昌裔：《论蜀变四事状（理宗时）》，载《历代名臣奏议》卷一〇〇，第1359页。

第二章　中央与地方之间：南宋川陕宣抚处置司的运行

宣抚处置司的设置标志着川陕地方行政运行中一个新时期的开始,与此前相比较,最显著的特征就是在川陕地区一改往日权力分散的局面,出现了一个由中央确立的权力中心。这一具有深远影响的事件,并未引起学术界足够的关注。研究者多从人物评价入手,宣抚处置使张浚获得较多的重视。现有的研究过于偏重"人物评价",而忽视了从制度运作层面作深入探讨。诚然,在人物评价中也涉及到制度的运行,但由于侧重点不同,直接影响到对这一制度的全面认识。据此,笔者以"制度运行"为切入点展开讨论。我们发现,在宣抚处置司的运行中,宣抚处置司、中央以及地方武将势力之间的关系交错于一体,而宣抚处置司是这一复杂关系的焦点,由此产生中央与宣抚处置司、宣抚处置司与武将之间的权力冲突。前者体现为中央与地方的关系,后者体现为文臣与武将的关系。在不同的权力冲突中,展现出宣抚处置司运行的实际状态。

第一节　时变与应对:川陕宣抚处置司设置缘起

建炎三年(1129)五月,南宋中央任命张浚为川陕宣抚处置使,在川陕设置宣抚处置司。此事是南宋川陕地方政治生活中的一件大事,标志着川陕从此改变了由北宋延续而来的陕西分为五路、川峡分为四路的局面,进入了一个新的时期。这是南宋川陕地方行政运行中有别于北宋的新举措。对南宋宣抚使制度的整体情况,学界已有论述①。川陕宣抚处置司的设置,从南宋宣抚使制度的整体情况比较来看有其特殊之处②。立足于川陕地方行政运行的特殊性,从两宋之际川陕地方行政制度变革的角度出发,我们发现,川陕宣抚处置司的设置有一个较长的酝酿过程,涉及到两宋之交中央与地方互动关系的诸多方面。

一、两宋之际川陕战略地位的凸显

宣抚处置司的设置,与川陕地区战略地位的凸显密切相关。宣和末年,金兵步步南下。在金兵的进攻下,如何有效防御金兵进攻,化解政权解体的危机,是两宋之际最紧迫的现实问题。这一时期,从中央最高决策者到地方官员乃至民间士大夫,多将视线转移到川陕地区。在内忧外患的局面下,川陕地区寄托着抵御金兵进攻、实现中兴大业的宏伟理想,成为人们关注的一个焦点。其战略地位的凸显是南宋着意经营此地并设立宣抚处置司的重要原因。

北宋末年,在讨论如何与金兵抗争,以及避开金兵进攻势力的策略时,退守关中再图兴复是比较突出的看法。宣和末年,知池州刘子羽上书:"论天下兵势,当以秦、陇为根本。"③靖康初年,唐恪上言钦宗曰:"唐自天宝而后屡失而复兴者,以天子在外可以号召四方也。今宜举景德故事,留太子居守而西幸洛,连据秦、雍,领天下亲征,以图兴复。"④刘子羽认为秦陇为天下根本,唐恪看重占据秦雍后的地利之便。靖康元年(1126),保和殿大学士蔡儵提出"请驾幸长安,会兵以图收复"⑤的主张。蔡儵认为:

---

① 余蔚:《论南宋宣抚使和制置使制度》,载《中华文史论丛》2007年第1辑。
② 林天蔚:《南宋时强干弱枝政策是否动摇?——四川特殊化之分析》。
③ 《宋史》卷三七〇《刘子羽传》,第11505页。
④ 《宋史》卷三五二《唐恪传》,第11119页。
⑤ 《系年要录》卷一,建炎元年正月条,第12页。

>彼方谓我独西兵可用,诚是也。都邑必不可守,藉守亦必破。况天子不乘危,且上兵伐谋。今太上既将南幸,为新天子计,不若行幸陕右,反据形势以临之,鸠集藩翰大臣,数道并进,乘我锐气,下兵以图收复,此万全矣。①

在蔡儵看来,退守陕西,占据形势之地,纠集兵众,是当时最佳的策略。金兵进攻时,同知枢密院事种师道上奏朝廷曰:"青、沧、卫、滑既不宿兵,无篱藩之助,欲乞大驾幸长安,以避其锋。"②金兵围攻京城,勤王之师迟迟未到,人心惶惶,有朝臣建议:"西奔关中,集天下兵,选将出师,分兵四击。"③金兵兵临城下之时,朝廷上下一度有迁都关中的打算。在建都关中的建议中,张叔夜的看法颇具典型性。靖康初,金兵南下,龙图阁直学士张叔夜上奏,认为"长安关中之地,历代所以成王业也,舍此而下,皆去中原寝远。名为迁都,其实偏霸"④,并提出"贼锋方锐,愿如唐明皇之避禄山,暂诣襄阳以图幸雍",得到钦宗的认可⑤。

以上是朝臣的议论。再看宋徽宗与宋钦宗的看法。宣和七年(1125),金兵已破燕山,徽宗的打算是,遣朝臣分守大河,传位与太子,"朕移军长安,保扞关中为根本"⑥。史载:在朝臣讨论坚守都城还是外出避敌议论不定时,钦宗色变,泣曰:"朕将亲往陕西起兵,以复都城,决不可留此。"⑦显然,徽、钦二帝曾经有过退守关中以图兴复的计划。关中的战略地位在朝臣与皇帝的眼中非同寻常,于此可见一斑。

高宗即位后,在制定防御战略、决定都城位置以及勾画兴复大计时,川陕之地依然是关注的焦点之一。

高宗即位,光州观察使带御器械韩世忠"请移都长安,下兵收两河"⑧。

---

① 《会编》卷二七,靖康元年正月四日条,引《北征纪实》,第199页。
② 《会编》卷六〇,靖康元年十月二十九日条,第444页。
③ 《会编》卷二七,靖康元年正月五日条,引《封氏编年》,第204页。
④ 《会编》卷八八,靖康二年三月二十九日条,引《张叔夜家传》,第654页。
⑤ 《宋史》卷三五三《张叔夜传》,第11141页。
⑥ 张端义:《贵耳集》卷下,中华书局上海编辑所1958年版,第52—53页。
⑦ 《会编》卷二七,靖康元年正月五日条,引《李纲传信录》,第203页。
⑧ 《宋史》卷三六四《韩世忠传》,第11357页。

高宗初年,立足之点飘摇不定,谋划巡幸,知同州郑骧认为,南阳与金陵地处偏方,非兴王之地,"长安四塞,天府之国,可以驻跸"①。绍兴二年(1132)十月六日,右迪功郎刘嵘上书,其一就是讨论建都问题,认为开封失陷之后,"考天下之势,莫强乎关中,今则力未能至"②。关中虽力不可至,但其形势为天下之最。《连公墓碑》载连南夫之事迹,"建炎登极,诏公再任。公又论讲和致祸之由,闻集议驻跸,即上疏祈幸关中"③。南宋初年建议巡行的还有吴革。吴革,华州华阳人,金兵南侵,持节谕陕西,"乞幸秦川"④。

在南宋初年朝臣的建议中,宗泽迁都长安说、唐重退守关中策、李纲巡幸论、张浚西幸说具代表性。

高宗在金兵的追逐下,仓惶南逃,宗泽留守开封,组织抗金。宗泽将洛阳、金陵与长安三地的形势作过一个比较,认为洛阳残破,南都尚可;金陵虽有虎踞龙蟠之势,以此为都,只具偏霸之势。"且并进而深入,捣得金人巢穴,以迎二圣,陛下驻跸长安,则金人必不能西向潼关。中原豪杰,尽乐为陛下用。内外之患,皆可消弭,而祖宗大业,可以永保而传亿万世。天下既定,东还京师,亦不晚矣"⑤。在宗泽看来,建都长安,占据形势,不仅可抵御金兵,而且可实现兴复大业。

建炎元年(1127),知同州唐重上疏:"今急务有四,大患有五。所谓急务者,大率以车驾西幸为先。"⑥请高宗早临关中,并上三策,其上策为,"镇抚关中以固根本,然后营屯于汉中,开国于西蜀"。其中策为,驻跸南阳,控楚、吴、越、齐、赵、魏之师,"选宗亲贤明者开府于关中"。下策为"治城池汴、洛之境,据成皋、崤函之险,悉严防守"。至于引兵南渡,最为无策。之后唐重又六上疏,"皆以车驾幸关中为请"⑦。

---

① 《宋史》卷四四八《郑骧传》,第13203页。
② 《会编》卷一五二,绍兴二年十月六日条,第1102页。
③ 韩元吉:《南涧甲乙稿》卷一九《连公墓碑》,《丛书集成》新编本。
④ 《宋史》卷四五二《吴革传》,第13290页。
⑤ 宗泽:《宗忠简公集》卷一《乞都长安疏》,《丛书集成》新编本。
⑥ 《系年要录》卷五,建炎元年五月丙午条,第133页。
⑦ 《宋史》卷四四七《唐重传》,第13186—13187页。

李纲的巡幸论认为,在金兵进攻下,如若不占据要地,兴复大计将无从谈起。至于具体巡幸地点,李纲认为:"天下形势,关中为上,襄阳次之,建康又次之。"应当以长安为西都,襄阳为南都,建康为东都,命各地守臣,修葺城池,储备钱粮,以备巡幸①。当高宗南下之时,李纲再次认为:"夫陕西者,中国劲兵健马之区也。河北、河东者,中国之屏蔽也。京畿及东西者,中国之腹心也。江、淮、荆湖、闽、浙、川、广者,中国之支脉也。今与邻国争屏蔽之地,不能保腹心以号召劲兵健马与之驰逐,而欲自窜于支脉之乡",致使天下之势偏而不举,敌骑深入,号令不行②。

张浚是西幸论的坚定支持者。出使川陕之前,张浚就认为:"中原天下之根本,愿下诏葺东京、关陕、襄邓以待巡幸。"③史载:"初,上问浚以方今大计,浚请身任陕、蜀之事,置司秦川,而别委大臣,与韩世忠镇淮东,令吕颐浩扈驾来武昌,张俊、刘光世从行,庶与秦川首尾相应。"④就在朝廷派张浚宣抚川陕议论未决之时,汪若海曰:"将图恢复,必在川、陕。"⑤新除宣抚司参赞军事汤东野也向张浚建言:"欲图中兴,当先守关中,据形胜,以固根本。"⑥当张浚初至兴元,即上奏请求西幸,认为"陛下如以陕西之众,扈跸西来,早据形势,益究自治之策,天下事大定矣"⑦。张浚进一步分析曰:"今朝廷根本,独在陕西","若关中劲兵养而后用,一战而胜,天下可复,苟惟不然,一战而败,天下亡矣"。若审视敌我力量,整治军旅,与金兵抗衡,乘势而进,"天下不劳而可定矣"⑧。

---

① 李纲:《李纲全集》卷五八《议巡幸》,岳麓书社2004年版,第637—638页。
② 《李纲全集》卷六三《议巡幸第一札子》,第671—672页。
③ 《宋史》卷三六一《张浚传》,第11297页。
④ 《系年要录》卷二三,建炎三年五月戊寅条,第481页。
⑤ 《宋史》卷四〇四《汪若海传》,第12218页。
⑥ 《系年要录》卷二四,建炎三年六月庚申,第496页。
⑦ 张浚:《论自治之策(建炎三年)》,载《历代名臣奏议》卷二三二,第3053页。
⑧ 张浚:《论朝廷根本独在陕西疏(高宗时)》,载《历代名臣奏议》卷二三二,第3053—3054页。

两宋之交,朝臣也提出入据四川的主张。早在北宋末年,金兵决定大举南下之时,就担心宋帝巡行蜀地,"金人之谋深矣,谓中国独西兵可用,今以尼堪一军下太原,取洛阳,要绝西兵援路,且防天子幸蜀"①。建炎三年(1129)二月,知凤翔府王璪赴行在,被任命为御营前军统制,"表请幸西川"②。在主张入据四川的建议中,马扩之言最具代表性。马扩认为外患频仍之际,中央决策失误较多,其中"不能导陛下西据蜀险,就六路形胜以争天下,反使翠华淹处淮甸,重为敌困"即是其一。因此建议:"速谋幸蜀,据其形胜,用其壮勇,则恢复可图。"③对于马扩幸蜀之议,有朝臣认为:"此奸谋也。扩乃西人,知关、陕残破,不可以遽往,欲先幸蜀以便私耳。"④事实上,马扩主张占据四川险要,利用上游之势,却是颇具现实意义的主张。事态的发展表明,正是南宋占据四川险要地带,利用四川富庶的物质资源,与金兵长期对峙,并非"奸谋"。绍兴二年(1132),布衣吴伸上万言书曰:"臣又闻金人重兵悉趋陕西,志在吞蜀,万一不幸,蜀有变动,彼将顺流而下,水陆并进,则陛下岂可复有乘桴之行乎?"⑤吴伸与马扩均关注到川陕的上流之势,极具战略眼光。

从上可见,自北宋徽宗朝末年一直到南宋高宗朝初年,在关于躲避金兵锋芒,重建新都,以图中兴的论争中,诸多意见和建议多倾向于川陕地区。或主张建都关中,或主张避兵关中以图恢复,或主张巡幸川陕,鼓舞士气,聚集力量等等。

朝臣之所以将视野投向关中,不外乎以下几个原因。第一,南宋以前有以关中为基地而兴复的先例。如郑骧认为:"长安四塞,天府之国,项羽弃之高祖,李密弃之太宗,成败灼然,愿早为驻跸之计。"⑥第二,战略地位的重

---

① 《会编》卷二三,宣和七年十一月二十八日条,引《北征纪实》,第167页。
② 《系年要录》卷二〇,建炎三年二月条,第409页。
③ 《会编》卷一二三,建炎三年三月二日条,第900—904页。
④ 《系年要录》卷二四,建炎三年六月己酉条,第494页。
⑤ 《会编》卷一五四,绍兴二年十二月一日条,第1112页。
⑥ 《系年要录》卷六,建炎元年六月辛未条,第159页。

要。如唐重认为"关中百二之势,控制陕西六路,捍蔽川峡四路。今蒲、解失守,与敌为邻,关中固,则可保秦、蜀十路无虞"①。第三,丰富的资源。如李纲认为,"夫陕西者,中国劲兵健马之区也"②。朝臣建议入据四川,同样源于战略等考虑。如马扩建言:"若必欲见中兴恢复之功,则非处巴蜀恃三峡之天险,用六路之壮士则不可也。"马扩的建议强调两点,一是战略形势的重要,二是物质装备上的优势,"傥据蜀道,所邻者秦渭百二之地,士勇马健,人乐战斗,加以抚练,士气百倍,岂与江浙之俗同日语哉。况处川陇,据上流,则江左自可保守,安危强弱利害不啻万万也"③。

显然,面对强大的外敌,利用川陕有利的地理形势与物质、兵力等优势,是时人的普遍认识,是朝臣勾画的防御与复兴大计的重要组成部分。为了更好地发挥川陕地域优势,设置宣抚处置司,加强对这一地区的有效统制,就成为南宋中央的当务之急。

二、两宋之际川陕地方行政运行的弊端与困境

如上所述,两宋之际,面临金军进攻,川陕战区的战略地位日益凸显。这就需要各方面周密谋划,协调一致,方能抵御金兵进攻。但从实际情况看,川陕地区在地方行政运行中弊端丛生,危机四伏,社会秩序处在崩溃的边缘,面对金军的进攻无法组织起有效的抵抗。川陕宣抚处置司的设置,正是南宋面对这一危机的应对之策。

陕西军政弊端在北宋末年已经出现。政和三年(1113)十二月十六日,诏令提及陕西军政之弊:自北宋建立起,"而分陕以西,大河之东,控制二虏,析路置帅,皆公卿侍从之良,州牧侯伯之选。统列城,握强兵,当重寄,廪饩之厚,卒徒之众,华资要职,宠异之数,不为不至"。朝廷对陕西帅臣高度重视。但时至北宋末,积弊丛生:

---

① 《宋史》卷四四七《唐重传》,第13187页。
② 《李纲全集》卷六三《议巡幸第一札子》,第671页。
③ 《会编》卷一二三,建炎三年三月二日条,第903页。

> 比年以来,稍复纵弛,破制玩法,恃帅权、乘高势而为邪,无报国之心,有营私之实……至于理财备边之术,足兵之计,所当为者,恬不为恤。考其治效蔑如也。①

此诏令清晰地反映出陕西边帅营私自利,玩忽职守,至于边政建设与军队治理便无从谈起。北宋徽宗朝,童贯长期控制陕西地区乃至中央军政大权,但其治兵无术,"兴西北边事二十余年,西北之良将劲兵,所丧失者莫知其几矣"②。何况征讨方腊、北伐燕山,均以陕西兵将为主,"睦寇方腊起……蔓延弥月,遂攻破六郡。帝遣童贯督秦甲十万始平之"③,造成陕西兵力减少。靖康元年(1126)八月四日,臣僚上言论及陕西帅守的整体状况时言:

> 窃见河北、陕西帅守,近日多有更易,在任者不为久居之计,新到者未谙番部之情,为边鄙害,莫大于此。④

可见自北宋末期始,陕西之地将帅破制玩法,军政蠹坏,更换频繁,弊端丛生。

金兵进攻使陕西军政的混乱状况变得更糟。金兵包围汴京,中央号令各地聚集兵力赴京勤王,屯驻要地进行防御。为此,在陕西地区,中央先后任命钱盖、范致虚、王庶三人对陕西全境兵力进行统一节制,以期集中力量,协调作战。从实际效果看,远远没有达到预期目的。在陕西地区防御金兵和赴京勤王的兵力部署、人员调动过程中,宋朝地方行政运行的弊端暴露无遗。典型表现为地方官员素质低下,各地之间相互扯皮,武将不听节制。整个陕西地区,没有形成具有强大凝聚力的权力核心,各自为主,有限的力量得不到统一,致使在抗金与勤王中,一败涂地。

靖康、建炎年间,中央权威衰落,勤王诏令如同一纸空文,"自金再围城,四方师帅,望风不进"⑤。建炎元年(1127),江淮发运副使向子諲提到各地

---

① 《宋会要辑稿》职官四五之九——一〇。
② 《会编》卷三五,靖康元年二月五日条,第263页。
③ 《宋史》卷四七〇《王黼传》,第13682页。
④ 《宋会要辑稿》职官一之四六。
⑤ 《系年要录》卷一,建炎元年正月庚子条,第26页。

勤王的情况,"间有团结起发去处,类皆儿戏,姑以避责而已,非有救灾弭难之诚意也"①。陕西的情况与此相比,并无二致。靖康元年(1126),朝廷命钱盖为陕西五路制置使,除范致虚为陕西宣抚使,调兵勤王。其实,就在钱盖招刺士兵时,困境已经显露,"缘比来陕右正兵数少,全籍保甲守御,及运粮诸役差使外,所余无几,若更招刺五万充军,则是正丁占使殆遍,不唯难以选择,兼虑民情惊疑,别致生事"。靖康元年(1126)七月,钱盖奏:"陕西募土人充军,多是市井乌合,不堪临敌。"②金军为了防止陕西一带的勤王军汇集汴京,"以兵五万守潼关,扼西兵来路"。对此,钱盖"乃将十万众由商、虢而东,至颍昌,闻敌登城,遂弃军奔湖北"③。钱盖勤王就此结束。金军攻陷长安,钱盖"檄集英殿修撰鄜延经略使王庶兼节制环庆、泾原兵"参与进攻,但其结果却是,王庶"移文两路,各大举协力更战,而环庆经略使王似、泾原经略使席贡自以先进望高,不欲受其节度,遂具文以报,而实不出兵"④。究其原因,史载:"庶,庆州人也,庆帅王似为桑梓,又泾帅席贡乃庶之举官,皆以庶后进,不欲听其节制。"⑤钱盖的任命形同虚设。由于各路在行政体制上互不统属,勤王之军相互牵制。对此,周必大记载:

>靖康间,钱盖以杂学士为陕西五路制置使,调兵勤王,而置司长安,既次陕府,太守不以节制待之。盖诘责,则云五路自谓泾原、环庆、秦凤、熙河、鄜延,初不与永兴军路也。盖乃具奏,诏改铸陕西五路及永兴军路制置使印,其迂如此。时范致虚左丞守长安,初亦尊王人,用申状。而盖用札子,如他路。致虚大怒,奏乞本路自勤王,不隶盖,后卒无功。⑥

对"诏改铸陕西五路及永兴军路制置使印"之举,后人发出"其迂如此"的感

---

① 《系年要录》卷七,建炎元年七月丙申条,第177页。
② 《宋史》卷一九三《兵七·召募之制》,第4809—4810页。
③ 《系年要录》卷一,建炎元年正月庚子条,第26页。
④ 《系年要录》一五,建炎二年五月甲午条,第321页。
⑤ 《会编》卷一一七,建炎二年五月二十日条,第855页。
⑥ 《文忠集》卷一六八《泛舟游山录二》。

叹,殊不知职掌不同,权限各异,使号不一,职责与权力范围有别,改铸使印恰恰体现出原有地方行政体制的僵化。钱盖勤王,不战而败,非全其个人所致,地方行政体制的制约干系至大。

关于范致虚勤王的情况,史载,陕西宣抚使范致虚檄诸路合兵勤王,以孙昭远督之,于是环庆经略使王似、熙河经略使王倚各以兵来会,而泾原经略使席贡、秦凤经略使赵点、鄜延经略使张深皆不至。孙昭远"凡二十八疏劾之,贡竟不行,点亦才遣将官李安领兵入援。秦州州学教授周良翰见点,责以京城危急,劝点自行,点不听"。同钱盖调集军队的情况完全相似。而且范致虚自身才略平平,"在长安,缮兵为守河计,河西沿流,壁垒相望,致虚不晓军事,往往取献陈者利便按文施设,州县军民,不胜其扰"。并任用僧人宗印统领其众,宗印"请筑长城",实际情况是,"筑城及肩,应命而已,宗印以僧为一队,谓之尊胜队,以行者为一队,谓之净胜队,致虚以大军遵陆,而命宗印以舟师趋西京"①。勤王大事,形同儿戏。"致虚军出武关,至邓州千秋镇,金将娄宿以精骑冲之,不战而溃,死者过半"②。勤王失败,范致虚难辞其咎,但仅从其在调集军队时的困境看,宋朝原有地方行政体制下各地相互制约之弊就已出现,最后失败即是预料中事③。

建炎二年(1128)六月,南宋中央以知延安府王庶为龙图阁待制,节制陕西六路军马,以曲端为都统制。王庶统领各路兵马困难重重,险些被武将曲端杀害。王庶传檄诸路,并召曲端会雍、耀间。"端以未受命为词",不听命令。后走马承受公事高中立赍曲端告身至,"而端又称尝有公移往还,已奏乞回避"④。调兵之难由此可见。王庶与武将相互欺诈,非但不能勤王抗金,反而勾心斗角。"端雅不欲属庶。及闻孟迪、李彦仙等受事鄜延,皆不乐,遂揭榜称金人已过河归国,农务不可失时,乃尽散渭河以南义兵",抗金

---

① 《系年要录》卷一,建炎元年正月甲寅条,第32—33页。
② 《宋史》卷三六二《范致虚传》,第11328页。
③ 关于范致虚勤王中的机构设置等细节,参见《俄藏黑水城宋代"御前会合军马入援所"相关文书考释》,载孙继民《俄藏黑水城所出〈宋西北边境军政文书〉整理与研究》,中华书局2009年版。
④ 《系年要录》卷一七,建炎二年九月辛丑条,第354页。

义兵等随之遣散。王庶不能调动曲端的军队,其他地方的军队同样难以调遣。史载:王庶"犹以书约(王)似、(席)贡,欲逼金人渡河,至于再三,似不应,贡许出兵四万,亦迁延不行。时,鄜延人以秋深必被兵,多避地者,道出环庆,吏民皆恶其惊徙,所在掠其财而杀之,闾里萧条矣"①。勤王、抗金之师迁延不动,贻误战机,反而鱼肉百姓。

建炎二年(1128)十一月,延安府失陷。延安失陷过程中,王庶与曲端的矛盾极为尖锐。金兵进攻延安,"时端尽统泾原精兵,驻邠州之淳化,庶日移文趋其进,且遣使臣进士十数辈往说谕端,端不听。庶知事急,又遣属官鱼涛督师,端阳许之,而实无行意"。延安失陷后,王庶自将百骑与官属至襄乐劳军,"端号令素严,叩其壁者,虽贵亦不敢驰,庶至军,端令每门减其从骑之半,至帐下仅有数骑而已,端犹虚中军以居庶"。后曲端拘縻王庶官属,又夺王庶节制使印②。对于曲端等武将势力,即使中央也无可奈何。中央曾任命曲端为鄜延路经略安抚使,知延安府。"时,延安新残破,未可居,端不欲离泾原,乃以知泾州郭浩权鄜延经略司公事"③。曲端夺王庶节制使印,中央因曲端"不欲离泾原"而改命它官,武将跋扈难治由此可见④。

对范致虚等人勤王失败的深远影响,南宋人谢采伯有一发人深思的评论:"关中,中原一大形胜之地,范致虚以三十万勤王,关中失守,遂分南北,可恨也。"⑤关中的战略地位如此重要,而沿袭北宋以来的地方行政体制的弊端层出不穷,革除地方行政中的弊端,就显得尤为紧迫。

从上可见,金兵进攻,钱盖、范致虚、王庶节制五路勤王,频频失利。各路帅臣势力不相上下,武将势力难以节制。外患紧逼,内部摩擦不断,陕西一带的防御形同虚设,出现"金兵自入陕西,所过城邑辄下,未尝有迎敌者"⑥的局

---

① 《系年要录》卷一五,建炎二年五月甲午条,第321—322页。
② 《系年要录》卷一八,建炎二年十一月壬辰条,第365—367页。
③ 《系年要录》卷二〇,建炎三年二月条,第409页。
④ 关于曲端拘禁王庶的时间、地点等细节,参见《俄藏黑水城宋代文书所见宋高宗建炎二年(一一二八年)王庶被拘事件》,载孙继民《俄藏黑水城所出〈宋西北边境军政文书〉整理与研究》。
⑤ 谢采伯:《密斋续笔记》,《丛书集成》新编本。
⑥ 《系年要录》卷一四,建炎二年三月庚子条,第302页。

面,就在所难免。

一害未平,一害又生。金兵进攻之际,西夏也乘机策划占据陕西。"夏人谍知关陕无备,遂以宥州监军司檄至延安府,自言大金以鄜延割隶本国,须当理索,若敢违拒,当发兵诛讨"①。金、夏形成联盟之势,相互配合,形势危急②。

外患频仍,内乱又起。"敌人关陕,漫不捍御。盗贼横溃,莫敢谁何,元元无辜,百万涂地"③。靖康、建炎时,史斌僭号兴州,进犯兴元府④。有朝臣指出:"关辅榛莽,军无见粮,故其人专以剽掠为事。"⑤并且关中民变不断,朝臣称:"兵兴累年,馈饷悉出于民,无屋而责屋税,无丁而责丁税,不时之须,无名之敛,殆无虚日,所以去而为盗。今关中之盗不可急,宜求所以弭之。"⑥陕西全境的社会秩序处于崩溃的边缘,对此,唐重概括为"可为关中虑者五":

> 十日递场之溃,方且招集,十四日尹阳之北,相继奔逃,诛之则不可胜诛,招之则未必为用,不招又恐聚而为寇,此可为关中虑者一也。潼关之险,虽为可恃,而函谷亦可方轨,黄河之津,虽有守御,而蓝田自可越关,其他诸谷已为通达,此可为关中虑者二也。诸司钱粮划刷殆尽,库藏为之一虚,频年调发,殆无虚日,民力为之困弊,掊而取之,则为国敛怨,取之有限,则必乏军用,此可为关中虑者三也。兵之驰逐恃马以为命,兵之骁锐恃器甲以为卫,此日大军既溃,马之失者十凡五六,器甲之失者十凡八九,一旦选驵骑则马不适乘,治坚甲利兵则器不适用,以此御敌,安能得胜,此可为关中虑者四也。陕西五路,控制西夏以扞关中,比闻夏人侵掠鄜延近界,攻

---

① 《系年要录》卷一二,建炎二年正月条,第279—280页。
② 孙继民:《关于黑水城所出一件宋代军事文书的考释》,载孙继民《唐代瀚海军文书研究》,甘肃文化出版社2002年版。
③ 《宋史》卷四三五《胡寅传》,第12917页。
④ 李裕民:《宋江余党二次造反考——史斌与宋江史事新探》。
⑤ 《系年要录》卷一六,建炎二年六月条,第333页。
⑥ 《宋史》卷三八一《洪拟传》,第11749页。

围环庆诸塞,为金人鹰犬之用,使中国人有腹背之患,此可为关中虑者五也。①

唐重先后知同州、永兴军,其所言即其亲身体验。溃兵为乱,关隘失守,财政困乏,兵甲缺失,西夏虎视眈眈。关中军事设防、经济支撑、物资装备等几近瘫痪。如此窘境,南宋实难组织起有效的防御。

陕西如此,尚处于战争后方的四川,其社会秩序同样岌岌可危。其中,溃兵入蜀,滋事扰民现象尤为突出。"自两河失守,兵官之败散者,多在兴、凤间招集溃兵入蜀"。对此,中央下诏禁止,"沿边将兵避难入蜀者,并放罪限半月赴行在",而且在大散关置关使二员,专门稽察②。事实上,宣抚司设置之初这一情况并未改观。建炎三年(1129)九月十五日,利州路转运司言上:"窃虑陕西将兵援例入川,不唯侵耗岁计,万一本司应副不前,以致生事,乞立法约束。"对此,中央诏令,"诸军擅入川依军法"③。

四川也出现溃兵为乱之事。建炎元年(1127)七月,杜林谋掠成都以叛。"时淮甸、秦陇皆用兵,蜀人汹惧。林本山东群盗,后戍成都,乘势与其徒二十九人,谋招集亡命,大掠成都,驱民之东川,由中水出峡南奔,以应金兵"④。

四川境内不听中央号令之事时有发生。"自军兴以来,蜀纲之应输内藏及内东门司者,皆不至"⑤。蜀纲不至,可能有路途遥远等客观因素所致,但蜀纲"皆不至",恐怕就不仅仅是路途遥远的问题,恰恰反映出中央权威的下降。中央针对"朝廷命令隔绝"等情况,乃遣朝臣分往诸路,体访官吏廉污,抚谕军民⑥。建炎元年(1127)六月,中央任命喻汝砺为四川抚谕官,令督输四川漕计羡缗及常平钱物⑦,然喻汝砺建炎二年(1128)三月就被罢免。究

---

① 《会编》卷七七,靖康二年正月二十三日条,引《唐重家集》,第581页。
② 《系年要录》卷一二,建炎二年正月己酉条,第276页。
③ 《宋会要辑稿》刑法七之三三。
④ 《系年要录》卷七,建炎元年七月戊戌条,第177—178页。
⑤ 《系年要录》卷三四,建炎四年六月庚辰条,第663页。
⑥ 《系年要录》卷八,建炎元年八月乙酉条,第207页。
⑦ 《系年要录》卷六,建炎元年六月丁卯条,第154页。

其原因,值得仔细玩味:

> 汝砺奉诏划刷四川岁羡,欲尽取常平所储钱。徽猷阁直学士知成都府卢法原,转运判官赵开、靳博文,提点刑狱公事邵伯温皆持不可。汝砺曰:"常平钱者,朝廷五六十年之储蓄也。今朝廷多故,天子狩于淮甸,而二三大夫持必不移,沮格诏旨,此谓之忠乎?"乃作檄以谕之,其略曰:"明皇狩蜀,宫室峻壮。德宗幸梁,储峙丰备。安有六骕在行,淹薄风露,取诸外府,以饷军食,而谓吾人忍有不令之词乎?"又曰:"今人主威柄,移于帅臣之顽嚚,朝廷号令,夺于监司之狂率。"法原等怒,共奏汝砺骚扰生事,汝砺亦奏划刷岁计外得钱七百三十余万缗,又欲增川秤一铢与法秤合。会宰相黄潜善以汝砺附李纲不迁都之论,恶之。乃以汝砺干求差遣,营私自便为言,而有此命。①

中央派遣使臣于四川取财征税,由于地方官吏干预而失败,中央的使臣反被罢免。这是地方官吏对中央号令的抵抗,是中央权威衰落的表现。喻汝砺"安有六骕在行,淹薄风露,取诸外府以饷军食,而谓吾人忍有不令之词乎?"与"今人主威柄移于帅臣之顽嚚,朝廷号令夺于监司之狂率"的驳斥,实质反映了中央权威衰落的实情。

不难看出,在金兵进攻的紧要关头,整个川陕地区危机四伏,无法形成强大和有效的抗金势力。从地方行政运行看,弊端多多,力量分散,中央权力无法在川陕地区得到有效的实施。设置川陕宣抚处置司,确立一个强有力的权力中心,以加强对地方的治理,对现有的地方行政体制作出革新,使中央号令行之于地方,成为南宋经略川陕以抗金之首要急务。

三、两宋之际整合地方力量和加强地方权力的呼声与实践

川陕宣抚处置司的设置,其实质内容就是将北宋时期的陕西五路与川峡四路整合在一起,派遣中央大员进行统一管理,而且赋予"便宜处置"的权

---

① 《系年要录》卷一四,建炎二年三月丁酉条,第298—299页。

力。这一制度的核心有两点：一是整合地方力量，二是加强地方权力。川陕宣抚处置司的设立，正是南宋在内忧外患局面下整合地方力量与加强地方权力这一变革思维的产物。这是南宋在新形势下地方行政制度的创新之举，体现出南宋地方政治运行中的变通性。

强干弱枝、重内轻外是宋朝政治的重要特点，表现在中央与地方关系上，就是加强中央集权、弱化地方力量。太祖登基，一改唐末五代时地方权力过大的弊端，对地方的治理，"稍夺其权，制其钱谷，收其精兵"①。宋太祖"杯酒释兵权"削藩镇之举每每为宋人所称道。"太祖即位，罢藩镇权，择文臣使治州郡，至今百余年，生民受赐，每一诏下，虽拥重兵，临大众，莫不即时听命"②。其他诸如设监司、文臣知州、设置通判等措施，在分化地方权力等方面发挥了重要的作用，成为宋人津津乐道的"祖宗家法"之一。但事物都有其两面性，宋朝的"祖宗家法"在加强中央集权的同时，导致地方力量过于弱小，在与外敌的对抗中屡遭失利，这又是宋朝形成长期"积弱"局面的重要原因。

当宋朝强干弱枝的祖宗家法走向极端时，其弊端的产生就不可避免。北宋承平之日，这一弊端即已显现。北宋时，濮州有盗入城，掠知州与监军。知黄州王禹偁上奏，以为地方权力削弱，"虽则尊京师而抑郡县，为强干弱枝之术，亦非得其中道也"③。在面临金兵进攻时，地方权力削弱的弊端暴露无遗。朱熹曾从安内与攘外两个方面评价宋朝"重内轻外"的国策。就安内看，"唐藩镇权重，为朝廷之患。今日州郡权轻，却不能生事，又却无以制盗贼"。至于攘外，"本朝鉴五代藩镇之弊，遂尽夺藩镇之权，兵也收了，财也收了，赏罚刑政一切收了，州郡遂日就困弱。靖康之祸，虏骑所过，莫不溃散"④。文天祥也认为，"祖宗矫唐末五代方镇之弊"，施行强干弱枝之策，国

---

① 邵伯温：《邵氏闻见录》卷一，中华书局1983年版，第2页。
② 李攸：《宋朝事实》卷一六《兵刑》，《丛书集成》新编本。
③ 李焘：《续资治通鉴长编》卷四七，真宗咸平三年十二月壬申条，中华书局1992年版，第1037页。
④ 黎靖德：《朱子语类》卷一二八《本朝二·法制》，中华书局1986年版，第3070—3082页。

势由此浸弱,"宣靖以来,天下非无忠臣义士,强兵猛将,然各举一州一县之力,以抗寇锋,是以折北不支",由于"州县之事力有限,守令之权势素微,虏至一城,则一城创残,至一邑,则一邑荡溃"。文天祥的看法非常深刻,"事势至此,非人之愆"①,将原因归于制度层面。面对强大的外敌,地方权力过于分散,相互制衡,无疑影响到地方政府御外辱平内乱职能的有效发挥。南宋张守目睹金兵进攻时宋人的狼狈之态,"比年敌兵不至则已,至则不过三数日,辄破一郡,又或望风弃城,或开门投拜,未尝接刃,取如拾遗。此在今日,最为可忧"②,即是鲜明的例证。地方权力的削弱是导致北宋灭亡的重要原因之一。李纲曾感叹道:"唐方镇之弊,尾大不掉。而今日州郡之弊,手足不足以捍头目,理势然也。"③文天祥所谓"事势至此"之"事势",与李纲所谓"理势然也"之"理势",将北宋的积弱与最终灭亡归咎于地方力量的削弱,切中要害。

面对在中央与地方关系上的体制性弊端,对原有的制度进行改革的呼声在两宋之际甚嚣尘上,成为这一时期的重要政治议题。改革的核心就是整合地方力量与加强地方权力。在坚持强干弱枝祖宗家法的两宋三百多年的历史中,这一议题显得尤为醒目。

宣和七年(1125),有臣僚主张在全国设立四总管,择人分总四道,各付以一面,赋予它们较大的权力,"令事得专决,财得通用,吏得辟置,兵得诛赏,仓卒之际,合纵以卫王室,连衡以御狂敌"④。靖康元年九月(1126),朝廷将这一建议付诸实践,任命知大名府赵野为北道都总管,知河南府王襄为西道都总管,知邓州张叔夜为南道都总管,知应天府胡直孺为东道都总管⑤。同年十二月,李纲建议择大帅三人,以朝廷大臣担任,一人帅大河以北,一人帅大河以南,一人帅河东,"许以便宜从事,不从中制"⑥。宋钦宗

---

① 文天祥:《文天祥全集》卷三《己未上皇帝书》,北京市中国书店1985年版,第55—56页。
② 张守:《毗陵集》卷二《乞以大河州军为藩镇札子》,《丛书集成》新编本。
③ 《李纲全集》卷六一《乞于沿河沿江沿淮置帅府要郡札子》,第657页。
④ 《会编》卷二六,宣和七年十二月二十五日条,第194页。
⑤ 《宋史》卷二三《钦宗》,第431页。
⑥ 《李纲全集》卷四二《论御寇用兵札子》,第510页。

时,许翰建议:河东、河北等地方帅臣,"皆使得擅一方之赋,便宜从事,以足兵食"①。可见,自北宋末期始,加重地方权力的呼声就已经产生。

高宗即位之初,连南夫为朝廷谋划防御之策,其核心内容为:"用汉高捐关东以与黥布韩彭之策,以燕云致其地豪杰,以辽东致高丽,以契丹故地致契丹遗族。"②建炎元年(1127),卫肤敏上言:"今两河诸郡,幸皆坚守,谓宜阴以帛书,许其世封,使人知自爱,不为贼有。"③同年五月,知同州唐重上疏,以为"建藩镇,封宗子,使守我土地,缓急无为敌有",为国家当务之急④。签书枢密院事曹辅主张分屯要害,以整兵伍,"裂近边之地,为数节镇",以谨防秋⑤。建炎三年(1129)四月,仓部郎中张虞卿等十九人皆"乞建藩镇"⑥。同年,起居郎胡寅上中兴七策,其中一条就是"选宗室之贤才者封建任使之"⑦。诸如将土地赐于臣下、派大臣镇抚各地、建立藩镇等建议,其核心就是赋予地方强大的权力。

在这些建议中,胡舜陟的四镇说,赵子崧的三屯说,张守的藩镇说,范宗尹的镇抚使说,李纲的三都说、帅府要郡说等,最具代表性。

建炎元年(1127),侍御史胡舜陟上四镇之说,"今日措画中原,宜法艺祖命郭进、李汉超、董遵诲等守边之术,以三京、关、陕析为四镇",其具体经营策略是,"择人为节帅,使各以地产之赋,养兵自卫,且援邻镇。又京帑积钱千余万缗,宜给四镇为籴本",主张加强四镇的权力⑧。

建炎元年(1127),宝文阁直学士赵子崧上三屯之议,大略以为:"诸郡守戍之兵,分屯陕西,见在兵马,与河东北之兵,合六万人,分为三屯,一屯澶

---

① 许翰:《上言经国六事疏(宋钦宗时)》,载《历代名臣奏议》卷八四,第1147页。
② 《南涧甲乙稿》卷一九《连公墓碑》。
③ 汪藻:《浮溪集》卷二五《尚书礼部侍郎致仕赠大中大夫卫公墓志铭》,《四部丛刊》初编本。
④ 《系年要录》卷五,建炎元年五月丙午条,第133页。
⑤ 同上书,建炎元年五月丙申条,第123页。
⑥ 熊克:《中兴小纪》卷六,建炎三年四月壬子条,文渊阁《四库全书》本。
⑦ 《系年要录》卷二七,建炎三年闰八月庚寅条,第541页。
⑧ 《系年要录》卷五,建炎元年五月壬辰条,第119—120页。

渊之间,一屯河中,陕、华之间,一屯青、郓之间。"平时训练,以张声势,"万一敌骑南渡,则三道并进"①,主张将兵力集中于三地。

张守设藩镇的主张如下,"将大河州军,并仿唐藩镇,慎择守帅,而土地人民,一以付之,许一切便宜从事。凡经画财赋,废置官属,治兵调法,皆得自便",使之更好地发挥抵御外敌的作用,甚至主张,"能杀敌退师,固守无虞,则许世袭其地"。如此,则人自为战,中原可保②。

范宗尹建议设立镇抚使,"以京畿、淮南、湖北、京东、西地方并分为镇,除茶盐之利,国计所系,合归朝廷置官提举外,它监司并罢,上供财赋权免三年,余令帅臣移用,管内州县官许辟置知通,令帅臣具名奏差,朝廷审量除授。遇军兴,听从便宜,其帅臣不因朝廷召擢,更不除代"。如能捍御外寇,建立大功,特许世袭。此一建议得到了中央的认可,并予以执行。从中央设立镇抚使的诏令就可见镇抚使的权力之大:"有民有社,得专制于境中;足食足兵,听专征于阃外。若转移其财用,与废置其属僚,理或应闻,事无待报。"③这些镇抚使在平定寇盗、固守疆土等方面曾发挥过重要作用④。

李纲建议,以太原、真定、中山、河间"建为藩镇,择帅付之,许之世袭;收租赋以养将士"⑤。李纲的三都说以为,以长安为西都,襄阳为南都,建康为东都,各命守臣,修葺城池,缮治宫室,积聚糗粮,以备巡幸,"三都成而天下之势安矣"⑥。建炎元年(1127),李纲建议于河北置招抚司、河东置经制司,"如唐之方镇,俾自为守"⑦。李纲的这一建议得到施行,中央设河北招抚司、河东经制司,并赋予"应移用赋税,辟置将吏,并从便宜"的权力⑧。李

---

① 《系年要录》卷五,建炎元年五月辛卯条,第118页。
② 《毗陵集》卷二《乞以大河州军为藩镇札子》。
③ 《系年要录》卷三三,建炎四年五月甲子条,第650页。
④ 黄宽重:《南宋地方武力:地方军与民间自卫武力的探讨》第四章《宋廷对民间自卫武力的利用和控制——以镇抚使为例》。
⑤ 《李纲全集》卷四六《备边御敌八事》,第535页。
⑥ 《系年要录》卷六,建炎元年六月庚申条,第143页。
⑦ 同上书,建炎元年六年甲子条,第151页。
⑧ 同上书,建炎元年六月丁卯条,第154页。

还建议于沿河、沿淮、沿江置帅府要郡、次要郡,以备控扼,"总一路兵政,许便宜行事"①。

两宋之交朝臣提出的整合地方力量和加重地方权力的主张,涉及的区域范围极为广泛,其中也注意到川陕这一区域。靖康间欧阳澈上书,"遣良将于西北之鄙,控扼虏人喉衿,仿唐旧制,开军府以捍冲要",隙地而置营田,招募当地民众屯聚,"苟有变起,屯田之兵,必能家自为战,人自为敌,以护其营田"②。连南夫"乞江北置三大都督,分总陕西、两河、淮南诸路"③。卫肤敏建议:"陕西、山东、淮南,则令增陴浚隍,以训齐其人,而择大臣镇抚之。"④胡舜陟的四镇之说,建议"以三京、关、陕析为四镇"⑤。赵子崧的三屯之议,其中"一屯河中、陕、华之间"⑥。李纲分析金兵的策略,认为金兵分为两道,由河东来者,自京西以扰关中;由河北来者,自京东以扰淮南,故"京西、陕右、京东、淮南不可不为之防,当择大帅,屯重兵以经略之"⑦。李纲的三都说,其中"以长安为西都"⑧。建炎三年(1129)三月,迪功郎张邵建言,占据建康,保护东南,"关中、川口之地,亦宜有以大镇抚之"⑨。同年五月,赵鼎建言,"别遣能臣出使关陕",收六郡良家子,募为效用,恢复唐府兵之制,精加训练。认为"关中四塞之国,周以龙兴,秦以虎视,汉高祖所以卒能并强楚成帝业者,以其先得关中之地。是知古先帝王,欲大有为于天下,莫不在此。今固未可幸,陛下他日图之"⑩。

上文提到,两宋之际的川陕地区,外患频仍,内讧不断,中央对地方的控制减弱,川陕境内力量分散,缺乏一个强有力的权力中心。面对金兵铁骑进

---

① 《系年要录》卷六,建炎元年六月己卯条,第161页。
② 欧阳澈:《上皇帝第三疏(钦宗时)》,载《历代名臣奏议》卷八三,第1139页。
③ 《南涧甲乙稿》卷一九《连公墓碑》。
④ 《浮溪集》卷二五《尚书礼部侍郎致仕赠大中大夫卫公墓志铭》。
⑤ 《系年要录》卷五,建炎元年五月壬辰条,第119页。
⑥ 同上书,建炎元年五月辛卯条,第118页。
⑦ 《李纲全集》卷五九《议守》,第643页。
⑧ 《系年要录》卷六,建炎元年六月庚申条,第143页。
⑨ 《系年要录》卷二一,建炎三年三月条,第459页。
⑩ 赵鼎:《忠正德文集》卷一《陈防秋利害》,乾坤正气集本。

攻,将分散川陕各地的力量统一指挥,将川陕各地的资源统一调配,就可以增强川陕抗金的实力。因此,在整合地方力量和加强地方权力呼声的浪潮中,朝臣明确提出将陕西与四川的力量整合在一起,集中两地资源,统一调度,协同作战。唐重认为,"关中百二之势,控制陕西六路,捍蔽川峡四路。今浦、解失守,与敌为邻,关中固,则可保秦、蜀十路无虞"。从地缘关系看,陕西六路与川峡四路就紧密相联,唇齿相依。但实际情况却是,"逐路帅守、监司各有占护,不相通融。昨范致虚会合勤王之师,非不竭力,而将帅各自为谋,不听节制"。这正是导致抗金屡屡失败的原因所在。因此,唐重建议:

> 选宗亲贤明者充京兆牧,或置元帅府,令总管秦、蜀十道兵马以便宜从事,应帅守、监司并听节制。缓急则合诸道之兵以卫社稷,不惟可以御敌,亦可以救郡县瓦解之失。①

在唐重的建议中,选拔宗亲贤明之人,在川陕地区置府,其管辖区域较大,包括整个陕西与四川,即"总管秦、蜀十道";并赋予其强大自主的权力,所谓"以便宜行事"是也。至于"应帅守、监司并听节制",则是针对川陕各地力量分散、武将跋扈难制之弊,作出专门强调,其目的就是"合诸道之兵",增强实力,抵御外敌。

在具体执行中,唐重还建议:

> 檄蜀师及川陕西路,使之输财用,辇军器,市战马,以资关中守御之备。合秦、蜀以卫王室,庶几可图再造之基,肇中兴之业。②

这即是说,在军器、兵马等资源调配中,陕西与四川要通力合作,协调一致,如此才能实现"合秦、蜀以卫王室"之效。总括唐重的建议,即选派有才干的大员兼管陕西与四川,并且赋予其强大的权力,使川、陕形成合一之势。

四川抚谕官喻汝砺也认为,"今朝廷已专命王庶经制中夏,窃闻五路全不禀庶节制",中央任命的官员起不到统管五路的作用,因此建议:

---

① 《宋史》卷四四七《唐重传》,第13187页。
② 《会编》卷七七,靖康二年正月二十三日条,引《唐重家集》,第582页。

望择久历藩方,晓畅军事,近上两制,节制五路,招集溃兵,劳徕流徙,式遏寇盗,仍以臣所刷金帛八百余万缗,为军粮犒设之费。①

喻汝砺的建议有两点值得注意,其一以"近上两制节制五路",即派遣中央大员出使,其二以四川钱物为陕西"军粮犒设之费"。

事实上,在抗金勤王之时,已经出现四川财赋应付陕西军兵之事。在范致虚号召勤王时,"时西蜀输金帛助河东,公(指孙昭远——引者)用其属韩武、张延龄计,止之河池,籍募兵得精锐数千"②。建炎元年(1127)中央曾下诏,在招刺士兵时,"陕西六路仍听支诸司钱,及截川纲金银"③。建炎元年(1127),知京兆府唐重措置抗金,时军需短缺,"重乃告乏于成都府路转运判官赵开,藉其资,修城池,备供张"④。史斌僭号兴州,韦知几等率兵抵抗,军饷不继,"成都府路转运判官赵开等乃率两川民间助军钱以佐之,又以便宜截用递岁应输陕西、河东三路纲"⑤。虽然中央尚未下令将四川与陕西统一治理,但事实上已经存在两地间在抗击金兵以及安抚内乱中的互相协作。两地最终形成一个权力中心,只等在时间与形式上得到中央的确认。建炎三年(1129)五月,南宋中央任命知枢密院事张浚为川陕宣抚处置使⑥,全权掌管川陕地方军政事务。至此,川陕宣抚处置司正式设置。

不难看出,在两宋之交的危机时期,朝臣建议将相连的地区整合在一起,由中央派遣大臣进行统一治理,并且赋予他们在军事、财政、行政等诸多方面的自主权力,甚至还主张世袭。这在北宋时期绝少听闻的主张,成为这一时期的热门话题,而且有些建议得到了南宋中央的执行,如设立河北招抚司、河东经制司、镇抚使等。川陕宣抚处置司的设置同样是这一地方政治制

---

① 《系年要录》卷一六,建炎二年六月条,第332—333页。
② 《文忠集》卷二九《京西北路制置安抚使孙公昭远行状》。
③ 《系年要录》卷六,建炎元年六月丁亥条,第169页。
④ 同上书,建炎元年六月辛未条,第159页。
⑤ 《系年要录》卷一一,建炎元年十二月甲戌条,第255页。
⑥ 至于中央派遣张浚担任宣抚处置使,则与其自身的功绩以及中央对其信任有关,参见蔡哲修《张浚与川陕的经营(1129—1133)——"南宋偏安局面的形成"研究之二》,载《大陆杂志》第99卷第1期。

度变革浪潮的组成部分。川陕宣抚处置司的设置,将陕西与四川整合成一个大的行政区域,赋予其强大的权力,这是两宋之交这一特殊背景的产物。从中央与地方关系的演进看,川陕宣抚处置司的出现,是南宋鉴于北宋以来地方权力削弱的弊端而作出的制度革新,是南宋地方行政制度变革的结果。

综上三方面,靖康、建炎年间,在金兵强大的攻势下,宋朝境内各自为战,不相援助,力量分散,致使山河沦陷,徽、钦二帝蒙尘,高宗仓惶南渡。从制度层面看,地方权力削弱是一个重要原因,"逐路帅司不调发,无连衡合纵相援之势。又金兵方盛,非一州之力所能敌,故金得并兵,既破一州,又攻一州"①。残酷的现实迫使南宋朝廷从制度上作出相应的变革,将"各务自保"的力量整合在一起,以增强抗金的力量。两宋之际,整合地方力量和加强地方权力的呼声此起彼伏,具有重要战略地位的川陕地区在金兵进攻之下,力量分散,各不相属,内讧不断;武将不听节制,中央号令得不到有效的执行。整个川陕地区危机四伏,社会秩序处在崩溃的边缘。川陕宣抚处置司的设置,就是南宋中央面对危机所作出的积极回应。南宋朝廷因时权变,将北宋时期的陕西五路(永兴军路、秦凤路、环庆路、鄜延路、泾原路)、川峡四路(成都府路、夔州路、利州路、潼川府州路)地方行政组织合而为一,整合成一个更大的地方行政区域,并派遣中央大员进行统一管理。这是我们从地方行政制度变革角度对川陕宣抚处置司设置缘起作出的解释,体现出川陕宣抚处置司设置有别于南宋宣抚使制度的特殊之处。

第二节 "便宜行事"与中央集权: 川陕宣抚处置司的运行

国家行政的正常运行,要经过从政策制定到具体执行的过程。在中央集权制国家,将这一过程分为两个严格有别的阶段,并由不同的组织掌

---

① 《中兴小纪》卷一,建炎元年五月壬辰条。

管,各级地方组织在其中扮演政策具体执行者的角色,这是实现中央集权的一个重要保证。但在紧急情况下,中央往往因时因事作出权变,赋予政策执行者以临时决策、先行后奏的权力,这就是"便宜行事"的权力。就宋朝而言,莫不如是。对此类特殊情况,史书往往以"便宜"、"便宜行事"、"便宜从事"、"便宜施行"、"便宜处置"等词来表述,有时也以"承旨"、"承制"等词来表述。允许官员"便宜从事"的实质是将政策的制定权与执行权合二为一,这与中央集权的主旨必然产生冲突。因为任何臣下的权宜有可能逾越中央既有的规定与指令。因此,"便宜从事"不但影响到行政的一致与稳定,也威胁到皇权独断的基本要求。在研究汉代"便宜从事"时,邢义田先生指出其中的奥妙,便宜从事"不仅是一个行政的问题,更是一个君臣之间权力关系的问题"①。笔者以为,从地方行政运行角度看,当地方官员拥有"便宜"之权时,"便宜从事"也是一个中央与地方间的权力关系问题。建炎三年(1129)五月,张浚被任命为川陕宣抚处置使,中央明文规定张浚有"便宜从事"的权力。史载:"上许浚便宜黜陟,亲作诏赐之。"②诏曰:"黜陟之典,得以便宜施行。"③由高宗特许,并由高宗亲自草诏赐予,格外恩宠,实属少见。绍兴二年(1132)十二月,"诏张浚罢宣抚处置使"④。绍兴三年(1133)五月,诏"罢宣抚司便宜黜陟"⑤。在近四年的时间内,围绕川陕宣抚处置司的"便宜"之权,朝中上下议论鼎沸,张浚最终被罢免,"便宜"之权也被废除。对此,梁天锡《张浚执政兼宣抚处置使考》⑥一文列举了张浚"便宜行事"的事例,蔡哲修《张浚与川陕的经营(1129—1133)——"南宋偏安局面的形成"研究之二》一文,梳理张

---

① 邢义田:《从"如故事"和"便宜行事"看汉代行政中的经常与权变》,载邢义田《秦汉史论稿》,台湾东大图书公司1987年版。
② 《系年要录》卷二三,建炎三年五月戊寅条,第481页。
③ 《系年要录》卷二五,建炎三年七月庚子条,第514页。
④ 《系年要录》卷六一,绍兴二年十二月甲辰条,第1051页。
⑤ 《系年要录》卷六五,绍兴三年五月辛巳条,第1109页。
⑥ 载宋史座谈会编《宋史研究集》第26辑,台北"国立编译馆"1997年版。在文中,梁天锡先生对张浚以"便宜"除易帅守、将帅、监司等作了逐一统计,并列举张浚的其他"便宜"之事,如止禁兵屯戍、增印钱引、引造度牒、路郡废置与拨隶、派遣外交使节、置司类省试赐出身、封神等。

浚担任川陕宣抚处置使的经历与功过。由于"人物研究"的路径所限,上述研究并未就制度层面展开讨论,也未涉及到中央与地方间的权力互动关系,而这恰恰是问题的关键所在。川陕宣抚处置司"便宜"之权的授予、运作、废除的过程,为我们提供了一个认识宋朝中央集权体制下地方行政运行的绝佳个案,从中展现出了南宋中央与川陕战区之间权力互动的演变轨迹。

一、宣抚处置司"便宜"之权的使用

由中央准许,川陕宣抚处置司拥有"便宜从事"的权力。在四年时间内,宣抚处置司最高长官张浚以及宣抚处置司的属员等,均充分甚至"过度"使用了这一特殊权力。在张浚尚未到达川陕之前,就已小试牛刀。建炎三年(1129)五月,薛庆占据高邮,兵至数万人,附者日众。张浚欲归之麾下,亲往招之,"浚出黄榜,示以朝廷恩意,庆感服再拜"①。以黄榜出示,效果即刻显现。"初以防秋起江浙、福建、湖南等路禁兵,屯于升、江、苏、润、荆、襄六郡,而宣抚处置使张浚以江东诸州,地多要害,用便宜止之"。显然,江浙等地并非宣抚处置司的统辖范围,"议者谓浚所得便宜之命,当用于川陕军前,今甫出国门而遂用之,非也"②。张浚到达川陕,大凡地方官员、军中武将,张浚或以"便宜"拔擢,或以"便宜"罢免。

先看对地方官员的任免与罢黜。建炎三年(1129)八月,环庆经略使王似言:"方今用兵之际,关陕六路帅,乞皆用武臣。"③此时张浚已经任命为宣抚处置使,而王似之言含有反对张浚出使之意。建炎四年(1130)二月,张浚"徙似知成都府"④,将其调往后方。之后,张浚进行了一系列的地方人事大调整。建炎四年(1130)五月,"宣抚处置使张浚承制以端明殿学士知利州充本路安抚使张深提举亳州明道宫,中大夫新知荆南府张上行知兴元府,朝

---

① 《系年要录》卷二三,建炎三年五月己丑条,第485页。
② 《系年要录》卷二七,建炎三年闰八月戊寅条,第530页。
③ 《系年要录》卷二六,建炎三年八月戊申条,第519页。
④ 《系年要录》卷三一,建炎四年二月丙申条,第614页。

散郎利州路提点刑狱公事韩迪知夔州,仍并兼本路安抚使。夔路置帅,利路帅移治兴元,皆自此"①。张浚"承制"罢免知州、任命知州,夔州置帅更是开创先例。同年九月,"宣抚处置使张浚承制",以集英殿修撰王倚知利州,直徽猷阁刘民瞻、朝议大夫井度为利州路转运副使,朝议大夫新知夔州苏觉提点利州路刑狱公事②。此宣抚处置司以"便宜"任命转运使、提点刑狱公事之事。绍兴元年(1131)三月,"宣抚处置使张浚承制",以本司参谋官王庶为中大夫,充龙图阁待制,知兴元府,兼利夔两路制置使,"节度陕西诸路",同时以端明殿学士张深为四川制置使③。这是宣抚处置司以"便宜"任命宣抚司属员担任知州、制置使,并赋予节制陕西诸路的权力。四月,"宣抚处置使张浚承制",以保康军承宣使知秦州孙渥为利州路经略安抚使,兼知利州④。七月,"川陕宣抚使张浚以直龙图阁利州路提点刑狱公事杨斌为永兴军路经略安抚使"⑤。此以"便宜"任命安抚使之事。此类对地方官员的任免,实例较多⑥。绍兴元年(1131)十二月,"宣抚处置使张浚承制",以知兴州同统领秦凤等路军马李师颜知成州,以利州路第三将柴斌知兴州⑦。宋朝对以武臣知州管理较严,此乃张浚以"便宜"之权任命武臣知州之事。绍兴三年(1133)四月,知潼川府宇文粹中求去,"张浚承制以其弟直秘阁成都府路转运副使时中代之"⑧。宋朝在官员任命中施行严密的回避制度,由于"便宜"之权的存在,在川陕宣抚处置司辖区内,这一制度不能完全发挥效力。

再看武将任免中宣抚处置司"便宜"之权的使用。建炎四年(1130)九月,金均房安抚使王彦败桑仲,"张浚承制以彦为左武大夫"⑨。十一月,王

---

① 《系年要录》卷三三,建炎四年五月条,第654页。
② 《系年要录》卷三七,建炎四年九月己未条,第710页。
③ 《系年要录》卷四三,绍兴元年三月条,第784—785页。
④ 《系年要录》卷四三,绍兴元年四月丁卯条,第786页。
⑤ 《系年要录》卷四六,绍兴元年七月条,第829页。
⑥ 参见梁天锡《张浚执政兼宣抚处置使考》。
⑦ 《系年要录》卷五〇,绍兴元年十二月辛未条,第885—886页。
⑧ 《系年要录》卷五三,绍兴三年四月己丑条,第937页。
⑨ 《系年要录》卷三七,建炎四年九月己未条,第710页。

彦再败桑仲,斩获甚众,"浚承制以彦为金均房州镇抚使"①。镇抚使乃中央特设,拥有财赋、军事、人事任命大权,张浚以"承制"任命。绍兴元年(1131)九月,李忠犯金州,谋入蜀,张浚遣人慰抚,"且以黄敕除忠知商州,兼永兴军路总管"②。黄敕乃中央专用,张浚以之任命官员。绍兴元年(1131)五月,吴玠败金兵于和尚原,张浚录其功,"承制以玠为明州观察使,璘为武德大夫康州团练使,赐金带,擢秦凤路兵马都钤辖"③。赐予金带乃皇帝对臣下的恩宠,张浚"承制"而行。是月,吴玠再败金兵,"浚承制以玠为镇西军节度使"④。节度使乃中央赐予武臣的最高荣誉,张浚"承制"行之。绍兴元年(1131)十月,熙河马步军副总管刘惟辅战死,张浚"承制赠惟辅昭化军节度使,赐银帛布各二百匹两,官子孙十二人,立庙于成州,号忠烈"⑤。赠官、立庙、赐庙号乃中央对臣下的极大礼遇,张浚"承制"行之。等等。

宣抚处置司"便宜"之权的行使还伸及经济领域。建炎三年(1129)十一月,"宣抚处置使张浚以便宜增印钱引一百万缗以助军食";"浚又置钱引务于秦州,以佐边用"⑥。绍兴二年(1132)九月,宣抚处置司言,"见依仿朝廷体制,造绫纸度牒,为赡军修城垒戎器之用"⑦。发行货币、制造度牒乃中央特权,宣抚处置司"便宜"行之。

中央权威不仅体现在任免官员与经济等领域,也通过赐庙额庙号、封赐神灵等活动来显示。前文提到绍兴元年(1131)十月,熙河马步军副总管刘惟辅战死,张浚"承制"赠其节度使,赙赐银帛,官其子孙,"立庙于成州,号忠烈"。同年十二月,宣抚处置使张浚言:"已封永康军普德庙神为招惠灵显王,汉右将军张飞为忠显王。"普德神乃秦蜀守李冰次子,宣和间曾改封真

---

① 《系年要录》卷三九,建炎四年十一月丁巳条,第737页。
② 《系年要录》卷四七,绍兴元年九月丁巳条,第849页。
③ 《系年要录》卷四四,绍兴元年五月乙巳条,第799页。
④ 《系年要录》卷四八,绍兴元年十月乙亥条,第862页。
⑤ 同上书,绍兴元年十月戊子条,第868页。
⑥ 《系年要录》卷二九,建炎三年十一月己酉条,第571页。
⑦ 《系年要录》卷五八,绍兴二年九月辛未条,第1008页。

人,"浚言神比托梦兆,欲扫妖凶患为兵印。又言阆州有死卒复甦,称飞与关羽分兵境上,摧拒强敌,故封之"①。绍兴二年(1132)四月,宣抚处置使张浚言:"已加封梓潼县英显王'武烈'二字。"因其"比形灵应,大破群凶"之故②。对宣抚处置司的封神赐号,洪迈在《唐藩镇行墨敕》中提到:

> 池州铜陵县孚贶侯庙有唐中和二年二月一碑。其词云:"敕宣、歙、池等州都团练、观察使牒。当道先准诏旨,许行墨敕授管内诸州有功刺史、大将等……"张魏公宣抚川、陕,便宜封爵诸神,实本诸此。③

洪迈将张浚"便宜"封神与唐代藩镇施行"墨敕"相提并论。学者的研究指出,墨诏和墨敕作为"王言",其发布一向由皇帝掌握,昭示的是帝王的权威。到唐末五代之时,墨敕除官权被藩镇褫夺。当藩镇掌握了墨敕授官的权力,其实是借助于墨敕把皇帝的权威加在自己头上,取得"代天子立言"的神圣光环,为藩镇跋扈一方提供了合法性④。在洪迈看来,宣抚处置司"便宜"封神,形同唐代之藩镇"墨敕"授官,言下之意,拥有"便宜"之权的宣抚处置司以及张浚,其权威俨然有唐末藩镇跋扈之势⑤。美国学者韩森的研究表明,南宋中央对地方神祠的赐封非常严格,通过"赐封那些得到地方精英崇奉的神祇,宋代政府也就把住了地方社会的脉搏"⑥。赐封神祠是中央权力向基层社会渗透的过程,张浚以"便宜"赐封神灵无疑代行了中央的权力。

在宣抚处置司诸多"便宜行事"中,往往出现"朝廷不知"乃至宣抚处置司命令在先,中央命令不得不让位的情况。如建炎四年(1130)六月,陈求道

---

① 《系年要录》卷五〇,绍兴元年十二月丁卯条,第885页。
② 《系年要录》卷五三,绍兴二年四月乙酉条,第935页。
③ 洪迈:《容斋四笔》卷一〇《唐藩镇行墨敕》,中华书局2005年版,第750—751页。
④ 游自勇:《墨诏、墨敕与唐五代的政务运行》,载《历史研究》2005年第5期。
⑤ 蔡哲修《张浚与川陕的经营(1129—1133)——"南宋偏安局面的形成"研究之二》中称,张浚为川陕宣抚处置使,享有许多特殊权力,本有试行藩镇之意。
⑥ [美]韩森著,包伟民译:《变迁之神:南宋时期的民间信仰》,浙江人民出版社1999年版,第101页。

为襄阳府邓隋郢州镇抚使,兼知襄阳府,而"张浚用便宜责求道单州团练副使,安置忠州,而朝廷未知也"①。绍兴元年(1131)十月,宣抚使司随军转运使赵开升直显谟阁,以张浚言其出卖茶引,措置酒课增羡有功。而"时浚已用便宜特授开直龙图阁,而朝廷不知,故有是命"②。又如绍兴二年(1132)八月,张浚奏,知兴元府王庶与陕西都统制吴玠、金均房州镇抚使王彦皆以职事不相协和,深恐有误国事,"臣以便宜,将庶与知成都府王似两易其任","时庶已得罪,而似既还成都,朝廷盖未知也"③。绍兴三年(1133)九月,诏陕西都统制吴玠、永兴经略使郭浩和尚原大捷有功,赐田奖赏,"时张浚已命浩帅兴元,而朝廷未知也"④。

宣抚处置司命令在先,中央诏令在后,出现"朝廷不知"的情况,尚可以以川陕距临安路途遥远等解释。但在宣抚处置司"便宜"之权行使中,还出现中央诏令在先,宣抚司改而行之的情况。如建炎四年(1130)三月己酉,诏令叶宗谔知鄂州,张上行知荆南府,苏觉知夔州,而结果"会(张)浚已除吏,三人卒不行"⑤。由于宣抚处置司任命在先,中央诏令失去作用。绍兴元年(1131)八月,"宣抚处置使张浚娶直秘阁成都府路转运判官宇文时中女。时已诏时中奉祠,而浚称其有劳,承制升时中副使再任"⑥。张浚以"承制"之权,将已经诏令"奉祠"的官员再次起用。再如绍兴元年(1131)七月,"奉直大夫景兴宗直秘阁知兴元府。时张浚已用王庶,兴宗遂改命"⑦。由于先有宣抚处置司的命令,中央的任命更改。绍兴二年(1132)二月,"宣抚处置使张浚承制以奉直大夫知邛州陈右提点潼川府路刑狱公事,而以朝散大夫鲜于绘代之。时有旨以朝请大夫王俣知邛州,浚乞合改替绘,朝廷不能夺也"⑧。宣抚处

---

① 《系年要录》卷三四,建炎四年六月庚辰条,第662页。
② 《系年要录》卷四八,绍兴元年十月甲申条,第866页。
③ 《系年要录》卷五七,绍兴二年八月丙申条,第992页。
④ 《系年要录》卷六八,绍兴三年九月庚午条,第1156页。
⑤ 《系年要录》卷三二,建炎四年三月己酉条,第621—622页。
⑥ 《系年要录》卷四六,绍兴元年八月乙丑条,第829页。
⑦ 《系年要录》卷四六,绍兴元年七月癸卯条,第823页。
⑧ 《系年要录》卷五一,绍兴二年二月庚寅条,第912页。

置司的决策所具有的威力之大,致使"朝廷不能夺"。宣抚处置司甚至直接提出,"四川监司知通阙人去处,本司已差官到任,而朝廷所差官后至者,乞别与本等差遣"。对此,中央竟然同意①。

地方财赋上供中央,乃中央权力的重要保证和体现。而宣抚处置司所属地区就出现例外,致使中央三令五申催促,"自军兴以来,蜀纲之应输内藏及内东门司者,皆不至。中书门下省以为言,诏宣抚司督促赴行在"②。绍兴元年(1131)二月,再诏张浚措置津发四川上供金帛赴行在,其原因是,"自置宣抚司,而上供悉为截留,以备军食。至是,户部以将行大礼,及行在急阙为言,故有是命"。而最终结果却是"川、陕用度繁,截留如故"③。川陕茶马赵开变更榷茶法,怨詈四起,"至是主者以为合罢,若谓军费所资,即乞札与宣抚使张浚行之。诏下其说,浚不为之变也"④,直接抵抗中央的命令。

宣抚处置司"便宜"之权施行的主体明确规定,"上许(张)浚便宜黜陟"⑤,即宣抚处置司的属员并无此项特权。但在宣抚处置司运行中,其属员往往行使这一权力。史载,张浚西行,搜揽豪杰,设官置吏,以程千秋为京西制置使,李允文为京西南路提点刑狱公事,"复假千秋便宜,许之久任,自属郡守贰以下,咸得诛赏"⑥。建炎四年(1130)二月,张浚闻高宗亲征,准备率兵自秦州入卫,留参议军事刘子羽掌留司事,"凡川、陕军政民事,皆得专决"⑦。同年三月,宣抚处置司主管机宜文字傅雱权湖北制置使,"以本司便宜之命,授(孔)彦舟翊卫大夫康州防御使荆湖南北路捉杀使"⑧。这是宣抚处置司的属员主管机宜文字"便宜"命官之事。建炎四年(1130)三月,宣抚司参议官王以宁代程千秋为京西制置使,"假以便宜"⑨。

---

① 《系年要录》卷五三,绍兴二年闰四月丁未条,第944页。
② 《系年要录》卷三四,建炎四年六月庚辰条,第663页。
③ 《系年要录》卷四二,绍兴元年二月癸酉条,第764—765页。
④ 《中兴小纪》卷八,建炎四年四月癸丑条。
⑤ 《系年要录》卷二三,建炎三年五月戊寅条,第481页。
⑥ 《系年要录》卷二七,建炎三年闰八月乙巳条,第552页。
⑦ 《系年要录》卷三一,建炎四年二月丙申条,第614页。
⑧ 《系年要录》卷三二,建炎四年三月癸卯条,第619页。
⑨ 同上书,建炎四年三月己酉条,第621页。

而王以宁"以本司便宜之命,节度湖南军马,更易全郡守臣,科敛无度,官吏有被诛者"①。同年四月,宣抚处置司节制军马李允文"承制以直龙图阁知蔡州程昌㝢权知荆南府"②。七月,李允文"以宣抚处置司便宜之命,徙(范)寅亮为沿江措置司提领官,而以(马)友知汉阳军,(张)用为鄂州路副总管"③。绍兴元年(1131)十月,刘超在公安,宣抚处置司干办官刘光辅"以诏书抚谕,超听命,遂以超守光州"④。从实际情况看,宣抚处置司官属滥用"便宜"权力,一度危害地方⑤。以上诸例中,宣抚处置司参议官、节制军马、干办官等属员以"便宜"之权任命官员,甚至直接使用诏书。

从上可见,川陕宣抚处置司"便宜行事"的范围极为广泛,地方官员与军队将帅的任免,宣抚处置司"便宜"行之;诸如发行货币、制造度牒、赐封神灵等属于中央的权力,宣抚处置司以"便宜行事"的形式予以掌管⑥。宣抚处置司"便宜"权力之大,出现"朝廷不知"的情况,甚至由于宣抚处置司的"便宜行事"在先,中央诏令失效,不得不"改命"而行。从"便宜之权"的行使主体看,也不仅仅限于宣抚处置司的最高长官宣抚处置使,而是延伸到宣抚处置司的属员等。

二、中央对宣抚处置司"便宜"之权的制约

"便宜"之权是中央赋予臣下的一种特殊权力,突出表现为臣下随时决断,不受中央既有规定与指令的制约,而这必然触及中央集权的主旨。故,"便宜"之权能否维持,就取决于臣下与中央的关系,最重要的是与皇帝的关

---

① 《系年要录》卷三五,建炎四年七月己未条,第678页。
② 《系年要录》卷三二,建炎四年四月条,第637页。
③ 《系年要录》卷三五,建炎四年七月条,第684页。
④ 《系年要录》卷四八,绍兴元年十月丙戌条,第867页。
⑤ 详见梁天锡《张浚执政兼宣抚处置使考》。
⑥ 张浚以"便宜"之权升降、移易地方将帅、郡守、监司,除易72衔次,罢免5衔次,迁官加职28衔次,复官限居6衔次,夺官职3衔次;此外还以"便宜"派遣外交使节、调整行政区划、置司类省试等。详见梁天锡《张浚执政兼宣抚处置使考》。

系。不断受到攻击的张浚在川陕能坚持近四年之久,高宗的态度起决定性作用。高宗对张浚出使,一度评价较高,建炎四年(1130)三月,高宗曰:"张浚措置陕西,极有条理,荐人用士,持心向公","称善者久之"①。问题在于,中央一方面依赖臣下通过"便宜行事",来处理紧急事务和加强对地方的治理,另一方面又不愿意看到大权旁落局面的出现。在此情况下,除了君臣之间的相互信任外,只能采取临时防范措施,以防臣下"便宜"之权过于强大,使之始终处在中央的掌控之中。在宣抚处置司运行中,中央一直在采取诸多措施对其"便宜"之权进行约束。

严格"上奏"程序是对宣抚处置司"便宜"权力制约的重要措施。如建炎四年(1130)四月,诏泾原路第七正将向壹赴宣抚处置司军前,依法行遣,向壹在抗金中"引众遁去,惧罪走行在,故浚以为请焉"②。同年七月,"宣抚处置使张浚请宗室非尝犯赃私罪者,许具脚色申本司,赴四路转运使注拟。从之"③。以上事例表明,凡行事之前,张浚"先请"之后,中央诏令"从之",最终决定权在中央。"便宜从事"的特征是先行后奏,其中"后奏"以获得中央的事后认可这一环节必不可少,至少在名分上显示出中央的权威,否则就属"矫诏"与"专擅"。如建炎三年(1129)九月,"宣抚处置使张浚言,已札下京湖、川陕转运司,时下差官权摄职任,若犯入己赃,其元差官并同罪。从之"④。建炎四年(1130)六月,解潜为荆南府归峡州荆门公安军镇抚使,兼知荆南府。因解潜自谪籍中为张浚所用,"言于朝,遂复官而有是命"⑤。又如绍兴元年(1131)九月,朝请大夫傅亮勒停,云安军羁管。傅亮出使西夏,后随从张浚西行,纵其从卒扰民,张浚罢之,"言于朝,故有是命"⑥。以上事例中,均是宣抚处置司先以"便宜"任免官员等,然后上奏中央,由中央予以确认。

---

① 《系年要录》卷三二,建炎四年三月辛酉条,第624页。
② 同上书,建炎四年四月戊子条,第633页。
③ 《系年要录》卷三五,建炎四年七月乙卯条,第676页。
④ 《系年要录》卷二八,建炎三年九月庚午条,第557页。
⑤ 《系年要录》卷三四,建炎四年六月庚辰条,第662页。
⑥ 《系年要录》卷四七,绍兴元年九月丙辰条,第848页。

建炎三年(1129)九月,张浚奏陈彦文在江州妄用诸司钱四十余万缗,且多欺隐,"仍遣御史一员往察其事"①。可见,对宣抚处置司的上奏,中央并不完全以此为据,而是派遣使臣核查。建炎四年(1130)五月,王彦守金州有功,"浚承旨授彦横行,言于朝,诏补正"②。虽然宣抚处置司已经"承旨"命官,但中央仍然以诏令的形式予以事后追认。绍兴元年(1131)十二月,"制授起复明州观察使陕西诸路都统制兼知秦州吴玠镇西军节度使,从张浚请也。仍遣中使任充持旌节官诰赐玠"③。授予吴玠节度使虽出自宣抚处置司的奏请与"承制",中央却派遣专使予以赏赐,既显示出中央对武将的重视,同样表明这一任命出自中央。宣抚处置司在任命地方官员中拥有"便宜"之权,但中央强调在"便宜"命官中换取"付身"的重要性,以此凸显出中央在命官中的作用。以下事例就是明证。绍兴元年(1131)九月六日,张浚言,"便宜黜陟阙官去处差过监司守倅刘镪等,乞出给付身降下"。诏令从之④。绍兴二年(1132)六月,诏"川陕官员陈乞磨勘,令宣抚处置司一面照条施行,月终类奏,换给付身"⑤。即先由宣抚处置司执行,最后由中央确认。绍兴二年(1132)四月,张浚言赵开措置酒务有功,"已升直龙图阁,诏中书省给告"⑥。同月,张浚言,已加封梓潼县英显王"武烈"二字,"诏令中书省出告"⑦。以上事例表明,宣抚处置司先自行决断,事后上奏,中央以诏令确认既成的事实。

宣抚处置司"便宜行事"尽管遵行"先行后奏"的程序,若其"先行"之事与现行法令等不符,中央予以否定或更改,以此也可以起到对其"便宜"权力的制约。史载,"初,赵令峨之死事也,或诋其降敌。朝奉郎宣抚处置使司主管机宜文字孙伟移书张浚白其忠。伟又言知分宁县陈敏识拒敌有功,请除

---

① 《系年要录》卷二八,建炎三年九月辛酉条,第555页。
② 《系年要录》卷三三,建炎四年五月庚午条,第654页。
③ 《系年要录》卷五〇,绍兴元年十二月己丑条,第891页。
④ 《宋会要辑稿》兵一四之八。
⑤ 《系年要录》卷五五,绍兴二年六月壬寅条,第970页。
⑥ 《系年要录》卷五三,绍兴二年四月己巳条,第930页。
⑦ 同上书,绍兴二年四月乙酉条,第935页。

知洪州。浚承制赠令峨中奉大夫右文殿修撰。建分宁县为义宁军,进敏识二官使守之"。但从最后结果看,"时已赠令峨次对,而敏识亦迁官,浚盖未知。是日奏至,诏不许"①。此次宣抚处置司"承制"之事,由于中央决策在先,予以否定。建炎四年(1130)十一月,以刘子羽为尚书礼部侍郎,"以张浚言收复鄜延一路,乞除子羽列曹侍郎故也"。然张浚的奏请遭到朝臣的质疑,"台谏皆言春官高选,子羽以幕府军功得之,于事不类,乃命进子羽三官"②。由于刘子羽的升迁不符合条令规定,故中央作出更改。绍兴元年(1131)十月,"金之围庆阳也,帅臣杨可升固守不下,张浚承制授可升静难军承宣使,言于朝。朝廷疑可升未落阶官,不许"③。这同样是中央对宣抚处置司奏请的否定。再如绍兴二年(1132)九月,诏:承事郎权陕西转运判官董诜直秘阁。"先是,张浚录诜功,进三官,除职名,故申命之。已而言者以为大过,遂罢迁秩之命"④。对宣抚处置司在经济领域中的特权中央同样予以否定。史载:"初,宣抚处置使张浚以淮盐未通,乃通大宁盐于京西、湖北。至是秦桧闻其事,下堂帖禁之。其后浚复通蜀盐于荆南,诏不许。"⑤

以上事例表明,宣抚司虽遵守"先行后奏"程序,但由于所行之事与法令不符,中央予以否定,而代以中央的决断。由于宣抚处置司拥有"便宜"之权,中央实际上失去任免川陕地区地方官员与军中将领的权力,通过上述措施,对改变中央权力旁落的局面起到了一定的作用,但其过程却相当艰难。绍兴元年(1131)七月,"朝议大夫新知澧州吴革为潼川府路转运副使"。史家在记述此事时专门强调"自置宣抚司后,四川监司以敕除者始此"⑥。史家在此处的特别强调,实际上反映在此之前中央权力一直处于旁落局面的事实,此次由中央任命潼川府转运副使,无疑是显现中央权力的一个明证。上述中央对"便宜"之权的约束,起因不同,类例繁多,中央难免有应接不暇

---

① 《系年要录》卷三四,建炎四年六月丁酉条,第670页。
② 《系年要录》卷三九,建炎四年十一月庚子条,第731页。
③ 《系年要录》卷四八,绍兴元年十月甲申条,第866页。
④ 《系年要录》卷五八,绍兴二年九月壬午条,第1012页。
⑤ 《系年要录》卷五四,绍兴二年五月丁亥条,第963页。
⑥ 《系年要录》卷四六,绍兴元年七月庚子条,第822页。

第二章 中央与地方之间：南宋川陕宣抚处置司的运行

之感,故不时出现中央一边在约束,宣抚处置司却又违背之事。如绍兴二年(1132)五月,中央以刘民瞻提点夔州路刑狱公事,"自建炎以来,川陕帅臣部使者,皆张浚版授,至是稍以敕除"。但事实上,"(张)浚寻徙民瞻成都府路转运副使"①。

对完全违背中央旨意之事,中央明令禁止。上文提到,张浚之西行,得旨"便宜黜陟",张浚遣主管机宜文字傅雱使湖南,参议官李允文使湖北,亦以"便宜"付之,由是二人骄恣不法②。建炎四年(1130)九月十一日三省言：

> 昨降指挥,宣抚处置使司许便宜行事,系为宣抚处置使有合措置事件,方许从便宜,一面施行。访问本司差委官属干办事务,如李允文、傅雱之属,所至专辄行事,皆称系依本司所得便宜指挥,州县莫敢违逆。其宣抚使司所差官,如有合行从权措置事务,自合申禀本司,听候指挥。若许将本司所得便宜指挥,自己一面施行,则凡系本司差委官吏,尽得便宜行事,显见侵紊。

显然,朝臣建议将"便宜"之权限于宣抚处置司的最高长官,而其他成员不得染指。对此,中央下诏令规定："今后除宣抚处置使依已降指挥许便宜行事外,其差委官属,并不许辄用便宜指挥。如违,重置典宪。"③对宣抚处置司下属的"便宜"之权予以明确禁止。对宣抚司"承制"任命之人,若其先前为官履历不佳,也予以罢免。如绍兴元年(1131)七月,张浚承制以胡考宁知资州。但因胡考宁曾在京西为盗等原因,"御史奏其状,遂罢之。仍诏宣抚司自今毋得与守倅差遣"④。再如,张浚曾"承制"以参议官宝文阁学士程唐筹边有劳,进秩一等,回授其子登仕郎程敦复为承务郎,"命既下,论者以为吏部改官格法甚严,虽见任宰臣回授转官,亦无改官之例,乞改正。乃诏循敦复二资"⑤,将不合条法之改官予以更正。绍兴三年

---

① 《系年要录》卷五四,绍兴二年五月庚午条,第953页。
② 详见梁天锡《张浚执政兼宣抚处置使考》。
③ 《宋会要辑稿》职官四一之二一一二二。
④ 《系年要录》卷四六,绍兴元年七月壬子条,第824—825页。
⑤ 《系年要录》卷六七,绍兴三年八月丁未条,第1140页。

(1133)十月,宰相朱胜非言:"自置宣抚处置司,凡四川帅臣监司已下堂除部阙,及安抚茶马等司辟阙,尽以便宜差官,有违旧制,致使寒士久不得禄。"对此,中央诏令:"自今监帅司阙官,令宣抚司具奏三两人听旨,其原系部阙,并令诸路漕司依旧法施行"①,从而回归到旧法。对于"便宜"印造度牒之事,中央也予以禁止。绍兴元年(1131)七月六日,诏:"四川宣抚处置使司自行制造度牒出卖,应副使用,自今降旨挥到日住罢,今后如有合应副支使去处,即差使臣前来行在请降。"对于此诏令,史载:"先是,知枢密院事宣抚处置使张浚言:恭禀圣训,便宜行事,见依仿朝廷给降体例,臣本司制造绫纸度牒,逐急支降,应副赡军使用,许于川陕京西路贩卖,与已给度牒一衮行使,谨具奏知。"但张浚的奏请引起朝臣的反对,"尚书省勘会,行在见给降空名度牒,系绢纸打背,礼部长二祠部郎官系衔押字,面用祠部印,及后郎官系衔,押字用左右司印,及随度牒公据用半印合同,并用半印合同号簿给付降州军。今来宣抚措置使用制造度牒,既无逐处印记,又官员衔位并体式不同,切虑民不孚信,难于出卖,兼难以觉察伪诈"。因此才有上述诏令的颁布②。笔者以为,中央所以禁止宣抚处置司自造度牒,固然如朝臣所言,与中央制造的度牒"体式不同"等,但更为重要的是由宣抚处置司自造度牒,意味着中央这一经济权力的丧失,而这才是禁止宣抚处置司制造度牒的真正原因。

缩小宣抚处置司的管辖范围,是节制其权力的措施之一,但其过程颇费周折。张浚出使,诏"知枢密院事兼御营副使张浚为宣抚处置使,以川陕、京西、湖南北路为所部"③。则张浚使名为"宣抚处置使",统辖范围包括川陕、京西、湖南北路。建炎四年(1130)九月十一日,三省言:"宣抚处置使司去岁出师,以京西盗贼充斥,及荆湖南北分治兵器,拣选将士,遂许诸路并听节制。今来本司见于秦州驻扎,相去诸路大段遥远,缓急机会报应阻隔,难以责令奉承,兼京西、湖北已系分镇去处,即与旧来事体不同。"因此诏令,"陕

---

① 《系年要录》卷六九,绍兴三年十月壬辰条,第1167页。
② 《宋会要辑稿》职官一三之三二。
③ 《系年要录》卷二三,建炎三年五月戊寅条,第481页。

西、四川并依旧听宣抚处置使司节制,京西、湖北依分镇画一指挥,其荆湖南路听宣抚使司节制指挥,更不施行"①。诏令确定京西、湖南北路不受川陕宣抚司节制,宣抚处置司的统辖范围由原来陕西、四川、京西、湖南北缩小为陕西、四川以及荆湖南路。之后又有将荆湖南路也排除在外的尝试。绍兴二年(1132)闰四月,"张浚奏桑仲侵犯均、房州,已令镇抚使王彦掩杀,乞严行戒约,令兼听臣节制。诏:京西系属宣抚处置地分,自合节制"。究其原因,"先是范宗尹当国,以京湖道远,乞勿隶宣抚司,故浚以为请"②。此次缩小宣抚处置司辖区范围的努力遭到失败。

设置副使分化宣抚处置使的权力,是节制宣抚处置司权力的一个措施。关于设置副使的主张,不止一次被朝臣提及。张浚宣抚川陕,参知政事兼御营副使王绹认为:"川陕重地,不可专任,宜求同心同德之臣协赞之。"即建议设置副使,史载:"虽不行,士大夫以公言为然。其后,大臣以专命被罪,亦颇悔不以命副为请也。"③建炎三年(1129)六月,中书舍人季陵也提出:"遣张浚宣抚陕蜀,任太专,非是。"④富平之败,张浚诛杀赵哲、曲端,引发朝臣的担忧,章谊建议:

> 朝廷如欲久其事权,必收成功,则当除副贰,使之自助。今能臣之在川陕,而可与共事者,不无其人。伏望睿慈,早赐措置。夫以陕西,天下劲兵之郊,有一二大臣共筹军旅之事,则外之夷狄,内之盗贼,闻风知惧,真御侮敌忾之任也,其可缓乎?昔汉高祖与项籍相持巩洛之间,命韩信平齐下燕,而必以张耳辅行。当是之时,项氏奔走自救,不得专意攻汉者,两人之力也。以韩信之才,犹资副助,则将将之语,岂虚言哉?⑤

可见,章谊提出设置副使的建议,表面看出于协助正使,共担重任,但分化张

---

① 《宋会要辑稿》职官四一之二二。
② 《系年要录》卷五三,绍兴二年闰四月甲辰条,第943页。
③ 《毗陵集》卷一三《资政殿大学士左光禄大夫王公墓志铭》。
④ 《系年要录》卷二四,建炎三年六月乙亥条,第503页。
⑤ 章谊:《论张浚在陕右宜除副贰往助(高宗时)》,载《历代名臣奏议》卷二三九,第3145页。

浚权力的真实用意不容置疑。宣抚处置司由"便宜从事"引起的权力膨胀局面，令朝臣忧虑重重，最终高宗对张浚的信任出现动摇。绍兴二年（1132）九月，高宗曰："浚孜孜为国，人多称誉，但闻蜀中士民流怨，人情不喜，盖军兴累年，赋调征役，不无骚动，缓急恐浚失助，宜遣人副其事。"①高宗以兵兴民疲为由，提出设置副使，其真实原因当为只有正使，权力集中，以设置副使予以分化。高宗的旨意很快得到执行。同年九月丙戌，诏"显谟阁直学士知兴元府王似为端明殿学士川陕等路宣抚处置副使，与张浚相见同治事"。史载："始，浚出使，第以'宣抚处置'为名，至是始带'川陕及等路'字。"②此一决定，一箭双雕，使名带"川陕等路"，以缩减辖区；王似为副使，以分化其权力。绍兴二年（1132）十二月，诏罢张浚宣抚处置使。三年五月，罢宣抚司便宜黜陟。四年（1133）二月，张浚至行在。至此，张浚出使川陕结束。

总之，南宋中央为了节制宣抚处置司"便宜行事"的权力，强调"行事"中的"上奏"程序，对与法令不符的"便宜行事"予以否定和更改，对有违中央旨意之"行事"予以禁止，还通过缩小宣抚处置司统辖区域，设置副使等措置来分化宣抚处置司的权力。南宋中央对宣抚处置司权力的节制、分化过程，实际上反映出朝廷对宣抚处置司"便宜行事"带来的权力旁落局面的担忧，力图将其限制在一定的范围，防止地方权力太大。在"便宜"之权使用与节制的背后，其实质内容是南宋中央与川陕地方之间权力分配中的冲突。对"便宜之权"的种种制约，源于中央集权的根本要求。一旦地方权力危及到中央集权的主旨，受到节制乃至打击就是应有之事。张浚的罢免以及宣抚处置司"便宜"权力的废除正印证了这一点。

三、从"便宜"之权的运作看中央与地方关系

从宣抚处置司设立之日起，关于其"便宜行事"的争论此起彼伏，朝臣上下对此无不忧虑重重。史载，张浚出使，冯康国为主管机宜文字，往辞台谏

---

① 《系年要录》卷五八，绍兴二年九月丙寅条，第1006页。
② 同上书，绍兴二年九月丙戌条，第1013页。

赵鼎,赵鼎就警示道:"元枢新立大功,出当川、陕,半天下之责,自边事外,悉当奏禀。"史家在记载此事时专门注释曰:"盖大臣在外,忌权太重也。"①张浚尚未到达川陕,已经出现"大臣在外,忌权太重"的担忧。

随着宣抚处置司"便宜"权力的使用,非议与谴责纷至沓来。建炎四年(1130)五月,出现奇异天象,"夜有赤云亘天,其中白气贯之,犯北斗及紫微,由东南而散"。对此,殿中侍御史沈与求以"天变警示",上奏曰:

> 天子所在,谓之朝廷,今号令出于四方者多矣,尽假便宜,即同圣旨。然其大者,虔州一朝廷,秦州一朝廷,号令之极,至为诏矣。愿条约便宜事件,度其缓急,特罢行之。申节张浚等止降指挥,勿为诏令。②

上文提到的"虔州一朝廷"指南迁虔州的隆祐皇太后一行,也曾赋予"便宜从事"之权③。拥有"便宜"之权的宣抚处置司,在朝臣看来,其权威如同朝廷一般。有此看法者不乏其人,庄绰《鸡肋编》载:

> 绍兴年间,天下州郡遂成三分:一为伪齐、金虏所据,一付张浚,承制除拜;朝廷所有,唯二浙、江、湖、闽、广而已。④

在光宗朝时,叶适曾追记建炎之际的政治局势曰:

> 建炎巡幸,远至温台;从卫隆祐,分适洪赣;川陕处置,自为扦御,三方阻隔,不相闻知。⑤

在叶适看来,建炎时存在高宗、隆祐太后、川陕三方势力。不管是沈与求所言的"两朝廷",庄绰笔下的天下"三分"局面,还是叶适提到的"三方"势力,川陕之地均在其中,始终处在醒目的位置。

绍兴元年(1131),尚书左仆射吕颐浩上言:

> 今国步多艰,中原隔绝,江淮之地,尚有巨贼,驻跸之地,最为急务。

---

① 《系年要录》卷二五,建炎三年七月庚子条,第515页。
② 《系年要录》卷三三,建炎四年五月壬子条,第644—645页。
③ 《系年要录》卷二六,建炎三年八月壬戌条,第522页。
④ 庄绰:《鸡肋编》卷中,中华书局1983年版,第74页。
⑤ 《水心先生文集》卷一《上光宗皇帝札子》。

> 伏惟陛下发中兴之诚心,行中兴之实事,要当先定驻跸之地,使号令易通于川、陕,将兵顺流而可下,漕运不至于艰阻。①

吕颐浩希望"使号令易通于川陕",暗含此时中央号令并不能通于川陕,致使将兵不听号令,漕运"艰阻",这与沈与求所谓"秦州一朝廷"的表述如出一辙。就连对张浚信任之至的高宗也担心"两朝廷"的出现。史载,绍兴二年(1132)九月,曾被张浚赋予便宜之权的王以宁贬官,其母陈氏"干张浚乞自便"。张浚上奏朝廷,朱胜非以为"以宁向在荆湖,妄用便宜,专杀掊敛,害及两路"。高宗对此不无感慨:"以宁罪大责轻,今又干宣司,从之则两朝廷也。"乃责王以宁永州别驾,潮州安置②。从中央与地方关系看,"秦州一朝廷"的出现,意味着川陕地区地方权力强大,对中央的向心力减弱,以致威胁到中央的权威。

建炎四年(1130),金兵进攻日益紧迫,右正言吴表臣言:"臣向尝论奏,乞谕张浚,令提关、陕锐旅,疾速入援,伏计朝廷,必屡已督促,然至今寂然,未有来耗,中外人情不胜颙望。"在朝臣看来,中央处于危机之中,而调令宣抚处置司军队的命令得不到执行,实际上就是中央权力旁落的表现。由此,吴表臣感叹曰:"今冬候已深,敌情叵测,在浚臣子之心,亦岂遑居,若恬然不恤君父之急,于义如何?"③建炎四年(1130)六月,中书舍人季陵针对中央权力旁落的局面上奏曰:

> 君臣之间,义同一体,庙堂出命,百官承禀,知有陛下,不知有大臣。大臣在外,事涉形迹,其可作威福以自便乎?周望在浙西,人能言之,张浚在陕右,无敢言者。夫区处军事,恐失机会,便宜可也。乃若自降诏书,得无窃命之嫌耶?官吏责以办事,便宜可也。若安置从臣,得无忌器之嫌耶?以至赐姓氏、改寺额,事类此者,无与治乱,待报何损?是浚在外伤于太专,虽陛下待之不疑,臣恐自陕以西,不知有陛下矣。④

---

① 《系年要录》卷四九,绍兴元年十一月戊戌条,第871页。
② 《系年要录》卷五八,绍兴二年九月辛未条,第1007页。
③ 《系年要录》卷三八,建炎四年十月庚寅条,第725页。
④ 《系年要录》卷三四,建炎四年六月戊寅条,第660页。

富平之败，张浚诛杀赵哲、曲端，再次引发朝臣的担忧。章谊上奏曰："二将或诛或贬以来，事任已重，处断太专。"①在中央集权体制下，中央与皇帝号令一切，臣下与地方禀命执行，所谓"知有陛下，不知有大臣"。由于"便宜从事"的存在，除军事指挥、责令官员外，宣抚处置司还以"便宜"赐姓、封神等，严重侵害了中央与皇帝的权威。上述诸如"张浚在陕右，无敢言者"，"浚在外，伤于太专"，"事任已重，处断太专"等，从君臣关系看，反映朝臣担心张浚个人权力太大，难以控制，以致有"窃命"与"忌器"之嫌。从中央与地方关系看，朝臣担忧的是由此造成中央权威削弱，地方离心力增强。"臣恐自陕以西，不知有陛下矣"一语，将宣抚处置司"便宜行事"引起地方权力强大的后果表露得淋漓尽致。

朱胜非《闲居录》载：

> 唐制，不经凤阁鸾台，不得谓之敕。敕者，三省奉行圣旨之书也。张浚以知枢密院事为川陕处置使，得旨许便宜行事，事多出敕。胜非在朝廷日见之，前云某司，次述事因，古语云奉敕如何，末以使衔押字，黄纸大字，皆过于敕。时席益、徐俯大不平之，指以为僭。胜非曰："川士性夸侈，意以札子为不尊，故用便宜作敕。"初不思奉何敕也，闻渠向自建康出国门，已行便宜事矣。②

从行政运行程序看，政策由中央制定，臣下与地方只是政策的执行者。川陕宣抚处置司因拥有"便宜"之权，将政策的制定与执行两种权力集于一身，在具体"便宜行事"中，宣抚处置司的命令不用臣下与地方应当使用的"札子"，而以"敕"的形式出现。朱胜非认为"川士性夸侈，意以札子为不尊，故用便宜作敕"，只是从张浚个人性格方面做出的解释。殊不知"札子"与"敕"的形式背后，有着完全不同的权力表现。宣抚处置司以"敕"行事，也即代行了中央与皇帝的权力，朝臣"指以为僭"的原因即在于此。

---

① 章谊：《论张浚在陕右宜除副贰往助（高宗时）》，载《历代名臣奏议》卷二三九，第3144页。
② 《中兴小纪》卷八，建炎四年五月癸丑条，引朱胜非《闲居录》。

中央的忧虑因张浚的罢免得以缓解。与此同时,朝中开始了对张浚的大规模弹劾。南宋朝臣在清算张浚种种"罪行"的同时,免不了对其人身攻击与是否忠君的道德追问。而现有的研究,似乎进步不大,依然局限于诸如张浚个人功过大小与是非曲直的评判①。笔者以为,抛开对张浚个人的好恶,对张浚的弹劾,实质上反映出南宋朝廷对此次川陕宣抚处置司"便宜行事"事件的深刻反思;张浚身上的种种"罪名",毋宁说源自宣抚处置司在"便宜行事"中所产生的中央与地方间的权力冲突。不可否认,在冲突的产生中,张浚的性格、素质等个人因素难辞其咎,但"便宜行事"本身应是一个重要原因。

绍兴四年(1134)二月,殿中侍御史常同论张浚之罪,"误国非一,用李允文、王以宁、傅雱诸小人,为荆湖害,以曲端、赵哲之良将,皆不得其死,以至擅造度牒,铸印记,赐赦减降,出给封赠,磨勘绫纸之类,皆有不臣之迹"②。常同的弹劾除提到张浚任用非人、诛杀武将的"误国"罪行外,尤其突出其"不臣之迹",常同列举有擅造度牒、铸印记、赐赦减降、出给封赠、磨勘绫纸等。侍御史辛炳的弹劾内容分"误国"与"犯分"两方面,认为诛杀赵哲与曲端、任用赵开科敛诛求等均属"误国"。而与"误国"相比,其"犯分"之罪显然更大:

> 凡朝廷所除监司郡守,至辄不许上,必已所命乃得赴。张深以老乞退,则令五日一赴宣司治事,此例安出哉?甚者擅肆赦宥,一岁凡再,自古便宜,未有如是之专者也。

"凡朝廷所除监司、郡守,至辄不许上",即宣抚处置司的命令高于中央命令。"擅肆赦宥,一岁凡再",即大肆使用便宜之权。"陛下初许浚便宜黜陟,盖以军事在远,不欲从中制也。浚辄立招贤馆,有视龙图阁之命,以孺人封号封参议官之妾,陛下常遣中使抚问,浚乃与之加秩,劳其远来,其狂悖甚矣"③。这

---

① 参见《导言·研究史回顾》。
② 《系年要录》卷七三,绍兴四年二月丙午条,第1218页。
③ 同上书,第1219页。

同样属"便宜"之权的滥用。同年三月,辛炳等再论到:"前此人臣,未有如浚之跋扈僭拟,专恣误国,欺君慢上者。"①其中"跋扈僭拟""专恣""欺君"显然属于"犯分"之罪。绍兴七年(1137),张浚措置淮西战事导致郦琼之变,其出使川陕之事再次被朝臣提出,弹劾焦点依然集中在"便宜行事"之上,如"论者谓有不轨跋扈之渐"②;"浚在川、陕,下视朝廷";"浚以圣旨便宜一切称制,改敕肆赦,无复人臣之礼"③。

笔者以为,出现张浚权力过大与"跋扈"的原因有两方面,一是张浚自身以及任用非人所致。如李允文、王以宁等假以便宜肆行生杀等④。更重要的原因在于制度自身。"便宜"之权乃中央在特殊情况下赋予臣下与地方政府的特别权力,其特征表现为因事因时作出决断,故在制度上没有明确的界定。如此而来,对"便宜从事"的具体范围与实施限度的理解和把握就会因人而异。相反,如果有详细界定的存在,也就不会有"便宜"的产生,即"便宜行事"具有与生俱来的模糊性和非制度化特性。"便宜从事不能制度化的根本症结,其实就在这与天子集权的意愿根本是冲突的"。允许官员"便宜从事",意味着官员可能逾越天子的诏令和行政的常轨,对皇权的绝对集中构成威胁⑤。"便宜行事"的这一特性决定拥有"便宜"权力者与中央冲突的产生就不可避免,其冲突的核心就是如何把握权力的分配尺度。一旦中央赋予臣下"便宜"之权,事实上已经决定其在行事之时可随宜处置,决断由己。

由制度自身引发的后果不会因人而异,此处举两例作一印证。绍兴二年(1132)六月,左朝散大夫周随亨言:"近者诸路安抚使,朝廷皆假以便宜,盖以军兴,恐失机会,然间有招权怙势,侵官越职,假便宜之名,擅易属郡守贰,移用诸司钱物,自作威福,无可谁何。望行戒约,傥有侵紊,必罚无赦,庶使为帅臣者,各循分守职,毋敢跋扈。"⑥由于被赋予"便宜"之权,诸路安抚

---

① 《系年要录》卷七四,绍兴四年三月乙丑条,第1224页。
② 《系年要录》卷一一三,绍兴七月八月丙辰条,第1835页。
③ 《系年要录》卷一一九,绍兴八年五月丁酉条,第1925—1926页。
④ 详见梁天锡《张浚执政兼宣抚处置使考》。
⑤ 邢义田:《从"如故事"和"便宜行事"看汉代行政中的经常与权变》。
⑥ 《系年要录》卷五五,绍兴二年六月壬寅条,第970页。

使的行事在中央看来,"自作威福",不能"循分守职",有"跋扈"之嫌。绍兴二年(1132)十二月,观文殿学士知潭州充湖南安抚使李纲被罢免,李纲的罢免就与拥有"便宜"之权有关。史载:"纲为宣抚使,请择人摄所部守贰,理为资考,朝廷从之。又乞所差权官到任,其吏部先差下人,虽到更不放上,内有材能之人,别行辟置。"因此遭到朝臣的谴责,认为"此乃藩镇跋扈之渐,若久任之,将使军民独知有纲,不知有陛下,知有宣司,不知有朝廷,非国之利,非纲之福"①。显然,所以出现宣抚使"跋扈僭拟,专恣误国,欺君慢上"的结果,与制度上赋予"便宜"之权关系至大。

《鹤林玉露》载:

> 张魏公贬零陵,有书数笈自随,谗者谓其中皆与蜀士往来谋据西蜀之书……公之在秦也,开幕延贤,铸铜为印,形迹似稍专,故有以来谗者之口。②

此事值得仔细玩味,张浚"谋据西蜀"虽属谗言,但谗言的起因是由于诸如开幕延贤、铸铜为印等"谋据西蜀"迹象的存在,而这些"形迹似稍专"的举措,又源于其拥有"便宜"之权所致。张浚落职奉祠之制词曰:"假便宜行事之势,忘人臣无将之嫌。"③显然,先有张浚"便宜行事之势",后有"人臣无将之嫌"。"便宜"之权由中央赋予,臣下一旦被赋予"便宜"之权以及将这一权力付诸实践,制度上已经决定在权力配置中,臣下、地方一方代行了属于中央的权力。不管拥有"便宜"权力之人是否"忠心",从制度上看,"便宜行事"本身就对中央集权构成威胁,拥有"便宜"之权者与中央矛盾的出现就是应有之事。如果臣下不能"小心处世",如张浚"川士性夸侈"④等,只能使这一矛盾进一步加剧。

综上所述,从中央派遣张浚出使川陕的初衷看,延续北宋以来的陕西五路、川峡四路的地方行政体制不利于应对内忧外患的危局,朝廷亟待在

---

① 《系年要录》卷六一,绍兴二年十二月甲午条,第1047页。
② 罗大经:《鹤林玉露》甲编卷一《因谗赐金》,中华书局1983年版,第5—6页。
③ 《系年要录》卷七四,绍兴四年三月丁卯条,第1225页。
④ 《中兴小纪》卷八,建炎四年五月癸丑条,引朱胜非《闲居录》。

川陕战区形成一个强有力的权力中心,以便统一调度,统一管理,这是防御金兵进攻与消弭内乱的需要。张浚担任川陕宣抚处置使,中央特许"便宜从事",有利于权力中心的形成。与此同时,宣抚处置司的"便宜从事",意味着川陕战区行政运行已经超越南宋地方行政运行的常规,对中央集权无疑构成潜在的威胁。由此产生的结果是,地方对中央的向心力减弱,皇帝与臣下、中央与地方的冲突就不可避免。宣抚处置司的设置出于加强地方权力的考虑,但在宣抚处置司的实际运行中,臣下"跋扈"、"专擅"以及"秦州一朝廷"的出现,又走向了问题的另一端,即地方权利太大,对中央集权构成威胁。这必然为皇权绝对集中的国策所不容,罢免"跋扈"之臣,取消"便宜"之权,再次削弱地方权力,就是应有之事。张浚出使川陕,经过了一个地方权力从分散到着意强化,再到有意削弱的过程。从宣抚处置司设置并赋予"便宜"之权到"便宜"之权的取消,起决定性作用的是中央权威不可动摇这一核心因素。张浚既可以被赋予"便宜"之权,承担兴复大业,又因"跋扈"、"专擅"被罢免。中央集权的根本要求不能容忍地方"便宜从事"长时期、大范围的存在。张浚被赋予"便宜"之权,是其沦为"跋扈"之臣的制度根源。这是我们从制度运行角度对张浚出使川陕之事考察得出的结论。

第三节 地方武力与中央权威:曲端之死的背后

新旧政权交替之际,中央对地方的控制减弱,地方势力因之而崛起,成为影响当地政局变动的关键因素。在两宋之交的川陕战区,以曲端为代表的地方武力的崛起就属此类情况。曲端之死是川陕宣抚处置司设置后发生的一件大事。自南宋以来,围绕此事众说纷纭,莫衷一是,时至今日,仍然争论不断。笔者将在考察南宋至今诸多论说的基础上,找出这些评论的症结所在,并从地方武将势力的角度切入,围绕川陕宣抚处置司与地方武力的关系,探讨南宋初年中央在川陕战区重建权威的种种努力,以此进一步分析宣抚处置司的实际运行状况。

一、曲端之死评价的症结

曲端是两宋之交川陕战区的统兵大将,历任秦凤路队将、泾原路通安寨兵马监押、权泾原路第三将、知镇戎军兼经略使统制官、知延安府等。张浚担任宣抚处置使,任曲端为威武大将军、宣抚处置司都统制。在之后的抗金战略部署中,曲端与张浚不和,被张浚罢免,富平之败后被杀。自曲端被杀之日起,南宋人即发表种种评论。明清时期,曲端之死又引起诸多学者的关注。时至今日,争论依然存在。分析已有的评论,可将其分为截然对立的两种观点,一方以为曲端是难得的将才,曲端之死乃张浚、王庶、吴玠等捏造罪名,使其蒙冤而死。另一方则认为曲端死有余辜,当诛不赦。以下分别论述。

先看"曲端冤案"的观点。《齐东野语》载,南宋西北民众认为曲端之死实属冤案,"至今西北故老,尚能言其冤"①。《建炎以来系年要录》引《龟鉴》曰:"曲端威望,敌人素慑,富平之战,诈立端旗,犹足以惧敌,则端之死为可惜也。"②南宋大儒朱熹曾两次提到曲端被杀之事,"(王)庶以私怨杀曲端。端亦西人,庶尝在其军中,几为端所杀"。另一次论道,王庶以私怨"譖端于魏公,魏公杀端"③。在朱熹看来,由于王庶与曲端之间的个人恩怨,向张浚进谗言,张浚诛杀曲端。南宋罗大经也为曲端鸣不平,"昔孔明斩马谡,已为失计。魏公袭其事,几于自坏万里长城"④。

时至明清,为曲端叫屈者不乏其人。明清学者有将曲端之死类同于岳飞之死者。《万历野获编补遗》记载明代万历年间马贯的奏疏曰:"以曲端

---

① 周密:《齐东野语》卷一五《曲壮闵本末》,中华书局1983年版,第270页。
② 《系年要录》卷四三,绍兴元年四月丁亥条,第792页。
③ 《朱子语类》卷一三二《本朝六·中兴至今日人物下》,第3164—3165页。
④ 《鹤林玉露》丙编卷一《曲端》,第248页。

之将才,足以辅岳飞而恢复中原者",而张浚听吴玠之谮,陷之狱中,"此何异于秦桧之死岳飞乎?"①清人朱彝尊同样质疑道:"曲端之诛,与桧之杀岳飞何以异?"②清代史学大家王鸣盛以为:"曲端屡败金师,威望甚著,浚挟私憾与王庶、吴玠比诬以谋反,并嘱素与端有隙之唐随潜毙之狱,此尚得谓有人心者乎?"③借助诗歌的形式,清人屡屡为曲端鸣冤叫屈,其中严遂成"万里长城坏曲端"④一句尤为典型。

相反的观点认为曲端之死罪有应得,责任在曲端。对南宋民众的反映,王之望《西事记》载:张浚杀曲端,"西人以此益非之。然端负才,喜犯上,非浚所能御也。既不能御之,不若杀之。天下无一曲端,未必便乏才。端而不死,一日得志,逞其废辱之憾,一摇足,川陕非朝廷有也"⑤。《西事记》还评论道:"桀骜曲端者,初为五路统制,拜威武将军,屡与金人角,更胜迭负,西人以为能,然心常少浚,浚乃夺其兵,废之。"⑥元人对此也有一番评论:"曲端刚愎自用,轻视其上,劳效未著,动违节制,张浚杀之虽冤,盖亦自取焉尔。"⑦

明清时期,同样有指责曲端者。明人何乔新曰:"端之死,实有以取之,非特浚之过也。"何氏还推断:"使其不死,亦将如关师古举关陕以降金耳。"⑧清人计大受以为,"曲端者,则负心必诛之罪非一",诸如不受王庶节制,李彦仙之死于陕州而不奉命救援等,"比而观之,意诚叵测,而将有不可制之患"⑨。清人全祖望曾曰:曲端"刚愎而不仁,忮刻而自用,尤不乐同列之有功名,并不顾国事之有急难,此其所以再起再蹶,而卒以之杀其躯"。并

---

① 沈德符:《万历野获编补遗》卷二《礼部·议革张浚祀》,中华书局1959年版,第853页。
② 朱彝尊:《曝书亭集》卷四五《书〈宋史·张浚传〉后》,文渊阁《四库全书》本。
③ 王鸣盛:《蛾术编》卷六〇《张浚》,续修《四库全书》本。
④ 严遂成:《过符离读张忠献公传书后》,载王文濡编《历代诗评注读本》下册《清诗评注读本》卷六,北京市中国书店1983年版,第839页。
⑤ 《中兴小纪》卷九,建炎四年十一月乙卯条,引王之望《西事记》。
⑥ 同上书,建炎四年八月丁丑条,引王之望《西事记》。
⑦ 《宋史》卷三六九《曲端传》,第11494页。
⑧ 何乔新:《椒邱文集》卷六《史论·宋》,文渊阁《四库全书》本。
⑨ 计大受:《史林测义》卷三三《张浚》,续修《四库全书》本。

详列曲端十大罪状,认为"误关、陇之事至于四裂而不支者,端为祸首","不杀曲端,陕中之军令不肃"①。近人张宗泰评论道:"然端亦实有跋扈不臣之迹……则夫魏公之杀曲端,固有未可全非耳。"②

时至今日,对曲端之死的探讨并没有得出一致的结论。今人的观点同南宋、明清时期的评论大体相同,分为泾渭分明的两派。李蔚《略论曲端》③认为,曲端在南宋属于第一流的爱国将领,曲端之死是南宋初年仅次于岳飞的最大冤案。杨德泉《张浚事迹述评》④持同样的观点,认为张浚对曲端疑、忌、畏,是杀害曲端的元凶。这一观点在近年又得到肯定⑤。杨德泉之文发表后,引起不小的争论。阎邦本连续发表论文,认为曲端有专杀、失律、慢令之罪,曲端之死并非张浚之罪过⑥。对此,又有反驳的意见⑦。王德忠《张浚新论》⑧认为曲端虽作战有功,最后落得被诛杀的下场,咎由自取。王智勇《论曲端》⑨认为曲端专横跋扈,浪得虚名,并无抗金之实。

可见,从南宋到现在,曲端之死引起了不小的关注。但总体看,无非是曲端罪有应得与"曲端冤案"两种观点。其实,在曲端被杀之初,就存在这两种观点,从南宋大儒朱熹、明人何乔新、清代全祖望,一直到今天,兜了一个

---

① 全祖望撰,朱铸禹汇校集注:《全祖望集汇校集注·鲒埼亭集》外编卷三七《曲端论》,上海古籍出版社 2000 年版,第 1522—1524 页。

② 张宗泰:《鲁岩所学集》卷三《论张魏公》,《近代中国史料丛刊》续编,文海出版社 1998 年版。

③ 载《兰州大学学报》1981 年第 1 期。

④ 杨德泉:《张浚事迹述评》,载邓广铭、郦家驹等主编《宋史研究论文集》,河南人民出版社 1984 年版。

⑤ 如胡海建《也论曲端——全祖望〈鲒埼亭集·曲端论〉读后》(载《广西民族学院学报》2002 年第 6 期)认为,曲端之死源于张浚的嫉贤忌能,实属冤案。李贵录《"曲端冤狱"与南宋初年的陕西陷失》(载《南开学报》2002 年第 6 期)认为张浚杀曲端之罪,与秦桧之杀岳飞是一样的。

⑥ 《对〈张浚事迹述评〉的几点商榷》,载《四川师范学院学报》1989 年第 2 期;《对〈张浚事迹述评〉的几点商榷之二》,载《四川师范学院学报》1992 年第 5 期;《读〈再论张浚:答阎邦本同志〉》,载《四川师范学院学报》1998 年第 1 期。

⑦ 方健:《再论张浚——兼答阎邦本同志》,载岳飞研究会编《岳飞研究》第 4 辑,中华书局 1996 年版。

⑧ 载《东北师大学报》1992 年第 3 期。

⑨ 载四川大学古籍整理研究所、四川大学宋代文化研究中心编《宋代文化研究》第 8 辑,巴蜀书社 1999 年版。

圈子后，又重新回到了南宋人的起点。在具体论述中，两方均有自己的依据，言人人殊，难分上下。笔者以为，已有的研究虽然结论不一，但同属于"人物评价"的研究路径。造成两派分立的原因在于研究者自身出发角度的不同。支持张浚者，可以找到曲端"该杀"的理由；同情曲端者，同样能找到其"冤死"的证据；要不就将两种观点"糅合"，即曲端既有抗金之功，也有可杀之过。因此，就出现曲端"该杀"与"不该杀"，张浚"对"与"错"截然对立的结论。

笔者无意重复前人就曲端而论曲端的思路，无意于最终得出是非对错的判断，而是从宣抚处置司的运行中，探讨川陕战区以曲端为代表的地方武将势力的活动轨迹，以及他们与宣抚处置司的关系。以前就事论事的研究中，考察的时间至曲端被杀时为止。事实上，川陕战区在南宋很长时间内都能看到地方武将势力的影子。以曲端之死为界，地方武将势力的活动前期是以曲端为代表，后期以吴玠、吴璘、吴挺、吴曦为代表。有影响力的地方武将势力往往不会因朝代更替而消失，因此，我们关注的范围还应该包括陕西战区被金兵占领后的地方武将势力。

二、以曲端为代表的川陕地方武力

从地方武将势力角度观察的思路源自赵俪生先生论著的启发。在《靖康、建炎间各种民间武装势力性质的分析》①中，赵先生有一段精辟的论述：

> 大约宋朝统治地区，基本上可以分成两种类型，一是两淮、江浙、闽广、荆湖地区，在国家方位说偏东偏南，在经济说比较发展；另一是山东、河北、陕晋、四川地区，在国家方位说偏西偏北，在经济说比较落后（西川稍稍例外），均田府兵之遗制，历二三百年而未全泯。故宋人用财，多取之于东南；用兵，则取之于两河与西北。自然这不是截然分割的，但这种迹象，的确是有。一旦遭历板荡，为了可以榨取财用于富庶地区，故"翠华"迤逦于东南；但又要照顾到不断取得素习战事之兵以自

---

① 载《文史哲》1956年第11期。

卫,则又不能不时时注视中原与西北。对于中原和西北的"兵户"潜力,南宋皇朝是重视的,企图使用的;但又是惧怕的,时时提防的,怕他们起来反抗自己。这种矛盾,替靖康、建炎之际的政治历史造成了许多的纠纷。因此,当时有许多事,也只有通过这番矛盾,才能看得更清楚。如宗泽留守工作的重大意义,及其不免于愤死;如韩世忠、刘光世、张俊、岳飞四大将的由来,及曲端、岳飞遭杀的下场……,这都是南宋初历史上的重要节目,而无一不与"用兵而又惧兵"的矛盾密切相关。

赵先生提到了两个极为重要的问题,其一,区域间的差异性以及中央的策略,其二,中央对武将的防范与利用。具体到川陕战区,这两个问题体现为南宋中央与地方武将势力的关系问题。陕西民风强劲,"(其民)大抵夸尚气势,多游侠轻薄之风,甚者好斗轻死"①。特殊的地理环境和长期边陲生活造就了当地民众强悍勇敢的性格。南宋王庶曾曰:"臣生于陕西,其风气渐染,耳目所闻见者,莫非兵事。"②北宋时,陕西乃宋夏对峙的前沿地带,曾经涌现出折氏家族③、种氏家族④等著名的武将家族。史载:"曲珍字君玉,陇干人,世为著姓。宝元、康定间,夏人数入寇,珍诸父纠集族党御之,敌不敢犯。于是曲氏以材武长雄边关。"⑤北宋时的曲珍是否与曲端有关不能确定,但诸如曲珍一样,"世为著姓","纠集族党",抵御外寇,乃地方武将势力出现的常有形式。内忧外患的局面下,中央权威减弱,这为地方力量的活动提供了重要条件。两宋之交,在陕西一带存在着势力强大的地方武将势力,而且一直延续下去。陕西为金兵占领,地方武将势力并没有就此消失,又成为金兵得以依赖的重要力量。在两宋之交川陕地区,特别活跃的武将有李彦仙、王彦、张中彦、张中孚、慕容洧、关师古、李彦琪、曲端、吴玠、吴璘等。

---

① 《宋史》卷八七《地理三·陕西》,第2170页。
② 《系年要录》卷一二二,绍兴八年十月戊寅条,第1977页。
③ 李裕民:《折氏家族研究》,载《陕西师范大学学报》1998年第2期。
④ 何冠环:《论靖康之难中的种师道(1051—1126)与种师中(1059—1126)》,载何冠环《北宋武将研究》,香港中华书局2003年版;曾瑞龙:《北宋种氏将门之形成》,香港中华书局2010年版。
⑤ 《宋史》卷三五〇《曲珍传》,第11083页。

李彦仙，字少严，宁州彭原（今甘肃庆阳）人，后徙巩州（今甘肃陇西）。靖康元年（1126），金兵进攻，郡县募兵勤王，李彦仙率众应募，补承节郎。后在陕州抗金有功，知陕州，兼安抚使。李彦仙聚集军实，坚持与金兵对峙。后陕州失陷，投河而死①。

王彦，字子才，上党（今山西长治）人，金兵攻汴京，彦慨然弃家赴阙，求自试讨贼。王彦结两河豪杰，相率刺面作"赤心报国，誓杀金贼"八字。张浚宣抚川陕，王彦为前军统制。张浚与金兵相持于富平，欲大举，王彦以为不可，张浚不从，王彦即请为利路钤辖，后改为金均房州安抚使，知金州。绍兴九年卒②。

安定张氏乃宋金之际显著的陕西地方武将势力。《金张中伟碑》载，张中伟，"其先安定人，徙居五原之张义者，最号望姓，君张义族也"③。其兄张中孚、张中彦尤为知名。张中孚，字信甫，其先自安定徙居张义堡（今甘肃宁县），父达仕宋至太师，封庆国公。张中孚以父任补承节郎。金兵围太原，其父战殁，中孚"独率部曲十余人入大军中"，竟得其尸以还，累官知镇戎军，兼安抚使。屡从吴玠、张浚抗金。金天会八年（1130），张中孚率其将吏降金，被任命为镇洮军节度使，知渭州，兼泾原路经略安抚使。金天眷初，为陕西诸路节制使，知京兆府。绍兴八年（1138）金兵将陕西、河南归于南宋，中孚遂入宋。之后金兵再占河南、陕西，又归金朝，官至行台兵部尚书、参知政事、尚书左丞，封南阳郡王，进封宿王、崇王、邓王④。

张中彦，字才甫，张中孚弟，少以父任为泾原副将，知德顺军（今甘肃静宁）事。金睿宗经略陕西，张中彦降，除招抚使，攻占熙、河、阶、成州，授彰武军承宣使，为本路兵马钤辖，迁都总管，后为秦凤经略使。秦州当要冲，而城不可守，中彦徙治北山，因险为垒，筑腊家诸城以扼蜀道。"帅秦凡十年"，改泾原路经略使，知平凉府。绍兴八年（1138）宋金和议成，与兄张中孚俱至临

---

① 《宋史》卷四四八《李彦仙传》，第13210—13212页。
② 《宋史》卷三六八《王彦传》，第11451—11454页。
③ 沈锡荣：《郿县金石遗文》，《石刻史料新编》，台北新文丰出版公司1986年版。
④ 《金史》卷七九《张中孚传》，第1788页。

安,任龙神卫四厢都指挥使、清远军承宣使、靖海军节度使。金兵再次占领陕西、河南,诏征张中彦兄弟北归,为静难军节度使。历彰化军凤翔尹,改尹庆阳,兼庆原路兵马都总管,宁州刺史,官至吏部尚书①。此处需要注意的是,张中孚"独率部曲十余人入大军中",张中彦"帅秦凡十年",均是地方武将势力的典型反映。张中孚、张中彦叛逃金兵,有自身经济利益的考虑,正如张仲孚所言:"人生共觅富贵,岂问南北乎?"②反映出维护和获取经济利益在地方武将政治转向中的重要作用。

慕容洧,环州(今甘肃环县)人,史载:"洧,环州属户,其族甚大。"③宋金之际慕容洧在南宋、金朝、西夏之间动摇不定。关陕失陷,慕容洧叛降刘豫,后又叛降西夏。"洧在熙河十余年,骁勇得众,屡为边患,及金人归陕西地,洧慨然曰:'吾何面目见朝廷。'弃熙河去,居西夏、青唐两界之间,有众数千"④。慕容洧是典型的地方武将势力,在政局动荡之际,在不同政治力量之间来往,从而谋求自身利益。

关师古,德顺军陇干人(今甘肃静宁)。张浚出使川陕,关师古为秦凤第十将,率兵二千五百人、马千匹随之⑤。绍兴四年(1134),叛降刘豫,后任金朝鄜延经略使,知延州。关师古叛降后,其部曲中涌现出李永祺、段杰等抗金将领,其中李永祺曾先后知阶州、熙河路经略司中军统领,知岷州、充熙河经略司前军统领⑥。绍兴八年(1138)宋金和议成,以关师古为雄武军承宣使,知延安府。关师古原为南宋抗金的重要势力,因军粮问题,"求粮于伪地","尝请于朝,以为聚兵五年,所集二万余众,合用粮食,惟岷州管下大潭、长道两县,和籴不多",粮饷不足,而且"所管战马不多",最后投向金人。"自此失洮、岷之地,但余阶、成而已"⑦,造成南宋丧师失地的后果。关师古

---

① 《金史》卷七九《张中彦传》,第1789—1790页。
② 《九华集》卷二四《西陲笔略·张中彦兄弟投北事》。
③ 《系年要录》卷三八,建炎四年十月庚寅条,第726页。
④ 《系年要录》卷一二五,绍兴九年正月条,第2046页。
⑤ 《系年要录》卷三二,建炎四年三月己酉条,第622页。
⑥ 《系年要录》卷七九,绍兴四年八月辛卯条,第1295页。
⑦ 《系年要录》卷七二,绍兴四年正月条,第1208页。

降金过程中,军粮、战马等经济因素,是导致其政治转向的重要原因,也反映出地方武力的政治向背与宋金双方势力消长间的互动关系。关师古的事例在宋金之际具有普遍性。黄宽重先生的研究指出,在政局变动之下,地方势力往往基于自身的"经济利益",作出不同的"政治抉择"①。关师古的事例再次印证了这一点。

在两宋之际陕西地区地方武将势力中,最具影响力者当属曲端。曲端,字正甫,镇戎(治今宁夏固原)人。父涣,任左班殿直,战死。端三岁授三班借职。警敏知书,善属文,长于兵略。历任秦凤路队将、泾原路通安寨兵马监押、权泾原路第三将、知镇戎军兼经略使统制官等。建炎二年(1128)正月,金兵人长安、凤翔、关、陇大震。曲端治兵泾原,招流民溃卒,大败金兵,"端乘其退,遂下兵秦州"。六月,以集英殿修撰知延安府。上文提到的张中彦乃曲端心腹,史载:"(刘)锜留统制官张中彦、干办公事承务郎赵彬守渭州,二人皆曲端心腹。"②赵彬,原州人。此时吴玠、吴璘等均在曲端麾下。吴玠,字晋卿,德顺军陇干人,未冠,以良家子隶泾原军。政和中,夏人犯边,以功补进义副尉,稍擢队将,后累功泾原第十将。靖康初,夏人攻怀德军,玠以百余骑追击,斩首百四十级,擢第二副将③。吴璘,字唐卿,吴玠弟,少从吴玠攻战④。史载:有名为牟二者,乃"熙河大将曲端部曲也",之后投降金兵,又同慕容洧一样投往西夏⑤。

两宋之交陕西一带地方武将从整体素质看称道之处颇多。李彦仙,"有大志,所交皆豪侠士。闲骑射。家极边,每出必阴察山川形势",作战讲究战略,治兵"严厉不可犯,以信义治陕,犯令者虽贵不贷。与其下同甘苦,故士乐为用。有筹略,善应变"⑥,在当地具有较强的号召力,固

---

① 黄宽重:《南宋地方武力:地方军与民间自卫武力的探讨》第七章《经济利益与政治抉择——宋、金、蒙政局变动下的李全、李璮父子》。
② 《系年要录》卷三八,建炎四年十月庚寅条,第726页。
③ 《宋史》卷三六六《吴玠传》,第11408页。
④ 《宋史》卷三六六《吴璘传》,第11414页。
⑤ 《九华集》卷二四《西陲笔略·张中彦兄弟投北事》。
⑥ 《宋史》卷四四八《李彦仙传》,第13209—13212页。

守陕州,城破而亡。王彦,"性豪纵,喜读韬略","彦称名将,当建炎初,屡破大敌"①。其领导的八字军纪律严明,作战顽强,在金州力挫金兵锋芒。安定张氏,"最号望姓"②。张中孚,"天性孝友刚毅,与弟中彦居,未尝有间言。喜读书,颇能书翰。其御士卒严而有恩,西人尤畏爱之。葬之日,老稚扶柩流涕盖数万人,至为罢市,其得西人之望如此"③。张中彦,"帅秦凡十年",以疾卒官,"百姓哀号辍市,立像祀之"④。张氏兄弟在当地的威望可见一斑。慕容洧在地方的影响力颇大,史载"洧,环州属户,其族甚大"⑤,"洧在熙河十余年,骁勇得众,屡为边患";"居西夏、青唐两界之间,有众数千"⑥,乃典型的地方武将势力。至于曲端的影响,从民谚即可看出,"曲端、吴玠,建炎间有重名于陕西,西人为之语曰:'有文有武是曲大,有谋有勇是吴大'"⑦。曲端统兵,"其纪律极严"。曲端为泾原都统时,其叔为偏将,战败后被其诛杀,之后"一军畏服"。曲端点集军队,"五军顷刻而集,戈甲焕灿,旗帜精明"⑧。史载,吴玠"少沉毅有志节,知兵善骑射,读书能通大义"⑨。吴璘"少好骑射"⑩。在建炎初年,吴玠、吴璘资历尚浅,但在之后的抗金战争中,很快成长为川陕战区最具影响力的武将势力的代表。

地方武将长期生活在当地,在当地具有很高的威望与影响力。他们熟悉地形,作战勇敢,在抗击金兵、保护家园时发挥了重要作用,这是他们的一个突出特点。但又因为其强烈的地方特性,加之两宋之际中央权威难以有效地深入到当地,故各自为战,互不援助,乃至借机扩大自己的势

---

① 《宋史》卷三六八《王彦传》,第 11451—11454。
② 《郿县金石遗文》。
③ 《金史》卷七九《张中孚传》,第 1788 页。
④ 同上书《张中彦传》,第 1789—1791 页。
⑤ 《系年要录》卷三八,建炎四年十月庚寅条,第 726 页。
⑥ 《系年要录》卷一二五,绍兴九年正月条,第 2046 页。
⑦ 陆游:《老学庵笔记》卷五,中华书局 1979 年版,第 66 页。
⑧ 《齐东野语》卷一五《曲壮闵本末》,第 270 页。
⑨ 《宋史》卷三六六《吴玠传》,第 11408 页。
⑩ 《宋史》卷三六六《吴璘传》,第 11414 页。

力,这成为其又一特点,这也是地方武将势力的致命弱点。试举几例。建炎二年(1128)四月,陇右都护张严追金兵至凤翔境上,"(张)严锐意击贼,而熙河兵马都监刘惟辅不欲听严节制,乃自别道,由吴山出宝鸡,猎敌游骑。严拥大兵及敌于五里坡,洛索知之,伏兵坡下,严与泾原统制官曲端期而不至,径前遇伏,战不利,严死之。惟辅自石鼻寨遁归"①。陇右都护张严、熙河兵马都监刘惟辅、泾原统制官曲端互不隶属,各务自保。建炎二年(1128)十一月,史斌侵兴元,不克,引兵还关中,义兵统领张宗诱史斌入长安,分散其众,欲徐图之。"曲端遣玠袭击斌,斌走鸣犊镇,为玠所擒,端自袭宗杀之"②。

地方武将势力的强大难制,以曲端谋杀王庶事件最为突出。建炎二年(1128)八公原之战,中央以王庶节制陕西军马,以曲端为都统制。"庶传檄诸路,并召端会雍、耀间。端以未受命为词",不听调遣。之后,"端又称尝有公移往还,已奏乞回避"③。大战在即,曲端多次要挟,王庶无可奈何,无法统一调度,八公原之战失败。建炎二年(1128)十一月延安失陷,再次爆发曲端与王庶的矛盾。金兵包围延安,形势危在旦夕,时曲端统领泾原精兵屯驻邠州淳化,王庶移文趣其进兵,"且遣使臣进士十数辈说谕端,端不听。庶知事急,又遣属官鱼涛督师,端阳许之,而实无行意"。延安失陷,王庶自将百骑与官属驰至襄乐劳军,但曲端拘王庶及其官属于军中,"又夺庶节制使印而遣之"④。地方武将势力的强大难制,中央也难以应付。曲端夺王庶节制使印等事,中央得知后反而对其加官,建炎三年(1129)二月,中央任命曲端为鄜延路经略安抚使,知延安府。"时,延安新残破,未可居,端不欲离泾原,乃以知泾州郭浩权鄜延经略司公事"⑤。泾原乃曲端势力的根基所在,曲端不愿离开,中央只得改命他人。之后,中

---

① 《系年要录》卷一五,建炎二年四月丙寅条,第311页。
② 《系年要录》卷一八,建炎二年十一月条,第371页。
③ 《系年要录》卷一七,建炎二年九月辛丑条,第354页。
④ 《系年要录》卷一八,建炎二年十一月壬辰条,第365—367页。
⑤ 《系年要录》卷二〇,建炎三年二月条,第409页。

央"以御营使司提举一行事务召端,端疑不行,权陕西转运判官张彬劝端,端不听"①。中央召曲端之命并未奏效②。

黄宽重先生在广东摧锋军等南宋地方武力的个案研究中认为,在内乱外患相继、朝纲不振、社会解体的环境下,地方人士基于保乡卫土的信念,集结、凝聚据守山水要寨,组织武装力量来保守家园,最能发挥游击和防御的效果。地方武力是维护地方治安、巩固政权以及稳定政局的重要力量。但其自身强烈的地方属性又制约其进一步发展,他们"以自身或地方利益为主的考量下","从地方的角度而言,维护生存与利益,是个人、家族、群体乃至地方上首要考虑的因素"。因此他们既可以为南宋效忠,当危及自身利益时,也会出现挟持两端甚至叛离的现象③。如上文所述,在两宋之交的陕西一带,涌现出如李彦仙、王彦、张中彦、张中孚、慕容洧、关师古、李彦琪、曲端、吴玠、吴璘等诸多势力强大的地方武将。地方武力所具有的共同特点在陕西地方武将势力中一一展现,他们既发挥过抗击金兵、保护家园的作用,同时也体现出依违动摇、各自为主等特点。

三、宣抚处置司与川陕地方武力的冲突

对具有影响力的地方武将势力,正如赵俪生先生所言"南宋皇朝是重视的,企图使用的;但又是惧怕的,时时提防的"。地方武将的态度直接影响这一地区的政治向背,干系至大。如前所言,宣抚处置司设置的重要原因就是要在川陕战区确立一个强有力的权力中心,统一调度、节制武将就是其重要内容。事实上,宣抚处置司设置之初,地方武将难制的局面并未得到有效的改变,武将我行我素的情况屡屡出现。本来已经复杂的局面由于宣抚处置司的设置变得更加糟糕,具体表现为宣抚处置司与武将的冲突,即武将不服从宣抚处置司的战略决策,以及宣抚处置司对地方武将势力的打击。

---

① 《系年要录》卷二五,建炎三年七月庚子条,第514页。
② 关于王庶被释后的应对措施等,参见《俄藏黑水城宋代文书所见宋高宗建炎二年(一一二八年)王庶被拘事件》,载孙继民《俄藏黑水城所出〈宋西北边境军政文书〉整理与研究》。
③ 黄宽重:《南宋地方武力:地方军与民间自卫武力的探讨》,第345—346页。

先看宣抚处置司与李彦仙的关系。金兵围攻陕州,形势紧急,李彦仙遣人诣宣抚处置司求援。李彦仙的策略是,"俟金人攻陕,即空城渡河北,趋晋、绛、并、汾,捣其心腹,金人必自救,乃由岚石西渡河,道鄜延以归"。对此,张浚"不从"。"浚贻书劝彦仙空城清野,据险保聚",俟隙而动。对张浚的建议,"彦仙亦不从"①。李彦仙告急,张浚间道遗以金币,使犒其军,且檄都统制曲端以泾原兵支援,"端素疾彦仙出己上,无出兵意"②。宣抚处置司与武将在用兵策略上发生矛盾,必然不能统一调度,相互援助,陕州因此失陷。在陕州失陷中,宣抚处置司与地方武将的不和暴露无遗。

再看宣抚处置司与王彦的关系。王彦与张浚相处并不和洽,张浚初至汉中,问诸将大举之策,王彦以为:"陕西兵将上下之情,皆未相通,若少有不利,则五路俱失",不若暂且屯兵利、阆、兴、洋,以固根本,若金兵侵犯,则檄诸将帅互为应援,如若不胜,也不为大失。但王彦的建议没有得到重视,王彦以言不行,即求去,张浚因而授之为利州路兵马钤辖③。由于王彦不支持富平用兵,后又改为金均房州安抚使,知金州,将其调离前线。建炎三年(1129)正月,金兵进攻金、均。五月,王彦遣兵复金州。因其收复金州之功,"浚承制进彦保康军承宣使兼宣抚司参议,彦不受"④。后王彦镇守金州,"敛民倍常,凡属县莫敢抗。汉阴令任城晁公休独不用其令。彦召至州囚欲杀之。公休不为屈,彦亦弗敢害也"。对此事,张浚的举措耐人寻味,史载:"宣抚处置使张浚闻其言,召为粮料官。"⑤宣抚处置司通过任用不听武将命令之人以达到对武将的节制。

再看宣抚处置司与关师古的关系。张浚出使川陕,关师古为秦凤第十将,有兵二千五百人,马千匹,势力强大,为川陕抗金的重要力量。关师古因军粮短缺,"尝请于朝",其中提到"宣抚司别无应副,委是养赡不足"⑥,最后

---

① 《系年要录》卷三〇,建炎三年十二月条,第595页。
② 《系年要录》卷三一,建炎四年正月丁巳条,第600页。
③ 《系年要录》卷二八,建炎三年十月戊戌条,第563—564页。
④ 《宋史》卷三六八《王彦传》,第11454页。
⑤ 《系年要录》卷三四,建炎四年六月庚辰条,第663页。
⑥ 《系年要录》卷七二,绍兴四年正月条,第1208页。

叛逃。关师古军粮不济,而宣抚处置司"别无应副",无疑反映了其与宣抚处置司的不和。

再看宣抚处置司与曲端、赵哲等的关系。张浚出使川陕,非但没有处置曲端,反而重用,从当时情势看,当属明智,表示中央对地方武力的笼络与依赖。建炎三年(1129)闰八月,张浚承制拜曲端为威武大将军,充本司都统制,"端登坛,将士欢声雷动"①。曲端的威望与影响力由此可见。在富平之战战略形成以及最后失败的过程中,宣抚处置司的决策始终与武将的意见相左。我们不能以成败论英雄,根据富平之败就断定当时武将的意见完全正确。但宣抚处置司与武将意见不一致,无疑说明武将并不支持宣抚司的战略决策。富平之战,王彦等反对,曲端也不支持。

曲端认为,"平原广野,敌便于冲突,而我军未尝习战,且金人新造之势,难与争锋",应训兵秣马,固守保疆,十年之后乃可议战。对此建议,张浚不听。作为由张浚亲自任命的宣抚司都统制、威武大将军,曲端的意见至为重要。"浚虽重用端,然以人言浸润,不能无疑"。于是遣张彬往渭州,"以招填禁军为名,实欲伺察端意"。但曲端依然坚持己见:"彼兵伎之习,战士之锐,分合之熟,无异前日";"万一轻举,脱不如意,虽有智者,无以善其后"。宣抚处置司最终不能与统兵武将达成一致。"玠以彭原之败,望端不济师,而端谓玠前军已败,惟长武有险可捍冲突,二人争不已。浚积前疑,卒用彭原事罢端兵柄,与宫观,再责海州团练副使,万州安置"。值得注意的是,在罢免曲端的同时,"统制官张中孚、李彦琪诸州羁管。陕西人倚端为重,及贬,军情颇不悦"②。周密《齐东野语》的记载是,"时陕西军民,皆恃端为命。及为(王)庶潛,无罪而贬,军情大不悦"③。《西事记》也载,张浚夺曲端兵权,"西人为之失望"④。"陕西军民,皆恃端为命","西人为之失望",曲端背后的势力之大可见一斑。

---

① 《系年要录》卷二七,建炎三年闰八月乙巳条,第552页。
② 《系年要录》卷三六,建炎四年八月癸未条,第691—692页。
③ 《齐东野语》卷二《张魏公三战本末略·富平之战》,第22页。
④ 同上书,引《西事记》,第22页。

绍兴元年(1131)四月丁亥,张浚杀曲端于恭州(今重庆)。史载,曲端之死,"士大夫莫不惜之,军民亦皆怅恨,西人以是亦非浚"。当时还有人称:"使端不死,一日得志,逞其废辱之憾,端一摇足,秦、蜀非朝廷所有。"①从"军民亦皆怅恨,西人以是亦非浚"一句,可以看出曲端在地方的强大影响力;时人担心"端一摇足,秦蜀非朝廷所有",更能反映曲端在当地影响力之大。王庶与曲端有隙,此时也屡屡上书张浚,称曲端谋反,其中提到"端客赵彬揭榜凤州,欲以兵迎之",而且发生"蜀人多上书为端讼冤"之事,史载:"浚亦畏其得众心,始有杀端意矣。"②从"浚亦畏其得众心,始有杀端意矣"看,曲端的"得众心"是决定张浚杀曲端的重要原因。再引一条资料印证此点:

> 既而张中孚、李彦琪、赵彬,相继降虏,遂犯秦州,又犯熙河,又围庆州,于是五路悉陷。浚以三人皆曲端心腹,疑端必知其情,王庶复谮端不已。时西人多上书为端诉冤者,浚亦忌其得众心,乃杀之于秦州狱,时人莫不冤之,军情于是愈沮矣。③

从杀曲端的结果看,"陕西军士,皆流涕怅恨,多叛去者"④。史载:张中彦等叛逃时胸有成竹,认为"兵权在我,欲驱州吏,如驱犬彘耳"⑤。地方武将的影响力由此可见。

绍兴元年(1131)十二月,张浚上奏:

> 今年二月于阶、成州驻兵,与金兵相持,闻潼川府路有伪造檄书,称平蜀大将军,不显姓名,指斥宗庙,摇动吏民。臣移师利、阆之间,密切采访。据知潼州府宇文粹中称,本府吏民乞用曲端充统制官等。缘端跋扈之迹显著,臣受陛下重寄,岂有主兵之官,却用藩府荐用,万一事出于意外,臣将何辞以报朝廷。已送端恭州置狱推治。

对张浚所奏之事,李心传持怀疑态度,专门提醒道,"时端已为浚所杀,而

---

① 《系年要录》卷四三,绍兴元年四月丁亥条,792页。
② 《系年要录》卷四二,绍兴元年二月庚寅条,第770页。
③ 《齐东野语》卷二《张魏公三战本末·略富平之战》,第23页。
④ 《齐东野语》卷一五《曲壮闵本末》,第269页。
⑤ 《九华集》卷二四《西陲笔略·张中彦兄弟投北事》。

朝廷未之知也"。并且加以自己的看法，"并著此，以见端之死，所坐无名，故浚之词支离也"①。笔者以为这一资料可以有两种理解。第一种情况，若张浚所奏之事确属事实，那么曲端被罢、入狱以及被杀，"本府吏民乞用曲端充统制官等"之事，有力地说明曲端在该地区的影响力，存在强大地域性武将势力的事实不容置疑。第二种情况，如李心传所言，此事乃张浚诬造，那么张浚用"潼川府路有伪造檄书称平蜀大将军，不显姓名，指斥宗庙，摇动吏民"之事上奏中央，无非是期望中央认可其所行之事恰当。曲端得到地方民众支持这样的"罪名"，更能获得中央对其诛杀曲端的赞同。前一种情况证明事实上以曲端为代表的地方武将势力的存在；后一种情况暗示张浚以及南宋中央在心理上对地方武将势力的惧怕与提防。因此，不管此事是否是张浚捏造，我们均能看到在曲端事件背后隐藏的宣抚处置司以及中央对地方武将势力的态度。

在张浚杀环庆经略使赵哲的过程中，我们依然看到宣抚处置司打击地方武将势力的用意。

赵哲被杀的原因是其在富平之战中"先走"。此事的具体细节值得细究。《建炎以来系年要录》载："初，诸军既败还，浚召锡等计事，浚立堂上，诸将帅立堂下，浚问误国大事，谁当任其咎者。众皆言环庆兵先走，浚命拥哲斩之，哲不伏。"显然，赵哲并不心服。《秀水闲居录》云：张浚"用其属刘子羽计，归罪将帅赵哲、曲端，并诛之"②。言外之意，赵哲、曲端之罪出于刘子羽"之计"。即使在南宋人的笔下，对赵哲的记载也出现矛盾。周密《张魏公三战本末略·富平之战》载："会赵哲离所部未至，哲军遂惊遗，而诸军悉从之，大溃，陕西为之大震。"以此看，确实存在赵哲以及赵哲率领的环庆兵"先遁"的事实③。对富平之战的具体场景，《建炎以来系年要录》载："敌更薄环庆军，他路军无与援者，会哲擅离所部，将士望见尘起，惊遗，军遂大溃，哲旗牌未及卷，众呼曰：'环庆赵经略先走。'至邠州乃稍定。"④根据以上

---

① 《系年要录》卷五〇，绍兴元年十二月甲子条，第883页。
② 《系年要录》卷三八，建炎四年十月庚午条，第717页。
③ 《齐东野语》卷二《张魏公三战本末略·富平之战》，第22页。
④ 《系年要录》卷三七，建炎四年九月癸丑条，第712页。

记载,金兵进攻环庆军,没有得到其他各路的援助,赵哲擅离所部而导致溃败。《三朝北盟会编》的记载是:"诸军惊乱,浚乘骑急奔,诸军皆溃,唯环庆路经略使赵哲牌旗不及卷,众呼曰:'环庆路经略赵郡丞先走。'至汾州乃稍定……浚自愧轻举无功,乃归罪赵哲矣。"①

根据以上材料,当时金兵进攻,"诸军皆溃",而非赵哲"先走",倒是赵哲继续战斗,"唯环庆路经略使赵哲牌旗不及卷",因此才出现"环庆路经略赵郡丞先走"之事,最后张浚"归罪"于赵哲。事实究竟已难确认。笔者以为假如确属赵哲以及泾原兵"先走",恰恰反映出整个泾原将士在战争中并不执行宣抚处置司的命令,与宣抚处置司存在矛盾。如果是环庆军"牌旗不及卷"是事实,张浚却拿赵哲与环庆军开刀,更证明宣抚司与泾原军之间的矛盾。

环庆经略使赵哲被杀,"于是陕西人情大震"②。关于杀赵哲及其引起的诸将叛变,更能反映宣抚处置司对地方武将势力的打击:

> 初,浚既斩赵哲,以陕西转运判官孙恂权环庆经略使,浚退保秦州。或谓环庆诸将曰:"汝等战勇,而帅独被诛,天下宁有是事?"参议军事刘子羽闻之,令恂阴图诸将,恂遂以败军斩统领官张忠、乔泽。统制官慕容洧与诸将列告于庭,恂叱之曰:"尔等头亦未牢。"洧,环州属户,其族甚大,闻此语,惧诛,遂首以兵叛,进攻环州。浚命统制官李彦琪以泾原兵救环州,洧附于夏国,浚又遣泾原经略使刘锜追之。锜留统制官张中彦、干办公事承务郎赵彬守渭州,二人皆曲端心腹,素轻锜,又知浚已还秦,恐金人至不能守,乃相与谋逐锜而据泾原。锜至环州,与洧相拒,金以轻兵破泾州,次潘原县,锜留彦琪捍洧,亲率精锐赴渭州,锜至瓦亭,而敌已迫,锜进不敢追洧,退不敢入渭,遂走德顺军,彦琪以孤军无援,亦惧,遁归古原州。中彦、彬闻之,遂遣人诣金军通款。③

---

① 《会编》卷一四二,建炎四年九月二十三日条,第1034—1035页。案:上海古籍出版社版《三朝北盟会编》中此一资料中间缺字,此处据文渊阁《四库全书》本补。
② 《系年要录》卷三八,建炎四年十月庚午条,第717页。
③ 同上书,建炎四年十月庚寅条,第726页。

上述资料有两点值得注意。其一,"或谓环庆诸将曰:'汝等战勇,而帅独被诛,天下宁有是事?'参议军事刘子羽闻之,令恟阴图诸将,恟遂以败军斩统领官张忠、乔泽"。此反映由于赵哲被杀,整个环庆将领的态度。在他们看来,环庆士兵英勇战斗,将帅反受诛戮,甚至宣抚司参议军事令"阴图诸将",而且将统领等几人"以败军"罪斩杀。其二,赵哲被杀,引起武将的叛逃。需要强调的是叛逃武将"皆曲端心腹",而且在叛逃之初曾经有过"据泾原"的打算。前文提到中央曾命曲端知延安府,因曲端不愿离泾原而告罢,可知泾原乃曲端势力的根基所在。曲端心腹一度打算占据泾原,原因即在于此。

四、曲端死后的川陕地方武力及中央的对策

前文提到,地方势力不会随政权的更替而消失,具有影响力的地方势力往往是各方争夺和依赖的对象。富平之战后,陕西地方武将张中彦、张中孚、关师古、李彦琪、赵彬等在叛降后得到金人的重用,成为进攻南宋的前锋。史载:

> 富平之役,赵哲转战用命,势力不敌而溃,浚乃诛哲,致其徒怨叛。又信王庶一言,杀曲端于狱中,端之部曲,又皆叛去。其后日夜攻打川口,公行文檄,求端于浚者是也。和尚原之战,王万年之功为多,浚乃抑之,万年怨愤叛去,与哲、端溃卒力窥川口。金人特因之耳。①

张中彦等叛逃金朝后,继续在当地担任要职。绍兴八年(1138)宋金和议后,张中彦等回到宋朝,依然出任当地军政长官。现将川陕地方武将在叛逃前后的任官情况统计如下(见下页):

从下表不难看出,关师古等川陕地方武将在宋金交战中,始终在当地任职,他们的权威与影响力并未因关陕之地隶属不同的政权而有所改变。这无疑说明地方武将势力在当地的影响力。

---

① 《系年要录》卷七三,绍兴四年二月丙午条,第1218页。

姓　名	叛逃金人后的任官	绍兴八年和议后的任官	资料来源
赵　彬	环庆路经略安抚使	左正议大夫,充徽猷阁直学士,知庆阳府	《系年要录》卷一二七,绍兴九年三月庚子条
关师古	鄜延经略使,知延州	雄武军承宣使,知延安府	《系年要录》卷一二七,绍兴九年四月壬子条
张中孚	陕西诸路节制使,兼兵马都督,权京兆府	检校少保宁国军节度使,知永兴军,节制陕西诸路军马	《系年要录》卷一二七,绍兴九年四月甲寅条
张中彦	彰武军承宣使秦凤路经略安抚使,权知平凉府	清远军承宣使,知渭州	《系年要录》卷一二七,绍兴九年四月丙寅条

绍兴八年(1138)宋金和议后,南宋对陕西地区的人事安排极为谨慎。时隔曲端之死九年之后,我们依然能够看到曲端的影响。这进一步证明曲端之死背后中央防范地方武将势力的本意。

绍兴九年(1139)二月,权礼部侍郎冯檝上书,讨论和议达成后的善后措施,认为"陕西诸将以畏罪逃去,今虽得归,恐不能无疑心,当求心腹之人安慰之,使无难调之患"①。对待回朝的叛逃武将,朝廷显得小心谨慎。同月,中央派遣内侍陈成之抚谕陕西,并以郭浩为陕西路宣抚判官。任命郭浩,出于中央的慎重考虑。史载:

> (陈)成之素不与诸将相识,情未易通。访闻(郭)浩父(郭)成旧为边将,张中孚、中彦皆出其门,慕容洧之父亦(郭)成部曲,而赵彬贫时,又尝依浩,实与诸将有契。望诏成之与浩同去,所冀众心早得以定。②

由于郭浩之父郭成与张中孚等有旧,故特地任命郭浩为陕西路宣抚判官,以获得张中孚等武将的认同。

在此次确认调护陕西诸将人选时,吕颐浩上言:"臣计五路元系张中

---

① 《系年要录》卷一二六,绍兴九年二月乙卯条,第 2049 页。
② 同上书,绍兴九年二月戊午条,第 2049—2050 页。

孚、中彦、慕容洧之徒为帅,今必仍旧,然皆久据一方,敌亦难令,当谕以德意,许之久任,庶不致疑。"吕颐浩还认为:"陕西利害,今日所系甚重,若一触事机,必贻后悔,如张中孚等未见向背,赵彬又系曲端门客,本一书生,其人尤桀黠,伏望曲留圣虑。"①张中彦、张中孚、慕容洧、赵彬等均系曲端心腹,逃而复归,其在当地的影响力并未动摇,相反却需要中央耐心安抚与小心应对。

绍兴九年(1139)九月,陕西宣谕使周聿上奏:

> 陕西诸路,既命杨政帅熙河,吴璘帅秦凤,然所屯之众,皆四路忠勇之士,吴玠教习,已逾十年,百战之余,所向无敌,和好既成,即可往来,旧国旧都,不能无念,统兵之官,皆欲诱致。望训戒四路帅臣,非元所统,不得招纳,如敢违命,必罚无赦。②

周聿上奏之言中"旧国旧都,不能无念,统兵之官,皆欲诱致,望训戒四路帅臣,非元所统,不得招纳,如敢违命,必罚无赦"一语值得仔细玩味,透露出南宋中央担心士兵与叛逃而归的武将再次结成强大的地方势力。时任川陕宣抚副使的胡世将也建议:"泾原旧兵五万人,马九千匹,在五路最为强盛,张中彦近以赴阙,乞早别差帅臣。"③高宗对此也极为谨慎:

> 陕西诸将,既叛复来,缓急金人败盟,难以责任,朕谓中原尚可从容图治,至如陕西五路,劲兵良将所出,他时当用腹心之臣可也④。

在此次确定陕西帅臣的人选中,高宗始终考虑到地方武将势力这一重要因素,其中强调的一点就是不许张浚再次委任于陕西。史载:"陕西、河南方谋帅……上独不及张浚。"御史中丞勾龙如渊曰:"张浚勋在社稷,陛下亦岂能终忘之?"高宗曰:"亦须付之一路,特不可去陕西耳。"⑤可见,张浚出使

---

① 《系年要录》卷一二七,绍兴九年三月乙未条,第2061页。
② 《系年要录》卷一三二,绍兴九年九月甲辰条,第2123页。
③ 《系年要录》卷一三三,绍兴九年十一月癸未条,第2133页。
④ 《系年要录》卷一二七,绍兴九年四月庚午条,第2071页。
⑤ 《系年要录》卷一二六,绍兴九年二月癸丑条,第2047页。

川陕之阴影还在。究其原因,笔者以为,一则张浚先前出使川陕权力过大,而且张浚坚持抗金,对和议不利。二则张浚诛杀曲端、赵哲,引起陕西诸将的叛逃,此时叛逃武将回到宋朝,继续在当地任职,如果任用张浚,将会激化其与武将的矛盾,可能引起更大的麻烦。

事实上,高宗以及南宋中央对张浚杀曲端、赵哲之事的态度,随着事势的发展有很大的变化。张浚罢免曲端之举是得到中央认可的,张浚在上奏中称:"本司都统制曲端自闻吴玠兵马到郡,坐拥重兵,更不遣兵策应,已责海州团练副使,万州安置。"史载,诏令依已行事理①。绍兴元年(1131)三月,张浚以富平之败上疏待罪,高宗曰:"浚用曲端、赵哲、刘锡,后见其过,即重谴之,浚未有失,安可罢也。"②在高宗看来,张浚杀曲端等并非过失,应该予以肯定。显然,中央主张对地方武将势力予以打击。

然而诛杀曲端、赵哲引起地方武将的叛离,使得局面更加恶化,张浚罢免回朝,如何处置地方武将极为关键。绍兴四年(1134)七月,诏曲端、赵哲追复旧官,中央的解释是,"属委任之非人,致刑诛之横被","属权臣之用事,敢专杀以肆威"③。显然,杀曲端等又成了张浚跋扈的罪名,曲端之死是张浚个人的过失,并非中央的意思。中央之所以有如此之举,无非是在已经诛杀曲端并对地方武将势力打击之后,将责任完全推到张浚身上,以此安慰其他武将。宋金和议达成,逃叛武将重新回到宋朝,同时诏:"故追复宣州观察使曲端贴还合得恩泽。"④这一诏令同样是对回到南宋的曲端心腹将领的安抚。由于张浚诛杀曲端等给地方武将以强大的震动,在以后涉及张浚的任免中,中央无不考虑地方武将的反应。绍兴五年(1135)四月,枢密院奏:"陕西官吏军民,昨缘金人逼胁,遂陷伪邦,盖非得已。"因此,诏令:"川陕宣抚司务以恩信招来,仍出榜晓谕。"对此诏

---

① 《系年要录》卷四二,绍兴元年二月庚寅条,第770页。
② 《系年要录》卷四三,绍兴元年三月庚子条,第777页。
③ 《系年要录》卷七八,绍兴四年七月庚申条,第1278页。
④ 《系年要录》卷一二五,绍兴九年正月戊子条,第2037页。

令的含义,李心传解释曰:"此奏当是张浚再入枢府,恐诸叛将反侧不敢归,故有是请也。"①由此可见,由于张浚重新掌权,致使中央对回朝叛将下诏晓谕,实际上透露出中央对川陕地方武将的顾虑与防范,也进一步证明川陕地方武将势力的强大。

现在我们来分析富平之战前后各方的利弊得失。陕西五路尽归于金人,金人当然是最大的赢家。张浚由于富平失败,加之其他原因,遭到罢免,成为其终身难以清洗的"罪过",就其个人来说,没有任何好处。南宋方面丧师失地,"至今言败绩之大者,必曰富平之役"②。但南宋中央并非一无所获。从南宋当时的处境看,丧师失地固然可惜,但巩固新生政权,控制地方武将力量,确立中央在地方的权威,同样重要。富平之战对陕西地区的地方武将势力来讲,是一次惨重的打击。势力最强、最难节制的曲端由此毙命,曲端心腹张中彦等叛逃,曲端的属下吴玠等迅速崛起,而且始终听命于南宋,成为保卫南宋半壁山河的重要力量。时人在评论张浚以及富平之败时称:"浚虽狂疏,竟失关陕,然节制诸将,保有全蜀。"③此条资料为学者经常引用,但学者多强调"保有全蜀"的一面,殊不知"保有全蜀"的前提在于"节制诸将",此处"诸将"正是指富平之战后崛起的吴玠等。史载,建炎四年(1130)三月,金兵长驱入关,宣抚处置使司都统制曲端遣泾原路马步军副总管吴玠等拒之于彭原店,曲端自拥大兵屯于邠州之宜禄,以为声援。金兵来犯,吴玠击败金兵。既而敌师复振,宋军败。对此,"端劾玠违节,降武显大夫,罢总管,复知怀德军"。曲端将吴玠降职。对此事件,吴玠怀恨在心。颇具意味的倒是张浚的行为,"宣抚处置使张浚素奇玠,寻擢玠秦凤副总管,兼知凤翔府"④,反而提升了吴玠。绍兴八年(1138)尚书兵部员外郎张戒在一次谈话中将张浚的策略表露无遗。在讨论分化诸将权力时,张戒曰:

---

① 《系年要录》卷八四,绍兴五年正月戊辰条,第1383页。
② 《齐东野语》卷二《张魏公三战本末略·富平之战》,引《秀水闲居录》,第24页。
③ 《水心先生文集》卷五《纪纲四》。
④ 《系年要录》卷三二,建炎四年三月乙巳条,第620页。

"兹甚不难,但当擢偏裨耳。吴玠既失,而曲端受死;杨沂中建节,而张俊势分,自然之理也。"①从实际效果看,张浚"擢偏裨"的措施,对节制曲端的势力乃至最后诛杀曲端起了重要作用。从川陕地方统兵体制看,曲端之死与富平之败前,武将各自为战,互不隶属,不听调遣;在此之后,武将处在中央与宣抚处置司的控制之下。通过富平之战,客观结果上打击了跋扈的地方武将势力,培植了新的为南宋所用的武将,这不能不说是富平之战的一大收获。如此看来,认为"富平之战的结果,对南宋来说完全是消极的,没有积极作用可言"的看法值得商榷②。

黄宽重先生对广东摧锋军等地方武力的研究表明,在内忧外患的局面下,南宋朝廷承认地方武力的存在,以期发挥御侮安内的作用。为避免地方武力的坐大,宋廷在实际运作中,采取既利用又控制的政策,其目的即"以维持对地方武力的掌控,不致偏离强干弱枝的基本国策"③。在川陕宣抚处置司的运行中,如何处理与地方武将势力的关系显得尤为棘手。宣抚处置司在运行中得不到武将的支持,富平之战的决策以及整个战争过程就是典型反映,这是地方武将势力强大的表现。富平之战的失败,武将不听宣抚处置司之令,是一个重要原因。宣抚处置司的设置,就是要改变诸如勤王时出现的各地武将难以统一调度的弊端,就是要确立一个统率川陕地区事务的权力中心。从富平之战客观结果看,丧师失地只是其中的一面,另一面是富平之战后,陕西地方武将势力或遭诛戮,或分化离散,或得到有效节制,陕西地区一度强大的武将势力得到有效的控制。再回到赵俪生先生的论述上来,"对于中原和西北的'兵户'潜力,南宋皇朝是重视的,企图使用的;但又是惧怕的,时时提防的,怕他们起来反抗自己。这种矛盾,替靖康、建炎之际的政治造成了许多的纠纷"。具体到川陕地区,曲端之死的背后,同样反映出南宋中央打击地方武将势力的真实内容。曲端之死是确保川陕宣抚处置司正常运行的需要,是南宋中央在川陕地区重建权威的一个关键环节。在此

---

① 《系年要录》卷一一八,绍兴八年三月甲辰条,第1915页。
② 何忠礼、徐吉军:《南宋史稿》,杭州大学出版社1999年版,第45页。
③ 黄宽重:《南宋地方武力:地方军与民间自卫武力的探讨》,第348页。

过程中，川陕战区完成了新旧地方行政体制的更新，即由此前地方武将势力力量分散、难以节制到之后的武将处于宣抚处置司与中央的控制之下。当然，南宋为此付出陕西五路丧失的巨大代价，曲端、赵哲等成为实现这一体制转变的牺牲品。颇具讽刺意味的是，地方武将势力得到有效节制后，宣抚处置司权力急剧膨胀，又成为南宋中央防范的对象。张浚杀曲端为南宋中央解决地方武将问题后，他自身权力强大又变成南宋中央需要解决的问题，之后张浚的罢免就是应有之事。其间的反反复复无不显示出南宋中央与川陕地方之间错综复杂的关系。

第三章 兴州地域集团与南宋川陕边防

吴氏世代为将以及吴曦之变是探讨南宋川陕边防行政运行时不可避免的议题。对此研究，成果很多。但从研究主题与内容看，主要集中在吴氏家族兴衰、抗金业绩等方面，这从吴家将研究的两部代表作就可看出。如王智勇先生的研究称为《南宋吴氏家族的兴亡——宋代武将家族个案研究》①，着眼于吴氏家族的兴衰。杨倩描先生的研究为《吴家将——吴玠吴璘吴挺吴曦合传》②，其内容正如漆侠先生在该书《序》中所言，作为"吴氏家族兴衰史"，该书"以吴玠吴璘兄弟为中心，着意描述了他们在和尚原、仙人关、饶风关诸战役，有声有色，令人振奋"，并充分肯定该书"在前此有关吴玠吴璘在个别战役中活动拓广为宋金在川陕战争几十年的对峙，以及吴氏家族的兴盛和衰落，具有开拓性"。笔者以为，吴家将研究不能仅仅限于传统的家族史、战争史与军事史领域，而应考察武将势力集团在这一地区所扮演的角色，研究视野需从家族史、战争史与军事史进一步拓展开来，形成军事与地域社会互动观察的视角。已有的研究特别强调吴氏武将集团的家族性特征，而对其地域属性的把握明显不够③。诚然，家族与地域不可分离，吴氏

---

① 巴蜀书社1995年版。
② 河北大学出版社1996年版。
③ 关于吴氏军事集团的地域性特征，据笔者所见，最初由杨倩描在《吴家将——吴玠吴璘吴挺吴曦合传》提出，称"吴氏军事集团具有强烈的家族性和地域性"（第236页）。惜并未就地域性问题展开讨论。

武将的家族性与这一集团势力的地域性二者相互联系,不能决然分开。需要强调的是,家族都基于特定的地域基础之上,兴州正是这一武将势力集团赖以存在的地域基础。

地域政治集团论是学者解读中国中古社会政治史的一个重要视角,如陈寅恪先生提出的"关陇集团"、"山东集团"等就尤为学界所知,通过对隋唐时期不同地域中的政治、军事势力集团兴衰演变,揭示中古政治与社会变迁。与隋唐政治相比,两宋时期的地域政治集团势力式微。究其原因,一方面,"唐宋社会变革"中,官僚政治阶层流动性增大,没有形成居于一方之豪强世家大族,也难有强有力的地方政治势力出现①。另一方面,宋朝以"强干弱枝"、"重内轻外"为基本国策,中央权力日趋强化,地方权力削弱,未发生如唐末五代时期独擅一方军、政、财大权的藩镇割据现象。宋代历史发展具有的地域社会的特色并不明显。需要注意的是,在两宋地域政治集团呈衰败的一般情形下存在着"特殊化"情况②。笔者关注的川陕战区就属特例。

在南宋川陕边防行政运行中,由于特殊的战略地位、战略形势等原因,在川陕军事重镇兴州为中心的地区形成了以吴氏武将为代表的地域性政治势力,即兴州地域集团,该集团控制了这一地区的军事与行政事务,对南宋川陕边防行政运行的影响极大,吴曦之变的发生正是兴州地域集团势力发展的结果。对这一具有明显地域色彩的军事集团,南宋中央采取种种措施,予以防范和化解。

兴州地域集团的出现,是宋朝"强干弱枝"国策下的一个反例。兴州地域集团的演变过程,为我们理解南宋中央集权体制下中央与地方关系提供了一个绝佳个案。本章中,笔者不再采用以往武将事功评价、战争描述的研究路径,而是着眼于兴州武将势力演进中所体现出的中央与地方间的互动

---

① (日)内藤湖南:《概括的唐宋时代观》,载刘俊文主编,黄约瑟译《日本学者研究中国史论著选译》第一卷,中华书局1992年版;孙国栋:《唐宋之际社会门第之消融——唐宋之际社会转变研究之一》,载孙国栋《唐宋史论丛》,上海古籍出版社2010年版。

② 林天蔚:《南宋时强干弱枝政策是否动摇?——四川特殊化之分析》。

关系,从兴州地域集团的形成、表现以及南宋中央的对策诸方面展开讨论,以此深化对南宋川陕边防行政运行状态的认识。

第一节 南宋兴州地域集团的形成与表现

在南宋中前期,以兴州为中心的地区出现了一个地域性武将势力集团,具体表现为武将世代统兵,兴州驻军大多来源于当地,兴州军队数量多、实力大,军队长期屯驻一地,军中武将与将士间联系密切,以及武将知州,干预地方行政事务等。兴州地域集团成为当地军事与行政事务的实际控制者,在兴州出现了军事与行政合一的统治体制。一言蔽之,兴州地域集团的出现,直接表现为中央权力下移、地方权力中心的形成和地方政治势力的崛起,并对中央集权构成威胁。

一、武将世代统兵及其权力膨胀

一个地域性势力集团的最初形成,往往依赖于其核心人物的个人才能和魅力。核心人物的才能与作用,直接影响到这一集团在当地乃至在国家政治生活中的作为及影响的大小,与这一集团的发展壮大息息相关。吴氏武将是南宋兴州地域集团的核心和代表人物,主要是吴玠、吴璘、吴挺、吴曦。宋金在川陕战区的大规模战争与长期对峙,是兴州地域势力集团产生的时代背景。在宋金战争的硝烟中,吴氏武将迅速崛起,并逐步掌握了以兴州为中心地区的军事与行政大权,为兴州地域集团的产生与发展壮大奠定了坚实的基础。

吴氏武将出身寒微,北宋末年,吴玠以"良家子"[①]参加宋夏战争,在之后川陕战区的宋金战争中,战功卓著,迅速崛起。在南宋初年的宋金川陕战场上,吴玠指挥的军队屡挫金兵锋芒,捍卫了南宋川陕疆域的安全,有力地

---

① 《宋史》卷三六六《吴玠传》,第 11408 页。

支持了其他战区的防御,成为保障东南安全的重要支柱。其中,由吴玠指挥的和尚原、仙人关等战,力挫金兵,毁灭了金兵力图南下入蜀的策略。吴玠去世后,吴璘先后指挥了刘家圈、郯家湾、腊家城、德顺军等战役。吴玠、吴璘兄弟指挥的一系列战争①,确保了川陕边防的安全,也为他们在川陕战区地位的上升奠定了坚实的基础。在南宋人看来,面对金兵的进攻,"蜀势之危,迫于累卵,所恃者吴玠一军","设或吴玠不能支吾,即是四川更无存理"②。吴玠在抵御金兵进攻及保卫川陕边防安全中具有举足轻重的作用。

随着抗金战功的积累,吴玠所任职务步步攀升。吴玠从最初"良家子",逐步升迁为:泾原兵马都监、泾原路副总管、陕西诸路都统制、利州路阶成凤州制置使、川陕宣抚副使、四川宣抚使。绍兴元年(1131)为镇西军节度使,吴玠是南宋第一个因抗金军功而建节的将帅,其战功和声威最初尚在岳飞之上③。绍兴三年(1133)为检校少保,四年(1134)为检校少师,死后追封为涪王④。

随着职务升迁,吴玠的权力日益膨胀。先看吴玠的军事权。富平之败后,张浚被召回行在,川陕军事事务由吴玠全权掌管。绍兴四年(1134)三月,王似为川陕宣抚使,卢法原与吴玠并为川陕宣抚副使,但吴玠"免签书本司公事,专一措置沿边诸处战守"⑤。绍兴五年(1135)三月,邵溥兼权川陕宣抚副使,"应军期钱粮等事,与吴玠通行主管……然自是战守事玠始专行,

---

① 关于吴玠、吴璘抗金业绩以及和尚原、仙人关、德顺等战,参见:王智勇:《南宋吴氏家族的兴亡——宋代武将家族个案研究》;杨倩描:《吴家将——吴玠吴璘吴挺吴曦合传》;沈起炜:《宋金战争史略》,湖北人民出版社1958年版;华山:《南宋初年的宋金陕西之战》,载《历史教学》1955年第6期;李蔚:《吴玠吴璘抗金事迹述评》,载《兰州大学学报》1963年第2期;王曾瑜:《和尚原和仙人关之战述评》,载《西南师范学院学报》1983年第2期;李清凌:《南宋秦陇军民的抗金斗争》,载《历史教学与研究》1985年;王曾瑜:《南宋对金第二次战争的重要战役述评》,载北京大学中国中古史研究中心编《纪念陈寅恪先生诞辰百年学术论文集》,北京大学出版社1989年版;王智勇:《论宋、金德顺之战》,载《四川大学学报》2003年第4期。

② 《忠正德文集》卷二《论防边第二疏》。

③ 王曾瑜:《和尚原和仙人关之战述评》。

④ 关于吴玠、吴璘、吴挺、吴曦职务升迁与生平事迹等,参见《宋史》卷三六六《吴玠传》、卷三六六《吴璘传》、卷三六六《吴璘传附吴挺传》、卷四七五《吴曦传》以及王智勇《南宋吴氏家族的兴亡——宋代武将家族个案研究》、杨倩描《吴家将——吴玠吴璘吴挺吴曦合传》,以下不再注明。

⑤ 《系年要录》卷七四,绍兴四年三月丙子条,第1230页。

溥盖不得预"①。绍兴六年(1136)正月,罢川陕宣抚司,邵溥赴行在,吴玠"专治兵事,军马听玠分拨"②。

吴玠专管军事,但其经济权力很强大。绍兴六年(1136)二月,吴玠兼任营田使,这意味着吴玠拥有主管营田事务的权力。吴玠也有发行货币的权力,绍兴七年(1137)二月,吴玠初置银会子于河池,行于阶、成、岷、凤等州③。由于军费问题,吴玠曾与掌管财政的官员多次发生冲突,强行坚持己见。吴玠与随军转运使赵开不和,"玠谋为牵制之举,必欲从陆运粮,开执不可,玠迄自为之"④。李迨接替赵开掌管财政,吴玠言其"朘刻赏格"⑤,李迨因此罢免。因军费问题,曾发生吴玠"械诸路漕司吏斩于市"之事⑥。宋朝由专人掌管茶马之事,而"川茶自来运过陕西秦、凤博马,前此吴玠军截留以自贸易"⑦。

吴玠权力膨胀在朝廷看来不无跋扈之嫌。李迨掌管军费,吴玠言其"朘刻赏格,迨亦奏玠苛费",由于吴玠统领重兵,朝臣认为:"玠忠在西蜀,纵费,宁可核?"⑧甚至担心"二人不咸如此,万一吴玠更失体,则朝廷难处"⑨。朝臣担心若吴玠"失体",会导致"朝廷难处"。南宋初年武将权力强大,引起朝臣的恐慌与不满,有人指出:"岳飞、吴玠、韩世忠之流,裹粮坐甲,首鼠两端。"⑩"吴玠更要人钱,虏骑来,走归矣!"⑪绍兴七年(1137)十一月,吴玠遣使臣吕政求犒军物,高宗对此颇为不满,"玠自小官拔擢至此,皆出于朕,非由张浚也,大丈夫当自结主知,何必附托大臣而后进"⑫。绍兴四年(1134)

---

① 《系年要录》卷八七,绍兴五年三月壬午条,第1441页。
② 《系年要录》卷九七,绍兴六年正月辛巳条,第1600—1601页。
③ 《系年要录》一〇九,绍兴七年二月丙午条,第1767页。
④ 《系年要录》卷八〇,绍兴四年九月甲戌条,第1318页。
⑤ 《宋史》卷三八二《勾涛传》,第11772页。
⑥ 《系年要录》卷一二一,绍兴八年七月条,第1957页。
⑦ 《系年要录》卷一二六,绍兴九年二月乙卯条,第2049页。
⑧ 《宋史》卷三八二《勾涛传》,第11772页。
⑨ 《系年要录》卷一一八,绍兴八年二月乙亥条,第1907页。
⑩ 《系年要录》卷一二六,绍兴九年二月条,第2056页。
⑪ 《朱子语类》卷一三三《本朝七·夷狄》,第3197页。
⑫ 《系年要录》卷一一七,绍兴七年十一月丙申条,第1878—1879页。

七月,因仙人关大捷,吴玠升为检校少师、泰宁保静军节度使。翰林学士綦崇礼所撰制词曰:"陆海神皋,既失秦川之利;铜梁剑阁,敢言蜀道之难。"御史中丞辛炳上奏:"玠方拥重兵,据要害,以屏翰四川,乃云'既失秦川之利',又云'敢言蜀道之难',不识何谓?并乞改正,毋使远方大将,重以为忌。"于是诏学士院改"秦川"为"秦中",綦崇礼引咎乞求黜责①。由于担心引起吴玠的不满,中央的举措极为谨慎。张浚罢免宣抚处置使,其属下刘子羽同样遭到黜责。由于吴玠与刘子羽曾一起共事,吴玠除川陕宣抚副使,吴玠上奏称颂张浚、刘子羽功绩,愿辞新任,以宽减对张浚与刘子羽的处罚。此事引起高宗的不满:"进退大臣,蔽自朕志,岂可由将帅之言?"②当时朝臣也担心惩处刘子羽,可能会引起吴玠的不安,"子羽之罪,诛殛有余,第章疏中论及结吴玠事,今方倚玠御贼,恐玠不自安"③。吴玠功高权大,致使朝廷谨慎处理与他的关系。

　　在抗金战争中,吴璘的地位同样步步上升。吴璘先后担任秦凤经略使、阶成岷凤四州经略使。绍兴十四年(1144),分利州路为东西两路,吴璘为西路安抚使、御前诸军都统制,兼知兴州。绍兴末年完颜亮进攻南宋之时,为四川宣抚使,兼陕西、河东招讨使。吴璘先后被授予镇西节度使、检校少师、太尉、开府仪同三司、少保、少傅、少师,死后追封为信王。

　　绍兴十年(1140)五月,以吴璘同节制陕西诸路军马,吴璘开始掌管川陕战区军事事务。绍兴十七年(1147)七月,以吴璘充御前诸军都统制,成为兴州驻军最高统帅。绍兴末年,宋金战事再起,吴璘被任命为四川宣抚使,全权负责川陕防线的军事事务。史载,吴璘"守蜀余二十年,隐然为方面之重"④。有资料证明,在担任四川宣抚使期间,吴璘一度以"便宜"任命官员。绍兴三十一年(1161)九月,兰州汉军千户王宏等率兵

---

① 《系年要录》卷七八,绍兴四年七月丙辰条,第1276页。
② 《系年要录》卷八二,绍兴四年十一月癸丑条,第1347页。
③ 《系年要录》卷一一九,绍兴八年五月壬寅条,第1929页。
④ 《宋史》卷三六六《吴璘传》,第11420页。

来归,"宣抚使吴璘承制授宏武功大夫,知兰州,统领熙河军马,授孝忠秉义郎,同知兰州"①。同年九月,金兵所命知洮州阿尔嘉来归,"璘即命同知洮州,赐姓赵氏"②。

随着权力的增长,在朝臣看来吴璘同样有跋扈之嫌。高宗曾曰:"川陕茶当专以博马,闻吴璘军前,向或以博马价易珠玉之属,艰难之际,战马为急,可札下约束。"③显然,对武将干预茶马之事表示不满,之后重新设置茶马官,专一掌管其事。绍兴十一年(1141)宋金和议成,吴璘回朝奏事,对吴璘的赏赐,朝中显得尤为谨慎。高宗曾曰:"赏须令适中,今日边面,正赖将士协力守之,赏须当乃慰其意,且免奸人动摇军情也。"④

《宋史》卷366《吴璘传》载:"沈介为四川安抚制置使,与璘议不协。兵部侍郎胡铨上书,语颇及璘,璘抗章请朝,上亲札报可,未半道,请罢宣抚使及致仕,皆不允。"吴璘因何事与制置使沈介不协,史书缺乏详细记载。至于胡铨"语颇及璘"的上书,史载,胡铨曰:当今急务在备边,北有金人之患,西有川蜀之虑。"川蜀之虑,宜择大臣有威望素为吴璘信服者以迓之。臣闻道路之言,皆谓今之大臣有威望素为吴璘信服者,无出张浚,宜起浚帅长沙,或镇荆襄,以遥制川蜀。臣闻沈介前在成都,为吴璘靳侮,五十四州之人岌岌然,有是乎?借曰有之,陛下亦安得高枕而卧也?"⑤胡铨建议中央任命大臣节制吴璘,又提到制置使沈介"为吴璘靳侮",这样的上书必然引起吴璘的不满,以致其"抗章"上朝,以辞免宣抚使相要挟。吴璘掌握兵权,时人担心"吴璘握兵蜀口,必贻后患",朝臣的担心得到孝宗首肯,认为"卿向来论吴璘'专忌'二字,甚佳"⑥。

吴挺乃吴璘之子,早在吴璘掌兵期间,就被委以重任,曾任兴州驻札御前中军第一正将、利州路兵马钤辖、利州东路驻札御前前军同统制。在德顺

---

① 《系年要录》卷一九二,绍兴三十一年九月己亥条,第3227页。
② 同上书,绍兴三十一年九月丙申条,第3225页。
③ 《系年要录》卷一一六,绍兴七年闰十月乙丑条,第1869页。
④ 《系年要录》卷一四六,绍兴十二年七月己酉条,第2337页。
⑤ 胡铨:《应诏上论和议有可痛哭者十(乾道间)》,载《历代名臣奏议》卷三〇六,第3969页。
⑥ 《鹤山先生大全文集》卷五一《黄侍郎定胜堂文集序》。

之战中,吴挺为兴州中军统制,一度收复巩州,败金兵于德顺军之治平寨。乾道三年(1167),拜侍卫亲步军指挥使,节制兴州军马。吴璘卒,为金州都统制、金房开达安抚使、利州东路总管。淳熙元年(1174),改兴州都统制,拜定江军节度使。四年(1177),除知兴州、利州西路安抚使。绍熙四年(1193),诏加太尉,卒后赠少师、开府仪同三司。

吴挺为兴州都统制时,"西路骑兵遂雄天下"①。吴挺掌军时期,宋金并未发生大的冲突,但吴挺守边功不可没。在朝臣看来,"关陕对垒今六十年,国家以十万貔貅,付之吴氏父子三世,全蜀晏然,不烦西顾者,吴挺之力也"。由于吴挺"凛然西陲拥兵十万",善于治理军队,以至时人认为"挺之威望,敌国之所窥觎","挺之恩信,士卒之所怀感","挺之事权,海内偏重"②。吴挺为兴州都统制时,还一度干预经济事务。史载,四川宣抚司自绍兴至绍熙年间,财物充足,吴挺为兴州都统制时,"利源多为所擅,前后二十年,财帛不胜计矣"③。

吴挺在兴州权力强大,在朝臣看来同样有跋扈难制之嫌。史载,贾伟守开江,尝贻书丞相赵雄,"极论武兴守吴挺之横"④。还有人认为,吴挺"为人细密警敏,此其所长;然敢于欺君父,又恃其憸巧,而愚弄士大夫,此其所短"⑤。

吴曦乃吴挺之子。庆元元年(1195),除知兴州,兼利州西路安抚使。嘉泰元年(1201)七月,为兴州都统制、兼知兴州、利州西路安抚使。开禧二年(1206),程松为四川宣抚使,吴曦为宣抚副使,"许便宜从事"。开禧北伐前,又任命为陕西、河东招抚使。吴曦至兴州,"潜副都统制王大节,罢之,更不除副帅,而兵权悉归于曦"。而且"以总计隶宣司,副使得节制按劾,而财赋之权又归于曦"⑥。吴曦集军权与财权于一身,史称"曦三世积威,势倾中外"⑦。

---

① 《宋史》卷三六六《吴璘传附吴挺传》,第 11422 页。
② 陈傅良:《止斋先生文集》卷二三《缴奏张子仁除节度使状》,《四部丛刊》初编本。
③ 《朝野杂记》乙集卷一六《绍兴至淳熙四川宣抚司钱帛数》,第 801 页。
④ 《宋史》卷四〇三《贾涉传》,第 12210 页。
⑤ 岳珂:《桯史》卷三《赵希光节概》,中华书局 1981 年版,第 36 页。
⑥ 《宋史》卷四七五《吴曦传》,第 13812 页。
⑦ 《安丙墓志铭》,转引自蔡东洲、胡宁《安丙研究》第七章《安丙墓志铭考补》。

李心传统计,南宋中兴诸将生享封王者四人,吴璘为其中之一;追封真王者五人,吴璘与吴玠占据二席①。南宋父子建节十三家,吴玠与其子拱、吴璘与其子挺、吴挺与其子曦名列其中。南宋兄弟建节七家,吴玠与吴璘、吴挺与吴拱名列其中。三世节度使只有一家,即吴璘、吴挺与吴曦②。南宋将相四十岁以下建节者九人,吴璘、吴玠、吴曦就占三席③。这一统计数字显示了南宋吴氏武将地位之崇,权力之大。正如时人所言:"吴氏父子兄弟并为名将,有大功于西州"④;"吴氏三世为将,其族甚大"⑤。吴氏武将世代掌管兴州兵权,位高权重,是兴州地方势力的代表,为兴州地域集团的形成与壮大奠定了坚实的基础。

二、兴州军事实力强大

强大的军事力量是地域性集团存在并发挥作用的重要前提。能否形成一个具有强大实力的地域集团,军队数量是一个重要标志。"四川大军,独武兴为多"⑥,这是时人对川陕战区内兵力地域分布的一个概括性结论。而对川陕战区内驻军战斗力的强弱对比,时人称"蜀中劲兵,西路为最"⑦。这即是说,不论从军队数量,还是从战斗力看,兴州处于明显优势。事实上,从南宋初年一直到吴曦之变,川陕战区内的这一兵力分布格局从未发生过改变。

先看吴玠统兵时的情况。《建炎以来朝野杂记》载:"绍兴初,内外大军凡十九万四千余,而川、陕不与。"⑧据徐规先生考证,此处"绍兴

---

① 《朝野杂记》甲集卷九《中兴诸将封王数》,第174页。
② 《朝野杂记》甲集卷九《渡江后父子兄弟建节数(三世 四世 五世建节)》,第177页。
③ 《朝野杂记》乙集卷一一《将相四十以下建节者》,第672页。
④ 《文忠集》卷九四《掖垣类稿一·成忠郎吴昱特与除阁门宣赞舍人日下供职(壬午九月二十一日)》。
⑤ 《宋会要辑稿》刑法六之四六。
⑥ 《朝野杂记》乙集卷一七《王德和郭杲争军中阙额人请给(德和减马料附)》,第818页。
⑦ 《鹤林集》卷三七《西陲八议·分帅》。
⑧ 《朝野杂记》甲集卷一八《绍兴内外大军数》,第404页。

初"指绍兴四年(1134)①。绍兴三年(1133)九月庚午,高宗曰:"今有兵仅三十万,当更精择,得胜兵二十万,器械悉备,训而用之。"②根据以上资料,绍兴三、四年时,全国兵力共三十万,除"川陕不与",有十九万四千,则此一时期吴玠掌管的川陕军队人数超过十万,占全国总兵力的三分之一。绍兴七年(1137)正月十五日,朱胜非上奏时提到:"今内外劲兵无虑三十万众。"③史载,绍兴九年(1139)七月,"以行营右护军精兵八万余人",三万人分守关隘,五万人分守陕西④。是年十一月,川陕宣抚副使胡世将上奏提到:"昨吴玠所管右护军七万余人,控扼川口。"⑤则绍兴七年(1137)到九年(1139)间,吴玠统领军队达七八万之多,与全国三十万兵力相比,仍然占不小的比例。吴玠统领军队人数还可从如下其军费消耗中得到反映:

时间	四川总领所总收入	四川总领所总支出	吴玠军队军费数量	吴玠军费占总支出的比例	资料来源
绍兴四年(1134)	3342万	3394万	1955万	57/100	《系年要录》卷八三,绍兴四年十二月条
绍兴五年(1135)	3060万	4060万	2370万	58/100	《系年要录》卷九五,绍兴五年十一月丙戌条
绍兴八年(1138)			4000万		《系年要录》卷一一八,绍兴八年二月乙亥条

从上表可见,在四川总领所全部的开支中,吴玠统领军队的军费消耗数量在绍兴四年、五年两年,均超过总支出的一半。从整体趋势看,从绍兴四

---

① 徐规:《南宋绍兴十年前后"内外大军"人数考》,载《杭州大学学报》1978年第3期。
② 《系年要录》卷六八,绍兴三年九月庚午条,第1155页。
③ 《会编》卷一七六,绍兴七年正月十五日条,第1272页。
④ 《系年要录》卷一三〇,绍兴九年七月壬辰条,第2100页。
⑤ 《系年要录》卷一三三,绍兴九年十一月癸未条,第2133页。

年的 1955 万到绍兴五年的 2370 万,直到绍兴八年高达 4000 万,呈急速上升趋势。总领所的总收入逐年不会有较大的增长,假定绍兴八年总领所的总收入同绍兴四年大体持平,则根本满足不了吴玠 4000 万的军费支出。

再看吴璘统兵时军队的数量。吴泳曾提到孝宗时全国兵力的分布,"三衙之军九万九千,建康马司与屯驻大军六万九千,京口、江池、鄂渚十一万六千有奇,江陵、襄阳三万九千有奇,蜀口三大将之屯九万七千有奇"①。则全国军队共计四十二万,川陕战区的兵力几乎达到全国总兵力的四分之一。李心传曾记载乾道年间各地驻军的数量,现整理如下②:

驻军名称	殿前司	马军司	步军司	建康都统司	池州都统司	镇江府都统司	江州都统司	楚州武锋军	平江府许浦水军	鄂州都统司	荆南都统司	兴州都统司	兴元都统司	金州都统司
军队数量	七万三千	三万	二万一千	五万	一万二千	四万七千	一万	一万一千	七千	四万九千	二万	六万	一万七千	一万一千
												八万八千		
总计	四十一万八千													

上表统计数字有三点值得注意:一,在全国兵力分布中,川陕战区三大都统制掌管兵力高达八万八千人,占全国总兵力的五分之一强。二,与各都统司相比,除中央殿前司兵力达七万三千外,兴州都统司的兵力居于全国首位,军队人数比居于第三、第四位的建康都统司、鄂州都统司多一万多人,这即是说兴州都统司是军队人数最多的都统司。三,在川陕战区的三大都统司中,兴州驻军人数最多,兴元府人数不到兴州的三分之一,金州人数也只有兴州的六分之一强一点。兴州兵力的强盛由此可见一斑。

---

① 《鹤林集》卷一九《论今日未及于孝宗者六事札子》。
② 《朝野杂记》甲集卷一八《乾道内外大军数》,第 405 页。

绍兴十一年(1141)宋金和议后,川陕战区的军队分布情况是,"兴州吴璘所部仅五万人,兴元杨政所部仅二万人,金州郭浩所部仅万人,惟兴州屯兵最多,至二万有奇"①。绍兴十四年(1144),分利州为东西两路,川口屯兵十万人,分隶三大将,吴璘屯兴州,杨政屯兴元府,郭浩屯金州。"时和议方坚,而璘独严备,日为敌至之虞,故西路兵为天下最"。需要说明的是,此时虽然形成兴州、兴元府、金州三大都统制统兵体制,但兴州驻军依然具有绝对优势。一则如高宗所言,"(吴)璘统兵有法,肯为朝廷出死力,诸将所不及也"。吴璘掌管军队人数多,而且善于统兵,其他武将不能望其项背。另一方面,"(杨)政故为璘兄玠裨将,及分道建帅,而执门下之礼益恭"②。如此看来兴元府都统制杨政等事实上不能起到对吴璘的牵制作用。

乾道初年,虞允文上奏时提到川陕战区兵力分布的情况:"兴州之兵,六倍于金州。"③吴璘统兵之时,朝臣还有评论曰:

  利州西路,与秦凤相接,自皂郊界首至于河池,边面阔远,路皆平夷,戍守之兵余七万,父子西人,久练可用,国家以之而守则固,以之而进取则可以必其成功,非他军比也。④

不管从数量还是从战斗力看,吴璘统领的兴州军队均处于优势。在著名的德顺之战中,兵力的分布依然是吴璘为多:"四川精锐皆属吴璘,吴璘精锐尽在德顺。"⑤

川陕战区内的军队分布以兴州为重,与此相比较,战区内地州郡的军事力量显得尤为薄弱。绍兴二十六年(1156)七月,左武大夫伏深言:"四川州郡驻泊东军,皆系宣和间发来戍守,缘兵火,各无所归。"而且由于边事宁息,"窜死相继",诸州军尽将年老或残疾之人并行拣放。诏令制置司行下诸州

---

① 《系年要录》卷一四六,绍兴十二年八月条,第2352页。
② 《系年要录》卷一五二,绍兴十四年九月辛酉条,第2450页。
③ 虞允文:《论失军心有二疏(孝宗时)》,载《历代名臣奏议》卷二二四,第2947页。
④ 虞允文:《论吴璘老病王权贪狡疏(孝宗时)》,载《历代名臣奏议》卷二四〇,第3159页。
⑤ 王之望:《汉滨集》卷六《乞遣重臣入蜀镇抚奏札》,《丛书集成》续编本。

招募，并规定各地的屯兵数量，其中夔州4447人、成都府3360人、泸州2989人、剑门关360人、文州320人、利州225人、蓬州236人、恭州200人、阆州150人、巴州130人、龙州43人，共12490人①。如上兵力，根本无法与六七万之多的兴州驻军相比。吴璘统兵时期，兴州军事力量的强盛显而易见，所谓"璘时驻蜀口武兴，精兵为天下冠"，确非虚言，也难怪南宋朝臣有"关陕大将系国安危"②的评论。

至吴挺为兴州都统制时，史载其"统众六万"③，另一条资料记载称其"凛然西陲拥兵十万"，"挺之事权，海内偏重"④。而且在吴挺统领兴州军队时，"军中自置互市于宕昌，以来羌马，西路骑兵遂雄天下"。吴挺同样善于治理军队，史载："始，武兴所部就饷诸郡，漫不相属。挺奏以十军为名，自北边至武兴列五军，曰踏白、摧锋、选锋、策选锋、游奕；武兴以西至绵为左、右、后三军；而驻武兴者前军、中军。营部于是始井井然。"⑤淳熙十一年（1184），孝宗赐吴挺的御笔中提到："今蜀门重兵已隶于卿，次则兴元，次则金州。"⑥南宋人在讲到川陕战区内的三支军队时指出，由于兴州驻军兵力强盛，"蜀虽名三军，二军仅当其偏裨"⑦。吴挺所统领兴州的军队，"纪律精明，号令严肃，士有固志，人无怨心，足以宣国威灵，申守备御者，必言其师"⑧。兴州兵力处于绝对优势，由此可见。

时至吴曦时，兴州兵力依然非常强大。史载，开禧用兵，程松为宣抚使，兴州都统制吴曦为宣抚副使，"松移司兴元，东军三万属焉。曦进屯河池，西军六万属焉。西军出入，曦得自专，松无所关与"⑨。可见吴曦掌控的军队人数达六万之多。而同一时期兴元都统制掌控的军队则少得可怜。开禧元

---

① 《系年要录》卷一七三，绍兴二十六年七月丁未条，第2852—2853页。
② 《宋史》卷三八七《汪应辰传》，第11880页。
③ 《宋史》卷二四七《赵彦逾传》，第8768页。
④ 《止斋先生文集》卷二三《缴奏张子仁除节度使状》。
⑤ 《宋史》卷三六六《吴璘传附吴挺传》，第11422—11423页。
⑥ 《文忠集》卷一四七《奉诏录二·录白付吴挺御笔》。
⑦ 《桯史》卷三《赵希光节概》，第36页。
⑧ 樊军：《〈吴挺碑〉校注》，兰州大学出版社1993年版，第61页。
⑨ 《朝野杂记》乙集卷一七《安子文一军政》，第821页。

年(1205),兴元都统秦世辅言:

> 本司军多阙额,绍兴之末,管二万九千余人。乾道三年,立额二万七千,今二万五千四百,差戍、官占实万一百四十三人,点阅所部,堪披带人仅六百二十七。①

兴元府都统司的兵力如此,防线内其他州郡的军事力量更为薄弱。如绵州,"虽内郡,实并边也。而莫为之限,蔽颓墉坏,堑若有若无,三尺之童牧可挑达而逾也。缓急所恃,惟右护军之移屯者二千八百余人"。如此驻军,既不能抗击外敌进攻,也起不到节制兴州军事力量的作用,故时人认为,军队集中屯戍于沿边地带,内地空虚,"极于比岁,贼曦盈尺之纸,足以惊崩列雉"②。《潼州府修城记》载,蜀地内地州郡,"民离于兵久,而膂力积销弱,地离于兵久,而预防益简薄,及奸豪窥度,则不足支仓猝有事之用……绍兴后,竭巴益奉边将,吴曦因以反"③。南宋人还称:

> 重兵驻汉沔,东南禁旅不能为之轻重。成都者,汉沔之根柢也。今汉中三大军无虑十万,而成都之兵不满百,何以制末大之患。逆曦之变,至无敢抗者。④

显然,吴曦拥有强大的军事力量,而在其叛变之时,其他州郡兵力薄弱,对其无法节制。因此在吴曦之变后,朝臣认为"曦贼为乱,人人愤切,思食其肉,然敢于抗之者甚少,盖无兵无财"⑤。一些官员虽然有心平叛,无奈心有余而力不足,"义当击贼,恨无兵权"⑥。即使是四川制置杨辅也"自以不习兵事,且内郡无兵可用,迁延两月,但为去计"⑦。之所以如此,其原因正在于川陕战区兵力部署中,其他都统司之驻军无法与兴州的军事势力相抗衡。而吴曦能够成功叛变,兴州驻军数量强大是一个重要因素,所谓:"蜀口屯十

---

① 《宋史》卷一九三《兵七·召募之制》,第4821页。
② 《鹤山先生大全文集》卷四二《绵州新城记》。
③ 《水心先生文集》卷一一《潼州府修城记》。
④ 《攻媿集》卷九八《中书舍人赠光禄大夫陈公神道碑》。
⑤ 度正:《性善堂稿》卷六《条奏便民五事》,《四库全书》珍本初集本。
⑥ 《宋史》卷四一二《陈咸传》,第12389页。
⑦ 《宋史》卷三九七《杨辅传》,第12096页。

万兵,以三都统主之。而沔州一□□□□有尾大不掉,势所必至。况世为吴氏所绾,号吴家军,其化为豺狼也,宜哉。"①

从上可见,兴州驻军的数量与战斗力在川陕战区乃至南宋范围内均首屈一指,这是兴州地域集团存在的重要基础。

三、兵源的固定化与本土化趋势

士兵来源的固定化与本土化,是地域性军事集团保持实力的一个重要因素。从川陕驻军的兵源来讲,在吴玠、吴璘统兵时期,主要来自于富平之败后的陕西南迁兵将及民众。而这些南迁的陕西兵将与民众在川陕战区屯驻、安家,他们及其后代则成为吴挺、吴曦时期所掌兵力的主要来源。也就是说南宋川陕战区驻军的兵源,由主要招募陕西南迁将士、民众的固定化向招募军队屯驻地民众的本土化方向发展。

对南宋武装力量的来源,李心传总结为"渡江后名将皆西北人",再进一步,又区分为西人与北人,"韩世忠,绥德军人。曲端,镇戎军人。吴玠、吴璘、郭浩,德顺军人。张俊、刘锜、王璪,秦州人。杨惟忠、李显忠,环州人。王渊,阶州人。马广,熙州人。杨政,泾州人。皆西人也。刘光世,保大军人。杨存中,代州人。赵密,太原人。苗傅,隆德人。岳飞,相州人。王彦,怀州人。皆北人也"②。在李心传笔下,西人是指北宋时期陕西地区之人。对"西人"还有不同的解释,如张戒曾曰:"臣本贯河东绛州,赵鼎本贯陕西解州,乡里相近,士大夫通号曰西人。"③但在绝大多数情况下,南宋人笔下的"西人"、"西兵"、"西将",专指北宋时期陕西一带之人。如南宋人在记载吴挺事迹时称,"朝廷乃使之世为西将,西人又以二父故,莫不畏服"④。在南宋政治舞台上,出生在川陕战区的武将、士兵曾发挥了举足轻重的作用。川陕战区产生了大批抗金将领和士兵,使这一地区成为南宋武装力量的主

---

① 《安丙墓志铭》,转引自蔡东洲、胡宁《安丙研究》第七章《安丙墓志铭考补》。
② 《朝野杂记》乙集卷一二《渡江后名将皆西北人》,第687—688页。
③ 《系年要录》卷一二三,绍兴八年十一月己丑条,第1982页。
④ 《桯史》卷三《赵希光节概》,第36页。

要来源地。对西兵的功绩,南宋朝臣予以充分的肯定,"西兵我之劲卒也,方腊猝叛,声摇汴都,诸将提偏师俘腊无遗种矣。渡江以后,扈卫艰难,诛剪盗贼,大抵西兵西将之余也"①。

对川陕战区士兵的来源与数量,史载:

> 兴州、兴元府、金州三都统司兵,本曲端、吴玠、关师古之徒,关西部曲也。端死,师古继叛,其部曲皆为玠所有。王庶、刘子羽继在兴元招召流散,粗成军伍。子羽罢,玠并将之。其后卢立之为宣副,尚有兵三万余,立之死,亦为玠所并,合是三者,为兵共七万人。玠死,胡承公命其弟璘以二万人守兴州,杨政以二万人守兴元,郭浩以八千人守金州,而玠之中部、选锋二万人分屯仙人关里外。其后,璘又得之,故三大将之兵,惟兴州偏重者,此也。②

从上述资料可见,曲端、吴玠、关师古等"关西部曲"以及其后召集的"流散",是兴州都统司士兵的主要来源。其实,从富平之战一直到南宋中后期,关陕之地存留之"西兵"以及关陕之地南移至川中之人,始终是兴州军队的重要来源。上文提到"兴州、兴元府、金州三都统司,兵本曲端、吴玠、关师古之徒",这支部队一直延续下来,成为川陕驻军的精锐。时人称:"右护军者,本吴玠泾原部曲,后得秦、凤散卒及刘子羽、关师古之众隶之。"③同样的记载称:"吴玠一军则关西部曲也。"④还有记载曰:"宣司正兵皆西人,尤不善操舟。"⑤

富平之战前,陕西五路是宋朝重要的兵源之地。在范致虚勤王时,"时西蜀输金帛助河东,公(指孙昭远——引者)用其属韩武、张延龄计,止之河池,籍募兵得精锐数千"⑥。史载,张浚出使川陕,请求高宗西幸汉中,认为汉中之地"前控六路之师,后据两川之粟,左通荆、襄之财,右出秦、陇之马"⑦。

---

① 《水心先生文集》卷一《上宁宗皇帝札子(开禧二年)》。
② 《朝野杂记》甲集卷一八《关外军马钱粮数》,第406页。
③ 《系年要录》卷九六,绍兴五年十二月庚子条,第1582页。
④ 《鹤林集》卷三三《江淮兵策问》。
⑤ 王十朋:《梅溪先生文集·梅溪先生奏议》卷四《再论马纲状》,《四部丛刊》初编本。
⑥ 《文忠集》卷二九《省斋文稿二十九·京西北路制置安抚使孙公昭远行状(乾道七年)》。
⑦ 《系年要录》卷二八,建炎三年十月戊戌条,第563页。

"前控六路之师"一语,正是对川陕战区西兵、西将数量大、战斗力强这一区位优势的最好概括。富平之战中,参加战斗的均属陕西劲旅。"时权永兴军路经略使吴玠已得长安,而环庆经略使赵哲收复鄜延诸郡,(张)浚乃檄召熙河经略使刘锡、秦凤经略使孙渥、泾原经略使刘锜各以兵会,合诸路兵四十万人,马七万"①。富平之败,陕西五路失陷,陕西数年积聚财物丧失殆尽,但"宋军伤亡并不太重"②。战后存留下来的士兵,以及之后持续不断地向川中迁移的"西民",仍然是川陕战区武装力量的重要来源。

先看川陕驻军兵源主要来自陕西南迁将士的情况。早在富平之战之前,就出现陕西一带兵将南移的现象。如"靖康末,折彦质为宣抚副使,逃入川陕"③。史载:绍兴六年(1136)三月辛卯,入内东头供奉官陈成之追二官。陈成之为熙河兰廓路提辖,"避难入蜀,寓居嘉州",张浚罢归后复出,为权宣抚副使邵溥所劾,故有是命④。建炎二年(1128)正月己酉,中央发出诏令:沿边将兵避难入蜀者,并放罪,限半月赴行在,并于大散关置关使二员稽察。究其原因,"自两河失守,兵官之败散者,多在兴、凤间招集溃兵入蜀,朝廷闻之,故有是命"⑤。建炎三年(1129)十月庚辰,诏军队"擅入川者依军法"⑥。频繁颁诏禁止,意味着兵将南移之事的增多。张浚出使前,赵鼎指出:

> 汉中邻长安,而兴、利邻秦、凤,太平之久,负贩往来,山谷险绝,皆成蹊径。昨长安溃兵,径趋兴元,全无阻遏,自兴元趋剑门,更无栈道,而剑门两间,亦有捷路可至成都。⑦

川陕交界的"蹊径"、"捷路",为陕西兵将等的南移提供了便利的交通。

陕西五路失陷后,从陕西南移的兵将成为保卫川陕边防的中流砥柱。富平失败后,张浚退军兴州,遣刘子羽至秦州,访诸将所在:

---

① 《系年要录》卷三七,建炎四年九月癸丑条,第711—712页。
② 王曾瑜:《宋金富平之战》,载《中州学刊》1983年第1期。
③ 《会编》卷一〇九,建炎元年六月二十七日条,第799页。
④ 《系年要录》卷九九,绍兴六年三月辛卯条,第1632页。
⑤ 《系年要录》卷一二,建炎二年正月己酉条,第276页。
⑥ 《系年要录》卷二八,建炎三年十月庚辰条,第562页。
⑦ 《忠正德文集》卷一《论西幸事宜状》。

> 时敌骑四出，道阻不通，将士无所归，忽闻子羽在近，宣抚司留蜀口，乃各引所部来会，凡十数万人，军势复振。浚哀死问伤，录善咎己，人心粗安。①

在十数万兵将复归的情况下，军势才得以复振，人心初定。史载："始青溪岭之战，玠牙兵皆溃，及是玠治兵秦凤，诸溃卒复出就招。"②另一条资料载，富平败后，"陕西兵皆散归本路。吴玠收秦凤余兵，闭大散关。关师古收泾原余兵保岷、巩，孙渥收泾原余兵于阶、成、凤三州"③。之后，关师古投金，"其所部阶、成二州犹在，故命（吴）璘、（杨）政分领之"④。张浚退保阆州，"武德大夫知岷州李惟德亦率官吏以城来归"；王庶知兴元府，召集溃兵较多：

> 时兴元帅事草创，仓廪乏绝，师旅寡弱，庶募民教之，河东、陕西溃师多旧部曲，往往来归，不数月，有众二万。⑤

可见，南移的兵将保障了南宋川陕驻军力量的恢复与壮大。南宋初年，就有朝臣建议："陕西正兵及弓箭手皆精锐，旧以童贯赏罚不当，隐于民间，每应点集者，皆其家人也。今厚资给以募之，并将家子弟，不旬日可得二万人，与正兵相表里，其胜可必。"⑥张浚也曾上奏到，由于陕西将士感念祖宗恩德，"将士所以舍伪从正数至十五余万"⑦。可见，南下四川的陕西籍将士数量多、规模大。

绍兴八年（1138）宋金和议成，吴玠所属军队分屯陕西等地，陕西民众再次成为吴玠军队招募的对象。史载："时韩世忠、岳飞、吴玠军各遣间招诱中原民。"⑧绍兴九年（1139）八月己未，高宗曰："吴玠军马既移

---

① 《系年要录》卷三九，建炎四年十一月条，第741页。
② 《系年要录》卷三二，建炎四年三月乙巳条，第620页。
③ 《齐东野语》卷二《张魏公三战本末略·富平之战》，第23页。
④ 《系年要录》卷八一，绍兴四年十月壬辰条，第1334页。
⑤ 《系年要录》卷四三，绍兴元年三月条，第785页。
⑥ 《系年要录》卷七，建炎元年七月丙辰条，第191页。
⑦ 张浚：《论王似充宣抚副使五不可疏（高宗时）》，载《历代名臣奏议》卷二三八，第3143页。
⑧ 《系年要录》卷一一九，绍兴八年四月条，第1923页。

屯熙、秦等路,便当以五百人为一指挥,令诸帅招填,稍足旧额,与弓箭手参用,缓急之际,有足倚仗,庶几渐复祖宗之旧。"①同年九月,陕西宣谕使周聿上奏:"陕西既归,得地数千里,得兵十三万,得马二万。"又言:"陕西诸路,既命杨政帅熙河,吴璘帅秦凤,然所屯之众,皆四路忠勇之士,吴玠教习,已逾十年,百战之余,所向无敌。"②陕西将士忠勇善战,依然是吴氏军队的主力。

绍兴十一年(1141),吴璘大败金兵于腊家城,"降者万人"③。《西陲笔略》记载,宋军攻克河州,"民争开门者,香车花舆踵道",甚至出现"寨民归义者流血丹路"④的情况,陕西民众南下的盛况由此可见。

绍兴三十一年(1161),完颜亮进攻南宋,吴璘等一度收复秦州、洮州等地。一方面,陕西等地士兵、民众纷纷南降。另一方面,吴璘等就地招募士兵,以增强军事实力。如德顺之战后,"吴璘之师复振,西人之归不绝"⑤,进入川中。"王彦招到大汉等军,吴璘降到雷千户,并食粮军兵五六千人",在成州、大安军屯驻⑥。同年八月,兰州汉军千户王宏杀其刺史安远大将军,将骑兵五百、步兵二百来归⑦。绍兴三十二年(1162)四月癸酉,吴璘上奏:"收复秦洮路,招到正兵弓箭手万人。"⑧民众归附,士兵投降,军队招募,吴璘军队势力得到进一步增强。史书还载:

> 是时,疆场多事,往者死事之家,其子若弟多流落边州,虽抱负材略,无以自展,白丁者不免饥寒,有官者或未得禄。公(王之奇——引者)乃广募良家子弟,朘浮费以廪之,岁余,愿从者几二百人。齐之纪律,给之器仗,使之各习其所能,而训其未至,知书者则授之《百将传》,

---

① 《系年要录》卷一三一,绍兴九年八月己未条,第2107页。
② 《系年要录》卷一三二,绍兴九年九月甲辰条,第2122—2123页。
③ 《宋史》卷三六六《吴璘传》,第11417页。
④ 《九华集》卷二四《西陲笔略·河州士民望风归义》、《西陲笔略·河民惩宁河归顺之祸相与死守》。
⑤ 王质:《雪山集》卷八《与张都督书》,《丛书集成》新编本。
⑥ 《汉滨集》卷六《乞遣重臣入蜀镇抚奏札》。
⑦ 《系年要录》卷一九二,绍兴三十一年九月己亥条,第3227页。
⑧ 《系年要录》卷一九九,绍兴三十二年四月甲戌条,第3359页。

以导其智识。又拔其尤者二人,为长贰以总之,由是皆知自爱。①

吴璘等还为招募士兵制定详细的规则,虞允文曾上言曰:

> 臣被奉元降指挥,委臣同吴璘措置招军买马。臣于四月初到璘军前,与璘共议于陕西募兵,以忠义敢勇为名。已先议定赏格,及月给钱米施行外,据璘与臣说,自收复秦陇一带之后,修明弓箭手旧法,给旧管之田……臣与吴璘商量,虽令诸军分募,其不愿应募之人,不得抑勒,仍以弓箭手法团结西人。比者又收复熙、兰等州,通前后团结之数,已及二万六千余人。而王彦一军,自今年四、五月以来,招徕忠义人及大汉军亦及六千余人。兵日益广,国用无不给之忧,士夫之论,皆以为得募兵之上策。②

此资料反映,募兵在陕西当地进行,通过明确士兵待遇、规范募兵规则等,招兵效果较好,募得士兵数万人,并强调"仍以弓箭手法团结西人",也可见对西人的重视。

再看川陕驻军招募陕西南迁民众的情况。靖康之变,掀起一次大规模的北方民众的向南迁移。其中,陕西民众自关中翻越秦岭进入汉中,再翻越大巴山进入四川,是南宋北方向南移民的重要组成部分③。陕西移民迁入汉中以及四川,为确保军队中西兵的来源提供了重要保证。

早在南宋建立之初,已经出现大量关陕民众南下四川的情况。建炎元年(1127),向子宠在兴州,"设关隘甚备,陕西士民避难入蜀者,皆为子宠所扼,流离困饿,死于关隘之下者,不可胜计"④。富平之败后,吴玠收散卒保守散关东和尚原,"凤翔民感其遗惠",纷纷南下,为吴玠军队提供粮饷⑤。"而玠每战辄胜。西北遗民,归附日众"⑥。从陕西不断南下的民众成为吴

---

① 蔡戡:《定斋集》卷一四《故端明殿学士王公行状》,《丛书集成》续编本。
② 虞允文:《论陕西当推行蕃汉弓箭手旧法疏(孝宗时)》,载《历代名臣奏议》卷二二四,第2945页。
③ 吴松弟:《北方移民与南宋社会变迁》,台北文津出版社1993年版,第87页。
④ 《系年要录》卷七,建炎元年七月条,第193页。
⑤ 《宋史》卷三六六《吴玠传》,第11409—11410页。
⑥ 《宋史》卷三六一《张浚传》,第11301页。

珍军队的重要来源。事实上,关陕民众南迁的现象终南宋时期一直存在。绍兴初年,杨从仪与金兵战于凤翔,"有流民数万在境内,或疑其反侧,悉拘于山谷间,公矜其无辜,皆纵之。后歧雍大歉,流民复入关就食,公复纳之,所活甚众"①。宋金和议誓书约定不得相互招诱边民。郑刚中为川陕宣抚副使时,陕西连岁不雨,五谷焦槁,"秦民无以食,争西入蜀。川陕宣抚副使郑刚中以誓书所禁,不敢纳。皆散去饿死,其壮者,北人多买为奴婢,郡邑荡然矣"②。和议誓书约定不得招诱边民,从侧面则反映出招诱边民之事的存在。"秦民"遭受自然灾害等,首先选择的便是南下入蜀。此次遭到郑刚中的拒绝,并不意味着再未发生关陕民众南迁之事。相反,诸如迁入蜀地的"归正人"、"归明人"不时被朝臣提及,并予以妥善安置,证明关陕民众南下川蜀倒是常事。乾道八年(1172)十二月九日,四川安抚使司言:"绍兴三十一年以后,归正无差遣及身故之家,依建炎四年之制,计口给以钱米。昨军兴前,宣抚吴璘随宜措置,别立支例。今四十余家散处四川,若遽裁损,虑失初招徕之意,欲更支五年,限满一依旧例,绍兴三十一年以前归正人岁月诚深,宜罢。"对此,中央予以批准③。归正人散处四川,数量较大,使得朝廷专门作出应对之策。再如郭靖、郭端兄弟,自金兵犯边,"避难入关"④。嘉定九年(1216)四月,还发生秦州人唐进与其徒何进等"引众十万来归"之事⑤。再如长安焦永,"金将亡国","率里闬孥属二百九人,道金、洋入蜀门"⑥等等⑦。

南迁的西人是川陕战区士兵的重要来源。乾道年间,朝臣上奏:"自关外宿师以来,多有离军使臣及将家子弟,所在侨寓。外铨阙少,注拟不行,往

---

① 《杨从仪墓志》,载陈显远编著《汉中碑石》,三秦出版社1996年版,第124—129页。
② 《系年要录》卷一四七,绍兴十二年十二月丁亥条,第2373页。
③ 《宋会要辑稿》兵一五之二四。
④ 《宋史》卷四四九《史次秦传》,第13230页。
⑤ 《宋史》卷三九《宁宗三》,第763页。
⑥ 袁桷:《清容居士集》卷二九《司天管勾焦君墓志铭》,《四部丛刊》初编本。
⑦ 陕西将士与民众迁入四川的具体事例,参见吴松弟《北方移民与南宋社会变迁》之《移民档案·表5》,第310—313页。

往衣食匮乏,狼狈无归。其间却有材武卓然堪备任使之人,失职久闲,理当收恤。"①流落边州将家子弟等,成为川陕驻军士兵招募的主要目标。乾道八年(1172)十二月二十一日,臣僚上言:

> 自渡江以来,西北之士流落蜀汉者,往往无力以进,而又限以保奏之官,寒微何由可得? 故每举就试,不过数十人,其取人不广如此。欲望颁武举之法于四川,令四路帅臣、宪、漕、知州军监、钤辖路分及寄居侍从以上,每举各保一员,兴元府、利、阆、金、洋、阶、成、西和、凤州各保三员。较其艺能,命之一官,而任使之,他日诸将中未必无郭子仪辈出也。

臣僚这一建议的目的是设置武举,增加官员保举的人数,使得南下的西人有机会加入军队之中。正如史书所载,"臣僚奏请,盖为西北流寓素习武艺之人,多寄居利州路,所以许兴元府等处所保人数,比他路所以独多"②。吴松弟先生的研究表明,南宋时期,关陕移民主要分布在利州路,特别是利州路北部位于今陕南的汉水谷地和西北部位于今陇南的西汉水与白龙江流域,"在南宋后期几乎成了移民的天下"③。这两个移民最多的区域,正是川陕战区的前沿阵地,是川陕边防军队的重点屯驻区。迁移至此的关陕移民,确保了川陕战区军队的士兵来源。

由于陕西一带民众、兵将的大量南移,移民迁入地的民情风俗也随之发生了很大的变化④。陆游曾游历川陕战区,提到"大散陈仓间,山川郁盘纡。劲气钟义士,可与共壮图"⑤,还感受到"地近函秦气俗豪"⑥。兴州是军队屯驻集中之地,史载当地风俗,"人性质直,务农习猎","人已作秦音"⑦。再

---

① 范成大:《辟兵官扎子》,载孔凡礼辑《范成大佚著辑存》,中华书局1983年版,第25—26页。
② 《宋会要辑稿》选举一七之三四一三五。
③ 吴松弟:《北方移民与南宋社会变迁》,第89页。
④ 同上书,第92页。
⑤ 陆游著,钱仲联校注:《剑南诗稿校注》卷四《观大散关图有感》,上海古籍出版社1985年版,第357页。
⑥ 《剑南诗稿校注》卷三《山南行》,第232页。
⑦ 《方舆胜览》六九《利州西路·沔州》,第1206—1208页。

看利州的情况,史载,利州"自城以南,纯带巴音;由城以北,杂以秦语"①。陆游有诗为证:"坐上新声犹蜀伎,道傍逆旅已秦音。"②甚至阆中、均州风俗也受移民影响,陆游描述阆中的民风曰:"语音渐正带咸秦。"③《方舆胜览》记载均州时称此地"民多秦音"④。

从上可见,尽管陕西五路失陷,南宋丧失了西兵的重要来源地,但西兵并未因此而减少。相反,大量兵将的南迁以及陕西民众的南移,确保了川陕战区的兵员供应。西人、西兵等的南迁,又导致迁入地民风发生变化。这样,受西民、西兵的影响,当地民众也成为士兵的重要来源。

南宋川陕战区除正规军外,还有大量的非正规军,由招募当地百姓、失业流民组成。如兴元义士,绍兴元年(1131)王庶知兴元府时,以军籍单寡,籍兴元府、兴州、洋州诸邑及三泉县强壮,每两丁取一,三丁取二,蠲免户下物力钱,号曰"义士"。每五十人为一队,知县为军正,尉为军副,日阅武于县,月阅武于州,"不半年,有兵数万","其后合兴洋三泉四郡义士,至七万余人"⑤。绍兴二十八年(1158),大将姚仲又于梁、洋、大安、巴、蓬五郡招募,得二万一千余人。三十一年(1161)散关之战,其人"勇健善战,亦屡有功"。乾道三年(1167)虞允文为宣抚使,复籍梁、洋、大安三郡之丁,得二万三千九百余人⑥。还有兴元良家子,绍兴四年(1134)吴玠为宣抚副使时所创,招两河、关陕流寓及阵亡兵将子弟骁勇雄健者,五十人为一队。吴璘为四川宣抚使时,以德顺官军寡弱,于关外四州签丁,每户有三丁以上取一,五丁以上取两,并刺充御前中军敢勇⑦。此外还有金州保胜军、文州忠顺军、阶成西河凤州忠勇军等。南宋川陕战区的非正规军数量大,在巩固边防、抗击外敌中发挥着重要作用。"无事则更阅,有事则出戍。或与捐本户之徭,

---

① 《方舆胜览》卷六六《利州东路·利州》,第1155页。
② 《剑南诗稿校注》卷二八《梦至小益》,第1962页。
③ 《剑南诗稿校注》卷三《阆中作》,第249页。
④ 《方舆胜览》卷三三《均州》,第593页。
⑤ 《系年要录》卷四八,绍兴元年十月甲申条,第865—866页。
⑥ 《朝野杂记》甲集卷一八《利路义士(忠义人)》,第408页。
⑦ 《朝野杂记》甲集卷一八《兴元良家子(忠义效用 中军敢勇)》,第409页。

又与免本身之役。恩意甚接,科条甚具。庶区区行此者,非独为保蜀计,乃为保国计也"①。具体参加的战斗,如绍兴三十二年(1162)攻克大散关之战中,"宣抚司调梁、洋义士万数,授以褚甲,使之先登"②,成为作战先锋。

兴元府良家子、金州保胜军、文州忠顺军、阶成西河凤州忠勇军等非正规军的兵力,直接来源于当地,他们"勇鸷健武,人材绝异。技艺纪律,性习所使,虽正军锐卒,未能远过。无廪兵之费,有胜兵之实"③。绍兴二十六年(1156)七月,左武大夫伏深言:"四川州郡驻泊东军,皆系宣和间发来戍守,缘兵火各无所归",而且"休兵以来,窜死相继"。因此,中央诏令:"招河东北、陕西等处流寓人及本军子弟补额。"但实际情况却不容乐观,史载:"然流寓不复有矣,至今循之。"④可见,时至绍兴末年,南迁的西人、西兵、西将相继去世,或流散迁移,只能招募他们的后裔与当地民众为兵。另一记载称,绍兴末年,川陕战区内"三将军中,亦不纯是西人,西人多而川军少"⑤。西兵尽管还是川陕驻军的主要组成部分,但其所占比例逐渐下降。淳熙四年(1177),周必大上言提到,川陕驻军之中,"五十年间,西北旧人日以少,新军来日以众"⑥。可以肯定的是,在此之后,川陕驻军的来源主要依赖于当地民众。这意味着川陕驻军兵源本土化倾向的出现。

各地民众在体质等方面的差异,是征召士兵时的一个重要考虑因素。"本朝驻跸吴会,而用关西、河北、山东之人",其原因就在于"北人之长技,以鞍马素闲,而便于驰突,吾之马弗如也。风俗劲悍,而勇于格斗,吾之卒弗及也"⑦。如上所述,南宋川陕驻军主要来源于富平之败后南移的陕西劲旅、南移的关陕流民以及当地民众。固定的士兵来源,尤其是以军队屯驻地的民众为兵,意味着川陕驻军兵源出现明显的本土化倾向,这是兴州地域集

---

① 《九华集》卷五《恤义士札子》。
② 《系年要录》卷一九八,绍兴三十二年闰二月癸未条,第3335页。
③ 范成大:《又论民兵义士扎子》,载《范成大佚著辑存》,第27页。
④ 《系年要录》卷一七三,绍兴二十六年七月丁未条,第2852—2853页。
⑤ 《系年要录》卷一九〇,绍兴三十一年五月辛丑条,第3181页。
⑥ 《文忠集·玉堂类稿二十》卷一二〇《试赴召胡晋臣(淳熙四年三月十日)》。
⑦ 《鹤林集》卷三三《江淮兵策问》。

团形成与壮大的一个关键因素。

四、军队屯驻地的固定

南宋边疆防御划分为川陕、荆襄、江淮三大战区,各战区有相对固定的屯驻区域。在川陕战区,又形成兴州、兴元府、金州三大屯驻地。军队长期驻守某地,便于熟悉地形,进行有效防御。若驻守该地的军队又来自当地,容易产生保家固国之心,更能发挥抗击外敌的作用。南宋兴州驻军,来自"西兵"、关陕流民以及当地民众,恢复故土与固守家园之情尤为强烈。更为重要的是,兴州军队长期屯驻于一地,具有浓厚的地方色彩。正如员兴宗在讲到关外义士时所言,他们"熟识利害,自生其地,自战其地,人怀保妻子、守坟墓之念,宜其专也"①。

富平之败后,吴玠等招收散兵,召集流民,占据和尚原、仙人关等关隘要地,有效地抗击了金兵的进攻。绍兴八年(1138)宋金和议后,一度将川陕交界地带的军队分屯于其他地区,"分宣抚司兵四万人出屯熙、秦,六千人隶郭浩,留吴玠精兵二万人屯兴元府、兴洋二州"②。之后战事再起,军队依然回到川陕交界地带,史载:"玠死,胡承公命其弟璘以二万人守兴州,杨政以二万人守兴元,郭浩以八千人守金州,而玠之中部、选锋二万人分屯仙人关里外。其后,璘又得之,故三大将之兵,惟兴州偏重者。"③绍兴十一年(1161)和议后,宋金在川陕以大散关为界,川陕防线上军队的驻扎情况是:川陕宣抚司及右护军分屯三边与沿流的兴、成、阶、凤、文、龙、绵、剑、利、阆、西和州、大安军、兴元府、房州之竹山县、金、洋、潼川等十七郡。其中"兴州吴璘所部仅五万人,兴元杨政所部仅二万人,金州郭浩所部仅万人,惟兴州屯兵最多,至二万有奇"④。直到南宋中后期蒙元兴起,川陕战区的军队始终屯驻在这一地带。可见,川陕战区军队的屯驻地比较固定。

---

① 《九华集》卷五《恤义士札子》。
② 《宋史》卷二九《高宗六》,第541页。
③ 《朝野杂记》甲集卷一八《关外军马钱粮数》,第406页。
④ 《系年要录》卷一四六,绍兴十二年八月条,第2352页。

南宋实行募兵制,士兵与家属往往共居于军营,随军调动。因此,如何安置军队家眷,就是一个收揽军心,振作士气的重要问题,也是一个麻烦的问题①。川陕战区的情况就尤为典型。如绍兴三十一年(1161)完颜亮南侵时,宋廷为加强襄阳地带的防御,调利州西路驻扎御前中军都统制吴拱率西兵三千多人戍守襄阳。其中家眷"老小"一同前去屯驻②。乾道四年(1168),将剑州等处官兵共二千六百三十八人,"同老少移那前去金州屯驻",又从"兴元府别行递償两将军马同老小前去洋州屯泊"③。吴拱统领的利州西路士兵以及剑州、兴元府士兵中家眷"老小"随军迁移,证明川陕战区内士兵在屯驻地与家属共居一地。

军队长期驻守一地,士兵在此娶妻生子,将屯驻地视作家园,容易产生浓厚的地方情结。史载,吴玠掌管军队时期,士兵家属就与士兵共同生活在军队屯驻地,"会给军逾期,利州营妇遮其马首悖詈"④。史书还载,"时军阙见粮,(吴)玠颇以家财给之,玠行至大安,军妇人小儿饥饿者千百,拥马首而噪"⑤。郑刚中曾提到"右护军十万众"的供给极为艰难,"支出愆后,则诸营已无炊烟,虽妇人女子,亦噪而出"⑥。上文提到的"营妇"、"军妇人小儿"、"妇人女子",无疑为军人的家眷。范成大曾提到由于川陕边防驻军士兵婚娶成家,导致驻地人口增多,粮饷不济,"原其致贫之由,皆谓初招军时,止是单身,其后婚娶,人口见多,势不能给"。在钱粮发放中,"关外军粮招收放请之制,单身者于所请粮内,以五斗折估钱引,两口者以二斗折估钱引,三口之家则无折估"⑦。隆兴元年(1163)四月十七日,诏:"四川总领所将诸军昨差出德顺屯戍官兵在寨老小当时的实数目",依例支给犒设,出榜晓谕⑧。淳

---

① 王曾瑜:《宋朝兵制初探》,中华书局1983年版,第317—318页。
② 《系年要录》卷一八九,绍兴三十一年四月甲辰条,第3161页。
③ 《宋会要辑稿》兵五之二三。
④ 《系年要录》卷一一八,绍兴八年二月乙亥条,第1907页。
⑤ 《系年要录》卷一二一,绍兴八年七月条,第1957页。
⑥ 郑刚中:《北山集》卷一三《送井都运出峡序》,文渊阁《四库全书》本。
⑦ 范成大:《论蜀兵贫乏札子》,载《范成大佚著辑存》,第35—36页。
⑧ 《宋会要辑稿》五兵之二〇。

熙六年(1179)十一月二十六日,诏四川总领所支降钱五万九千贯,付兴州、兴元府、金州,"委主帅给散诸军五口以上人"①。由于军队长期屯驻一地,在当地娶妻生子,之后再以其子为兵,从而形成当地人为兵,驻守当地,在军队中产生强烈的乡土情结,出现强烈的军队"地方化"倾向,以致出现因军队粮饷供给短缺而"遮其马首悖詈"、"拥马首而噪"等事。

绍兴八年(1138)宋金和议达成,在分屯军队于内地之时,再次发生士兵及其家属"滋事"之事。因这一事件形象反映出军队长期屯驻一地的实情及其影响,在此转引如下:

> 时楼炤会诸路监司于凤翔,(张)深等皆言:"宣抚司仙人关、河池等处,屯驻大军之久,坐困四川民力,今幸复得六路,所在粒米狼戾。军士多关中之人,得还乡食贱食,人情无不感悦,他日使战,谁不乐从,川蜀粮运可次第罢矣。"枢府下其议,以行营右护军精兵八万余人,三万人分守关隘,五万人分守陕西,委宣抚司立限,并老少起发诸州就粮。令下之日,诸军久驻川口,其间有屋舍田产、经营姻亲者,则惮于远戍,有出怨言者。②

上述资料表明,屯驻在仙人关、河池等地的军队,本身来源于关陕之地,长期屯驻在此,"其间有屋舍田产、经营姻亲者",在此成家就业,对屯驻之地产生强烈的乡土情感,不愿再改变屯驻地点,当朝廷作出移屯他处决定时,出现"有出怨言"的不满。此次移屯军队之事,士兵的态度如此,而军中武将也不例外,"至是建议移屯关中,大将皆谓非便"③。在这些"皆谓非便"的大将中,吴璘的态度最为坚决,史载:

> 时金人废刘豫,归河南、陕西地。楼炤使陕,以便宜欲命三帅分陕而守,以郭浩帅鄜延,杨政帅熙河,璘帅秦凤,欲尽移川口诸军于陕西。璘曰:"金人反复难信,惧有他变。今我移军陕右,蜀口空虚,敌若自南

---

① 《宋会要辑稿》兵二〇之三一。
② 《系年要录》卷一三〇,绍兴九年七月壬辰条,第2100页。
③ 《系年要录》卷一三三,绍兴九年十一月癸未条,第2133页。

山要我陕右军,直捣蜀口,我不战自屈矣。当且依山为屯,控其要害,迟其情见力疲,渐图进据。"炤从之。命璘与杨政两军屯内地保蜀,郭浩一军屯延安以守陕。①

结合上述士兵及其家属反对移屯的实情,吴璘反对移屯一方面是认识到宋金和好不能长久之事态,同样也出于不愿离开屯驻地,以致割裂与当地的联系这一重要原因。当时担任宣抚副使的胡世将对移屯之事极为忧虑,认为移屯后,"地里遥远,老弱同行,缓急勾唤不及"。但由于张深与楼炤坚持移屯,一度引起士兵起事。史载:

> (张)深又白(楼)炤裁定右护军请给则例,于是诸军出关,归怨于建议者,汹汹几变。而阆州戍卒欲杀其守臣淮康军承宣使孙渥,会谋泄不果。②

可见士兵对屯驻地怀有浓厚的乡土情感,不愿移屯,甚至谋求起事。

对军队长期驻扎一地的情况,南宋中央也充满忧虑。绍兴十一年(1141)十月庚午,高宗曰:"艰难以来,将士分隶主帅,岁久未尝迁动,使植根深固,岂是长策?当令互易,如臂指可以运掉,才过防秋,便当为此,则人人可以指纵号令矣。"③高宗所言,虽没有专门针对川陕战区的军队,但高宗所担心的情况在川陕战区却是事实。张孝祥曾上奏曰:"臣窃考祖宗旧制,诸将兵未有不更戍者,所以均劳逸,习道路,如蒙圣慈采择,乞下四川制置使及湖北帅臣同共措置,从长施行。"④这次朝臣上书专门提到令四川制置使采取更戍措施,以改变军队久驻一地的情况,恰恰反映出军队长久屯驻一地在川陕战区普遍存在这一事实。

总上,在川陕战区内,军队屯驻地点固定,缺乏更戍与流动机制,以至于屯驻当地的士兵在当地成家,娶妻养子。这一局面的出现,意味着川陕战区军队存在强烈的"地方化"倾向,这是兴州地域集团形成与势力增强的一个

---

① 《宋史》卷三六六《吴璘传》,第11415页。
② 《系年要录》卷一三三,绍兴九年十一月癸未条,第2133—2134页。
③ 《系年要录》卷一四二,绍兴十一年十月庚午条,第2280页。
④ 张孝祥:《于湖居士文集》卷一七《论卫卒戍荆州札子》,《四部丛刊》初编本。

重要原因。

五、武将及军队在地方的影响力

地域性军事集团是否拥有足够的势力,还取决于武将以及军队在当地的影响力。凭借抗金业绩,吴氏武将在当地的影响力日益增强。吴玠与曲端"起兵泾原,招流民溃卒,捍御金兵,所过人供粮秸,道不拾遗,猛士如林,甲兵蔽野"①。吴玠的抗金功绩被"西人"高度称颂:"曲端、吴玠,建炎间有重名于陕西,西人为之语曰:'有文有武是曲大,有谋有勇是吴大。'"②在张浚出使川陕其间,擢吴玠为大将,每战辄胜,"西北遗民,归附日众"③。吴玠的号召力于此可见。富平之败,吴玠招收散卒据守和尚原,"凤翔民感其遗惠,相与夜输刍粟助之",之后金兵邀杀,"民冒禁如故"④。富平之战后,吴玠固守蜀口,有效地抵御了金兵的进攻,在当地民众中威望日增,史载:"初,富平既失律,蜀口屡危,金人必欲以全取胜,独赖玠以为固,由是蜀人至今思之。"⑤加之吴玠善于治理军队,属下无不听命,"时当兵火之余,玠劳来安集,民赖以生"。在青溪岭之战中,吴玠牙兵皆溃,经过其严厉治理,"自是每战皆效死,无复溃散者矣"⑥。吴玠治军,深受士兵拥护,"御下严而有恩,虚心询受,虽身为大将,卒伍至下者得以情达,故士乐为之死"。吴玠统兵时期,调兵治褒城废堰,"民知灌溉可恃,愿归业者数万家"⑦。乾道年间,时吴玠已去世多年,但其在当地的影响力依然非常强大。据陆游记载,吴玠葬于德顺军陇干县,"今虽隔在房境,松楸甚盛,岁时祀享不辍,虏不敢问也。玠谥武安,而梁益间有庙,赐额曰'忠烈'。故西人至今但谓之吴忠烈云"⑧。

---

① 明庭杰:《吴武安公功绩记》,载杜大珪编《名臣碑传琬琰之集》上卷一二,文渊阁《四库全书》本。
② 《老学庵笔记》卷五,第66页。
③ 《宋史》卷三六一《张浚传》,第11301页。
④ 《宋史》卷三六六《吴玠传》,第11410页。
⑤ 《系年要录》卷一二九,绍兴九年六月己巳条,第2089页。
⑥ 《系年要录》卷三二,建炎四年三月乙巳条,第620页。
⑦ 《宋史》卷三六六《吴玠传》,第11413页。
⑧ 《老学庵笔记》卷五,第66页。

吴玠在当地极具影响力。

时至吴璘统兵时期,吴氏武将的影响依然强大。史载:"吴玠、吴璘俱为宋大将,兄弟父子相继守西土,得梁、益间士众心。"①绍兴三十二年(1162),吴璘攻克德顺军,"璘入城,市不改肆,父老拥马迎拜不绝",深受民众的拥戴。吴璘也曾修复襃城古堰,"溉田数千顷,民甚便之"②;"至若□蠹除害,惠泽流布,家至户到,咸知乐业"③。吴璘在当地的威望之高于此可见。

在吴璘统兵时期,吴挺已经初露锋芒,在德顺之战中,"惟与士卒同甘苦。凡故壤藩民以牛、酒馈饷者,悉以食下,而又劳存之不辍,士略无惰志"④。吴挺为兴州都统制时,"而朝廷乃使之世为西将,西人又以二父故,莫不畏服"⑤。史载:"挺少起勋阀,弗居其贵,礼贤下士,虽遇小官贱吏,不敢怠忽。拊循将士,人人有恩。璘故部曲拜于庭下,辄降答之,即失律,诛治无少贷。"⑥吴挺如此行事,必然得到民众与士兵的拥戴。由于其善于治理军队,"挺之恩信,士卒之所怀感"⑦。吴挺为兴州都统制,在兴州兴修水利,赈济贫民,深受民众爱戴,以致"武兴之民家家有公像,饮食必祝焉"⑧。时至吴曦为兴州都统制,"三军之士望之如慈父母焉"⑨。

吴氏武将在当地的影响力如此,即使是其属下将领,同样为当地人所敬畏。如行营右护军选锋统制王俊,"行军纪律严明,退者必诛,军中号为'王开山',言其所向无前也。然性强犯上,吴玠亦畏其反复,而喜其勇,常厚遇之"⑩。曾任利州西路驻扎御前后军统制的王喜,"骁勇善战,西人畏之"⑪。

---

① 《金史》卷九八《完颜纲传》,第 2178 页。
② 《宋史》卷三六六《吴璘传》,第 11418—11420 页。
③ 王昶:《金石萃编》卷一四九《汉中新修堰记》,上海醉六堂石印本。
④ 《〈吴挺碑〉校注》,第 31—32 页。
⑤ 《桯史》卷三《赵希光节概》,第 36 页。
⑥ 《宋史》卷三六六《吴璘传附吴挺传》,第 11423 页。
⑦ 《止斋先生文集》卷二三《缴奏张子仁除节度使状》。
⑧ 《〈吴挺碑〉校注》,第 60 页。
⑨ 佚名:《续编两朝纲目备要》卷二,嘉泰元年七月己巳条,中华书局 1995 年版,第 113 页。
⑩ 《系年要录》卷一五二,绍兴十四年十二月丙午条,第 2460 页。
⑪ 《系年要录》卷一八八,绍兴三十一年二月己酉条,第 3147 页。

再如姚福进,德顺军人,"以挽强名于秦陇间。至今西人谓其族为姚硬弓家"①。随从吴玠、吴璘大战金兵的杨从仪,战功显赫,"性宽厚喜士,不以其贵骄人。接物逮下,喜愠不形于色,虽部曲偏裨,率皆待以恩礼",深得民众厚戴,"方二亲之在虏也,而青溪之民,日赡其费,赖以保全"②。

由于吴氏世代掌管兴州兵权,统兵有术,抗击金兵,功绩卓著,深得当地民众与士兵的拥护,使这一地域性武将集团的实力不断膨胀。在南宋人眼中,"今四川人马,不过吴玠部曲耳"③。淳熙年间,黎州蛮人进攻南宋,调集兴州都统司兵马防守,而在时人眼中,"所调兵皆(吴)挺等部曲"④。在他们看来,驻扎兴州的军队,已经形同于吴氏武将的私人"部曲"。吴氏武将世代在兴州统领军队,势力强大,朝臣一度直接称他们为"吴兴州"。如绍兴三十一年(1161)吴璘已经为四川宣抚使,而朝臣对吴璘依然以"吴兴州"相称⑤。南宋初年,张俊、韩世忠、岳飞、刘光世等武将势力崛起,"当时诸将,各以姓为军号,如张家军、岳家军之类"⑥。以武将姓氏为军队番号,反映出武将在该军队中至高无上的权威与影响力。绍兴十一年(1141),解除岳飞等三大将兵权后,以武将姓氏为军号的情况极为少见,兴州吴氏统领的军队是一个例外。吴挺去世,朝廷极为重视任命兴州都统制的问题,"或谓吴氏世扦蜀,故名吴家军,当暂置其子弟以俟命,不然变生"⑦。时任四川制置使留正也上言曰:"西边三将,惟吴氏世袭兵柄,号为'吴家军',不知有朝廷。"⑧安丙曾曰:蜀口驻军由三大都统制统领,而兴州之地兵力最盛,"世为吴氏所绾,号吴家军"⑨。诸如"吴兴州"、"吴家军"称号的出现和使用,充分说明以吴氏武将为代表的兴州地域集团

---

① 《老学庵笔记》卷五,第66页。
② 《杨从仪墓志》,载《汉中碑石》,第124—129页。
③ 《系年要录》卷八一,绍兴四年十月壬辰条,第1334页。
④ 《文忠集》卷一八一《二老堂杂志卷三·记黎州事》。
⑤ 《系年要录》卷一九〇,绍兴三十一年五月乙未条,第3176页。
⑥ 《鹤林玉露》乙编卷二《旌忠庄》,第149页。
⑦ 《水心先生文集》卷一七《运使直阁郎中王公墓志铭》。
⑧ 《宋史》卷三九一《留正传》,第11974页。
⑨ 《安丙墓志铭》,转引自蔡东洲、胡宁《安丙研究》第七章《安丙墓志铭考补》。

影响力之强大。

武将权力强大是军中滋生腐败的温床。兴州地域集团势力强大的另一个重要表现就是兴州屯驻大军中武将与属下的关系盘根错节,连为一体,从而导致军中违纪、腐败现象屡见不鲜。军队违纪、腐败现象的出现,反映出随着武将势力的膨胀,中央对地方军事事务的干预减弱,对地方驻军管理的力度下降,武将势力愈益难制。兴州驻军之腐败、违纪主要表现为虚籍严重、私役士兵、任用亲信等。

川陕驻军冗员与虚籍现象突出。南宋人多将蜀地民贫归因于兴州驻军的大肆消耗,所谓"吴氏世领兴州,积威难制,屯兵皆在剑阁之外,岁自嘉、泸诸州,泝流漕粟以饷之,率用钱万五千,而致一斛,民力大困"①。吴玠统兵时,"赵开应副关外军粮,绍兴五年之数,比绍兴二年四倍,比三年三倍,比四年一倍",而这正是由虚籍所致②。而且吴玠军中,"官员之数,比军兵之数,约计六分之一,军兵请给钱,比官员请给,不及十分之一,即是冗滥在官员,不在军兵"③。虞允文被任命为四川宣抚使,同僚相贺,并期待其大显身手,其中特别强调的一点就是:"武兴之重屯,莫知什伍之数,尽除斯弊,今正是时。"④由于武将权力强大,兴州一地的驻军兵数多少朝廷并不知晓。虞允文担任宣抚使后,川陕驻军"军政久蠹,民力愈凋",在他看来民生凋敝,"兴于大将之贪与私也"。后吴璘去世,为其整顿军政提供了一个很好的机会,仅仅从革除冗员与虚籍看,其"汰老癃,刊虚籍,核赝名,一日罢浮食者一万有七千余人"⑤。可见军中虚籍现象的严重。吴挺为兴州都统制时,"统众六万",而"虚籍数千"⑥。绍兴二十六年(1156),时任潼川府路转运官王之望指出:四川自军兴以来,供亿至重,公私困竭,究其原因,"其本原实在军中也。军中之费仍旧,则岁计所减必妨"。故王之望建议:"愿陛下亲洒宸翰,

---

① 《絜斋集》卷一三《龙图阁学士通奉大夫尚书黄公行状》。
② 《系年要录》卷一〇三,绍兴六年七月乙未条,第1687页。
③ 《系年要录》卷一一一,绍兴七年五月壬午条,第1798页。
④ 晁公遡:《嵩山集》卷二一《贺虞枢密改除宣抚使启》,文渊阁《四库全书》本。
⑤ 《诚斋集》卷一二〇《宋故左丞相节度使雍国公赠太师谥忠肃虞公神道碑》。
⑥ 《宋史》卷二四七《赵彦逾传》,第8768页。

以赐军前二大将,若曰:'朕永念蜀人,久困边馈,如军中有冗食可省,浮费可除,冀以上闻,得从末减。'"①不难看出,川陕战区军队冗员与虚籍已经是公开的秘密。除正常粮饷消耗外,额外支出成为军队开支的重要组成部分。吴玠统兵时,"官员有驿料折估钱、厨料禄粟米赡家钱、供给钱、月犒钱、旬设钱、支粮钱、添支绢钱,军兵有坐仓折估钱、撺抢又贴射钱、添支食钱、盐米纸笔钱、草估钱,共十四项"②。绍兴二十六年(1156)十月甲子,尚书吏部郎中孙道夫对蜀中赋税繁多、民不聊生的惨象感慨道:"今边鄙无虞,甲兵不用,总司但给诸屯衣粮耳。而诸州军犹有激犒钱,各不下一二万引,此非横敛乎?"③战事结束,而军中"激犒钱"依然如故,而且数量浩大,如此"横敛"之举,进一步证明武将权力强大,中央难以干预军队事务。

武将私役士兵在川陕战区也很常见。史载:

> 关外诸军多为诸将私役者,其间军士有因食贫而为手技者,则又拘而使之,否则计日而责其工直,以故士日益贫。④

武将私役将士,不仅仅只是影响军队战斗力的问题,更为严重的是,私役将士实际上就是军队中武将与士兵、武将与属下结为一体,从而导致军队"私人化"的问题。关于这一点,曾任四川宣抚使的虞允文有详细描述:

> 今利州东西路置将不善,一切反是……臣所拣汰老弱军兵,辄将指挥使都虞侯大请受人四十余人,依旧存留。臣裁减诸军吏额,以去军中之蠹,乃委曲隐留,汔不发遣。私役克剥之害,寖寖复作,纵而不治,久必如初。又某人虽无显恶,而愚庸无知,不严军律,多徇人情,将入队人,差出借使,统兵官私役出戍人,解板负贩,略不惩治,保明升差将佐,解发到宣抚司,率多庸懦,究其所以,半是亲戚。又信凭两兵于教场建立淫祠,鼓惑三军,投牒于神,凭神决遣,其缪妄大抵类此。⑤

---

① 《系年要录》卷一七五,绍兴二十六年十月乙未条,第2884—2885页。
② 《系年要录》卷一一一,绍兴七年五月壬午条,第1798页。
③ 《系年要录》卷一七五,绍兴二十六年十月甲子条,第2892页。
④ 《朝野杂记》乙集卷一七《关外诸军多私役》,第819页。
⑤ 虞允文:《论去蜀中二帅疏(孝宗时)》,载《历代名臣奏议》卷二四〇,第3158页。

可见武将私役士兵为其个人营利，其间不乏克扣军饷、贪赃枉法之事，而此等之事却"寖寖复作，纵而不治"，中央的治军纪律等已被束之高阁，形同虚设。

武将在军中任用亲信，培植私人力量，在军中结成盘根错节的联系，这是地域性军事集团的一个显著特点。川陕驻军中武将任用亲信的现象尤为突出，上述资料提到武将"不严军律，多徇人情"，保明升差之将佐"半是亲戚"就是明证。史载："渡江以来，江上及关外诸军使臣死亡，率以它人承代，朝廷患之。"①试举例说明。绍兴三十年（1160）二月癸亥，"修武郎利州西路驻扎御前中军第三正将曲之绩升充中军统领。之绩，端子，吴璘所荐也"②。曲端是南宋初年兴起于川陕的地方武将，吴璘推荐任命曲端之子为利州西路中军统领，这样一来，从兴州驻军的最高将领吴璘到其中军统领，均来自一地。

川陕驻军还出现吴氏武将与属下将领结为姻亲之事。史载："王俊知洋州，兼沿边安抚使，节制蓬州军马。王俊行军纪律严明，退者必诛，军中号为'王开山'，所向无前也。然性强犯上，吴玠亦畏其反复，而喜其勇，以其女妻其子，尝厚遇之。"③吴玠与属下将领联姻，固然处于节制属下的初衷，但类似现象必然导致军中形成利益一体的坚固集团。胡宏曾评论川陕驻军中武将的势力时称，"监司、帅守莫非其人"④，联系到上述吴璘荐举曲端之子为中军统领，吴玠与武将联姻之事，胡宏之论并非虚言。

淳熙二年（1175），签枢密院事王淮上言："请令蜀中军帅补置偏裨者，必诣密院以审其才。诸将勿私置亲军，以消其党。"⑤王淮专门针对川陕军队中武将私置亲信的现象上言，正反映出此类现象在川陕驻军中的普遍存

---

① 《朝野杂记》甲集卷五《军中承代敦减》，第130页。
② 《系年要录》卷一八四，绍兴三十年二月癸亥条，第3079页。
③ 《会编》卷二一二，绍兴十二年九月十三日条，第1525页。
④ 胡宏：《五峰集》卷三《中兴业·整师旅》，《四库全书》珍本初集本。
⑤ 《诚斋集》卷一二〇《宋故少师大观文左丞相鲁国王公神道碑》。

在。范成大担任四川制置使时,曾专门就军中武将选拔的弊端指出,诸路选拔武将,"于法应以材武人充者",即武将应当由胆勇可仗、稍知弓马、略识行阵之人来担任,但实际情况却是:

> 窃见诸州将官以下窠阙,或以出职杂流及私家给使之人为之,而西蜀尤甚,于弓马行阵懵然不知,使吾选士技卒俯首于下,听驱役而受鞭笞,寻常不平于心,缓急宁肯共力,此不待智者而知其不可也。①

可见,武将选拔不按规定进行,选任非人,军中将官之人"或以出职杂流及私家给使之人为之"的现象,显然属于私置亲信的行为;"而西蜀尤甚",说明川陕战区此一现象的普遍。

川陕战区军队中由于武将权力强大,任用亲信,形成盘根错节之势,虞允文有详细的描述:

> 诸大将子弟、亲戚,错处于军中,廪给于公上,而经营其私计,占白直者不下百人,私役使者又不下百人。能振其职者未闻一事,而蠹其事者果不一也……又一将一副,或黜或升,或去或留,贿赂公行,请托成风。既不计功过,不问老壮,不择才否,则兵律之弛纵,军政之不修,亦理之必至也。虽上下相习,以为当然,牢不可破。②

"诸大将子弟、亲戚,错处于军中",将帅升黜,不问才能,贿赂公行,以致"上下相习,以为当然,牢不可破",川陕驻军中武将与属下将领、士兵结成牢固的利益集团不容置疑。

一个强大军事集团的形成,固然依赖武将自身势力,但在军队中形成盘根错节的力量,以及在当地拥有强大的社会基础不可缺少。如上所述,兴州武将集团正是这样一个拥有强大军事实力与深厚社会基础的集团。吴氏世袭统领兴州大军,长期担任军队最高统帅,在军队中拥有一批听命于己的将士,形成一股强大的忠于吴氏的力量,这是吴曦得

---

① 范成大:《论任将疏(孝宗时)》,载《历代名臣奏议》卷二四〇,第3164页。
② 虞允文:《论失军心有二疏(孝宗时)》,载《历代名臣奏议》卷二二四,第2947页。

以叛变的社会基础。事实确实如此。史载,吴挺为兴州都统制,"颇骄恣,倾财结士"①。吴曦担任兴州都统制时,"多赀,善交结"②,"分遣偏裨,以守州郡之要剧者矣;渐易诸将之不附己者矣;增置百司,士之受伪命者日以多矣;轻徭薄赋,人之沾小惠者日以广矣。小人无知,不识利害,因循日久,或将安焉"③。吴挺、吴曦倾财结士,笼络人心;吴曦以忠于自己的"偏裨"分守紧要州郡,将不听己命的将领更易,增设官吏职位,任命亲信等等。诸如此类举措,其结果就是形成一个从军队到地方完全服从自己的势力,这正是吴曦最终叛变得以依赖的社会基础。时人在总结吴曦之变的原因时称:"使曦为乱,而士大夫不从,必有不敢为;既乱,而士大夫能抗,曦犹有所惮。夫乱曦之为也,乱所以成,士大夫之为也。"④宋人的分析一针见血地指出吴曦之变的社会基础。《续编两朝纲目备要》的作者对吴曦之变中的地域因素曾作出精辟分析,其核心观点即"自昔乱蜀者非蜀人",如张鲁、李特、刘辟、王建、孟知祥等,"皆北人也","近者吴曦兄弟与其谋主姚淮源、米修之皆德顺军人"⑤,参与吴曦之变的核心力量皆陕西德顺人。以往关于吴氏武将以及吴曦之变的研究,只注意到武将世袭这一点,而忽略了兴州地域性这一重要方面。

由于吴氏武将在川陕世袭军权,其军队长期屯驻一地,武将私役将士,任用亲信,与军队形成荣辱与共的牢固联系,故武将和军队在当地民众中的威望日增。吴氏武将集团在当地民众中的影响力,用南宋人的话就是"一方之人,皆习熟其姓字"⑥。吴氏武将在军队中的影响力,即南宋时人所言"兵习于世将"⑦。武将与军队、军队与地方之间出现如上紧密联系,一个以武将为中心的牢固的地域性势力集团才得以形成和

---

① 《宋史》卷三九五《陆游传》,第12058页。
② 《鹤山先生大全文集》卷三二《上李参政璧论蜀事(丁卯二月二十七日)》。
③ 《鹤山先生大全文集》卷三二《上韩太师侂胄论逆曦事》。
④ 《鹤山先生大全文集》卷八一《大理少卿直宝谟阁杨公墓志铭》。
⑤ 《续编两朝纲目备要》卷一〇,开禧三年二月乙亥,第178页。
⑥ 赵汝愚:《论国家安危所系四事(孝宗时)》,载《历代名臣奏议》卷一九六,第2571页。
⑦ 《后乐集》卷一四《与四川制置丘侍郎密札》。

壮大。

六、武将知州

上述五个方面突出强调吴氏武将集团在军事方面的权力与影响力。一个强大地域势力集团的成立,还需要一个重要条件,即这一集团的权力与影响力不仅仅局限于军事范围,还应深入到这一地区的行政领域,从而使其成为地方行政事务的直接参与者乃至唯一控制者。只有将权力深入到基层社会,地域势力集团才能在当地拥有强大的权威与影响力。武将知兴州正体现出武将对地方行政事务的全面掌控。

文臣知州是宋朝地方行政运行的重要特点。值得注意的是,在文臣知州的一般政策下,宋朝在地方治理中往往根据形势的变化和不同区域的特殊情况,因时因地做出适当的政策调整,即任命武臣出任知州。如宋初知州中既有文臣也有武臣①。诸如边疆地区、敏感地区的州郡,朝廷依然需要武臣来镇守。北宋河北、河东、陕西、广西等地的紧要州郡,武臣知州尤为突出②。本文所言的川陕战区内处在与金人对峙前沿的州郡,就属于武臣知州的地区。

关于武臣知州,南宋有明确规定。乾道五年(1169)三月十三日,枢密院建议武臣知州的州郡,属于川陕战区内的有:西和州、阶州、文州、龙州。③同年三月十七日,诏成州、凤州、兴州可文武通差④。淳熙元年(1174)三月五日,枢密院言:利州路的文州、阶州、西和州专差武臣知州⑤。显然,兴州属于文武臣互差的州郡。以下是吴曦之变前南宋兴州知州的情况统计⑥:

---

① 苗书梅:《宋代知州及其职能》,载《史学月刊》1998年第6期。
② 李之亮:《关于宋代郡守的几个问题》,载王水照、何寄澎、李伟国主编《新宋学》第二辑,上海辞书出版社2003年版。
③ 《宋会要辑稿》职官四七之三六。
④ 同上。
⑤ 《宋会要辑稿》职官四七之三九。
⑥ 李之亮:《宋川陕大郡守臣易替考·兴州》,巴蜀书社2001年版,第173—181页。

姓　名	起　始　时　间	终　止　时　间	共历时间
李师颜	建炎二年（1128）	绍兴元年（1131）	3年
柴　斌	绍兴元年（1131）	绍兴六年（1136）	5年
宋　宙	绍兴九年（1139）	绍兴十二年（1142）	3年
吴　琦	绍兴十二年（1142）	绍兴十三年（1143）	1年
吴　璘	绍兴十四年（1144）	绍兴三十一年（1161）	17年
吴　挺	绍兴三十一年（1161）	乾道二年（1166）	5年
吴　璘	乾道二年（1166）	乾道三年（1167）	1年
章　略	乾道三年（1167）	淳熙四年（1177）	10年
吴　挺	淳熙四年（1177）	绍熙四年（1193）	16年
杨　辅	绍熙四年（1193）		
杨虞仲	绍熙四年（1193）		
李世广	绍熙四年（1193）	绍熙五年（1194）	1年
张　诏	绍熙五年（1194）	庆元六年（1200）	6年
郭　杲	庆元六年（1200）	嘉泰元年（1201）	1年
王大节	嘉泰元年（1201）		
吴　曦	嘉泰元年（1201）	开禧三年（1207）	6年

　　从上表可见，自建炎二年（1128）至开禧三年（1207）八十年的时间中，先后有十四人十六次知兴州，其中吴璘与吴挺曾两度知兴州。吴氏武将知兴州的时间，吴璘先后十八年，吴挺先后二十一年，吴曦六年，一共四十五年，吴氏武将知兴州的时间占这一时期的百分之五十六，也即在这一时期兴州知州有超过一半的时间由吴氏武将担任。

　　我们还可以对上表所示兴州知州的情况作进一步分析。先看李师颜和柴斌，《建炎以来系年要录》载，绍兴元年（1131）十二月辛未，川陕宣抚处置使张浚承制，"以阁门宣赞舍人知兴州同统领秦凤等路军马李师颜知成州，阁门宣赞舍人利州路第三将柴斌知兴州"①。在绍兴九年（1139）吴玠去世前，吴玠统领川陕大军，而李师颜为"同统领秦凤等路军马"，柴斌为"利州

---

① 《系年要录》卷五〇，绍兴元年十二月辛未条，第885—886页。

路第三将"。这即是说李师颜和柴斌是由吴玠军中低级武将出任兴州知州。史载,李师颜卸任兴州知州后,继续在吴璘军中任"行营右护军右都统制军马"①。

再看吴琦,《建炎以来系年要录》载,绍兴十二年(1142)八月壬申,"拱卫大夫果州团练使知陕州吴琦为利州路兵马钤辖,知兴州,兼行营右护军选锋统制"②。即吴琦为武臣知兴州,同时兼任行营右护军选锋统制,而行营右护军的都统制正是吴璘。

上表中,章略事迹不详。从吴挺去世到吴曦任兴州知州八年时间内,先后由杨辅、杨虞仲、李世广、张诏、郭杲、王大节出任兴州知州。这是南宋削弱吴氏武将在兴州势力的一个重要步骤。史载,吴挺去世,四川安抚制置使丘崈奏请,"别差兴州守臣",勿令吴曦奔丧,"檄利路提刑杨虞仲往摄兴州","朝廷命张诏代挺,以李仁广副之,遂革世将之患",其后郭杲继诏③。

总括上表,自建炎二年(1128)至开禧三年(1207)八十年间,除去章略十年,宋宙三年,杨辅至王大节八年,吴氏武将知兴州和实际掌握兴州权力的时间达五十九年之久,占这一时期的百分之七十五。

宋朝关于担任知州的时限有明确规定。南宋高承《事物纪原》载,赵普向宋太祖建议,知州以三年为任,"迄今行之也"④。元祐六年(1086)六月十二日,枢密院言:"元丰七年,中书省条堂除知州军三年为任,武臣依此。"最后规定武臣知州时限为三十个月⑤。绍熙四年(1193)十二月十一日,南宋规定知州三年为任⑥。如此看来,知州任期为三年是制度上的规定。从上表可见,吴璘、吴挺、吴曦知兴州的时间远远超出这一时限。

事实上,吴氏家族成员出任川陕战区沿边州郡地方长官者大有人在。

---

① 《系年要录》卷一三二,绍兴九年九月癸未条,第2118页。
② 《系年要录》卷一四六,绍兴十二年八月壬申条,第2343页。
③ 《宋史》卷三九八《丘崈传》,第12111页。
④ 高承:《事物纪原》卷六《抚字长民部·知州》,《丛书集成》新编本。
⑤ 《宋会要辑稿》职官四七之一七。
⑥ 《宋会要辑稿》职官四七之四五。

史称：

> 蜀中劲兵，西路为最，州城守帅，多任武臣。①

可见武将知州在以兴州为中心的地区已经普遍存在。试举几例加以说明。吴玠之子吴拱曾知成州。史载，绍兴二十五年（1155）十一月丁巳，"荣州刺史阶成西和凤州兵马都钤辖御前后部同统制军马吴拱兼知成州"②。绍兴二十九年（1159）闰六月丁丑，"潭州观察使枢密副都承旨吴拱为利州西路驻扎御前中军都统制，充阶成西和凤州路兵马都钤辖，兼知成州"③。可见，吴拱知成州时同时掌管军事事务，担任阶成西和凤州兵马都钤辖、利州西路驻扎御前中军都统制。吴璘之子吴援，绍兴二十九年（1159）知绵州④，乾道元年（1165）知利州⑤。吴璘之子吴挻，绍兴三十年（1160）知成州，具体记载是，"左武大夫兴州驻扎御前中军统制吴挻知成州"⑥。吴挻知成州与吴拱极为相似，同样掌管军事事务，担任兴州驻扎御前中军统制。

至于吴氏属下将领担任知州更是常事。吴玠、吴璘属下大将杨从仪，凤翔天兴人，从建炎初年起，随从吴玠、吴璘屡败金兵，被委以重任，先后为队将、部将、权选锋统领、副将等，与此同时，还出任地方政府首脑。绍兴五年（1135）知洋州，兼管内安抚司公事；绍兴十二年（1142）知凤州，"镇守其地垂二十年"；隆兴元年（1163）知龙州；隆兴二年（1164）改知文州；乾道元年（1165）又知洋州，兼管内安抚使节制军马⑦。乾道六年（1170）十月九日，四川安抚使司上奏提到：

> 契勘关外阶、成、西和、凤州知州，从来宣抚使司于统兵官内踏逐奏差。⑧

---

① 《鹤林集》卷三七《西陲八议·分帅》。
② 《系年要录》卷一七〇，绍兴二十五年十一月丁巳条，第2777页。
③ 《系年要录》卷一八二，绍兴二十九年闰六月丁丑条，第3038—3039页。
④ 《系年要录》卷一七三，绍兴二十六年七月癸卯条，第2851页。
⑤ 《宋会要辑稿》职官六一之五三。
⑥ 《系年要录》卷一九三，绍兴三十一年十月甲辰条，第3233—3234页。
⑦ 《杨从仪墓志》，载《汉中碑石》，第124—129页。
⑧ 《宋会要辑稿》职官六一之五四。

这一资料表明,关外诸州的知州均来自军中将领。淳熙三年(1176)三月二日,因文州管下蕃部作乱,而知州畏懦失职,中央诏令:"都统制吴挺选习兵官一员,兼知文州。"①此次任命文州知州,由都统制吴挺选拔,而且由吴挺所属军队之兵官兼任。文州知州的来源与任命始终处在吴挺的控制之下。

由吴氏武将直接任命地方官员,在以兴州为中心的地区多有所见。上述吴挺选拔兵官知文州就是一例。再举几例。绍兴八年(1138)八月壬戌,"川陕宣抚副使吴玠以护国军承宣使知利州权节制利州屯驻诸将军马田晟知兴元府"②。绍兴二十二年(1152)八月辛巳,王彦知阶州,依旧节制绵剑州屯驻军马,"以都统制吴璘荐举"③。绍兴三十一年(1161)九月,兰州汉军千户王宏来归,"宣抚使吴璘承制授宏武功大夫,知兰州,统领熙河军马"④。同月,金人所命知洮州阿尔嘉来归,吴璘"命同知洮州"⑤。时至吴曦统兵时,"分遣偏裨,以守州郡之要剧者"⑥。等等。吴氏武将任命地方官员普遍存在,时人称在川陕战区已经出现"监司、帅守莫非其人"的局面⑦。

以上我们分析了吴曦之变前以兴州为中心的地区武将知州的大致情况。接下来讨论武将知州在兴州地域集团形成中的重要意义。

宋代知州的职能,宋人张纲曾列为七项:宣诏令、厚风俗、劝农桑、平狱讼、兴学校、理财赋、实户口⑧。从实际情况看,宋代知州的职责范围更大,其主要职能分为以下几个方面。一,兼领一州或一路兵政,主持所辖区域的治安防务。二,总领一州民政,负责州内政令的贯彻执行及风俗治理、赈灾救济等。三,"劝农桑","理财赋","实户口",统领一州财赋事务。四,"平狱讼",雪冤狱,主持州级司法政务。五,对一州属官有监察保举职责⑨。可

---

① 《宋会要辑稿》职官四七之四〇。
② 《系年要录》卷一二一,绍兴八年八月条,第1966页。
③ 《系年要录》卷一六三,绍兴二十二年八月辛巳条,第2666页。
④ 《系年要录》卷一九二,绍兴三十一年九月己亥条,第3227页。
⑤ 《系年要录》卷一九二,绍兴三十一年九月丙申条,第3225页。
⑥ 《鹤山先生大全文集》卷三二《上韩太师侂胄论逆曦事》。
⑦ 《五峰集》卷三《中兴业·整师旅》。
⑧ 张纲:《华阳集》卷一五《乞重监司札子》,《四部丛刊》三编本。
⑨ 苗书梅:《宋代知州及其职能》。

见,宋代知州几乎总辖一州所有政务。作为地方政府首脑,知州的职能涉及一州的军政、民政、财政、司法、监察等诸多方面,是名副其实的父母官。不管是文臣知州还是武臣知州,其职责范围均是如此。那么,吴氏武将知兴州,作为兴州地方政府首脑,其职责同样包括如上所述军政、民政、财政、司法、监察等诸方面,全权负责兴州所有地方事务。这是吴氏武将作为知州应有的职责,以此也反映出其权力范围之大。

武将掌管军中事务是其固有职责。武将知州出任地方政府首脑,这意味着武将同时又是当地行政事务的直接参与者与控制者。吴氏武将世代为兴州都统制,同时又世代知兴州。都统司属于军事机构,是与地方政府各自独立的两套权力系统。都统制知兴州,即掌管军事的都统司与掌管行政事务的地方政府合二为一,以兴州为中心的地区军事权与行政权由合为一体。武将知州,将军事权与地方行政权集于一身。吴氏武将集团所以拥有强大的势力,通过知兴州成为地方行政长官这一因素极为关键。吴氏武将既是"军府"长官,又是"政府"首脑,吴氏武将的这一双重身份,意味着兴州军、政合一行政体制的建立。上述事例以及宋人的评论表明,吴氏武将在任命地方官员中拥有一定的权力。更为重要的是,由吴璘等吴氏武将世代知兴州,再由他们荐举和任命军中的属下将领出任其他州郡的知州,其结果就是军、政合一的地方行政体制在以兴州为中心的地区普遍存在,成为这一地区地方行政体制运行中的常态,从军队到地方事务,完全处在兴州武将集团的掌控之下。

武将知兴州的重要意义还在于,使武将由军队首领变为地方行政长官的同时,兴州势力集团由单纯的军事性集团变为一个地方政治性势力集团。至此,吴氏武将的影响力就不再限于军事领域,而是扩大到以兴州为中心地区的行政领域;吴氏势力集团不再是一支强大的军队和军事力量的问题,而变成一个强有力的地方性政治势力。要之,武将知兴州完成了吴氏武将军事集团向政治性势力集团的转变。

自绍兴十四年(1144)起,南宋将利州路分为东西两路,之后数次分合,当分为两路时,兴州为利州西路治所。现将吴曦之变前利州西路安抚使的情况统计如下①：

姓　名	起　始　时　间	终　止　时　间	共历时间
吴　璘	绍兴十四年(1144)	乾道三年(1167)	23 年
吴　挺	淳熙四年(1177)	绍熙四年(1193)	16 年
张　诏	绍熙五年(1194)	庆元六年(1200)	6 年
郭　杲	庆元六年(1200)	嘉泰元年(1201)	1 年
吴　曦	嘉泰元年(1201)	开禧三年(1207)	6 年

分析上表，从绍兴十四年(1144)至开禧三年(1207)六十三年间，吴璘、吴挺、吴曦三人任利州西路安抚使的时间达四十五年，占这一时期百分之七十以上。安抚使制度是宋朝一项重要的政治制度，安抚使例以一路首州知州兼任，"掌一路兵民之事"，在宋代地方行政运行中发挥着重要作用②。兴州是兴州都统司的根据地，又是利州西路的治所。吴氏武将世代为兴州都统制，统领御前诸军，在时人看来，"吴氏世袭兵柄，号为'吴家军'，不知有朝廷"③。吴氏武将世代知兴州，掌管兴州一州地方事务，形成强大的地方势力集团，时人称："武兴，则(吴)曦之窟穴也……徒以积威之余，知有吴氏。"④吴氏武将又长期为利州西路安抚使，行利州西路一路兵民之权，所谓"西边自中兴以来，权归吴氏"⑤。从权力格局来看，南宋以兴州为中心的地区，逐项权力均处在吴氏武将统辖之下。这即是说，以吴氏武将为代表的兴州地域集团实际上实现了对以兴州为中心地区的军、政事务的全面掌控。史称"吴氏世领兴州，积威难制"⑥。吴氏武将"积威难制"之势的形成，与其在兴州数十年的经营密切相关；"世领兴州"是这一地域势力集团形成的关键原因。

综上六个方面，在南宋以兴州为中心的地区，吴氏武将世代统领军队；

---

① 李昌宪：《宋代安抚使考·利州西路》，齐鲁书社 1997 年版，第 540—543 页。
② 李昌宪：《宋代安抚使考》，第 1 页。
③ 《宋史》卷三九一《留正传》，第 11974 页。
④ 《鹤山先生大全文集》卷四〇《广安军和溪县安少保丙生祠记》。
⑤ 《昌谷集》卷二〇《朝奉郎致仕晏子中墓志铭》。
⑥ 《絜斋集》卷一三《龙图阁学士通奉大夫尚书黄公行状》。

兴州驻军主要来源于南迁的陕西劲旅、关陕流民以及当地民众,兵源固定化与本土化倾向极为明显;兴州驻军数量与战斗力在川陕战区处于绝对优势;军队长期屯驻于兴州;在兴州驻军中,武将与将士形成盘根错节式的紧密联系,武将与军队在当地民众中的影响力日增;武将长期知兴州和担任利州西路安抚使,军、政合一的地方行政体制普遍存在。这些共同决定了在南宋以兴州为中心的地区形成了一个以吴氏武将为首的强大地域性势力集团。这一集团是当地军事与行政事务的直接控制者,是主宰这一地区的绝对力量。兴州地域势力集团的形成,有悖于宋朝"强干弱枝"的治国之策,对南宋中央集权无疑是一个极大的威胁,必然会引起中央的担忧以及采取相应的防范对策,这将在下一节探讨。

第二节　南宋中央对兴州地域集团的防范

中央与地方关系,主要表现为中央与地方间的权力分配及统属关系。宋朝建立伊始,鉴于晚唐五代地方权力强大难制的教训,以加强中央集权、削弱地方权力为基本国策。在处理中央与地方关系上,通过"稍夺其权,制其钱谷,收其精兵"①,将原属于地方的军权、财权、行政权等收归中央,以期"上之制下,如臂使指"②。南宋兴州地域集团的出现却是一个反例。地域集团存在的实质就是地方势力的崛起和中央权力的下移,其直接后果就是地方对中央的向心力减弱,独立性增强。南宋兴州地域集团与宋朝一贯实行的"强干弱枝"、"重内轻外"的治国之策截然相反,无疑是对中央集权的一种威胁和挑战。面对这一强大的地方势力集团,南宋朝廷并未放弃强化中央集权的国策,而是采取种种措施,对其予以多方节制和防范,力图将其掌控在中央手中。中央对兴州地域集团的防范,为我们进一步展现出南宋

---

① 《邵氏闻见录》卷一,第2页。
② 《续资治通鉴长编》卷三二,淳化二年正月条,第710页。

中央与川陕地方间的互动关系。

一、兴州地域集团的出现与宋朝治国之策的矛盾

对兴州地域集团的形成,南宋朝野高度重视。纵观朝臣对兴州地域集团的认识,其核心是中央对兴州地域集团形成、壮大带来地方权力增大的担忧。究其原因,一是兴州武将势力集团的崛起不符宋朝节制武将的政策,二是兴州地方势力强大有悖于宋朝"强干弱枝"之策。

先看第一点,兴州武将势力的崛起与宋朝节制武将政策之间的矛盾。

从宋朝对武将的统治策略看,"祖宗之制,不以武人为大帅,专制一道"①。吴氏武将在兴州的情况恰恰是集诸权于一身,"专制一道"。从国家权力分配看,"国之大权二,政与兵而已。政权宜专不宜分,分则事无统。兵权宜分不宜专,专则乱生"②。吴氏武将在兴州的情况,突出表现为军政合一、权力专一。从武将任期看,南宋人认为"任将固不可不稍久,然亦不可以太久,任之太久,则跋扈尾大之祸有难救者"③。而吴氏武将却世代统掌兴州兵权。吴氏武将知兴州,与宋朝一般统治国策处处不符,引起朝臣的担忧即在情理之中。

南宋初年,诸将握重兵,形成尾大不掉之势。"在某将则曰某将兵,不复知有天子"④。川陕战区也不例外,"吴家军"就是时人对川陕战区军队的称呼。各地驻军长期屯驻一地,武将权威日盛,中央的影响力减弱,所谓"天下远者命令不通,迩者横溃莫制,国家无明具之威,以驱使强悍,而诸将自夸豪雄,刘光世、张俊、吴玠兄弟、韩世忠、岳飞各以成军,雄视海内"⑤。南宋朝臣对吴氏武将的讨论,始终围绕加强中央集权的国策展开,实际却反映出中央权力旁落的事实。早在吴玠统兵时期,朝臣就已经指出,川陕战区武将权

---

① 王应麟:《困学纪闻》卷二〇《杂识》,《四部丛刊》三编本。
② 《罗氏识遗》卷一《有国二权》。
③ 王师愈:《论任将不可不久亦不可太久(孝宗时)》,载《历代名臣奏议》卷二四〇,第3164—3165页。
④ 《毗陵集》卷一三《徽猷阁待制赠左正议大夫陈公墓志铭》。
⑤ 《水心先生文集》卷五《四屯驻兵》。

力不断增大,中央在地方的影响力步步丧失。如胡宏指出,"君者,兵之司命也",但川陕战区的情况却大相径庭,"今主上以关蜀付之大将四年矣,未尝出一人一骑以增禁旅,未尝输尺帛斗粟以益军资,监司、帅守莫非其人,朝廷徒得空文往来而已"。中央的号令难以在地方得到有效的贯彻,这意味着中央的权威在川陕战区内逐步淡化,武将地位日益突出,可能出现地方独立于中央权力之外的后果,正所谓"远则四方之兵知有大将而已,不知有主上也;近则诸将之兵知有大将而已,不知有主上也,上之威令不行矣"①。

吴玠去世,吴璘代之而起,武将权力强大的趋势进一步延伸。因此,当拥有重兵的吴璘重病在身时,为朝廷提供了一个在川陕战区恢复中央权威的绝佳机会,故朝臣发出警示:"吴氏以功握蜀兵三十年,宜有以新民观听,毋使尾大不掉。"②王之道曾指出,今日天下之患,"不在夫强敌与盗贼,而在夫号令不得行于诸将"。号令不行于诸将,意味着中央权力的旁落。王之道没有指明"诸将"之名,但指出"徒以尺寸之劳,父兄之庆,致位师保傅之重,拥千百万之众,侈然养尊"③。联系吴氏世代为将等实情,不难看出王之道所指正是吴氏武将。吴氏武将在发挥抗金固边作用的同时,形成强大的地方势力集团,掌控了地方军事与行政大权,在当地的影响力日渐加强,以至于游离于中央权力之外,所谓"吴氏当中兴危难之时,能百战以保蜀,传之四世,恩威益张,根本益固,蜀人知有吴氏而不知有朝廷"④。

吴挺接管兴州兵权,兴州地域集团势力再次被强化。史载,吴挺为兴州都统制时,文州蕃部劫汉人二名及牛畜而去,"挺以事细,止乞照会"。周必大上奏曰:"今欲降指挥,督其根治,庶几知朝廷每事留意,不敢忽略,国家日有万几,若不察之于微,其弊将有不可胜救者。"在最高统治者看来,此事非同小可,"几者,动之微,自古多缘不能防微杜渐,驯致祸乱"⑤。南宋朝廷在

---

① 《五峰集》卷三《中兴业·整师旅》。
② 《宋史》卷三七三《洪皓传附洪迈传》,第11570页。
③ 王之道:《相山集》卷二五《代人上张德远丞相书》,《四库全书》珍本初集本。
④ 《宋史》卷四一六《余玠传》,第12472页。
⑤ 《文忠集》附录卷二《行状》。

处理川陕军政事务中强调要"防微杜渐",做到"每事留意",对武将势力的崛起谨慎有加。吴挺去世后,中央没有及时作出处理兴州兵权的决定,在朝臣看来,此乃万分危机之时,"以挺之威望,敌国之所窥觎,则择代不可以不谨;以挺之恩信,士卒之所怀感,则恤终不可以不至;以挺之事权,海内偏重,则一旦而收之,又不可以不深加思虑也。方今急务,未有过此"①。可见,朝臣认为吴挺权重,在地方的影响力剧增,必须及早节制,如若处置失当,将"变起萧墙,祸生肘腋"②。吴挺死后,有朝臣认为:"吴氏世握蜀兵,有识寒心。今徒虑其骤易生变,然天下无衅,决不敢动,若更承袭,将为后患。"③还有朝臣直接指出:"吴氏世有威名,军情所附,挺没既久,恤典不加,能不怏怏。"④如不谨慎处置,后果不堪设想。

开禧北伐前,吴曦出任兴州都统制、四川宣抚副使,在时人看来,这有违祖宗家法:

> 今敌未动,而轻变祖宗旧制,命武臣帅边以自遗患。晋叛将、唐藩镇之祸基于此矣。⑤

所谓"祖宗旧制"即宋朝不以武将出任一方大员这一点,吴曦既为都统制掌管军队,又任宣抚副使,地方军政大权集于一身,势力急剧膨胀。在时人眼中,吴曦之变的发生就是吴氏武将势力膨胀的产物:

> 自吴氏世袭以来,握兵者志在于怙势,不在于尊上;用兵者志在于诛货,不在于息民。本原一坏,百病间出,至有世将已叛而宣威不觉,四郡已割而诸将不知。⑥

吴氏世袭统兵,武将势力崛起,中央在地方驻军中的权威减弱,表现为武将"怙势"与"不尊上",最后结果就是武将脱离中央管辖,发生叛变。

---

① 《止斋先生文集》卷二三《缴奏张子仁除节度使状》。
② 《宋史》卷四〇〇《杨大全传》,第 12157—12158 页。
③ 《诚斋集》卷一二四《宋故少保左丞相观文殿大学士赠少师郇国余公墓志铭》。
④ 《絜斋集》卷一二《端明殿学士通议大夫签书枢密院事崇仁县开国伯食邑七百户食实封一百户累赠太保罗公行状》。
⑤ 《宋史》卷四〇〇《宋德之传》,第 12156 页。
⑥ 《宋史》卷四一〇《曹彦约传》,第 12342 页。

吴氏世代统兵,同时兼知兴州,掌管兴州军事与地方行政事务,在军队中形成强大的势力,在当地也产生了深远的影响,俨然是割据一地的诸侯,所谓"西边自中兴以来,权归吴氏"①。曾任集英殿修撰的赵汝愚上奏,论"国家安危所系四事",其中之一就是有关吴氏兴州集团,他认为吴氏"去朝廷绝远,权任太重。一方之人,皆习熟其姓字;吴氏子孙,亦自视关外诸军若其家旧物"②。不难看出,在南宋朝臣眼中,在兴州已经出现军队的私人化倾向,这已经远远超出了宋朝节制武将的国策。

　　再看第二点,兴州地方权力强大与宋朝"强干弱枝"国策之间的矛盾。

　　学者常用"内外"、"干枝"等形容中央与地方的关系。中央与地方权力分配均衡才能达到长治久安,用南宋人黄履翁的话来说,"内重则为内忧,外重则为外患,必使内外相制,轻重相权,则天下之势均矣"③。就宋朝三百多年的历史看,"重内轻外"、"强干弱枝"是处理中央与地方关系的基本国策。在宋人看来,理想的中央与地方关系应该是,"自朝廷以至郡县,其尊贱之势殊矣。然而上下相维,表里相济,如网在纲,如臂使指"④。地方权力应最终归于中央。而兴州地域集团的存在,使宋朝削弱地方权力、加强中央集权的国策受到严重的挑战。在兴州出现军事权、行政权合一的权力中心,以兴州为中心的地区对中央的离心力不断增强。这意味着在中央与地方的权力分配中,地方处于优势地位。这一背离传统国策的现象,成为南宋朝廷的一大心腹之患。

　　兴州地方权力的强大,引起中央与地方权力分配上的失衡。对此,胡宏有一个比喻,"一胫之大几如腰,一指之大几如股"⑤,这必然引起在川陕战区内中央角色的逐步淡化,地方权力日益突出。彭龟年也有类似的论说:"国家所以能自固于东南者,以有蜀耳;蜀之所以能自固者,以有剑

---

① 《昌谷集》卷二〇《朝奉郎致仕晏子中墓志铭》。
② 赵汝愚:《论国家安危所系四事(孝宗时)》,载《历代名臣奏议》卷一九六,第2571页。
③ 黄履翁:《古今源流至论别集》卷二《内外重轻(内外无失于偏重)》,文渊阁《四库全书》本。
④ 汪应辰:《文定集》卷三《论总管铃辖与帅守不相统临》,《丛书集成》新编本。
⑤ 《五峰集》卷三《中兴业·整师旅》。

外之兵耳。"川陕驻军的重要性非常突出,但能否发挥作用却是另一回事,"今剑外之兵,何啻如贾谊所谓'股大于腰,又苦蹠盭',然亦无如之何也"①。南宋朝臣清楚地认识到兴州驻军数量多、实力强,地方权力增大,而内地州郡防守力量薄弱,难以起到制约边地的作用。绍熙年间,时任监察御史的黄度对此极为担忧:"国家徒倚世将扞虏,而不为蜀虑,叛臣岁举缗钱四千余万,溯流而运,名曰馈边,实富吴氏,民力尽矣。成都非用武国,本赖梓潼,号东西川,剑阁天险,汉中兴势,蔽遮于外,昔人守蜀之常也。今内无一兵,若吴氏南指,两川岂朝廷有。"②由于兴州地方实力过于强大,川陕战区内兵力分布失衡,一旦兴州驻军发生动摇,内地将束手无策,难以应对。

吴氏武将的影响力不仅仅存在于军队中,而且深入至当地民众之中。兴州地域集团集军事与行政权于一身,在兴州形成军、政合一体制。时人王质认为,"蜀之常势,非盗贼窃发、蛮夷侵扰之为可忧,而将帅专制之为可畏"。究其原因,在于武将、军队与地方民众结合,形成强大的地方势力:

> 今之制蜀者,其初始有一时之功,栽培涵养,而遂有不可拔之势。兄弟之相承,支党之相联,吏之奉承其风旨,民之习熟其名字也,盖已久矣。夫平居无事,彼犹肯以虚名奉我,我得以虚名役彼,彼不幸有摇足之变,则虚名有不可施,而实祸将生。

面对武将、军队、民众合一之势,王质建议的长久之策是,蠲除赋税,宽减力役,争取民心,"夫如是,则将帅能有兵而不能有民。有兵而不能有民,则可以为患,而不可为大患"③。王质的兵民分离之策,正是针对兴州兵民合一的现状而言,再次证明兴州势力集团在地方的影响力。

袁说友也曾有"蜀将当虑其变"的担忧,其原因同王质的分析完全相同,

---

① 彭龟年:《止堂集》卷一《论雷雪之异为阴盛侵阳之证疏(绍熙二年二月)》,《丛书集成》新编本。
② 《水心先生文集》卷二〇《故礼部尚书龙图阁学士黄公墓志铭》。
③ 《雪山集》卷三《论固本疏》。

即武将、军队以及地方民众的结合:

> 夫使今日之在蜀者,皆如古之贤将,则朝廷可藉为藩篱之托。然而傲戾轻侮之思,奸勇雄桀之态,类皆将臣之所常有。况栽培涵养,一一是听,久而驯致,遂有不可摇之势。苟任其所之而莫之限,臣恐不为崔(宁)、刘(辟),则为王(建)、孟(知祥),事之必然,无足疑者。呜呼!彼其父子之相维,兄弟之相承,结之以士卒,而联之以友党,吏之奉承旨意,民之习熟名字,不啻百年之久,而反顾其所恃者,则又有可守之险以为固,不幸而泄其谋,恐非日月可以诛锄者。此臣之所甚虑也。

袁氏的建议也是体恤民众,减赋宽役,使其感戴圣恩,认为只有这样,"则专制之臣,必将诱之以乱而不从,胁之以威而不服"①,以此割断由于军队久驻一地出现的将帅与士兵、将帅与民众而结成的紧密联系。袁说友的这一上疏,四库馆臣有高度评价,称"说友殁后,卒有开禧吴曦之变,若先事而预睹之,其识虑亦不可及"②。笔者以为,与其说袁说友事前"预睹"到吴曦叛变,不如说他从中央与地方关系中,总结出地方权力强大,必然导致离心力增强这一趋势来。

此类有关"预言"吴曦之变的事例,史书多有记载。不可否认史家在记载此类事例有事后"杜撰"的因素,但南宋时人的"预言"并非空穴来风。从中央与地方权力分配看,兴州地域集团形成后,以兴州为中心的地区对中央的向心力减弱,独立性增强,对这一趋势的洞察,是此类"预言"产生的最根本原因,也是其中最为合理之处。如中央任命吴曦为兴州都统制时,"识者多言曦不可,主西师必叛"③。"识者"预言吴曦"必叛"虽属夸大,但若吴曦主掌兴州兵权,将会引起兴州地域集团权力的膨胀,导致地方离心力的增强却是事实。

---

① 袁说友:《东塘集》卷八《论蜀将当虑其变》,《四库全书》珍本初集本。
② 永瑢:《四库全书总目》卷一五九《东塘集》,中华书局1965年版,第1374页。
③ 《宋史》卷四七四《韩侂胄传》,第13774页。

再举两例。史载:赵汝愚为相,"欲以吴曦为文臣帅,问之故,则曰:'武帅他日又嗣掌蜀兵,非国之利。'"①赵汝愚建议以吴曦为文官,同样是为了防止吴氏再掌兴州兵权,防止地方独立性进一步增强。从中央与地方关系看,"非国之利"正是对地方权力强大的一种担忧。史书记载另一事例称,李蘩校成都漕试时,"念吴氏世袭兵柄必稔蜀乱"。事实上,李蘩决然不能预测之后的吴曦之变,其所以认为"必稔蜀乱",同样是基于中央与地方权力分配中的不平衡关系得出,正如其所云:

> 久假人以兵柄,未有不为患者。以武、宣之明,不能销大臣握兵之祸;以宪、武之烈,不能收藩镇握兵之权。危刘氏、歼唐室,鲜不由此。②

南宋杨简总结吴曦之变的原因,认为地方权力过于强大,"以所由致节节裥变者,为夫不循古制也"③。杨简所谓的"古制",正是指在处理中央与地方关系时"重内轻外"的国策。

综上两方面,兴州地域集团的存在,既与宋朝节制武将的国策背离,又同宋朝处理中央与地方关系时"强干弱枝"之策不符,这表明宋朝的传统国策并未在兴州得到执行。换句话,即南宋统治武将与治理地方的政策规定同政策在兴州的实际执行之间出现了严重脱节。不管是中央与武将之间,还是中央与地方之间,矛盾的焦点就是如何分配权力。两个矛盾合而为一,就是吴氏世代为将,在兴州地方权力强大,严重威胁到南宋中央集权。金朝统治者同样发现南宋统治川陕战区时的矛盾所在。金人看到"吴玠、吴璘俱为宋大将,兄弟父子相继守西土,得梁、益间士众心",形成强大的地方势力,这必然为南宋中央集权的国策所不容,故金人以此诱导吴曦之变。这从金朝赐吴曦的诏令中表露得淋漓尽致:"威略震主者身危,功盖天下者不赏,自古如此,非止于今。卿家专制蜀汉,积有岁年,猜嫌既萌,进退维谷,代之而

---

① 刘光祖:《宋丞相忠定赵公墓志铭》,载傅增湘纂辑《宋代蜀文辑存》卷七一,香港龙门书店1971年版,第907页。
② 《宋史》卷三九八《李蘩传》,第12119页。
③ 杨简:《论殿司十三军太盛(宁宗时)》,载《历代名臣奏议》卷二四一,第3170页。

不受,召之而不赴,君臣之义已同路人,譬之破桐之叶不可以复合,骑虎之势不可以中下矣。"①南宋人王翥曾有一诗,对兴州地域集团兴起到吴曦之变的历程感叹道:"威福何偏重,精神恐不平。庶几蒙世立,凡百慎持盈。"②王翥敏锐地洞察到在兴州地域集团荣辱升沉的背后,中央与地方权力分配关系所起的巨大作用。兴州地域集团遭到朝臣的谴责,受到中央的种种制约,最终走向叛变以致衰落,无不受这一关系所支配。

二、以文驭武

"重文轻武"是宋朝历史上突出的政治现象,"以文驭武"是宋朝政治运作中的一个重要特点③。"祖宗之制,不以武人为大帅,专制一道,必以文臣为经略,以总制之"④。南宋林駉总结宋朝对武将地节制曰:"为命为威,将之所系为甚重,严霜时雨,将之喜怒为不常,自非神武秘略,有帅以总其权而制其命,宁保其无陆梁之患哉?"⑤南宋兴州地域集团突出表现为武将势力的强大,如何将这一势力集团控制在中央之手,恢复和保持"以文驭武"之国策,是南宋中央采取的措施之一。这一措施突出表现在四川宣抚使、制置使对武将的制约之中。自张浚担任川陕宣抚处置使之后,南宋始终设置统领川峡四路的宣抚使或制置使。四川宣抚使、制置使统掌四路兵民之事,"三军之司命,生灵之寿脉,皆系一帅"⑥。对川陕驻军来讲,宣抚使、制置使的作用尤为重要,正如冯时行《罗城记》所载:

> 朝廷用兵,恢复陕右,置川陕宣抚使,护诸将,治益昌。其后罢兵,宣抚使为四川制置使,治成都,兼成都军府事。备关营,屯诸军,凡十余

---

① 《金史》卷九八《完颜纲传》,第2178页。
② 王翥:《吴宣抚故宅》,载厉鹗辑撰《宋诗纪事》卷六〇,上海古籍出版社1983年版,第1511页。
③ 宁可:《宋代重文轻武风气的形成》,载《学林漫录》三集,中华书局1981年版;陈峰:《北宋武将群体与相关问题研究》第六章《北宋"崇文抑武"的治国方略及其影响》,中华书局2004年版。
④ 《困学纪闻》卷二〇《杂识》。
⑤ 《古今源流至论续集》卷七《将帅》。
⑥ 《鹤林集》卷一五《绍兴淳熙预储蜀帅》。

万皆其统御。①

川陕驻军,均处在宣抚使、制置使的掌管之下。南宋朝廷赋予宣抚使、制置使节制武将的权力,以此达到削弱兴州武将力量和加强中央集权的目的。

张浚为川陕宣抚处置使时,吴玠初露锋芒,获得张浚的重用。张浚罢免后,如何有效地节制吴玠,是南宋中央处理川陕战区行政事务时的一个重要任务。从张浚罢免到吴玠去世,朝廷先后任王似为宣抚副使、宣抚使,卢法原为宣抚副使,赵鼎为都督川陕荆襄诸军事,邵溥为权宣抚副使,席益为制置大使,胡世将为宣抚副使,他们在一定程度上起到了分化吴玠权力的作用。

张浚招归前,朝廷以知兴元府王似为川陕等路宣抚处置副使②。王似被委以副使之命,有节制吴玠的目的,张浚对此次任命曾予以反对,"都统制吴玠、参议军事刘子羽有功于蜀,不应一旦以(王)似加其上"③。张浚罢宣抚处置使,中央又任命知夔州卢法原为川陕宣抚处置副使,与王似同治事④。这一时期,川陕战区出现两个宣抚副使,吴玠为都统制。但从实际效果看,王似与卢法原所起作用甚微。"自张浚召还,而川陕宣抚处置副使王似、卢法原,人望素轻,颇不为都统制吴玠所惮"。对此,高宗赐三人玺书曰:

羊祜虽居大府,必任王濬,以专征伐之图;李愬虽立殊勋,必礼裴度,以正尊卑之分。传闻敌境,尚列兵屯,宜益务于和衷,用力除于外患。⑤

高宗的晓谕之词,将以文驭武的统治策略表露无遗。时,资政殿学士李邴上奏分化陕西武将势力的策略,一是任用偏将,"以轻其权而分其功","此不

---

① 冯时行:《罗城记》,载扈仲荣等编《成都文类》卷二四,文渊阁《四库全书》本。
② 《系年要录》卷五八,绍兴二年九月丙戌条,第1013页。
③ 《系年要录》卷六三,绍兴三年二月丁未条,第1074页。
④ 《系年要录》卷六一,绍兴二年十二月甲辰条,第1051页。
⑤ 《系年要录》卷七二,绍兴四年正月戊辰条,第1204页。

动而分陕西重兵之一端也"。其二就是进一步强化宣抚使的作用,"关、陕今虽二宣抚,其体尚轻,非遣大臣不可,吕颐浩气节高亮,李纲识量宏远,威名素著,愿择其一而用之,必有以报陛下"①。从高宗到朝臣,均看重宣抚使的重要性。但由于金兵进攻迫在眉睫,武将非但没受到节制,中央反而对其更加倚重。

绍兴四年(1134)三月丙子,中央再次对川陕战区的权力结构作出调整,王似升任宣抚使,卢法原依旧为副使,吴玠也被委以川陕宣抚副使,"免签书本司公事,专一措置沿边诸处战守"②。可见,吴玠虽升至宣抚副使,但其权力仅限于军事范围之内,在制度设计上显示出约束武将的意图。同年八月,宣抚使王似改任知成都府,"以赵鼎出使故"③。

赵鼎出使同样出于节制吴玠的目的。赵鼎出使,其所任官职曾经发生变更。"初张浚既召归,言者数上章,谓若无大帅,必失两蜀"。高宗也认为:"西帅难其人,欲以赵鼎为之,如张浚故事。"因此任命赵鼎为川陕宣抚处置使。对这一任命,赵鼎并不满意,指出中央在决策中的失误:

> 今川、陕兵柄,皆属吴玠,大帅无它能,制玠足矣。若官与之同,岂能制乎?

当时吴玠为宣抚副使,赵鼎认为自己担任宣抚处置使,与吴玠官职相同,难以起到节制作用,"须得一使名在宣抚上者乃可"④。持同样看法者不乏其人,如"孟庾、胡松年言,鼎使名与王似、卢法原、吴玠相似,请易一使名"。史载,高宗对赵鼎以及朝臣的请求大加赞赏,因此改赵鼎为"都督川、陕、荆、襄诸军事"⑤。同年九月,赵鼎被任命为尚书右仆射,同中书门下平章事,兼知枢密院事。赵鼎的出使并未成行,但其酝酿过程中体现出的"以文驭武"之用意值得仔细玩味。

---

① 《系年要录》卷八七,绍兴五年三月癸卯条,第1458—1459页。
② 《系年要录》卷七四,绍兴四年三月丙子条,第1230页。
③ 《系年要录》卷七九,绍兴四年八月壬寅条,第1301页。
④ 同上书,绍兴四年八月庚辰条,第1290—1291页。
⑤ 同上书,绍兴四年八月戊子条,第1293页。

王似改任,卢法原与吴玠同为宣抚副使,川陕战区的权力格局发生变化。史载"法原素与玠不睦"①,"吴玠言,法原以憾不济师,不馈粮,不给钱币,不应副器械,功成又不铨量获功将士。上以手诏诘法原,法原辨数甚悉,上不以为是。法原又上疏,开具自到任后来应副玠军马等事,且言:'人微望轻,无以塞责。'"最后卢法原死于任上②。

王似改任,赵鼎出使没有成行,卢法原死于任上,川陕战区只剩下吴玠为宣抚副使。对此,南宋中央于绍兴五年(1135)三月任命邵溥权宣抚副使,并明确二人的分工,"邵溥权管宣抚司常行细务,至于军旅调发之事,疆陲控制之方,此乃国家大计,朕既委卿(指吴玠——引者)独当一面,卿其以身任之"③。但从实际情况看,"然自是战守事玠始专行,溥盖不得预"④。绍兴六年(1136)正月,宣抚司废除,邵溥招赴行在,仍命吴玠"专治兵事,军马听玠分拨"。吴玠之权只限于军事。总结这一时期宣抚使的表现,"张浚既召去,王似、卢法原以宣副代之,溥又代之,数人者,务私相胜,军政民政,弛紊不可具言"⑤。可见,中央虽屡派宣抚使以节制吴玠,但效果并不明显。

但中央并未因此不再依赖宣抚使,而是改变其称号,以此更好地发挥节制吴玠的作用。绍兴五年(1135)十月,宋廷任命席益为资政殿学士、成都潼川府夔州利州路安抚制置大使。"诏以益前执政,序位在宣抚副使之上,逐州兵马并隶大使司,如边防紧切大事,即命宣抚司处置,其调发隶都督府"⑥。从权力格局看,"川陕宣抚副使吴玠专治兵,应选举差注民事,皆隶制置司"⑦。制置大使席益序位在宣抚副使吴玠之上,吴玠只掌管军事。显然,席益出任制置大使的目的在于节制吴玠,分化其权力。

绍兴八年(1138)正月,席益以母忧去官,中央随即任命兵部侍郎兼直学

---

① 《宋史》卷三七七《卢知原传附卢法原传》,第11652页。
② 《系年要录》卷八五,绍兴五年二月条,第1411页。
③ 沈与求:《沈忠敏公龟溪集》卷四《赐吴玠诏》,《四部丛刊》续编本。
④ 《系年要录》卷八七,绍兴五年三月壬午条,第1441页。
⑤ 《系年要录》卷九七,绍兴六年正月辛巳条,第1600—1601页。
⑥ 《系年要录》卷九四,绍兴五年十月乙卯条,第1556页。
⑦ 《系年要录》卷一〇〇,绍兴六年四月己酉条,第1640—1641页。

士院兼侍讲胡世将为四川制置使。史载:"异时宣抚副使皆文臣,而玠起行伍,不十年为大帅,故不肯相下,诚意不通,及是世将开怀与语,玠欢甚。"①绍兴九年(1139),吴玠去世,命胡世将"兼权主管四川宣抚使司职事"②。川陕战区的最高权力回到四川制置使之手。

吴璘担任兴州都统制期间,先后有胡世将、郑刚中、沈介、王刚中、汪应辰等人出任宣抚使、制置使,同样起到了制约吴璘的作用。

吴玠去世,四川制置使胡世将兼权宣抚司职事。绍兴九年(1139)九月改为川陕宣抚副使,置司河池,诸路并听节制,诏令:"或有警急,其调发军马,措置钱粮,应干军事,待报不及,并许胡世将随宜措置。"③胡世将担任宣抚副使期间,很好地起到了对吴璘等武将的节制。史载:

> 世将及被宣抚之命,即自成都至河池,会吴璘、杨政等诸将,谕之曰:"世将不能骑马,不能射弓,不知敌情,不谙边事,凡此数事,皆出诸公之下。朝廷所以遣世将来者,诸公知之乎?"众皆曰:"愿闻其说。"世将曰:"国家开国于五代之后,方当五代之时,诸将不起于贼盗者,必因杀夺而得之,握兵外阃,跋扈难制。故自国家受命,将无专征,必以文臣临之,鉴五代之弊。今朝廷不以世将为疏缪,使宣抚诸将,盖世将习知国朝故事。凡自今以往,应军中事务,并不改吴宣抚之规模。有世将所未达者,亦当奉闻。各摅诚心,致勿疑忌,边机一切事,有益于国家者,惟尽心力而为之。假世将不来,诸公有立功者,谁能见之?故世将以功状亲阅其实,闻于朝廷,必信而不疑,赏典当继至,此朝廷命世将之意也?"诸将皆心服,自璘以下皆拜谢。④

"自国家受命,将无专征,必以文臣临之"这一祖宗家法,是胡世将出任宣抚副使的根本原因。绍兴十二年(1142)三月,胡世将薨于仙人关。为防止吴璘等武将掌权,胡世将在去世前果断任命川陕宣谕使郑刚中主管宣抚司

---

① 《系年要录》卷一二一,绍兴八年七月条,第1957页。
② 《系年要录》卷一三〇,绍兴九年七月丁酉条,第2101页。
③ 《系年要录》卷一三四,绍兴十年三月丁酉条,第2158页。
④ 《会编》卷一九七,绍兴九年九月十五日条,第1423—1424页。

职事：

> 世将疾亟，命官属会计军马钱粮铠仗文书等，召宣谕使郑刚中至卧内，面授之。刚中辞以使事有指，不敢当。世将曰："朝廷万里，公以近臣出使，适丁斯时，苟利于国家者，以意可否之，而须命于朝，云何不可也？"将卒，刚中下令，凡宣抚司细务令金听自行，惟事干军政者取决。①

郑刚中主管宣抚司事务，川陕战区的最高权力掌握在宣谕使之手。绍兴十二年（1142）五月，中央正式任命郑刚中为川陕宣抚副使。绍兴十四年（1144）三月，改为四川宣抚副使。郑刚中对吴璘的节制同样取得较好的效果。史载：郑刚中为川陕宣抚副使后，

> 节制诸将，极为尊严。吴璘而下，每入谒，必先阶墀，然后升厅就坐。忽璘除少保，来谢，语主阍吏，乞讲钧敌之礼。吏以为白亨仲，亨仲云："少保官虽高，犹都统制耳。倘变常礼，是废军容。少保若欲反，则取吾头可矣。阶墀之仪，不可易也！"璘皇恐听命，人皆韪之。②

可见，吴璘虽升至少保，但郑刚中依然坚持原有的"阶墀之仪"。绍兴十一年（1141）和议成，岳飞等三大将罢兵权，就川陕地区而言，独特的战略地位又不能完全解除武将兵权③，在郑刚中为宣抚副使期间，各武将束手听命，解除了朝廷的一大忧患，其策略以及功绩屡屡为时人所称赞。南宋人在谈及节制武将之时，无不以郑刚中为例，陈亮就称郑刚中为"能臣"④。

郑刚中之后，李璆、曹筠、萧振、符行中、李文会、王刚中、沈介、汪应辰、虞允文先后出任四川制置使等。史书未载李璆、曹筠、萧振、符行中、李文会数人与吴璘的关系。而王刚中、沈介、汪应辰等人为制置使期间，一度起到了对吴璘的制约作用。

---

① 《系年要录》卷一四四，绍兴十二年三月丙辰条，第2318页。
② 王明清：《挥麈录·第三录》卷三，中华书局上海编辑所1961年版，第257页。
③ 王智勇：《吴氏世将与南宋政治》，载《中国史研究》1996年第4期。
④ 《陈亮集》卷一三《中兴遗传序》，第159页。

绍兴二十八年(1158)九月,南宋以中书舍人兼史馆修撰王刚中为四川制置使。王刚中为制置使时,中央曾诏令其措置关外营田之事,"然关外营田,多为诸大将所擅,后不果行"①。遭到武将的抵制。绍兴三十一年(1161)完颜亮进攻南宋,吴璘被任命为为四川宣抚使,成为川陕战区最高行政与军事长官。尽管战争迫在眉睫,南宋并未放弃以文驭武的方针,即命王刚中"同措置应干事务"②。同年七月癸巳,诏:"四川财赋,自合总领所专一应办外,如遇警急调发,申奏朝廷不及,其军中赏罚,令宣抚制置司先次随宜措置施行讫奏。"同时中央批准了王刚中的请求,即"三都统下统制将佐升差,及应干报应文字,并系制置司行遣,今乞令吴璘同共签书"③。可见,尽管吴璘升至宣抚使,但在制度设计上,制置使王刚中拥有与吴璘同样的权力。李心传记载,吴璘为宣抚使,"军事进止,皆决于璘,刚中听命而已"④。但另一条记载则表明王刚中在制约武将中的策略与效果:

> 时吴璘累官阀至大帅,其下姚仲、王彦等亦建节雄一方。守帅以文治则玩于柔,而号令不行;以武竞则窒于暴,而下情不通。惟刚中检身以法,示人以礼,不立崖堑,驭吏恩威并行,羽檄纷沓,从容裁决,皆中机会。敌骑度大散关,人情汹汹。刚中跨一马,夜驰二百里,起吴璘于帐中,责之曰:"大将与国义同休戚,临敌安得高枕而卧?"璘大惊。又以蜡书抵张正彦济师。西师大集,金兵败走。⑤

可见,王刚中在行事中以身作则,恩威并用,起到了节制吴璘的作用。

王刚中的继任者沈介,史载:"沈介为四川安抚、制置使,与璘议不协。"⑥《鄮峰真隐漫录》卷六《赐四川制置使沈介诫谕诏》的记载也透露出一些信息:"卿材术疏通,必能本人情,顺风俗,以为政无事,多训吴璘兄弟,

---

① 《系年要录》卷一八〇,绍兴二十八年九月甲申条,第2987页。
② 《系年要录》卷一九〇,绍兴三十一年五月乙未条,第3175页。
③ 《系年要录》卷一九一,绍兴三十一年七月癸巳条,第3203页。
④ 《朝野杂记》乙集卷一七《安子文一军政》,第821页。
⑤ 《宋史》卷三八六《王刚中传》,第11862—11863页。
⑥ 《宋史》卷三六六《吴璘传》,第11419页。

继守西边,备极忠顺,中兴良将,未见其比。本朝设制置使冀协和以济事,而比来进取议论,乃有不与闻者。"①二人不和,从另一面反映出沈介对吴璘的制约。

沈介的接任者汪应辰在节制吴璘中发挥了重要作用。李流谦在《与汪制置札子》中将汪应辰与吴璘的职权范围与相互关系表述如下:宋金和好,当休息民力,就要稍撤边屯,移之近地就粮,"然此事可否在主帅,而欲主帅听从在台坐,傥蒙台坐轸纳沟之念,俯为蜀百万生齿,不惜一纸于吴公,事必济矣"②。看来,"主帅"吴璘是否听令,取决于"台坐"汪应辰。史载,中央曾诏令吴璘措置水路运马,"执政、大将皆主其说,应辰与夔帅王十朋力言其不便,遂得中止"③。显然,吴璘措置水路运马不仅仅是运马方式的问题,实际上涉及到吴璘权力的进一步膨胀,此事终因汪应辰等的反对而告罢。

汪应辰在吴璘病重以及去世后川陕战区权力变更中发挥了重要作用。乾道二年(1166)十一月乙卯,中央"密诏四川制置使汪应辰,如吴璘不起,收其宣抚使牌印,权行主管职事"④。乾道三年(1167)五月甲寅,吴璘去世。庚申,"命四川制置使汪应辰主管宣抚司事"。六月己巳,命汪应辰权节制利州路屯驻御前军马⑤。由于孝宗担心"汪应辰恐不习军事",又任命虞允文为四川宣抚使,军中事宜"一一亲临之"⑥。不难看出,从汪应辰主管宣抚司事到任命虞允文为宣抚使,一系列的人事安排,旨在恢复"以文驭武"的权力格局。

史载,虞允文为宣抚使时:

> 公开幕府于利州。时,军政久蠹,民力愈凋,公曰:"弊之攸兴,兴于大将之贪与私也。"于是首劾大将任天赐剥其下以为苞苴,又劾幕掾王槐孙以战功官其亲族,又劾守令刘珙、宋琛等十一人之病民瘝官者;首

---

① 《鄮峰真隐漫录》卷六《赐四川制置使沈介诫谕诏》。
② 李流谦:《澹斋集》卷九《与汪制置札子》,文渊阁《四库全书》本。
③ 《宋史》卷三八七《汪应辰传》,第 11879—11880 页。
④ 《宋史》卷三三《孝宗一》,第 636 页。
⑤ 《宋史》卷三四《孝宗二》,第 640 页。
⑥ 《宋史》卷三八三《虞允文传》,第 11796 页。

荐员琦为西帅,吴珙为东帅,又荐可将材者三人,又荐其次者五人,进退偏裨二百余人,大将得人,后进获伸,诸军欢呼,四蜀交贺。①

虞允文削夺武将权力,推荐新人为任,"进退偏裨二百余人",并获得了新任武将的支持,反映出虞允文对武将权力的有效节制。

　　吴挺担任兴州都统制时,四川宣抚使、制置使的作用同样非常重要。虞允文的接任者为王炎。史载,王炎宣抚川陕时,吴挺掌兵,"颇骄恣,倾财结士,屡以过误杀人,炎莫谁何"②。王炎对吴挺之"骄恣"行为,无可奈何。另一记载却称,王炎为四川宣抚使,"都统制初参谒,拜副阶上,典谒吏赞,相公答拜。次统制官拜庭下,亦如之。次立椅子前,受统领官拜。正将以下,乃坐受焉"③。武将严格遵行阶级之制。赵汝愚为制置使时,"关外三大将不敢以常帅待之。吴挺遣使于公所,赍持酒十樽,梨三百颗,而以青羌奴儿结扰黎边余十年不去,公以计禽而戮之"④。吴挺对赵汝愚之敬畏由此可见。

　　吴挺统兵期间,另一制置使胡元质表现不佳。胡元质,字长文,淳熙四年(1177)二月任四川制置使⑤。胡元质出任四川制置使,孝宗寄予厚望,"天文参井之度,地志梁雍之域,祖宗盛时,方镇莫重焉。今复合四路之权总于一帅,凡兵民之利害,官吏之否臧,大者驿闻,余得裁制,选抡加重,抑又可知,非有文翁之文,武侯之武,忠勤笃实,为朕倚信者,不轻畀也"⑥。然,淳熙七年(1180)胡元质以"不备蕃部,致其猖獗"而罢官⑦。究其原因,与吴挺有关。个中缘由,《朝野杂记》有详细记载:

　　　　四川关外三大军,自宣抚司废后,得旨听制置司节制,由绍兴戊辰至于淳熙庚子,凡三十有三年矣。会黎边有警,胡长文为制置使,乃调

---

① 《诚斋集》卷一二〇《宋故左丞相节度使雍国公赠太师谥忠肃虞公神道碑》。
② 《宋史》卷三九五《陆游传》,第12058页。
③ 《朝野杂记》乙集卷一一《刺史以上无阶级法》,第682页。
④ 刘光祖:《宋丞相忠定赵公墓志铭》,载《宋代蜀文辑存》卷七一,第905页。
⑤ 《宋史》卷三四《孝宗二》,第663页。
⑥ 《文忠集》卷一〇七《赐新复敷文阁直学士中奉大夫胡元质辞免除四川安抚制置使兼知成都府恩命不允诏》。
⑦ 《宋史》卷三五《孝宗三》,第674页。

绵、梓大军二千,合内郡禁军为四千五百,付成光延,并高晃讨之。二人因轻出而败。长文又调剑、阆、利州大军三千,往援之。吴挺为兴州都统制,大怒,密劾制司调兵非计,乞正光延、高晃之罪。长文竟罢制置使,其年九月也。议者谓长文措置失当,诚可加罪,但非吴挺所当劾耳。①

显然,在胡元质处置黎州蛮进攻失当而免官一事中,吴挺"密劾"起了关键性作用,以致胡元质"竟罢制置使"。需要说明的是,从南宋在川陕战区的权力结构看,统兵之将"得旨听制置节制"。故,时人称胡元质措置蛮事加罪,理所应当,"但非吴挺所当劾耳"。此事显然反映出制置使胡元质节制吴挺之无奈,以致自己丢官卸职。

胡元质之后,京镗(字仲远)、丘崈(字宗卿)先后为四川制置使。史载:胡元质因吴挺弹劾罢官后,

> 及绍熙壬子,泸卒张信作乱,杀其安抚使。时京仲远帅蜀,调潼川所屯御前军数百,往讨之。而兴元都统制复劾仲远擅发兵。枢密院葛楚辅、陈叔进、胡子远进呈,得旨令制司具析。命下而仲远已去。丘宗卿入蜀,即奏以为三屯远在西北,兵权节制必寄之于制司,朝廷事计当然。今军帅狃于陵夷,反谓制司擅兴,违戾至此,岂不大失本意"即是此意。乞下戎司具析,仍责令遵守旧制。三屯颇严惮焉。宗卿所谓狃于陵夷,盖专指挺也。②

显然,对统兵之将弹劾制置使一事,丘崈要求坚持南宋中央"旧制",也即"兵权节制必寄之于制司"。在此制度之下,"军帅狃于陵夷",乃至武将弹劾制置使,实属"违戾"之举,丧失制置使节制武将的目的,所谓"大失本意"即是此意。丘崈之言及坚持"旧制"之举,致使"三屯颇严惮",起到节制武将的效果。

在吴挺去世后兴州军权变更中,制置使丘崈起到了关键作用。史称,

---

① 《朝野杂记》乙集卷一七《都统劾制置使擅兴》,第819—820页。
② 同上书,第820页。

丘崈"素以吴氏世掌兵为虑",其受命四川制置使时奏曰:"臣入蜀后,吴挺脱至死亡,兵权不可复付其子。臣请得便宜抚定诸军,以俟朝命。"吴挺去世,丘崈上奏:"乞选他将代之,仍置副帅,别差兴州守臣,并利州西路帅司归兴元,以杀其权。挺长子曦勿令奔丧,起复知和州,属总领杨辅就近节制诸军,檄利路提刑杨虞仲往摄兴州。"①之后,中央任命张诏接替吴挺掌管兴州军队。

南宋朝廷任命的宣抚使、制置使不时遭到武将的抵制,但南宋中央始终坚持这一策略,尤其在吴玠、吴璘、吴挺去世的关键时刻,起到了稳定军心等重要作用。时人对宣抚使、制置使在节制武将时的作用予以充分肯定:

> 蜀去天万里,为国家上流,三军之司命,生灵之寿脉,皆系一帅……(胡)世将自禁从往,(郑)刚中自宣谕除,(王)似与(卢)法原自利、夔帅授,如箙中之矢,一矢既尽,一矢继之;如笼中之药,一剂既投,一剂承之,更无仓卒乏才之患。②

> 昔吴璘属疾,孝宗尝密诏汪应辰权宣抚司事,既而璘果死,应辰即日领印,军情遂安。③

从吴玠统兵始,至吴璘、吴挺主军兴州期间,南宋先后派遣张浚等对吴氏武将予以节制。在不同历史时期,如胡世将、郑刚中、汪应辰、虞允文、赵汝愚、丘崈等四川宣抚使、制置使,较好履行了节制吴氏武将权力的职责,在以兴州为中心的地区,既发挥了吴氏武将抗金固边的作用,又起到防治其势力坐大难制的目的。当然,在此期间,如王似、卢法原、胡元质等人,一度出现难与吴氏武将权势相抗衡的局面。但诸如史籍记载王似、卢法原、邵溥与吴玠等"务私相胜"④、沈介"与璘议不协"⑤等,表明王似等

---

① 《宋史》卷三九八《丘崈传》,第12110—12111页。
② 《鹤林集》卷一五《绍兴淳熙预储蜀帅》。
③ 《宋史》卷三七七《刘甲传》,第12094页。
④ 《系年要录》卷九七,绍兴六年正月辛巳条,第1600—1601页。
⑤ 《宋史》卷三六六《吴璘传》,第11419页。

一直在努力发挥制约吴氏武将的作用。制置使与武将"务私相胜"、"不协"等,一定程度上反映出当时并未出现武将"独擅"和难以应付的局面。因此,从制约吴氏武将权力角度看,这一时期四川宣抚使、制置使的设置,基本实现了南宋中央"以文御武"的目的。尤其在吴玠、吴璘、吴挺去世的关键时刻,胡世将、郑刚中、赵汝愚、丘崈等人,在兴州恢复"以文驭武"的局面起到了力挽狂澜的作用。与此成鲜明对比的是吴曦统兵之时四川宣抚使程松的表现。

程松,字冬老,开禧元年(1205),以资政殿大学士知成都府、四川制置使,开禧北伐时,改为四川宣抚使。"程松至,曦不庭参,松不敢诘;曦复多摘取松卫兵,松亦不悟"①。吴曦纳款于金,献关外四州地,求为蜀王。"有告曦叛者,松哂其狂"。及金兵攻取成州,守将弃关而遁。"松以书从曦求援兵,曦答以'凤州非用骑之地,汉中平衍,可骑以驱驰,当发三千骑往'。盖绐之也"。兵临大敌,程松缺乏应有的应变能力,被吴曦玩弄于股掌之间:

> 曦遗松书讽使去,松不知所为。兴元帅刘甲、茶马范仲壬见松,谋起兵诛曦,松恐事泄取祸,即挥二人起去。会报金人且至,百姓奔走相蹂躏,一城如沸。松亟望米仓山遁去,由阆州顺流至重庆,以书抵曦,丐赆礼买舟,称曦为蜀王。曦遣使以匣封致馈,松望见大恐,疑其剑也,亟逃奔。使者追及,松不得已启视之,则金宝也。松乃兼程出峡,西向掩泪曰:"吾今获保头颅矣。"②

程松在四川宣抚使任上的表现,乏善可陈。程松缺乏胡世将、郑刚中等临危受命果断行事和丘崈等坚持"旧制"之勇为,其能力与素质还不及艰难维持局面的王似等人。从以上记载看,程松无疑是至此时的历任四川宣抚使中最无能的一位。吴曦之变,固然有多重因素③,但作为制约武将的四川宣抚使没有起到应有的制衡作用,是一个重要原因。程松的庸弱无能,为吴

---

① 《宋史》卷四七五《吴曦传》,第13812页。
② 《宋史》卷三九六《程松传》,第12077—12078页。
③ 张邦炜:《吴曦叛宋原因何在》,载《天府新论》1992年第5期。

曦之变所利用。这也再次证明,南宋在兴州实施"以文驭武"方略以防范武将势力坐大难制的深层用意。

三、征调西兵

军队数量多、战斗力强,是兴州地域集团得以存在的重要基础。直接减少军队数量,是南宋中央防范和节制兴州势力的一大措施。从中央与地方关系讲,增加中央军事实力,削弱地方驻军力量,才能真正做到"强干弱枝"。南宋中央将战斗力强大的西兵征调临安,护卫行在安全,或将川陕战区军队调往其他战区,在客观上起到了充实中央军事力量,削弱兴州军事势力的作用。

自南宋建立之日起,川陕战区的西兵就经常被中央调用,担任中央禁卫任务。在征调西兵的过程中,实际上实现了川陕兵将到临安的迁移。建炎元年(1127)五月,高宗在南京即位,此时中央的武装力量极为薄弱,之后诸路勤王兵陆续招至,"(王)渊与杨惟忠、韩世忠以河北兵,刘光世以陕西兵,张俊、苗傅等以帅府及降群盗兵,皆在行朝"。由于各路兵将不相统一,因此设置御营司,任命王渊为都统制,统一掌管①。在南宋中央最初的扈卫力量中,其中韩世忠、刘光世、张俊、王渊皆为陕西人②。可见,最初扈卫高宗的武装力量与将领就来自西兵与西将。之后,中央不断从川陕战区抽调军队,充实行在的禁卫力量。如建炎元年(1127)五月乙卯,熙河经略使张深辞行,诏令将其统领的"鄜延统制官孙渥一军卫行在"③。同年六月,西道副总管孙昭远除知陕州,"令将所募西兵赴行在",之后又将孙昭远所招募的西兵三千人,交由御营前军统制官张俊统领④。建炎元年(1127)六月丙戌,中央下诏,在陕西、河北、京东西路募兵合十万人,更番入卫行在⑤。建炎三年

---

① 《宋史》卷三六九《王渊传》,第11486页。
② 分别见《宋史》卷三六四《韩世忠传》,第11355页;《宋史》卷三六九《刘光世传》,第11478页;《宋史》卷三六九《张俊传》,第11469页;《宋史》卷三六九《王渊传》,第11485页。
③ 《系年要录》卷五,建炎元年五月乙卯条,第137页。
④ 《系年要录》卷六,建炎元年六月己巳条,第156页。
⑤ 《宋史》卷二四《高宗一》,第446页。

(1129)七月,御营使司后军统制辛企宗"自陕西携所部,由兴、洋赴行在",升任都统制①。绍兴二年(1132)二月癸未,中央诏令川陕宣抚处置使张浚选精锐西兵五千人骑赴行在,原因是"骑军不足"②。绍兴三年(1133)六月,川陕宣抚处置司随军转运副使张澄统本司西兵赴行在③。九月,西兵到达行在。据张浚称,至行在者乃其"建康所携亲兵,及摘差武骑锐士良家子,与奉诏所遣西兵等,共八千余人",当时由于川陕防御所需,中央下令遣还西兵五千人,以备捍御④。尽管中央此次命令将五千西兵遣还,但尚有三千西兵留在行在。

席益担任四川制置大使时,"选三路少壮人二千,兼家赴行在,专充扈卫"⑤。绍兴十三年(1143)八月,知阶州田晟将所部三千人赴行在⑥。同年八月丁未,中央任命田晟为龙神卫四厢都指挥使,主管侍卫马军司公事。史载,"先是诏晟将所部三千人赴行在,遂以其众隶马军司"⑦。绍兴十四年(1144)三月丁巳,中央将右护军选锋、左、右、游奕军改为马军司第五至十将管军,究其原因,史称"田晟部曲始至行在故也"⑧。至此,关外右护军三千人被征调至行在,完全归属侍卫马军司。绍兴十四年(1144)在吴璘担任右护军都统制时,上奏"西边可募卫兵",同年五月丙辰,中央诏令四川宣抚司,"就阶、成、西和、凤州募兵赴行在"⑨。绍兴十五年(1145)四月庚寅,四川宣抚司又募禁卫三百人至行在。对征调川陕战区的西兵,高宗特别要求:"宜厚犒劳,沿途探请,悉与蠲之,居止亦须令便利,庶皆得所。"⑩绍兴十八年(1148)三月丁丑,中央再次命杨政、吴璘招

---

① 《系年要录》卷二五,建炎三年七月癸未条,第506页。
② 《系年要录》卷五一,绍兴二年二月癸未条,第908页。
③ 《系年要录》卷六六,绍兴三年六月庚寅条,第1115页。
④ 《系年要录》卷六八,绍兴三年九月庚辰条,第1161页。
⑤ 《系年要录》卷一一一,绍兴七年五月丙寅条,第1792页。
⑥ 《宋史》卷三〇《高宗七》,第559页。
⑦ 《系年要录》卷一四九,绍兴十三年八月丁未条,第2406—2407页。
⑧ 《系年要录》卷一五一,绍兴十四年三月丁巳条,第2428页。
⑨ 同上书,绍兴十四年五月丙辰条,第2435页。
⑩ 《系年要录》卷一五三,绍兴十五年四月庚寅条,第2469页。

关、陕流民补殿前军①。史载,吴挺年十七,慷然以功名自任,"会有诏选发西兵,公奉檄部送阙下"②,担任选送西兵的任务。

上述所言,乃南宋征调川陕战区正规军进入临安之事。除此之外,川陕战区的非正规军也是南宋政府征调的对象。南宋川陕战区存在大量的非正规军,由招募川陕流民等组成,如兴元良家子,乃吴玠招募关陕流寓及阵亡兵将子弟骁勇雄健者为之③。此外还有金州保胜军、文州忠胜军、阶成西和凤州忠勇军、兴元义士等。关于南宋中央征调川陕战区非正规军进入行在,事例不少。如建炎四年(1130)六月乙亥,诏令武信军承宣使辛兴宗"统押所募秦、凤诸州良家子赴行在"④。吴璘为四川宣抚使时,也于关外四州签丁,每户有三丁以上取一,五丁以上取两,并刺充御前中军敢勇⑤。绍兴三十一年(1161)十一月丁酉,中央诏令吴璘于关外招募勇士,以充效用,要求不刺手面,"每及三百人,差官部押赴行在"⑥。再如淳熙三年(1176)三月辛未,诏:"四川制置司岁择梁、洋义士材武者二人,遣赴枢密院。"⑦也即形成征调义士的制度,每年征调二人。淳熙四年(1177)十二月丁卯,"试四川所上义士二人"⑧。

南宋从川陕战区征调的西兵除担任行在扈卫外,还承担其他任务。如绍兴二十七年(1157)五月三日中央下诏,"良马院见阙谙晓马性人养饲,枢密院可下吴璘,令选差陕西军兵二百人",赴殿前司。并且规定:"仍每年发五人填事故阙。"⑨由于川陕之人熟悉马性,故征调陕西士兵至良马院饲养战马,而且这一征调也制度化,即每年征调五人。《系年要录》记载,绍兴三十一年(1161),入内内侍省副都知张去为"取御马

---

① 《宋史》卷三〇《高宗七》,第567页。
② 《〈吴挺碑〉校注》,第17页。
③ 《朝野杂记》甲集卷一八《兴元良家子(忠义效用 中军敢勇)》,第409页。
④ 《系年要录》卷三四,建炎四年六月乙亥条,第659页。
⑤ 《朝野杂记》甲集卷一八《兴元良家子(忠义效用 中军敢勇)》,第409页。
⑥ 《系年要录》卷一九四,绍兴三十一年十一月丁酉条,第3283页。
⑦ 《宋史》卷三四《孝宗二》,第661页。
⑧ 《宋史》卷三四《孝宗二》,第664页。
⑨ 《宋会要辑稿》职官三二之五二—五三。

院西兵二百人,髡其顶发,都人异之,口语藉藉",后被朝臣弹劾①,看来饲养战马的西兵数量不少。又如,开禧二年(1206)中央设置御前弓马所,下令"四川宣抚司于西边招一百人"②,被征调的一百人应当在御前弓马所供职。

  高宗时还将征调西兵入卫制度化。绍兴十九年(1149)十二月己巳,"宰执进呈四川管押扈卫人乞推赏",高宗下令:"发来扈卫人已满千人,可下制置司,自今岁募三百人赴阙。"③对此事件,《宋史》的记载称:"命四川制置司岁募扈卫三百人赴行在。"④高宗的这一命令,实际上确定了每年征调西兵的数量,明确了征调西兵的用途,以此形成制度规定。如绍兴三十一年(1161)十一月丁酉,诏吴璘于关外募勇士充效用,"每及三百人,差官部押赴行在"⑤。但在实际执行中,征调西兵往往不限于每年三百人这一数字。如绍兴二十年(1150),枢密院言:"都统吴玠选中护卫西兵千人,诏隶殿司。又统制杨政选西兵三百二十五人,填步军司。"⑥对征调护卫行在西兵的费

---

① 《系年要录》卷一九三,绍兴三十一年十月戊辰条,第3253页。
② 《宋会要辑稿》职官六之三五。
③ 《系年要录》卷一六〇,绍兴十九年十二月己巳条,第2601页。
④ 《宋史》卷三〇《高宗七》,第570页。
⑤ 《系年要录》卷一九四,绍兴三十一年十一月丁酉条,第3283页。
⑥ 《宋史》卷一九四《兵八·拣选之制》,第4839页。按:此处"吴玠"当为"吴璘"之误。吴玠为南宋抗金名将,曾任川陕宣抚处置使司都统制、川陕宣抚副使、四川宣抚使。《系年要录》卷一二九"绍兴九年六月己巳条"载:"吴玠薨于仙人关治所。"(第2089页)上述《宋史·兵八》记载之事发生在绍兴二十年,距吴玠去世已十一年之久,不可能是吴玠。而笔者以为应是吴璘。理由有二:
  一、吴璘绍兴二十年任都统。吴玠去世后,其弟吴璘代之而起。《系年要录》卷一五二"绍兴十四年九月辛酉条"载:绍兴十四年(1144),"川口屯兵十万人,分隶三大将",吴璘屯兴州,为右护军都统制,杨政屯兴元府,为宣抚司都统制,郭浩屯金州,为枢密院都统制(第2449页)。《朝野杂记》甲集卷一八《御前诸军(御营五军五护军)》载:从绍兴十八年(1148)开始,蜀中三大将以驻军所在州名相称(第403页)。分别为兴州驻扎御前诸军都统制、兴元府驻扎御前诸军都统制、金州驻扎御前诸军都统制。宋代某州驻扎御前诸军都统制乃各地屯驻大军最高长官,简称都统(龚延明:《宋代官职辞典》,中华书局1997年版,第472页)。绍兴三十一年(1161),吴璘任四川宣抚使,在此之前,吴璘一直担任兴州驻扎御前诸军都统制一职(《宋史》卷三六六《吴璘传》,第11414—11420页)。这与《宋史·兵八》的记载"都统"一职一致。
  二、南宋时,经常征调川陕战区的"西兵"至临安,担任扈卫任务。《系年要录》卷一五一"绍兴十四年五月丙辰条"载:绍兴十四年(1144)五月丙辰,中央下诏,"四川宣抚司就阶、(转下页注)

用开支,中央也有明确规定。绍兴二十二年(1152)七月乙巳,高宗下令:"闻四川所起禁卫军,所费多出于军众,可札下总领司应副。"①从资料记载看,每年征调西兵入卫的制度一直坚持到南宋末年,其间只出现短暂的停止。史载:绍熙三年(1192)六月丁未,"罢四川诸军岁起西兵"②。但很快就予以恢复,庆元元年(1195)三月辛亥,诏令"四川岁发西兵诣行在,如旧制"③。这即是说,从绍兴十九年起,只有三年的时间不存在征调西兵之事,除此之外这一制度一直存在。

南宋从川陕战区征调至临安的西兵的数量到底有多少,史书没有明确记载。在此我们只能作大概的估算。我们就依规定的每年最少的数字三百人估算,南宋一百五十二年,征调西兵的数量就达四万五千多人。如果再加上征调的义士、饲养战马的西兵等,数量更大。南宋晚期,宋蒙战争兴起,蒙军突破川陕战区,进入四川腹地,是否还在继续征调西兵,不得而知。从上述征调西兵的具体事例看,绍兴十九年明确规定每年征调三百人,在此之前和之后,实际上每年征调的人数远远不止这一数字,如建炎元年(1127)六月,孙昭远所招募的西兵达三千人;绍兴二年(1132)二月,张浚选精锐西兵五千人骑赴行在;席益担任四川制置大使时,选少壮人二千,兼家赴行在;绍兴十三年征调田晟所部三千人;绍兴二十年(1150),吴璘选西兵一千人,杨政选西兵三百二十五人,进入临安。仅这几例,征调的西兵数量就达一万四

(接上页注)成、西和、凤州募兵赴行在"。究其原因,"先是,右护军都统制吴璘言西边可募卫兵",得到高宗的认可(第2435页)。《系年要录》卷一六〇"绍兴十九年十二月己巳条"载:绍兴十九年(1149)十二月己巳,高宗对征调"西兵"作出规定,"自今岁募三百人赴阙"(第2601页)。这实际上确定了每年从川陕战区征调"西兵"的制度。从史料记载看,每年征调"西兵"的制度一直坚持到南宋末年,其间只出现短暂的停止。如绍熙三年(1192)六月丁未,"罢四川诸军岁起西兵"(《宋史》卷三六《光宗》,第703页)。但很快就予以恢复,庆元元年(1195)三月辛亥,又诏"四川岁发西兵诣行在,如旧制"(《宋史》卷三七《宁宗一》,第719页)。上述《宋史·兵八》记载绍兴二十年选"西兵"入卫之事,即属于每年向川陕战区征调"西兵"之例。而在此时间内,担任兴州驻扎御前诸军都统制的一直为吴璘。因此,绍兴二十年,"选中护卫西兵千人"的应是吴璘。

故,《宋史》卷一九四《兵八·拣选之制》"都统吴玠"应改为"都统吴璘"。

① 《系年要录》卷二六三,绍兴二十二年七月乙巳条,第2662页。
② 《宋史》卷三六《光宗》,第703页。
③ 《宋史》卷三七《宁宗一》,页719页。

千人之多。因此,我们估计南宋时期征调至临安的西兵有三四万人,这一数字应该说还是比较保守的。

由于行在有相当数量的西兵,中央在战略部署时,西兵成为中央不得不考虑的重要因素。建炎初年,马扩上书,建议西幸入蜀。但有人提出反对意见,认为蜀道艰难,恐官僚将士不愿。对此,马扩认为"将士之中,西人居半,使之入蜀,孰不欣然"①。有人指出"扩乃西人,知关、陕残破,不可以遽往,欲先幸蜀以便私耳"②。马扩的入蜀主张是否出于"私心"不得而知,但"西人"的存在确已成为制定政策时所考虑的一个因素。张浚出使川陕,建议高宗幸武昌,为趋陕之计,有朝臣认为"陛下远适,则奸雄生窥伺之心,况将士多陕西人,以蜀地近关、陕,可图西归,不过将士为此计耳,非为陛下与国家计也"③。在南宋初年决定是否继续向南躲避时,西兵同样是一个重要考虑的因素,朝臣认为"行在兵多西人,不乐南去,或生意外之事,维扬亦须留兵,则扈卫势弱"④。抛开西兵是否不愿南去不论,南宋初年中央军队中的西兵数量多、影响大这一点毋庸置疑。不难看出,南宋时人在论及行在西兵时,虽没有提到具体数目,但诸如"将士之中,西人居半"、"将士多陕西人"、"行在兵多西人"等言说,足以表明西兵数量之多。行在西兵人数既多,影响政府决策,也就是自然中事。

西兵除被征调担任行在禁卫任务外,还被征调到其他地方参与防守。宋金战争初期,西兵勤王以及被抽调到其他地方参与战斗就是常事。如南宋初年李纲曾建议,控扼河津,决策四路出兵,其军队组成如下:马忠往濬、滑州,统西兵4991人,统东兵19533人;郝怀往河阳,统西兵5800人,统东兵3154人;韩世忠往大名府,统西兵4121人,统东兵3716人;林良器往阳武、原武,统西兵4724人⑤。可见,各路大军中均

---

① 《会编》卷一二三,建炎三年三月二日条,第904页。
② 《系年要录》卷二四,建炎三年六月己酉条,第494页。
③ 《系年要录》卷二三,建炎三年五月戊寅条,第481页。
④ 《系年要录》卷一九,建炎三年正月戊戌条,第383页。
⑤ 《李纲全集》卷五一《奏知四路出兵控扼河津札子》,第581页。

有西兵参与,且数量相当大。建炎元年(1127),杭州士兵起事,曾命御营统制辛道宗"将西兵二千讨之"①。再如绍兴三十一年(1161)完颜亮南侵时,为加强襄阳地带的防御,调利州西路驻扎御前中军都统制吴拱率西兵三千人戍守襄阳②。之后又规定,将其中一千人不再替换,永久屯驻于荆南③。

在防范黎州等地少数民族的战斗中,也往往要调集川陕战区中的西兵。宋代川峡地区如黎、泸、叙等州分布着大量少数民族,在宋金、宋蒙交兵之际,往往乘机行事,掠夺财物,直接影响到边疆安全。史载:"其始,黎州皆以西兵出戍,即有边事,则调绵、梓所驻大军讨之,地远不时至。"胡元质为制置使时,"摘西路并边九郡禁卒千人驻于成都,以代西兵出戍,谓之'雄边军'"。淳熙十四年(1187),赵汝愚"又招西人五百,屯之成都,俾之更戍"。从效果看,"西人皆骁勇善斗"④。可见,西兵是防范边地少数民族进攻时的重要力量。赵汝愚曾在关外招刺义勇军时指出:黎、雅、文、叙等州,边面阔远,近岁频频扰边,"旧例,每岁有屯戍西兵五百人,遇防秋则增戍三百人,其数非不多,其人非不祗,祗缘是客军远戍,逐岁更易,而不习彼中地利。又州郡以其是御前诸军,恐万一小有挫折,则亏损朝廷威重,自来祗令在城中防守,故方无事时,假其威名,以之弹压则有余。至于缓急之际,其实不敢轻用"。因此请求于关外沿边去处招刺强壮五百人,名为义勇军,在成都府团结训练,每岁轮差二百五十人,于黎州屯戍,使之渐习地利,准备随时调发⑤。再如嘉定元年(1208)十二月,弥羌蓄卜寇黎州,"郡遣西兵将党寿御之"⑥。嘉定五年(1212),叙州蛮入侵,"遣兴元后军统领刘雄等二人将西兵千人",自嘉、叙二州分道并进,予以迎击⑦。

南宋每年征调西兵入卫以及参加其他地区的防守,主要原因有二,一是

---

① 《系年要录》卷八,建炎元年八月壬申条,201页。
② 《系年要录》卷一八九,绍兴三十一年四月甲辰条,第3161页。
③ 《宋会要辑稿》兵五之二六。
④ 《朝野杂记》甲集卷一八《成都府义勇军(雄边军)》,第421页。
⑤ 赵汝愚:《乞于关外招刺义勇军疏(孝宗时)》,载《历代名臣奏议》卷二二三,第2943页。
⑥ 《宋史》卷四九六《蛮夷四·黎州诸蛮》,第14237页。
⑦ 《续编两朝纲目备要》卷一三,嘉定五年三月庚戌条,第237页。

西兵骁勇强悍,战斗力强。如建炎元年(1127)七月高宗巡幸,有朝臣就提出:

> 西兵骁勇异于它卒,今车驾将巡幸,正宜留以为用。①

南宋川陕驻军的战斗力尤为时人称道,绍兴五年(1135)三月癸卯,端明殿学士韩肖胄言:

> 臣观女真等军,皆畏服西兵劲锐善战,今三大帅所统,颇多西人,复闻吴玠继有捷奏,军势益振,敌意必摇。②

绍兴十四年(1144)五月丙辰,诏四川宣抚司就阶、成、西和、凤州募兵赴行在。对此次诏令的颁布,史载:

> 先是右护军都统制吴璘言:"西边可募卫兵。"上谕辅臣曰:"诸军招填阙额,类是南人,恐西北寖损,数年之后,始见其弊,兼诸路军器物料,近多不到,方闲暇时,尤宜整治。"③

显然,高宗看重的正是西兵骁勇善战的特点。即使在金人看来,也是"陕西五路兵力雄劲"④,"中国独西兵可用"⑤。对西兵的功绩,南宋朝臣予以充分的肯定:"西兵我之劲卒也……渡江以后,扈卫艰难,诛剪盗贼,大抵西兵西将之余也。"⑥

西兵骁勇的特性,源于当地强劲尚武的民风。由于自然环境不同,各地民风不一,各地民众在体质等方面的差异很大,这是征召士兵时考虑的一个重要因素,所谓"东南多文士,西北饶武夫"⑦。南宋人认为"本朝驻跸吴会,而用关西、河北、山东之人"。其原因就在于其"风俗劲悍,而勇于格斗"⑧。川陕地区民众历来善骑射,能争战。中原王朝与各民族之间因政治、经济等

---

① 《系年要录》卷七,建炎元年七月丁未条,第188页。
② 《系年要录》卷八七,绍兴五年三月癸卯条,第1461页。
③ 《系年要录》卷一五一,绍兴十四年五月丙辰条,第2435页。
④ 《金史》卷一九《世纪补》,第409页。
⑤ 《会编》卷二三,宣和七年十一月二十八日条,引《北征纪实》,第167页。
⑥ 《水心先生文集》卷一《上宁宗皇帝札子(开禧二年)》。
⑦ 黄公度:《知稼翁集》卷下《送郑少齐赴官严州序》,文渊阁《四库全书》本。
⑧ 《鹤林集》卷三三《江淮兵策问》。

原因，纵横捭阖，相互争斗较多。充满艰辛与危险的边陲生产生活，熏陶和造就了川陕边民的强悍性格。与西兵的勇武强悍形成鲜明对比的是南兵的娇纵、柔弱。南宋时期，时人对南兵的素质问题始终抱有怀疑："南人脆弱，终不堪用"①；"或言南兵剽轻不足仗者"②。南宋初年，李纲曾上书曰："东南之人，柔弱不耐劳苦，一也；不服水土，类多疾病死亡，二也；屯驻稍久，则有思归之心，往往逃亡溃散，三也。"③南兵娇柔，不堪战斗，而且长期远离兵锋，缺乏训练，且"耻与为伍"，"艰于教习"④。显然，西兵强悍勇武，骁勇善战，这是征调其至行在或其他地方的重要原因。

中央征调西兵入卫的另一个重要原因，就是征调西兵充实行在武装力量，使中央保持较强的军事力量，直接体现为军事力量分布上的"重内轻外"，达到以内制外的目的。绍兴六年（1136）七月，监察御史刘长源上书指出："艺祖平定天下，养兵止二十二万，而京师十万余，皆明乎内重外轻，强干弱枝之势也。"而自南渡后，禁旅单寡，"欲乞以五大将军，各取五千人，更番直卫，在诸军未为妨事，而禁卫益二万五千人，则心腹无患矣"⑤。征调西兵入卫也是此意。关于这一点，时人魏了翁一语道破：

> 臣窃考三衙之制，盖自高宗皇帝首值苗傅之变，继罹张宝之乱，每病禁卫单弱，命三衙增修军政。其后又以诸将步骑分隶三衙。至孝宗皇帝，修明称足，又为护圣一军，以寓阴相维制之意，马步之数，通一万四千七百有奇，俾蜀帅选西兵之骁锐者，发至在所，以充其数，其虑盖甚远也。⑥

中央征调"西兵"入卫，"其虑"的核心正在于加强中央集权、削弱地方力量这一点。

---

① 《屏山集》卷七《论时事札子八首代宝学泉州作·南兵》。
② 《屏山集》卷六《试梁道士笔》。
③ 《李纲全集》卷六一《乞募兵札子》，第655页。
④ 《系年要录》卷二〇〇，绍兴三十二年十月丁卯条，第3399页。
⑤ 《系年要录》卷一〇三，绍兴六年七月条，第1686页。
⑥ 《鹤山先生大全文集》卷一九《被召除礼部尚书内引奏事第五札》。

综上所述,基于西兵骁勇善战的素质和削弱地方军事力量的需要,川陕战区的士兵被源源不断地征调至临安,担任护卫行在安全的重任,以此加强中央的军事力量;同时西兵也不时被调集到其他地区屯驻,客观上也起到了削弱川陕驻军军事力量的作用。征调西兵的措施,直接减少了川陕战区的兵力,对势力强大的兴州军事力量来讲,无异于釜底抽薪。绍兴三十一年(1161),曾令利州西路驻扎御前中军都统制吴拱率西兵三千人戍守襄阳。德顺之战中,吴璘重病在身,朝臣建议:"亟令吴拱复还,使吴璘一向安健,而得吴拱之助,则军声愈振,可以速成大功。"①但此建议最终石沉大海,没有得到中央的批准。其原因固然源于襄阳防守的需要,但同时不无含有分化吴璘军事势力的考虑。可见,在西兵外调的背后,有着节制和分化兴州军事力量的目的,这是南宋中央削弱兴州地域集团势力的一个重要措施。

四、从三都统制到四都统制

南宋川陕战区统兵体制的演变经历了一个从三都统制统领到四都统制统领的演变过程,其背后同样蕴含着节制和分化兴州地域集团势力的深意。

早在绍兴四年(1134)王似、卢法原为宣抚处置副使时,"乃分陕、蜀之地,责守于诸将",其中,自秦、凤至洋州,以宣抚司都统制吴玠主之,屯仙人关;金、房至巴、达,以宣抚司参议同都统制王彦主之,屯潼川;文、龙至威、茂,以知绵州兼绵威茂州石泉军沿边安抚使刘锜主之,屯巴西;洮、岷至阶、成,以熙河路马步军总管统制熙秦军马关师古主之,屯武都②。绍兴十一年(1141)宋金和议后,将川陕战区军队分屯,其中吴璘屯兴州,统领五万;杨政屯兴元府,统领二万;郭浩屯金州,统领一万③。绍兴十四年(1144),分利州路为东西两路,"川口屯兵十万人,分隶三大将",现将三大将的情况统计如下④:

---

① 《系年要录》卷一九四,绍兴三十一年十一月己丑条,第3278页。
② 《系年要录》卷七一,绍兴四年十二月庚戌条,第1196—1197页。
③ 《系年要录》卷一四六,绍兴十二年八月条,第2352页。
④ 《系年要录》卷一五二,绍兴十四年九月辛酉条,第2449—2450页。

姓　　名	都统制称号	检校官名	节度使称号	经略使称号	知州情况	屯驻地点
吴　璘	右护军都统制	检校少师	镇西军节度使	阶成西和凤州经略使	知兴州	兴州
杨　政	宣抚司都统制	检校少保	武当军节度使	利州路经略安抚使	知兴元府	兴元府
郭　浩	枢密院都统制	检校少保	奉国军节度使	金房开达州经略安抚使	知金州	金州

上表可以反映出以下几点：一，将川陕战区的军队分为三个地方屯驻，分别由三大武将统领。二，三地的最高统领均为节度使，均担任当地的经略安抚使，均为屯驻地的知州，官至少师、少保。三，三大武将均为都统制，但军队隶属不一，其中兴州吴璘隶属右护军，兴元府杨政隶属宣抚司，金州郭浩隶属枢密院。这就是川陕战区在统兵体制上的三大都统制制度。

进一步分析这一统兵体制。将川陕驻军分屯三地，由三人统领，起到分散军队力量的作用；三大将均为节度使、知州、经略安抚使、官至少师少保，意味着三人从职官、权责、地位等方面均可以相互抗衡；三大将统领的军队隶属不同的机构，互不隶属，同样起到相互制衡的作用。吴璘、杨政、郭浩三大将事功卓著，各据一方，"皆建帅府"①。这一人事与战略安排，对势力强大的兴州势力来讲，无疑是一个制约因素。在此之后，南宋对三大都统制的具体称号进行统一。绍兴十一年（1141），罢岳飞等大将兵权，各地驻军"称某州驻扎御前诸军。十八年，川、陕军亦如之"②。也就是说，从绍兴十八年（1148）开始，川陕战区内的三大将不再以右护军都统制、宣抚司都统制、枢密院都统制相称，而是以驻军所在州名相称，分别为兴州驻扎御前诸军都统制、兴元府驻扎御前诸军都统制、金州驻扎御前诸军都统制。自此后，在川陕战区一直实行兴州、兴元府、金州三大都统制统兵制度。

三大都统制的设置，具有战略防御的实际需要与分化川陕战区军事力

---

① 《系年要录》卷一五二，绍兴十四年九月辛酉条，第2449—2450页。
② 《朝野杂记》甲集卷一八《御前诸军（御营五军五护军）》，第403页。

量的双重目的。川陕战区的驻军分为三地屯驻,由三大将统帅,有利于战略防御和进攻。对此,南宋人表述得极为清楚:

> 蜀边阔远,绍兴分三都统屯要地,听命于宣抚司。宣司旧在利州,后移兴元,去关密迩,临制为便;居则藉其威重以镇抚,有警则命一将东略商虢,一将西据秦陇,宣司建上将鼓旗,直趋陈仓,恢复之形成矣。①

即川陕防线之驻军分为三地屯驻,和平时可镇抚当地,战时东出金州经略商虢,西出兴州占据秦陇,兴元府则居中策应。从具体战役看,也是如此。绍兴十一年(1161)郊湾之战,"初,三将之并出也,(吴)璘复秦州,捷郊湾,(杨)政下陇州,破岐下诸屯,(郭)浩取华、虢二州,入陕府,有破竹之势"②。显示出三地分屯在防御与进攻中的战略优势③。

"兵权宜分不宜专,专则乱生"④。南宋川陕战区军队三地分屯,由三都统制统领,造成武将之间势均力敌的局面,相互制衡,可防止一方力量过于强大。从中央集权的角度看,起到了分化武将势力的作用。但三将分领的统兵体制的弊端在于在战争中力量不能统一,反而影响到战略防御。以下以宋金德顺之战为例,探讨三大都统制体制的利弊。

绍兴末年完颜亮进攻南宋之时,吴璘、姚仲、王彦分别为兴州、兴元府、金州都统制。三大都统制权倾一时,互不隶属,起到了相互节制的作用。史载:"吴璘累官阀至大帅,其下姚仲、王彦等亦建节雄一方。守帅以文治则玩于柔,而号令不行;以武竞则窒于暴,而下情不通。"⑤时值金兵进攻,三大都统制统兵体制不利于协调作战,朝臣认为:"蜀兵权未一,乞以吴璘为宣抚使统一三军,以扞全蜀。"中央遂任命吴璘为宣抚使统一调度⑥。事实表明,川

---

① 《云麓漫钞》卷一,第14页。
② 《系年要录》卷一四二,绍兴十一年十月条,第2286页。
③ 关于将川陕战区军队分属三大将在战略上的考虑,在第一章第二节《屯驻重心:兴州、金州、兴元府》中有详细论述,此不赘。
④ 《罗氏识遗》卷一《有国二权》。
⑤ 《宋史》卷三八六《王刚中》,第11862页。
⑥ 陈良祐:《杨文安公椿墓志铭》,载《名臣碑传琬琰之集》中卷三三。

陕战区诸军尽管由吴璘统一指挥,但沿袭已久的三大都统制统兵体制互相制衡的影响依然存在,严重的影响了此次战役的进程。

在德顺之战中,吴璘调集王彦、姚仲协同作战,但金州都统制王彦与吴璘不和,未能全力赴战。在德顺之战的关键时刻,金兵将入水洛城一带,去秦州不远,宋军守秦州治平寨,"德顺军人马平安,粮草不阙,只是正路阻隔"。金兵初来,不敢轻进,对宋军而言,只要有强大的援军支持,就成功在望。而实际情况是,"而兵少不能进发,王彦之军早来,则德顺攻寨之时,吴璘已出,彼必遁去。及初到水洛城一带,时若有官军迫逐,亦须却回,而王彦之师至今未报起发月日。自商州到此,计程一月,正使即日已来,亦须半月以后可到,即今已是误事"。王彦未及时发兵,错失战机。吴璘对此无可奈何,"但深恨王彦军马后期,致失机会"①,"颇怀忿恚,每言及之,声色甚厉"②。由于王彦不听吴璘指挥,直接影响到战役的进程。一次两翼协同作战的战略部署就此草草收场。

兴元府都统制姚仲在战争中同样不听吴璘的统一指挥。在德顺之战前,吴璘与姚仲不和,相互牵制:

> 去冬及春,吴璘所以欲止又不敢轻出者,密料其意盖有所牵制,忧姚仲之在后也。欲使独出,又惧其败事,常使其部曲或其子息参行,既为之助,又阴制之。③

在战前,吴璘恐被姚仲牵制,"不敢轻出";欲姚仲独出,又"惧"其失败,不得已之下,派部曲亲兵随行。史称这一措施"既为之助,又阴制之",恐怕最主要的不是协助其事,而是从中监督与牵制。大战在即,将领之间却勾心斗角,谋划制约之策。而且在之后的战事中,二人的矛盾愈演愈烈。在德顺之战中,姚仲跋扈难制,借战争壮大自身势力。史载:宋军进攻德顺,先由姚仲指挥,然"逾四旬不能下"④。吴璘再命姚仲至德顺,如得机会,

---

① 《汉滨集》卷六《论诸军见攻德顺独王彦未到状》。
② 《汉滨集》卷六《论调护吴璘王彦奏札》。
③ 《系年要录》卷二〇〇,绍兴三十二年六月丙寅条,第3380页。
④ 《系年要录》卷一九八,绍兴三十二年三月辛丑条,第3342页。

即进兵克复泾、渭等州。此时,姚仲言:"所领兵少,欲就兴元、洋州把守兵内,分遣一千为助。"由于战势紧急,吴璘答应其请。于是,姚仲以河池兵1499人、秦州兵5540人,通所将兵为7039人至德顺。时,"原州势急,闻于姚仲,乞分遣所统制前马步军一千七百有四援原州,仲乃令右军统制李在分遣治平寨屯兵五百人往援之"①。原州请姚仲分遣1704人援助,实际姚仲只派出500人。结果,宋军大败。战争中,姚仲再次暴露出不顾全局,保存自己势力的野心。"仲以统制军卢仕闵所领马步军及陕西兵合为头阵,次以己所统部军六千四百十有八为四阵,随势便利分列之"。宋军人马死亡,枕藉满道,军遂大溃。史载:"当时询求姚仲不得,顷之有报,仲已至开边寨。"从此次战役的结果看,"兴州前军同统制郑师廉与统领官七、将官三十、队将七十有三并死于阵,队兵以下不与焉"。显然,兴州将士损失最为惨重,兴元府的损失不见记载。对此,姚仲"犹讳言五阵之败",并"以捷报宣抚司"②。可见,整个战役中,姚仲保存自身势力,隐瞒失败的后果。吴璘闻姚仲之败,命夔州路安抚李师颜节制兴元军马,"尽夺其兵"。"仲以戎服见于庭下,璘欲斩以徇,参议官有止之者,乃系河池狱,旋送文州知管"③。由于两个都统制不能协调一致,再次影响到战役的进程。

　　王彦与吴璘不和,姚仲不听吴璘节制,固然包含个人间的恩怨。不可否认的是,沿袭已久的三大都统制统兵体制本身负有不可推卸的责任。三大都统制统兵体制起到了分散事权、相互制衡的作用,在防御中却付出了力量分散、不利于统一指挥的代价。更有甚者,南宋朝廷将川陕驻军分散于诸将统领,不断更换将领,使将不知兵,兵不知将,问题多多:

　　　　方今内而三衙,外而两淮、荆襄,远而四川,数年以来,易将无定。虽能消尾大之势,杜跋扈之萌,然而前之规模始立,后之施设已更。为

---

① 《系年要录》卷一九九,绍兴三十二年四月甲戌条,第3360页。
② 《系年要录》卷一九九,绍兴三十二年五月壬寅条,第3369页。
③ 《系年要录》卷二〇〇,绍兴三十二年六月丙寅条,第3379页。

> 将帅者,自知其不久于任也,姑为苟且之计,不恤其下。士卒亦知其将之不久于任也,敢萌慢易之心,摇撼其上。一旦有警,其不误事者几希。①

可见,分散地方军事力量的趋势愈演愈烈,而这种频繁更换川陕驻军将领的措施,同样是南宋朝廷分化兴州军事力量策略的一种延续。

以吴曦之变为分界点,南宋川陕战区统兵体制发生了较大变化,经过了从三都统制到四都统制的演变过程:

> 中兴以来,利路有三大屯,兴州、兴元、金州都统,三司鼎立,而兴州之事权特重。淳熙中,移兴州左、右军于利州,其隶于兴州自若也。自开禧丁卯之后,宣抚使安丙乞移沔州副司于利,自是以后,沔有正而不除副,利有副而不除正,其实各为一司,而利之御前军始分为四矣。②

从上述记载可见,吴曦之变前,川陕战区实行兴州、兴元府、金州三大都统制统兵体制。平定吴曦之变后,又将兴州的军事力量一分为二,设置兴州副都统制,之后又将其移至利州,为利州副都统制。这样通过设置副都统制,在川陕战区形成四大屯驻地。

副都统制的设置,是对都统制权力的分化。南宋副都统制的设置始于绍兴七年(1137),后省。乾道三年(1167),孝宗曰:"欲今后江上诸军各置副都统一员,兼领军事,岂惟储帅,亦使主将顾忌,不敢专擅。"打算在诸军各设副都统一员,以节制都统制。但从实际设置情况看,"然其后都、副鲜有并除者"③。就兴州驻军而言,吴玠、吴璘掌兵时,没有设置副都统制。吴挺去世,监察御史黄度言:"挺子曦必纳赂求袭位,若因而授之,恐为他日患,乞分其兵柄。"④之

---

① 王师愈:《论将帅不可不久亦不可太久(孝宗时)》,载《历代名臣奏议》卷二四〇,第3164页。
② 《舆地纪胜》卷一八四《利州》,第5348页。
③ 《宋史》卷一六七《职官七·诸军都统制》,第3981—3982页。
④ 《宋史》卷三九三《黄度传》,第12010页。

后中央以张诏为兴州都统制,"以李仁广副之,遂革世将之患"①。可另有记载称,副都统制"兴州自吴挺亡后,未尝除人,盖重之也"②。至吴曦为兴州都统制时,"潜副都统制王大节,罢之,更不除副帅,而兵权悉归于曦"③。可见,在吴曦之变前,副都统制的设置时断时续,并不能有效制约吴氏武将的权力。副都统制这一制度不能发挥有效的作用,这成为吴曦之变时得以利用的一个重要因素。

吴曦之变平定后,中央任命吴猎为四川宣谕使,其任务之一就是分化兴州军权,宁宗的御札称:

> 如武兴一军,兵数偏重,今欲分半屯于益昌,别命一帅统之。④

时任宣抚使的杨辅持同样的看法:

> 蜀中三帅,惟武兴事权特重,故致今日之变。乞并置两帅,分其营屯、隶属。⑤

参与平叛的功臣李好义也认为:

> 沔州都统司所统十军权太重,故自吴璘至挺、曦皆有尾大不掉之忧,乃请分置副都统制,各不相隶,以前右中左后五军隶都统司,踏白、摧锋、选锋、策锋、游奕五军隶副司。⑥

不难看出,设置副都统制以分化兴州势力,成为此时南宋朝野一致的看法。之后,朝廷将兴州都统司一分为二,设立利州副都统制,兴州的军事力量得以分化,"沔州诸军,自昔为天下最"⑦的状况为之改变。史载:"及安子文为宣抚副使,欲鉴前弊,进退大将,如呼小儿。自是都统制不得自专。"⑧自此,兴州军事力量过于强大的局面才得到真正的解决。

---

① 《宋史》卷三九八《丘崈传》,第 12111 页。
② 《朝野杂记》甲集卷一一《副都统制》,第 230 页。
③ 《宋史》卷四七五《吴曦传》,第 13812 页。
④ 《鹤山先生大全文集》卷八九《敷文阁直学士赠通议大夫吴公行状》。
⑤ 《宋史》卷三九七《杨辅传》,第 12097 页。
⑥ 《宋史》卷四〇二《安丙传》,第 12191 页。
⑦ 《朝野杂记》乙集卷一七《沔州十军分正副两司事始》,第 810 页。
⑧ 《朝野杂记》乙集卷一七《安子文一军政》,第 821 页。

南宋时期由于川陕战区驻军分为四处,战略防御与以前有所变化:

> 蜀之守御以四大将为要。仙人之外,曰成,曰天水,沔戎司主之。七方之外,曰阶,曰岷,利副司主之。武休之外,曰凤集,兴元戎司主之。其金戎司则又各为一隅,密迩商、虢,蔽捍梁、洋者也。①

四处军队各辖一方,以往军权集中的局面得以改变。吴曦之变后四都统制统兵体制,分化了兴州的军事势力,却又产生兵力过于分散,不利于集中力量抗击外敌的弊端。时人已经指出这一点:

> 蜀口之屯,亦可言矣。八万之师,虽统之以四大将之屯,四大将之屯实分之于数千里之地,以数千里之边疆,分一二万之卒旅,殆不啻散棋之布于盘,而欲周满画路亦难乎?②

分化武将力量的结果又影响到军队的防御能力。面对蒙军的进攻,川陕防御节节败退,兵力分散是一个重要原因。

不难看出,川陕战区驻军统兵体制,从三都统制演变到四都统制,其目的是为了防止兴州军事力量坐大,减少兴州军队的数量。从节制兴州地方势力的角度看,已经达到了目的。但南宋为此却付出了兵力分散、力量不能统一的代价。这一结果的出现,体现出南宋川陕边防行政体制运行中,节制武将是重心所在,加强战略防御反退居其次,而这又最终源于南宋加强中央集权的国策。

五、兵民分离

北宋建立伊始,吸取唐末五代地方权大难制的教训,在地方治理中,实行分散权力之策,"有兵权者,钱赋不之寄,有钱谷者,兵无所预"③,以此来削弱地方权力,达到加强中央集权的目的。而兴州地域集团的存在,恰恰走向这一政策的对立面。兴州武将长期掌握军权,同时长期知兴州,在军队与当地民众中威望日增,出现兵民合一之势。从加强中央集权和削弱地方势

---

① 李鸣复:《论措置蜀事疏(理宗时)》,载《历代名臣奏议》卷九九,第1354页。
② 《鹤林集》卷三七《西陲八议·并屯》。
③ 《罗氏识遗》卷一《有国二权》。

力的角度出发,实行兵民分离就是一个重要措施。

以民为本是中国传统的治国思想。减轻民众负担,争取民心,获得民众的支持,是巩固政权的根本。南宋川陕战区,地处抗金前沿,尽管四川内地较少直接遭受战争的破坏,但军队粮饷供给,成为民众沉重的负担。南宋时期,针对四川内地财政匮乏、民力凋敝,朝臣多提出缓减民力以强根本的主张。如汪应辰为制置使时,朝臣建议缓减民众压力,"百姓重敛既轻,则民力亦宽,可以增固基本"①。

值得注意的是,在时人看来,减轻民众负担,争取民众对中央的支持,是有效防范兴州地域集团势力的重要一环。其中王质与袁说友的建议最为著名。王质曾在《论固本疏》中分析到,蜀地"人柔忍而朴厚","呼之则来,招之则应,有奸雄桀勇之夫而专制乎其上,浸淫渐渍,久而必至于为害"。而兴州地域集团正是体现了武将笼络人心、兵民合一之势,"兄弟之相承,支党之相联,吏之奉承其风旨,民之习熟其名字也"。因此,要从根本上铲除地方势力,就要争取民众的支持。王质建议:

> 厚恤二川之民,于常赋之外,时有所蠲除其征需;于常佣之外,时有所宽简其力役。间遣使者,发德音,下明诏,丁宁委曲,为之训辞,而深恤其疾苦。盖朝廷之待巴、蜀,必有以大过于江、淮、闽、浙、湖、广之民,而后有以大慰巴、蜀之心,使其常有不能忘朝廷之心,则缓急之际,斯有不忍负朝廷之意。

王质建议的实质就是兵民分离,争取民心,所谓"夫如是,则将帅能有兵而不能有民。有兵而不能有民,则可以为患而不可为大患"②。

袁说友有"蜀将当虑其变"之说,这一看似预言式的论说有其合理的依据,其中之一就是兴州地域集团中兵民结合这一点,所谓"结之以士卒,而联之以友党。吏之奉承旨意,民之习熟名字"。

同王质的建议如出一辙,袁说友同样主张通过实行兵民分离之策,削弱

---

① 《嵩山集》卷三五《上汪制置应辰》。
② 《雪山集》卷三《论固本疏》。

兴州地方势力：

> 凡两川之民，不以贵贱为间，朝廷时有以深恤之，赋敛之输，力役之劳，每为之宽除而省略。所以爱之者，常有过于江、淮、闽、浙、湖、广之地。庶几蜀之生灵，必有钦戴君上之意，则专制之臣，必将诱之以乱而不从，胁之以威而不服。如此则虽缓而不庸，不一二年，彼亦势衰力微，无能为也。①

袁说友建议的中心内容依然是要朝廷体恤两川之民，从而削弱武将在当地民众中的影响力。

兴州地方势力膨胀，最后发展为吴曦之变。时人分析吴曦所以能够叛变，就特别强调其利用民众这一点，"轻徭薄赋，人之沾小惠者日以广矣；小人无知，不识利害，因循日久，或将安焉"②。吴曦之变后，魏了翁上书，主张减轻民众赋税，再次提到民众在兴州地域集团中的作用：由于蜀中赋敛繁重，民力益困，"遂使乱臣贼子得以轻徭薄赋，为固结人心之术，愚民无知，惟惠之怀，甚可畏也"③。因此，减轻赋税，争取民众对中央的支持，使兵民分离，是一个有效防范兴州地域集团势力的重要措施。从史书记载看，尽管川陕战区军队粮饷供给数量巨大，四川民众的赋税负担沉重，但在和平之时，南宋朝廷对减轻四川赋税采取了许多实质性举措。此处仅将贾大泉先生在《宋代四川经济述论》④中列举的绍兴十五年（1145）至淳熙十六年（1189）中央蠲减四川重赋的情况整理如下：

时　　间	蠲减赋税的内容与数量	资料来源
绍兴十五年（1145）正月	减成都府路对籴米三分之一	《宋史》卷一七四《食货》
绍兴十五年（1145）七月	蠲四川转运司积贷常平米13万缗	《宋史》卷三〇《高宗七》

---

① 《东塘集》卷八《论蜀将当虑其变》。
② 《鹤山先生大全文集》卷三二《上韩太师侂胄论逆曦事》。
③ 《鹤山先生大全文集》卷三二《上吴宣抚猎论布估》。
④ 四川省社会科学院出版社1985年版，第254—256页。

(续　表)

时　　间	蠲减赋税的内容与数量	资料来源
绍兴十七年(1147)九月	减四川科敷虚额钱285万缗,西川布估钱365000缗,夔路盐钱76000缗,坊场、河渡净利抽贯税钱46000缗等	《宋史》卷三〇《高宗七》;卷一七四《食货》
绍兴二十二年(1152)	蠲诸路欠绍兴十七年前折估籴本钱129万缗,米98700余石,绫绢14000余匹	《宋史》卷一七四《食货》
绍兴二十五年(1155)	减两川绢估钱28万缗,潼川府秋税脚钱4万缗,利州路科敷脚钱12万缗,西川米脚钱40万缗,盐酒重额钱74万缗,激赏绢9000余匹等	《宋史》卷三一《高宗八》;卷一七四《食货》
绍兴二十七年(1157)	减三川对籴米169000石,夔州路激赏绢5万匹,两川绢估钱28万有奇等	《宋史》卷三一《高宗八》;卷一七四《食货》
绍兴二十九年(1159)	蠲四川折估籴本积欠钱340万缗	《宋史》卷三一《高宗八》
乾道元年(1165)	蠲四川州县虚额钱	《宋史》卷三三《孝宗一》
乾道元年(1165)	蠲川秦茶马两司绍兴十九年至绍兴三十二年州县侵用及民积欠66400余缗	《宋史》卷一七四《食货》
乾道四年(1168)五月	诏四川宣抚司增引100万,对偿民间预借钱,蠲邛、蜀二州夏税	《宋史》卷三四《孝宗二》
乾道五年(1169)三月	蠲成都府路民户岁输对籴米脚钱35万缗	《宋史》卷三四《孝宗二》
淳熙三年(1176)六月	罢四川酒课49万余缗	《宋史》卷三四《孝宗二》
淳熙四年(1177)五月	罢四川和籴	《宋史》卷三四《孝宗本纪二》
淳熙五年(1178)六月	减四川茶课计15万缗	《宋史》卷三五《孝宗三》
淳熙六年(1179)	正月,蠲夔州路上供金银;五月,蠲四川盐课10万缗;十月,蠲四川盐课17万余缗	《宋史》卷三五《孝宗三》

(续表)

时 间	蠲减赋税的内容与数量	资料来源
淳熙十三年(1186)四月	蠲四川和籴军粮三年	《宋史》卷三五《孝宗三》
淳熙十六年(1189)	诏四川岁发湖广总领所纲运1356000贯,自明年始,与免三年,以减四川盐酒之额	《宋史》卷一七四《食货》

需要指出的是,上述朝廷蠲减四川赋税,并不都是专门为了分化兴州地方势力,实现兵民分离的目的。但蠲减赋税,对争取民众对中央的支持,分化兴州出现的兵民合一之势,在客观上起到了一定的作用。史载:吴曦之变,献关外四州于金,但"四州之民不愿臣金,弃田宅,携老稚,顺嘉陵而下"①。吴曦之变后,时人认为其不能坚持长久,其原因之一就是,"自古僭叛而能得志者,多出于人心厌乱思治之余,一遇豪杰抚定,则翕然归之。今祖宗德泽在人,朝廷纪纲政令虽间有缺失,然上下维持,随即正救"②。所谓"祖宗德泽"自然包括减赋以安民这一点。

将军队移屯他处是实行兵民分离的另一个措施。

军队长期屯驻一地,容易在地方形成盘根错节式的利益集团,出现兵民合一之势。尽管南宋川陕驻军屯驻地点固定,但只要时机成熟,南宋中央会将川陕驻军分散屯驻,移屯他处,力图防范军队与地方的结合。虽然这一措施不时遭到武将的抵制,但从中依然可以看出中央防范兴州地域集团势力的良苦用心。

从全国范围看,南宋初年,已出现朝臣反对武将拥兵久驻一地的情况,"枢府、帅臣屡言久戍之弊,甚者或十年或二十年而不更,尤可闵念"。因此中央下令帅臣、钤辖司"置诸州尺籍,定其姓名,依期更戍","逮和议既成,诸军移屯者渐归营矣,惟防秋仍用移屯更戍之法,沿边备御亦倚重焉。乾道、淳熙、绍熙之际,一遵其制"③,要求各军按期更戍。

---

① 《宋史》卷四四九《史次秦传》,第13230页。
② 《鹤山先生大全文集》卷三二《上李参政璧论蜀事(丁卯二月二十七日)》。
③ 《宋史》卷一九六《兵十·屯戍之制》,第4905页。

具体到川陕战区，吴玠掌兵期间，朝臣就已经提出移屯的建议。早在绍兴五年（1135）臣僚上言：梁、洋沃壤数百里，为蜀之襟喉，多屯兵则粮不足以赡众，少屯兵则势不足以抗敌，"宜用文臣为统帅，分宣抚司兵驻焉，而以良将统之，遇防秋则驻兵两州，过防秋则使就食绵、阆"。故中央诏令吴玠等措置施行①。绍兴七年（1137）四月，都官员外郎冯康国针对粮饷转输中的弊端，建议遣官晓谕吴玠，"三月以后，九月以前，除关外防扼合用军马数目外，其余将兵，移屯内郡，歇泊就粮"②。绍兴八年（1138）正月，刑部尚书胡交修再次建请朝廷，川陕驻军于三月以后，九月以前，"第存守关正兵，余悉就粮他州"。对此，中央诏令吴玠予以施行③。朝臣建议移屯军队，固然有解决军粮转输困难之目的，但削弱兵力与改变军队久屯一地的用意不可否认。

绍兴八年（1138），宋金达成和议，这为朝廷分屯川陕军队提供了很好的机会。为此，中央专门派遣签书枢密院事楼炤往陕西宣谕德意，"往制置移屯等事"④。楼炤担任宣谕使，权力较大，在移屯军队中不顾武将的反对，一度将蜀口军队分散至陕西境内。绍兴九年（1139）七月，以郭浩为鄜延路经略安抚使，兼知延安府，同节制陕西诸路军马，杨政为熙河兰巩路经略安抚使，兼知熙州，吴璘为秦凤路经略安抚使，兼知秦州。如上人事安排，就是将屯驻在蜀口的三大将移至陕西境内，为进一步移屯军队做好准备。事实正是如此，史载："于是（楼）炤欲尽移川口诸军于陕西。"楼炤的分屯措施遭到吴璘的反对，认为金兵反复难信，"今我移兵陕右，蜀口空虚，敌若自南山捣蜀，要我陕右军，则我不战自屈矣"。但有朝臣坚持认为，"宣抚司仙人关、河池等处屯驻大军之久，坐困四川民力，今幸复得六路，所在粒米狼戾，军士多关中之人，得还乡食贱食，人情无不感悦，他日使战，谁不乐从？川蜀粮运可次第罢矣"。最后的结果是将军队分屯于陕

---

① 《宋会要辑稿》兵二九之二八。
② 《系年要录》卷一一〇，绍兴七年四月丙辰条，第1789页。
③ 《系年要录》卷一一八，绍兴八年正月戊申条，第1901页。
④ 《系年要录》卷一二七，绍兴九年四月辛亥条，第2066页。

西各地,"以行营右护军精兵八万余人,三万人分守关隘,五万人分守陕西"①。

在主张移屯的朝臣看来,陕西归入朝廷,蜀口大军当于内地就粮,以减轻蜀地民众的负担。但从当时形势看,将军队移屯陕西内地,一则不利于长久防御,而且也起不到军队在内地就粮的实际效果,这就进一步证明移屯出于分化军队力量的本意。时任制置使的胡世将已经指明这一点:其一,移屯军队后力量分散,不利于防御,"地里遥远,老弱同行,缓急勾唤不及"。其二,陕西之地,多年用兵,民力凋敝,不能供给足够的粮饷,田土"自经兵火,耕种稀少,难得斛斗"②。其结果就是,"分兵太远,守御不密",一旦战事再起,难以及时应对。吴璘也认为,金人大兵屯驻河中府,骑兵疾驰,三五日可到川口,"吾军就粮,散在陕西,缓急不能追集"③。之后宋金战事再起,移屯之弊立即显现,"蜀兵既分,声援几绝"④。

从上不难看出,将川陕战区的军队移屯于陕西之地,对集中兵力抵御金兵进攻极为不利。尽管分屯不利于有效防御,事实上也得不到足够的粮饷供应,但移屯之事依然得到高宗以及朝臣的一致赞同。当然,从他们的言论看,主要是为了减轻民众的负担,而不是分散川陕的军队。高宗曾曰:"四州久屯大兵,不无科须,今故地归复,兵各分遣,得以减罢,遂可爱养民力矣。"⑤高宗还要求:"吴玠军马既移屯熙、秦等路,便当以五百人为一指挥,令诸帅招填,稍足旧额,与弓箭手参用,缓急之际,有足倚仗,庶几渐复祖宗之旧。"⑥但绍兴八年(1138)和议后的移屯之举,终因宋金战事再起,"分屯之军得全师而还"⑦,军队再次聚集于原地。回顾此次移屯之事,君臣等公开的说辞与背后目的之间距离很大。移屯中的反复,显然包含着南宋中央

---

① 《系年要录》卷一三〇,绍兴九年七月壬辰条,第2099—2100页。
② 《系年要录》卷一三三,绍兴九年十一月癸未条,第2133页。
③ 《系年要录》卷一三一,绍兴九年八月庚午条,第2110—2111页。
④ 《宋史》卷三七〇《胡世将传》,第11512页。
⑤ 《系年要录》卷一三二,绍兴九年九月癸未条,第2117页。
⑥ 《系年要录》卷一三一,绍兴九年八月己未条,第2107页。
⑦ 《宋史》卷三七〇《胡世将传》,第11512页。

分化兴州地域集团势力的真实用意。

之后的事实表明，朝臣不时提出将川陕驻军移屯他处，一些建议也曾得到执行。如郑刚中为宣抚副使，"欲移屯一军，大将杨政不从，呼政语之曰：'刚中虽书生，不畏死！'声色俱厉，政即听命"①。绍兴十一年（1141）和议成，"川陕宣抚司及右护军分屯三边与沿流十七郡"，其中吴璘屯兴州，杨政屯兴元府，郭浩屯金州。"自诸将所屯外，凡关外沿边待敌去处，则三都统司每春秋二仲遣兵更戍"②。之后，川陕战区维持兴州、兴元府、金州三大屯驻之地。再如汪应辰担任制置使时，在移屯之事上有所作为，"免利路民饷运，徙沿边戍兵就粮内郡"③。

时至孝宗时，依然有朝臣提出分屯的建议，黄裳就是其中的代表。他认为关外四州处在边境，兵火之后，田莱荒废，而转输四川内地财物，成本又高，致使兵民俱困，"若稍分边屯"，"分兵就粮，事犹可及"。指出分屯有利于粮饷转输，便于就近供给军队，但"卒不果行"④。还有朝臣指出："窃考祖宗旧制，诸将兵未有不更戍者，所以均劳逸，习道路，如蒙圣慈采择，乞下四川制置使及湖北帅臣同共措置，从长施行。"主张将兵更戍，但其结果不得而知⑤。再如绍兴三十一年（1161）完颜亮南侵时，为加强襄阳地带的防御，调利州西路驻扎御前中军都统制吴拱率西兵三千人戍守襄阳⑥。有资料表明，这一战时的临时举措已经制度化，以至中央命令：从兴州"差发官兵三千人前去荆南出戍，一年一替"⑦。可见，关于移屯兴州军队的建议，有的得到了执行，有的遭到抵制。有关移屯的建议虽多，但实际效果并不显著，显然以移屯方式分化兴州力量的措施执行起来比较艰难。而且，兴州在防御中的重要战略地位决定了移屯军队数量不能过大，时间不能太长。故，由于武

---

① 《宋史》卷三七〇《郑刚中传》，第 11513 页。
② 《系年要录》卷一四六，绍兴十二年八月条，第 2352 页。
③ 《宋史》卷三八七《汪应辰传》，第 11879 页。
④ 《攻愧集》卷九九《端明殿学士致仕赠资政殿学士黄公墓志铭》。
⑤ 《于湖居士文集》卷一七《论卫卒戍荆南札子》。
⑥ 《系年要录》卷一八九，绍兴三十一年四月甲辰条，第 3161 页。
⑦ 《宋会要辑稿》兵五之二六。

将的抵制与防御的实际需要,兴州驻军的数量始终在川陕战区处于绝对优势。

总之,南宋中央通过蠲减赋税以争取川陕民众的支持,利用有利时机将军队移屯他处,分散川陕驻军的兵力。上述措施的目的无非是与兴州地域集团争夺民心,避免军队长期屯驻一地,防止军队与民众结成利益集团。

六、兵将分离

兴州地域集团势力强大,在军队中表现为武将私置属员,任用亲信,将领与士兵之间结成牢固的利益集团。南宋初年,武将势力崛起,军中"自副贰而下,遍置私人"①。就川陕战区看,胡宏的表述更为直接,"监司、帅守莫非其人","远则四方之兵知有大将而已,不知有主上也;近则诸将之兵知有大将而已,不知有主上也"②。袁说友称川陕战区内,武将"结之以士卒,而联之以友党"③。因此,要改变将领与士兵的结合,就要在征召士兵与辟置属下将领时对武将的权力予以限制。

先看在招募士兵时对武将的限制。

南宋中央在招募士兵时有严格的规定,其中一条就是"禁止诸军,毋得擅自招刺"④。绍兴二年(1132)二月庚辰,诏:"内外诸军并各供具人马衣甲器械总数,及开坐统制统领官所辖数以闻,自今每军月具籍申枢密院。"⑤这一诏令意味着军队应将其粮饷消耗与将佐人数等如实上报,以便中央对诸军的兵数等有详细了解,防止私自招兵买马,辟置属员。绍兴三年(1133),诏令在招募军兵时,"统兵之臣与应副钱粮官,同心体国,爱惜财用,立定使臣员数,选汰效用"⑥。这一规定表明,招募士兵的权力不仅仅属于统兵武将,还有应副钱粮官。乾道三年(1167)八月二十六日,诏:"诸军统制、统领

---

① 《斐然集》卷一七《寄张德远》。
② 《五峰集》卷三《中兴业·整师旅》。
③ 《东塘集》卷八《论蜀将当虑其变》。
④ 《系年要录》卷一六二,绍兴二十一年闰四月癸酉条,第2633页。
⑤ 《系年要录》卷五一,绍兴二年二月庚辰条,第907页。
⑥ 《系年要录》卷六三,绍兴三年二月己丑条,第1067—1068页。

官子弟,不许就本军任主兵差遣,如委有材武,战功可以任事,令赴宣抚司呈试两易。"史载此诏令的颁布,是"从虞允文之请也"①。此时,虞允文为四川宣抚使。虞允文的奏请以及中央最后的批准,均着眼于防止武将任用亲信这一点,将招募士兵的权力掌握在宣抚使之手,以防止武将干预。

再看在辟置军中将领时对武将的限制。

南宋各地驻军最高将领都统制以下,有统制、同统制、副统制、统领、同统领、副统领,其下又有正将、准备将、训练官、部将、队将等。对都统制以下将领的选拔,中央有明确的规定:

> 旧制,准备将而上,皆主帅升差,仍先申枢密院审察。乾道七年,诏训练官、部队将而下,许军中径差,申朝廷照会。绍熙间,诏诸军升差统制至准备将者,主帅解发三人,赴总领所选一名,诸将不以为便。庆元三年,诏主帅选择,总领所或屯军处守臣审核保明,申枢密院。②

以上选拔军中将领的制度历经变革,但有一个关键环节始终未变,即防止武将独揽选拔将领之权。不管是"申枢密院审察"、"申朝廷照会",还是总领所"审核保明",均体现出这一点。

袁说友曾建议:

> 凡戍蜀之兵与襄汉之屯,一岁两易,而职在统制者,时命代易。庶几乍离乍合,不至安其教令而熟其恩惠,如此则虽急而不躁。③

这条建议的核心有二,一是施行更戍制度,二是更易统制,其目的无非是做到将不知兵,兵不知将,防止武将与士兵的直接联系。在具体执行中,虽然没有完全做到上述两点,但一些相关措施的确起到了一定的作用。史载:吴挺病重之时,总领四川财赋杨辅,"贻书四川制置丘崈言:'统制官李奭乃吴氏腹心,缓急不可令权军。'崈然之"④。这即是防止武将亲信掌

---

① 《宋会要辑稿》职官三二之四一。
② 《宋史》卷一六七《职官七·诸军都统制》,第3982页。
③ 《东塘集》卷八《论蜀将当虑其变》。
④ 《宋史》卷三九七《杨辅传》,第12096页。

权的一例。绍兴三十一年(1161)七月,四川制置使王刚中请求:"三都统下统制将佐升差,及应干报应文字,并系制置司行遣,今乞令吴璘同共签书。"获得朝廷的批准①。这意味着在军队将佐的升迁中,制置使有相当的发言权。

乾道五年(1169)四月六日,中央批准四川宣抚使王炎的奏请:

> 臣面蒙圣训,令于在外及诸军偏裨或小官内选择人材,将来可以管干军马者,以姓名闻奏。臣已恭依前路或有选择到人,乞且令带行新旧请给,差充宣抚司准备统制、统领将官、准备将,各添文小券一道,俟试以职事,果堪任使,即具姓名闻奏。②

此资料表明,军中将领的选拔由宣抚司来执行。但中央对由宣抚司选拔军中将领并不完全放心,遂将这一权力直接掌握在枢密院之手,主要表现为建立枢密院审察制度。

淳熙三年(1176)二月十八日,中央诏令:"自今诸军升差兵官内统制径行津发赴枢密院审察。"③此诏令并非专门针对兴州驻军,但同样施用于兴州。淳熙四年(1177)四月三日,中央下诏确立川陕驻军辟置将佐时的枢密院抽摘审察制度:"四川诸军自今升差将佐,可抽摘一二名,赴枢密院审察。"究其原因,史载:

> 先是,四川诸军除统制官已令津发枢密院审察外,余官未有明降指挥。上曰:"恐帅司去屯军处稍远,若抽摘一二名赴枢密院审察,则主帅自不敢措私意于其间。"故有是诏。④

可见,以前枢密院只是审察选拔统制官的情况,现在将审察范围扩大为所有军中将佐。孝宗认为只有如此,"则主帅自不敢措私意于其间",枢密院抽摘审察制度的真正含义在此表述得清清楚楚。同年十月十三日,中央再次诏

---

① 《系年要录》卷一九一,绍兴三十一年七月癸巳条,第3203页。
② 《宋会要辑稿》职官三二之四二。
③ 《宋会要辑稿》职官三二之四五。
④ 《宋会要辑稿》职官三二之四六。

令:"三衙、江上、四川诸军统制、统领官,并发赴枢密院审察,自将副以下,听一面升差,仍令枢密院不测取旨,点摘前来审察。"①这一诏令虽然将统制、统领、将副的选拔作出区别,但由枢密院审察这一点没有改变。淳熙八年(1181)下诏:"江上、四川军中统制、统领内,人才少壮、武艺精强、沉鸷有谋、谙练军政者,主帅择三二人具名保明,赴枢密院审察。如称所举,受进贤之赏;傥或不然,坐谬举之罚;老弱者依公拣汰闻奏。"②这一诏令虽然将选拔奏请之权赋予武将,但同时又有附加条件,即武将要为自己奏举的将佐负责。开禧二年(1206)四月,中央再次下令:"三衙、江上、四川诸军,今后遇有欲不次升差之人,须于奏状内称说,委是才能卓越,智勇过人,应得已降指挥,主帅结罪保明申奏,即与越格升差,殿步司走都堂审察,江上、四川诸军并赴宣抚司。"③依然强调在选拔将佐中的审察制度。

有资料表明,朝廷甚至有意造成兴州驻军将领的阙员。史载:"四川大军,独武兴为多。自乾道休兵之后,而将佐多阙员,计司因其阙员,遂不复放行请给。"④兴州军中将领阙员,计司由此借机减少"请给"。军队将佐人数减少,相应的军费开支也得以减少,对兴州势力的制约具有一石二鸟的功效。在此资料中,没有注明造成将领阙员的原因是否出于节制兴州势力的目的,但事实上对其起到了节制的作用。而以下资料直接表明将佐阙员是中央有意为之。史载,淳熙三年(1176)十月八日,诏:"四川诸军同统制、同统领阙并罢见任人,且令依旧,自今遇阙,更不差填。"⑤诏令明确要求,将佐阙员,不再差填,中央以此削弱川陕驻军力量的意图表露得淋漓尽致。

我们再来分析一则文献。嘉定十年(1217),距吴曦之变已经十年后,有臣僚上言:

---

① 《宋会要辑稿》职官三二之四六。
② 同上。
③ 《宋会要辑稿》职官三二之四九。
④ 《朝野杂记》乙集卷一七《王德和郭杲争军中阙额人请给(德和减马料附)》,第818页。
⑤ 《宋会要辑稿》职官三二之四五。

窃见所至都统司有计议,有机宜,复有干办公事,幕府森严。独蜀自比岁裁减计议、机宜,仅存干办一阙。推寻初意,不过谓兵兴以后,用度窘乏,徒费廪给。然一经省员,无与上下共议,殊乏机谋之助。今以江上诸戎司较之,兵数孰为多寡,事权孰为重轻,而蜀之四戎司,何谓独啬于此?

基于以上原因,朝臣建议恢复川陕战区内四都统司属官一阙,认为"其于今日守围之计,有补非浅"。之后,中央诏令,于沔州、兴元府、金州都统司、利州副都统司各增置准备差遣一员。笔者以为,之所以在吴曦之变十年之后,四都统司仍然存在属员空缺的现象,正反映出南宋中央削弱川陕武将势力的努力。兴州地域集团势力强大而导致吴曦之变的影响长期存在,使得中央在平定吴曦之变后的长时间内,继续坚持分化之策。因此,都统司阙员绝非仅仅是出于节约开支、防止"徒费廪给"的原因。因为机宜等幕员对都统司来讲极为重要,"幕客重而后司存重,司存重而后可望其折冲于外,伸威于虏也"①。机宜等属员的减少,客观上削弱了都统司的力量。时过境迁,当地方势力消除而外患加重时,才予以重新设置。南宋中央在防范兴州地域集团中的处心积虑于此可见一斑。

总之,在招募士兵和辟置川陕军中将佐时,南宋中央对武将的权力多方限制,其目的无非是减少武将与士兵、武将与属员的直接联系,防止兵将合一,以此达到削弱兴州地域集团势力的目的。

七、利州路分合

行政区域的划分出于中央有效管理地方的需要,其具体划分当然要以对中央集权有利为目的。中国历代行政区划坚持山川形便与犬牙相入两大原则。所谓山川形便指以天然山川作为行政区划的边界,使行政区划与自然地理区划相一致。实行山川形便的原则有经济上的需要和文化方面的益处,但对中央集权来说,却有一个很大的弊端。因为完全以山川作为边界的

---

① 《宋会要辑稿》职官三二之四九一五〇。

政区,必然成为一个完整的形胜之区,如果这一政区幅员足够大,而且政区长官又有相当的权力,就可能凭借险要,独霸一方,出现地方割据的局面。因此在行政区划中就出现打破自然区域界限的犬牙相入的原则,以加强中央对地方的控制①。宋代行政区划同样遵循以上两个原则。

利州路分合不断,是南宋行政区划沿革中的一个突出现象。在南宋利州路的分合中,无不体现出南宋加强中央集权的意图。利州路分合是南宋中央防范兴州地域集团势力的一个重要措施。对利州路分合问题,在有关宋代四川帅司路与利州路政区沿革的研究中有所涉及②。在此,笔者对利州路分合与兴州地域集团势力兴衰的关系作进一步分析,以此观察南宋中央如何通过行政区划,达到对地方的有效控制。

现将南宋利州路分合的情况统计如下③:

时 间	分合情况	资 料 来 源
绍兴十四年(1144)九月辛酉	分	《宋史》卷三〇《高宗七》
乾道三年(1167)四月丁丑	合	《宋史》卷三四《孝宗二》
乾道三年(1167)六月辛未	分	《宋史》卷三四《孝宗二》
乾道四年(1168)	合	《宋史》卷八九《地理五》
淳熙二年(1175)	分	《宋史》卷八九《地理五》
淳熙三年(1176)五月癸丑	合	《宋史》卷三四《孝宗二》
淳熙五年(1178)闰六月己亥	分	《宋史》卷三五《孝宗三》
绍熙五年(1194)三月癸亥	合	《宋史》卷三六《光宗》
庆元二年(1196)九月丁亥	分	《宋史》卷三七《宁宗一》
开禧三年(1207)	合	《玉海》卷一九《地理·利州》

---

① 周振鹤:《中国文化通志·地方行政制度志》第七章《犬牙相入还是山川形便?——行政区域划界的原则》,上海人民出版社1998年版。

② 李昌宪:《宋代四川帅司路考述》,载《文史》第44辑,中华书局1998年版;李中锋:《宋代利州路政区沿革考述》,载四川大学古籍整理研究所、四川大学宋代文化研究中心编《宋代文化研究》第11辑,线装书局2002年版;熊梅:《南宋利州路分合考论》,载《历史地理》第22辑,上海人民出版社2007年版。

③ 本表参考李昌宪《宋代四川帅司路考述》、李中锋《宋代利州路政区沿革考述》、熊梅《南宋利州路分合考论》整理而成。

(续 表)

时　间	分合情况	资　料　来　源
不详①	分	
嘉定三年(1210)	合	《宋史》卷八九《地理五》
嘉定十一年(1218)	分	《宋史》卷八九《地理五》
嘉定十二年(1219)正月②	合	
嘉定十二年(1219)三月③	分	
嘉定十二年(1219)八月戊辰	合	《宋史》卷四〇《宁宗四》
不详	分	
嘉定十六年(1223)二月	合	《宋会要辑稿》职官四一之一一七——一一八
不详	分	
嘉定、宝庆之际④	合	
嘉熙年间⑤	分	

---

① 《玉海》卷一九《地理·利州》载,开禧三年"复合",《宋会要辑稿》职官四一之一一七——一一八也载:"开禧三年诛逆之后复合"。《宋史》卷八九《地理五》载:嘉定三年利州路"复合"(第2221页),则开禧三年至嘉定三年之间,曾将利州路分为东西两路。

② 《舆地纪胜》卷一八三《兴元府》中引《金州图经》载:嘉定十一年,"以聂子述帅东路,丁焴帅西路,而复分"。《宋会要辑稿》职官四一之一一七——一一八载:"嘉定十二年以丁焴知沔州而又分"。《玉海》卷一九《地理·利州》也载:"嘉定十二年丁焴守沔而又分"。《宋史》卷四〇《宁宗四》载:嘉定十二年正月戊辰,"以新利州路安抚使聂子述为四川制置使……(二月)乙丑,夏人复以书来四川,议夹攻金人,利州路安抚丁焴许之"(第770—771页)。这表明,至迟在嘉定十二年正月,利州东西路合为一路,此时聂子述为"利州路安抚使",而且,聂子述任命为制置使后,丁焴为"利州路安抚"。如此看来,从嘉定十一年到嘉定十二年正月期间,利州路曾经有一次分合。

③ 刘克庄《玉牒初草》卷二载:嘉定十二年三月壬辰,"知沔州兼利西安抚丁焴特转朝奉大夫直龙图阁,赏其诛李好古之功也"。《宋史》卷四八六《夏国下》也载:西夏曾派人至四川制置司,请求夹攻金兵,"聂子述俾利西安抚丁焴答书,饬将吏严兵以待。时嘉定十二年三月也"(第14027页)。《宋史》卷四〇《宁宗四》载:嘉定十二年"八月戊辰复合利州东、西路为一"(第773页)。《宋史》卷四〇二《安丙传》载:嘉定十二年五月己酉,诏起丙为四川宣抚使,"寻制授保宁军节度使兼知兴元府、利东安抚使……寻命丁焴改知兴元府"(第12192—12193页)。这证明,至迟到嘉定十二年三月,利州路又一分为二,其中丁焴为"利西安抚"。

④ 具体考证见李昌宪《宋代四川帅司路考述》。

⑤ 同上。

绍兴十四年(1144)九月,利州路第一次分为东、西两路。其过程《系年要录》载:"时川口屯兵十万人,分隶三大将。"吴璘屯兴州,杨政屯兴元府,郭浩屯金州,"皆建帅府",而统制官知成州王彦、知阶州姚仲、知西和州程俊、知凤州杨从仪亦领沿边安抚使。在所有兵力中,"璘独严备,日为敌至之虞,故西路兵为天下最"。将利州路一分为二,兴元府、利、阆、洋、巴、剑、大安军七郡为东路,治兴元府,以杨政为安抚使;兴、阶、成、西和、文、龙、凤七州为西路,治兴州,以吴璘为安抚使;郭浩为金房开达州安抚使,"诸裨将领安抚使命者皆罢"①。可以说,绍兴十四年(1144)利州路一分为二,势力强大的吴璘,其势力范围只局限于兴、阶、成、西和、文、龙、凤七州,无疑是对吴璘力量的一个分化。

乾道三年(1167)四月,在利州路分为两路二十三年之后,利州东、西路并为一路,以利州西路安抚使吴璘改知兴元府,领御前诸军都统制职事、充利州路安抚使、四川宣抚使。此次合并,依然看到吴璘的影响。对其原委,史载,孝宗曰:"吴璘年老,意欲归兴元。"魏杞奏曰:"若归兴元,却是遥制西路军马。"蒋芾奏曰:"不若权并归两路,令吴璘宣抚,却依旧知兴元。""上曰:'如此甚顺。'至有是诏。"②吴璘为四川宣抚使,成为川陕战区最高行政长官,达到自己权力的顶峰,利州东西路合而为一,吴璘由利州西路安抚使升为利州路安抚使便顺理成章。利路合并意味着中央对吴璘权力的让步。同年五月甲寅,吴璘去世。六月复分利州东、西路为二。利州东西路合为一路的时间仅仅存在两个月,也即吴璘拥有整个利州路权力的时间只有两个月。对吴璘去世后兴州权力的安排,周必大载:

(乾道三年六月)庚寅初伏,便觉酷暑,闻吴璘以四月十七日上遗表,有旨汪应辰升宝文阁学士,权节制兵马,兴州制置司。分兴元、利州作两路,以吴胜、任天锡总其军,晁公武除待制知兴元府,应辰疾速前

---

① 《系年要录》卷一五二,绍兴十四年九月辛酉条,第2449—2450页。
② 《宋会要辑稿》职官四一之一一二。

去,以漕臣权成都。已而,除虞允文大资政充宣抚使。未几,允文依旧知枢密院,再押治事,仍为宣抚使,二十日出门。①

从上可见,吴璘去世,给南宋中央分化吴氏势力提供了一个绝佳的机会,包括利州路分为东、西两路等一系列安排,无不体现出对吴璘力量的分化。

从淳熙四年(1177)到绍熙四年(1193),吴挺为利州西路安抚使达十六年之久。绍熙四年(1193),吴挺去世,对南宋中央来说同样是一个难得的机会。绍熙五年(1194)将利州东、西路合并,同样是分化吴氏势力的一个重要措施。史载:

> 吴氏世领兴州,积威难制,屯兵皆在剑阁之外,岁自嘉、泸诸州,沂流漕粟以饷之,率用钱万五千,而致一斛,民力大困。是岁,挺死,公(黄度——引者)奏乞合利州为一路,置安抚使于兴元,使尽护诸将,平居则兵权散主,缓急则专责统帅。②

可见,利州路分为东西两路时,兴州都统制吴挺为利州西路安抚使,一路兵民之权集于一身,"积威难制",形成以吴挺为首以兴州为中心地的军、政合一体制。黄度建议将利州东西两路合为一路,以兴元府为治所,以兴元府为利州路的权力中心,这样就降低了兴州的政治地位,兴州处在兴元府的节制之下,所谓"平居则兵权散主,缓急则专责统帅"。吴挺去世时,担任制置使的是丘崈,以丘崈为首的官员在处理吴挺去世后兴州兵权的过程中费尽周折,史载:

> 挺死,崈即奏"乞选他将代之,仍置副帅,别差兴州守臣,并利州西路帅司归兴元,以杀其权。挺长子曦勿令奔丧,起复知和州,属总领杨辅就近节制诸军,檄利路提刑杨虞仲往摄兴州"朝廷命张诏代挺,以李仁广副之,遂革世将之患。③

在节制兴州军事势力中,将利州东西两路合一,突出兴元府核心地位的措施

---

① 《文忠集》卷一六七《泛舟游山录》。
② 《絜斋集》卷一三《龙图阁学士通奉大夫尚书黄公行状》。
③ 《宋史》卷三九八《丘崈传》,第12110—12111页。

同样起到了"革世将之患"的重要作用。

庆元二年(1196),利州路再次分为东、西两路,这一建议由时任四川制置使赵彦逾提出。赵彦逾提出利州路分为两路出于战略防御的目的,即"关外去兴元远,缓急恐失事机,复请分东西为二帅",遂以张诏为利州西路安抚使①。但赵彦逾的这一建议在南宋人看来,对防范兴州地方势力方面尤为失策。由于利州路分为两路,直接导致兴州地位的上升,兴州的独立性再次得到强化,最终引发吴曦据兴州叛变。关于此事的前因后果,史载:

> 绍熙五年,挺卒,以张诏代之,复合为一路,而诏但兼知兴州,不领安抚使,道出兴元。章森为帅,以兴州属郡也,欲杀其礼,诏知之,乃言已辞免兼郡,不系衔,但以都统制见,森不能折,卒郊迎之如戎帅之礼。诏甫至军,遂领州事,盖赵汝愚、丘崈共议,本以削吴氏之势,而论者以为关外四郡既属兴元,戎司不能令,缓急恐失机会。诏遣间卒出境,而知西和州王季明械系之,赵彦逾帅蜀,奏罢季明。至是,复分为东、西路。后郭杲代为帅,而吴曦继之,开禧用兵,又以曦兼四川宣抚。比曦之反,凡所出伪命,尽以宣抚司号令行之,由是四蜀一切禀承,无敢异者。至安丙为制置大使,乃复合为一路。故知汝愚、崈削武兴之权,其虑甚远,如彦逾所见,特浅耳。②

显然,合并东西两路为一路,有利于防止兴州独立性的增强。赵汝愚、丘崈所以得到后人敬佩,正在于他们认识到东西两路合一在节制兴州地方势力中的重要作用。而赵彦逾将利州路分为东西两路的看法与做法同样没有错,只是赵彦逾仅仅注意到分为两路在战略防御上的需要,而没有意识到他的这一举措,反而助长了兴州地方势力的膨胀。在以加强中央集权为最高目标的南宋朝臣看来,赵彦逾的做法显然缺乏深远考虑,遭到后人的谴责即在于此。在此引出了一个两难的问题,即:利州东西路合为一路,突出兴元府的地位,有利于节制兴州地方势力;但由兴元府指挥兴、成、阶等州的军

---

① 《宋史》卷四〇二《张诏传》,第12184页。
② 《续编两朝纲目备要》卷四,庆元二年九月丁亥条,第72—73页。

事防御,路途遥远,难以奏效。实际情况正是如此:

> 利州东、西路边面利害,各自任责不轻,安抚一司本以镇抚军民,弹压盗贼,阶、成、文、龙、西和等州,正当边面,及与蕃夷接界,盗贼多于界首往来作过。今安抚司既在兴元府,去西和等州凡千余里,或有盗贼窃发,申安抚司,比至行下措置收捕,往往缓不及事。曩时朝廷分西路安抚,于兴州置司,且令都统制兼之,其意深远,以其便于节制。凡有盗贼,小则责以巡尉、寨将,大则守把官军会合收捕。统属既一,各尽其职,而奸黠知所畏惮,不敢轻于作过。自并安抚司后,强贼剽夺,无时无之。前者赵炳劫掠于北界,近张浦等复啸聚于黑谷山。安抚司相去辽远,未免关牒都统司,俾责守把官军掩捕,而都统司复牒安抚司督责巡尉、寨官收捉,西和等州又与都统争衡,军兵各持彼我,互相牵制。奸黠缘此观望,敢于为盗,深恐因此寖生边事。①

从以上资料可见,在利州路分为东、西两路时,由兴州来指挥阶、成等州的边防事务,"便于节制",游刃有余。而两路合并,以兴元府指挥阶、成等州,路途遥远,机构之间相互牵制,难以奏效。嘉定、宝庆之际,边防吃紧,坚持利州一路之制,不利于防御的弊端再次显露,有朝臣就提出"利东、西路戎帅可分而不可合","时论以为识时务之要,后皆如其言"②。

对利州路分合的利弊,时人有清晰的认识,其中吴泳的分析具有代表性:

> 往岁西陲用兵,国之门户,莫重于汉与沔也。郑公刚中首建分帅之议,东自剑门、利、阆、巴、蓬、大安而上为汉,杨襄毅政统之;西自天水、西和、岷、凤、阶、成而下为沔,吴武顺璘统之。纪律既一,而军心定;声援相接,而兵势张。当敌人蹂躏之余,而能自立国,隐然为蜀金城之重,亦以其处置得宜故也。乾淳、绍庆之后,或分或合,盖互有不同焉。合之者则以为,蜀中劲兵,西路为最,州城守帅,多任武臣,故不得不统于

---

① 《宋会要辑稿》职官四一之一一四。
② 《鹤山先生大全文集》卷八八《知黎州兼管内安抚高公崇行状》。

汉中,以削武兴之权。分之者则以为,关表四郡,遥制一方,设有缓急,恐失机会,故不可不兼设沔阳,以接四州之援。是二说者,不为无见于当时之务也。①

吴泳将南宋朝廷在利州路分合背后的真实意图表述得淋漓尽致,即合之"以削武兴之权",分之以加强对关外诸州的指挥,二者各有得失,均合乎"当时之务"。这反映出南宋中央在分化兴州地方势力与加强边疆防御中的两难困境。

时至南宋后期,蒙军崛起,兴州地域集团势力已经瓦解,削弱地方势力的任务逐渐淡化,加强边疆防御的任务日益凸显。因此,吴泳主张将利州路一分为二:

> 然以今日之理势言之,则武兴之权重,非所忧也;兴元之遥制,非所虑也。所可畏者,金方与我相安,而蒙古之焰已炽;熟蕃之道未塞,而生寇之衅已开。元兵自丁亥之春,骙铎龙桥,径犯旧州,登摩云岭,直捣西和,游骑偏师,时复出没于七方之下。则利西一路,在今日诚要害也。沔为利西之巨镇,既无城郭可以保民,又无财赋可以募士,布米之政,不足以赡众,丁夫之脆,不足以抗敌。拥之以节制之虚名,而不能行节制之实事,脱或一骑落于关头,而空城之守,其力恐不能支矣。为今之计,莫若仍分置帅臣,以重其权。帅权重则兵计密,生聚教训,攻战守御,益得以展布其略。汉中居左,沔阳居右,为之制阃者,坐筹握胜于中权,虽黑白部之强不能动矣。②

吴泳认为,兴州地方势力削弱后,利州两路合为一路的必要性降低,面对强大的蒙军进攻,加强防御成为此时的首要任务。而处在蒙军进攻前沿的关外西和等州的防御又是重中之重。若维持一路之制,由兴元府指挥关外之地,对防御极为不利。因此,再次强化与关外接近的兴州的地位,就显得尤为重要,将利州路一分为二,势在必行。不难看出,随着时局的变化,在利州

---

① 《鹤林集》卷三七《西陲八议·分帅》。
② 同上。

路分合这一问题上南宋朝廷关注的侧重点变化较大。在一定程度上,利州路分合成为反映川陕战区行政运行的一面镜子,从中既可以反映出兴州地方势力的盛衰变化,也可以反映出川陕军事防御形势的轻重缓急。

从上述分析可见,利州路分合各有利弊。从行政区划的两大原则来看,将利州路一分为二,兴元府、利、阆、洋、巴、剑、大安军等为东路,以兴元府为治所;兴、阶、成、西和、文、龙、凤七州为西路,以兴州为治所。东西两路的治所距各路州郡距离较近,政令易达,有利于加强各路内地治安和巩固各路所在的边疆一带的防务,体现出在行政区划中"山川形便"这一原则有利的一面。与此同时,兴州的地位上升,加之吴氏武将世代为兴州都统制、知兴州、利州西路安抚使,利州西路政区长官拥有通掌一路所有事务的权力,而且利州西路中拥有如仙人关、七方关、兴赵原、黄牛堡等险要关隘,兴州、成州、西和等州又是形势之地,由此在以兴州为中心的利州西路会出现凭借险要、独霸一方之势,这又表现出"山川形便"这一原则不利于中央集权的一面。在行政区划中打破"山川形便",强调"犬牙相入"的重要性就显得尤为突出。因此,将利州东西两路合为一路,以兴元府为整个利州路的政治中心,以兴州为中心的地区独据一方的趋势随之减弱。但,以兴元府通掌利州路事务,尤其是指挥阶、成、西和等州防务,距离遥远,政令难以下达,有鞭长莫及之憾,显示出"犬牙相入"这一原则的弊端。行政区域划分中"山川形便"与"犬牙相入"两大原则的利弊在利州路分合中体现得淋漓尽致。

总之,南宋利州路分合不断,但不是变化无常。面对节制兴州地方势力与加强边疆防御的双重目标,在吴曦之变前,节制地方势力尤为突出。南宋中后期,蒙军进攻,边疆危机加剧,又侧重边疆防御。加强中央集权、巩固政权是利州路分合变动中始终不变的主旨,时人所谓"庙筭区画,盖随时而施宜也"①,确为的论。

综上所述,兴州地域集团势力的存在与南宋节制武将、削弱地方权力的国策相违背。一方面,基于加强中央集权的需要,南宋朝廷在分化兴州地方

---

① 《宋会要辑稿》职官四一之一一八。

势力时采取了诸多措施:设置制置使、宣抚使节制武将,表现出"以文驭武"国策在节制兴州地方势力中的重要性;将数量多、战斗力强的西兵调集中央担任护卫,或征调他处,直接减少兴州的兵力,充实中央的军事力量,表现为兵力部署中的"强干弱枝";将川陕战区的军队分隶兴州、兴元府、金州三大都统制统领,再到后来分为四都统制统领,以期实现武将之间的互相制衡;实行兵民分离之策,减轻民众赋税,争取民心,将军队移屯他处就粮,防止军队与地方结成利益集团;实行兵将分离之策,限制武将在士兵招募与将领辟置中的权力;在行政区划中,通过利州路的分合,突出兴元府在川陕战区中的地位,以此削弱兴州的影响力。此外,还有学者认为,南宋朝廷将吴氏子孙置于朝中作为人质的"质子"制度等也起到了控制吴氏武将的作用①。以上措施在节制吴氏武将权力和分化兴州地域集团势力中的作用不容否定。

另一方面,由于川陕战略地位突出,防御任务艰巨,中央又不得不依赖武将势力,加之吴玠、吴璘等深谙宋廷的祖宗家法,一定程度上减少了南宋君臣的猜忌②。故,南宋中央不愿也不可能将兴州武将力量予以彻底瓦解,以致最后出现吴曦据兴州叛变之事。吴曦据兴州称王,正是南宋在外敌进攻的压力之下,兴州地域集团势力不断膨胀的结果。需要说明的是,为了防范兴州地域集团势力,中央采取的措施并不限于以上诸方面,还有一个重要的措施,即四川总领所制度,这将在下一章专门论述。

---

① 陈家秀:《吴氏武将对四川之统治及南宋的对策》,载《台北师专学报》1985 年第 12 期。
② 王智勇:《吴氏世将与南宋政治》。

第四章　南宋川陕边防财政运营

财政运营是川陕边防军政建设的重要内容。南宋川陕边防财政管理机构前期为四川都转运司，绍兴十五年（1145）之后为四川总领所。其中四川总领所存在的时间最为长久。四川总领所承担着川陕驻军物资供应的重要任务。此外，四川总领所通过干预军队财政事务，起到分化武将权力的作用，这是南宋中央加强对川陕战区控制的重要措施。

第一节　南宋川陕边防财政管理

一、川陕边防财政管理机构设置

南宋对各地驻军的财政管理与军饷供给设专门机构——总领所掌管。关于总领所的设置时间，李心传记载："总领财赋，古无其名……建炎末，张魏公用赵应祥总领四川财赋，始置所系衔，总领之官自此始。"①张浚以赵开总领四川财赋在建炎三年（1129）十月，则总领起始时间为建炎三年（1129）十月。绍兴十一年（1141）五月，南宋任命胡纺总领淮东军马钱粮，置司楚州；吴彦璋总领淮西江东军马钱粮，置司建康府；曾慥总领湖广江西财赋京

---

① 《朝野杂记》甲集卷一一《总领诸路财赋》，第225页。

湖军马钱粮,置司鄂州,同时授予总领"各专一报发御前军马文字,诸军并听节制。盖使之与闻军事,不独职馈饷"的职责。李心传在记载此事时曰:"总领官正名自此始。"①显然,赵开为四川总领只是限于官名而言,绍兴十一年(1141)五月的举措强调"总领"的具体权力范围,按李心传言,此时才"正名"。

南宋设置总领所的原因,在于节制武将的需要和恢复地方兵权与财权分离的祖宗家法②。南宋初年,武将势力崛起,形成中央权力旁落的局面。节制武将、恢复财权与军权分离的统兵体制的呼声自南宋建立之初就已出现。"祖宗以来,遣将出师,统制官掌兵,转运使措置钱粮,应副军兵,各不相统摄,使掌钱粮官得以修举职事,检察妄费,爱惜财用"。而今来"乃因统兵,胁持州县,或至驱掠官员,轻侮典宪"③。可见,设置专一官员掌管军队财政的要求极为强烈。绍兴十一年(1141)宋金和议,岳飞等三大将被罢军权,就在这一年,南宋设置淮东、淮西、湖广三总领所掌管军队财政,干预军政事务,其意义正在于此。

南宋川陕边防财政管理机构的设置与其他各地并不同步。南宋川陕战区财政管理机构的设置在绍兴十五年以前变化较大。建炎三年(1129)十月,张浚以赵开为"宣抚处置使司随军转运使,专一总领四川财赋"④。绍兴五年(1135)十一月,中央任命赵开为四川都转运使,川陕战区的财政管理机构变为四川都转运司⑤。赵开之所以改为都转运使,史载:"(赵)开尝论总领财赋,于四路漕计,或不相关,宜正其名,使知有所统属"⑥,乃诏赵开为四川都转运使。此后,都转运司成为居于川峡四路之上的一个独立的财政管理机构。

绍兴十五年(1145)四月,南宋中央以"四川驻扎军马已移屯近里州军,

---

① 《系年要录》卷一四〇,绍兴十一年五月辛丑条,第2250页。
② 雷家圣:《南宋高宗收兵权与总领所的设置》,载《逢甲人文社会学报》2008年第16期。
③ 《系年要录》卷二七,建炎三年闰八月戊戌条,第550页。
④ 《系年要录》卷二八,建炎三年十月辛丑条,第565页。
⑤ 陈璋:《论南宋初年四川都转运使》,载《大陆杂志》第41卷第5期。
⑥ 《系年要录》卷九五,绍兴五年十一月乙酉条,第1571页。

钱粮自有逐路漕臣应副,都转运司虚有冗费"之故,罢四川都转运司,将其职归入宣抚司①。都转运司的废除,造成宣抚司权力的膨胀,朝臣言:"宣司既典兵,又总财赋,则为非是,乞即宣司置四川总领一司",专门掌管钱粮事务。故,绍兴十五年(1145)十一月十八日,除赵不弃为之,初降指挥以"四川宣抚司总领财赋"为衔,后改为"总领四川财赋"②。至此,在南宋出现淮东、淮西、湖广、四川四大总领所。绍兴十八年(1148)五月二十七日,任命汪召嗣"为太府少卿总领四川财赋军马钱粮,专一报发御前军马文字。先以总领四川宣抚司钱粮为名,至是罢宣抚司,始改为四川总领"③。自此之后到南宋灭亡,四川总领之职相延不辍④。

从上可见,川陕边防财政管理机构设置的大致变化是,建炎三年十月至绍兴五年十一月,由"宣抚司随军转运使,专一总领四川财赋"掌管;绍兴五年十一月至绍兴十五年四月,设四川都转运司掌管;绍兴十五年四月至十一月都转运司废除;绍兴十五年十一月之后设置四川总领所掌管。其中,四川总领所在川陕边防财政管理中设置的时间最长,所发挥的作用也最大。

二、四川总领所的职能

按《宋史·职官志》,总领的职掌为"措置移运应办诸军钱粮……朝廷科拨州军上供钱米,则以时拘催,岁较诸州所纳之盈亏,以闻于上而赏罚之"⑤。而从实际情况看,四川总领所的权力范围较大,以下分别论述。

(一) 调度粮饷,稽察军政

"总领之职,在于调度粮饷,稽察军政而已"⑥。总领所最基本也是最主要的职能就是掌管、调度军队钱粮,稽察军队事务。

---

① 《宋会要辑稿》食货四九之四四。
② 程大昌:《演繁露续集》卷二《四川总领财赋结"总领"在"四川"上》,《丛书集成》新编本。
③ 《宋会要辑稿》职官四一之四七。
④ 雷家圣:《南宋四川总领所地位的演变——以总领所与宣抚司、制置司的关系为中心》,载《台湾师大历史学报》2009年第41期。
⑤ 《宋史》卷一六七《职官七·总领》,第3958页。
⑥ 《宋会要辑稿》职官四一之六三。

四川总领所掌管军队粮饷供应包括军队日常军费开支、战时粮饷补给、战后犒赏、置办军马武器等，试举几例予以说明。隆兴元年（1163）四月十七日，诏："四川总领所将诸军昨差出德顺屯戍官兵在寨老小当时的实数目，依三衙等处差出官兵例，支给犒设，仍出榜晓谕。"①淳熙十一年（1184）五月二十七日，诏四川驻扎御前诸军将士戍边日久，"可令总领所支拨桩管钱三十万道，特与犒设一次"②。这是战时及平时犒赏军队之举。淳熙六年（1179）十一月二十六日，诏四川总领所支降钱五万九千贯，付兴州、兴元府、金州，"委主帅给散诸军五口以上人"③。看来，总领还掌管供给军队家属钱物。显然，总领有军队物资保障机构的属性。

总领所稽察军政，通过掌管军费、招刺士兵、弹劾武将等途径得以实现。南宋之时，军队冗员与虚籍现象极为普遍，而川陕驻军尤其严重。军中冗员不但表现在士兵数量多，更严重的是将官数量超员。为了获得更多的军费，武将往往私自编造册籍，冒领军费。总领稽察军队，就包括核实军队官员与士兵的确切数目，按实际人数支付钱粮，杜绝军中冗滥之弊。如淳熙末年，赵彦逾为四川总领，因事先对军中虚籍有详细调查，责问吴挺："曷若损六千人之虚籍，宽四川之重赋，不亦可乎？"④故有确凿证据应对武将，以此才能革除虚籍之弊。

革除军中虚籍的主要举措，就是在招刺士兵时总领始终参与其中，使总领能够尽知具体招兵数目，按数支付钱粮，防止冒领。绍兴三十二年（1162）四月二十七日，诏："诸路大军每遇招收到人，并先具姓名报总领所，每旬委总领官及都统制，就本所或教场，同共当官填刺军号，其效用等不刺手面之人，亦令对众审问投名月日，诣实应干合得衣粮之类，一面从总领所画，自当日并与按旬月日两季径行帮勘支给具数，申省部照会。"⑤诏令明确要求招

---

① 《宋会要辑稿》兵五之二〇。
② 《宋会要辑稿》兵二〇之三二。
③ 《宋会要辑稿》兵二〇之三一。
④ 《朝野杂记》乙集卷九《安观文诛曦势顺》，第654页。
⑤ 《宋会要辑稿》职官四一之五一。

刺士兵时,要及时上报总领备案,而且招刺之时,总领要审问核实,做到心中有数,支降财物有据可依,从源头上杜绝虚籍与冒领现象的发生。宁宗时,袁说友上言:今江面、蜀口诸地屯戍军队,"升加之法百不举一",因此建议,将弓弩手、枪刀手每日比试,"令总领同统帅亲与审试,不得徇情,须从实升加犒设外,照格增添请给等,具名奏闻。仍仰总领所措置财赋,考核吏奸,关防渗漏,以供军之余,充升加增添钱物等使用"①。总领参与招刺、申试士兵,以此了解军中事务,以便采取相应的供给措施。

总领稽察军队还包括按劾武将的不法行为。军队从事贸易活动在宋朝极为普遍,史书将之称为"回易"。军队"回易",往往造成私役军士、延误军事训练等不良影响。南宋川陕战区同样如此,"关外诸军多为诸将私役者"②。对于这一腐败行为,稽察与节制之权同样赋予总领。绍兴二十五年(1155)十二月辛卯,针对"诸军统兵官,类多私役军士"之事,中央下令:"在内御史,在外委总领官按察劾奏,三省枢密院取旨,重置典宪,如按劾官司知而不纠,与同罪。"③南宋川陕战区实行营田,但营田收入多为武将占有。对此,中央予以四川总领所检察之权。如绍兴十八年(1148)十二月,尚书省批状:"四川营田就委都统制检察措置耕种,将每年所收斛斗,除分给官兵并桩留次年种子外,尽数报总领所拘收。"④虽然武将对营田有经营权,但应当将每年的收支情况上报总领所,以此使总领在供给军费中有的放矢,也可以防止武将私占等腐败现象发生。

武将为增强势力,往往培植私人力量,这是中央坚决打击的行为,而这一任务同样由总领承担。乾道元年(1165)二月二十日,诏:"应内外诸军统制将佐等,除定员外,并行减罢,今后辄作名目增重员阙,内委御史台,外委总领,常切纠察,按劾以闻,差与被差之人,并加重罚。"⑤可见,中央严厉防

---

① 袁说友:《论升加之法为军政急务(宁宗时)》,载《历代名臣奏议》卷二二四,第2954—2955页。
② 《朝野杂记》乙集卷一七《关外诸军多私役》,第819页。
③ 《系年要录》卷一七〇,绍兴二十五年十二月辛卯条,第2792—2793页。
④ 不著撰人:《宋史全文》卷二一下,绍兴十八年十二月丙寅条,文渊阁《四库全书》本。
⑤ 《宋会要辑稿》职官三二之三九。

止军队统制、将佐的超员,总领具有纠察按劾之权。防止将佐超员,主要原因是超员之人往往是武将培植的私人力量,乾道七年(1171)二月十六日的一条诏令就形象地反映了这一事实:"从来帅臣循习旧弊,于改除之际,额外多差将佐之属,以示私恩。可令内外诸军,除合用员额外,余日不并罢,今后除准备将以上,遇有升差,依指挥令赴枢密院、总领所审察。"①由此看来,总领非单一的军队物资保障机构,又有军队监察机构的属性。

(二) 荐举与按劾地方官员

四川总领自设立之日起就拥有举官之权。建炎四年(1130)七月十四日,宣抚处置使张浚言:"总领四川财赋所属五十余州,乞依陕西路转运使例举官。"中央批准其请求,总领拥有举官之权得到确认②。中央还明确规定总领举官的人数与责任。绍兴二十六年(1156)十月七日,诏:四川去朝廷遥远,"可令逐路监司帅臣各举京朝官知县资序以上人勘充郡守者二人,内制置、总领、都大茶马各举三人奏闻,如被举后犯赃罪及不职,与同罪"③。至于中央赋予总领荐举偏裨佐校可为将帅之人的权力,更是总领干预军政事务的重要途径。如绍兴末年,四川总领王之望针对吴璘有病在身,担心引起混乱,上书推荐吴拱,"使璘腹心有助"④。

总领具有按劾地方官员的权力,是其供给军粮职责的延伸。总领掌管的粮饷物资,除朝廷临时拨付之外,主要依靠征催当地财赋予以保证,这决定了总领与地方官员在征收赋税中关系极为密切。淮东、淮西、湖广三总领所,"为总领者,但能拘收出纳而已,固非能以通融取予之术行乎其间也……惟四川总领所,自建炎以后专掌利权,不从中覆,故得以守其职业焉"⑤。四川总领所拥有较大的财赋征收与支配权力,一旦地方官员出现拖沓延误等事,总领对其还拥有弹劾之权。只有如此,才能保证总领所的物资来源,使

---

① 《宋会要辑稿》职官三二之四三。
② 《宋会要辑稿》选举二九之二〇。
③ 《宋会要辑稿》选举三〇之四。
④ 《系年要录》卷一九五,绍兴三十一年十二月辛丑条,第3290页。
⑤ 《朝野杂记》甲集卷一七《淮东西湖广总领所》,第390—391页。

总领能够"守其职业"。

中央赋予总领按劾地方官员的权力,是实现军费供应的重要保证。绍兴十六年(1146)六月二十八日,诏:川陕驻军"岁用钱物如州军拖欠,即从所隶漕司按劾。若漕司盖庇,失于检察催发,即从四川总领所按劾。其四路提刑、常平司如拖欠,违期不起,亦一体施行"①。可见,四川总领按劾官员,是为了防止诸如州军拖欠钱物、漕司不监察催发以及提刑、常平司拖欠违期等影响军费供应弊端的发生。同时,也可看到四川总领按劾官员范围之广,漕司、提刑司、常平司官员均在其中。

绍兴二十九年(1159)八月三日,总领四川财赋军马钱粮许尹上奏:

> 四川见屯大军,用度至广,年额合起赡军,其间公然拖欠不催,漕司州郡容庇,不加程督,即目未起钱引计七百二十余万道,已行下分限催促外,欲乞候岁终,从本所取逐路州县拖欠数目尤甚者,具申朝廷重行黜责。②

对拖欠军费数目较大的州县官员,总领许尹拥有上奏朝廷"重行黜责"的权力。绍兴三十一年(1161)四月十七日,四川总领王之望上言:"将诸州军年额合起钱物,自正月一日至十二月终实起到库钱数,比较从上起发岁额无亏欠,又从下取亏欠最多处各十一处,具知通姓名,申尚书省,候逐官任满改授差遣日,乞朝廷参照勤惰,斟酌施行。"③显然,地方官员今后的改官升迁等,四川总领有相当的发言权。而且中央不断重申总领为保证军费供应无误而按劾地方官员的职责。

开禧元年(1205)十一月三十日,针对地方官员在征缴总领所财赋中的欺隐之事,中央规定,"于郡守离任之日,各令具本任内合解总所财赋有无亏欠,如亏者,即诘其由,重加责罚,至若在任尤弛慢者,亦许总所按奏。如此则诸郡知畏,而财赋必不致有亏,缓急必不致误事"④。强调总领拥有按劾

---

① 《宋会要辑稿》职官四一之四六。
② 《宋会要辑稿》职官四一之四八。
③ 《宋会要辑稿》职官四一之五〇—五一。
④ 《宋会要辑稿》职官四一之六五—六六。

之权。淳熙十四年(1187)三月六日,四川总领赵彦逾上奏:"诸州桩积钱粮,乞令各路运使每季点检",其原因是,"先降指挥,总领不与桩积米斛,本为淮东西湖广三处,即不曾札下四川。上曰:'蜀中粮斛,总领自当干预,彦逾既有请,可分明札下照会。'"①既然明确总领干预蜀中粮斛事务,这就更进一步确认总领在处理有关催征地方赋役之事时,对与此直接相关的地方官员有按劾之权。

从实际情况看,四川总领按劾地方官员颇有政绩,甚至有的并不与催征钱粮有关。如淳熙六年(1179)八月二十五日,知金州王彤追三官勒停,"以四川总领李昌图言,彤知金州日,将趱剩钱造金器入己,有司鞫得其实,故有追毁之命"②。庆元五年(1199)正月六日,新差知眉州成绘罢新任,"以四川总领权安节奏,绘前守成州,贪饕无术,今命眉州,必不改前非"③。等等。

(三) 赈灾济贫

总领调度粮饷,稽察军政,按劾地方官员,均与军费供应密切相关。诸多事例表明,总领在地方非军事事务中同样发挥着重要作用,赈灾济贫就是一个重要方面。

在赈济过程中,中央对总领的职责要求极为明确。首先,总领要经常深入民间,考察灾情,及时上报。绍兴二十七年(1157)十月辛酉,诏:"四川制置司、总领所、转运、常平司,各具所部州县有无旱伤闻奏。"如有旱伤,即行减放④。总领所是财物集中之地,有其参与赈灾,才能得到必需的钱物。而且在赈济中,总领与制置司、转运司、常平司"各具所部州县有无旱伤闻奏",防止由单一机构组织救灾,产生徇私舞弊的可能;"各具闻奏",有利于获得真实的情报,以便及时作出决定。

其次,总领要督察具体赈灾的过程,严明赏罚。绍兴二十六年(1156)七月戊午,诏:近来诸路监司守臣条具便民宽恤事件,因四川去朝廷远,民众不

---

① 《宋会要辑稿》职官四一之六〇。
② 《宋会要辑稿》职官七二之二四。
③ 《宋会要辑稿》职官七四之五。
④ 《系年要录》卷一七八,绍兴二十七年十月辛酉条,第2940页。

能得到实惠,"令制置使萧振、总领财赋汤允恭催督,如奉行不虔,按劾以闻,当重置典宪"①。总领具有监督赈灾官员的权力,对于赈灾不力之官员,弹劾闻奏,予以罢免。如绍熙五年(1194)十一月五日,四川总领冯震武上奏,知隆庆府赵善诏减克赈济米斛,将其罢免②。

再次,总领要做好救灾物资储备,准备随时调用。如淳熙十六年(1189)十一月十八日,诏:"四川总领所于阶、成、西和、凤州桩积陈次物斛内各借一万石",拨隶利州路运司,准备将来贷济阙食人户③。

至于具体赈灾方式,由总领所拨付钱米是主要形式。如淳熙十年(1183)二月八日,诏:四川总领所支钱印一万道,米五千石,付潼川运副张玹专用赈济④。减免籴买军粮也是赈灾的一种间接措施。曾任四川制置使的汪应辰上奏,利州路剑州旱歉,总领所"蠲免本州今年民间科籴一料";之后,绵州荒旱,总领所"更不于民间收籴"⑤,即通过减免籴买军粮来减轻灾情。

(四) 对外支付

南宋四大总领所有明确的地域分工,镇江诸军钱粮,淮东总领掌管;鄂州、荆南、江州诸军钱粮,湖广总领掌管;建康、池州诸军钱粮,淮西总领掌管;兴元、兴州、金州诸军钱粮,四川总领掌管⑥。总体来说,大体如此。但四川总领所除掌管川陕战区驻军钱粮供应外,还经常应付湖广地区驻军物资供应,体现出四川总领所对外支付的职能。在应付湖广之地驻军钱粮时,由于数量大,转运困难,给四川总领所带来巨大的压力,所以,四川总领不时提及此事,并要求予以停止。但基于四川资源丰富等原因,供应湖广驻军物资费用始终存在,成为四川总领所的职能之一。如乾道元年(1165)十月十三日,江西京西湖北总领司马倬言,近承指挥,"令取拨四川白契税钱一百五十万贯,趁本所桩管,缘四川系行使铁钱地分,计置轻赍赴鄂州军前,止得七

---

① 《系年要录》卷一七三,绍兴二十六年七月戊午条,第2859页。
② 《宋会要辑稿》职官七三之六〇。
③ 《宋会要辑稿》食货六八之九〇。
④ 《宋会要辑稿》食货六八之八一。
⑤ 《文定集》卷四《再奏蜀旱歉》。
⑥ 《宋史》卷一六七《职官七·总领》,第3959页。

十五万贯,深恐缓急不足支用,今欲乞于内更行取拨五十万贯,补助三大军岁计支用"①。仅此次取拨,就先后达一百二十五万贯。再如淳熙四年(1177)二月十五日,尚书省言,"湖广总领所淳熙四年岁计内一项四川合起纲运一百六万余贯,除折阅一半外,实有五十三万贯,已降指挥,令四川总领所拘截五年桩积备边使用,理合别行科降"②。

湖广总领截用四川总领所财物不仅数量巨大,更重要的是运往湖广等地路途遥远,转运不便,成为四川总领所的沉重负担。既要应付川陕战区大军的费用,又要不时承担湖广之地军队的供应,使四川总领所入不敷出。以王之望为总领时的情况为例,就可见其一斑。王之望曾讲述四川总领所运行的困境:

> 孤立一司,独抗三边,费尽调护诸帅,幸皆无事。而湖广总领所横相侵迫,殊不晓所谓。方此扰攘,尤费应酬。蜀中向发吴拱下三千二百余人、数百匹马,隶鄂州军,各借请三月去矣。朝廷令吴璘限一季招填,则已无此额。而湖广申请,将元额衣粮草料,从蜀中应付津般之费,岁计五百六十余万引,此为可行乎?③

蜀中拨发士兵、战马给鄂州,而湖广又变本加厉,又由四川总领所继续承担这些士兵与战马的费用。四川总领所在供给川陕战区军费中已经不堪劳顿,捉襟见肘,现在又要供给鄂州军马,无异于雪上加霜。至于从四川总领所转运至湖广之地,费用开支更大,"自蜀中津运至鄂州,虽曰顺流,而江道险阻,运纲之费甚夥"④。

四川总领所除应付川陕战区的开支,并兼及湖广等诸军钱粮外,茶马司买马同样由四川总领应付,而且四川总领往往兼任提举买马公事等。再以王之望为总领时的情况为例来说明。绍兴末年,王之望为总领兼权提举秦凤等路买马监牧公事。时中央派虞允文为四川宣谕使,专委招军买马,虞允

---

① 《宋会要辑稿》职官四一之五二。
② 《宋会要辑稿》食货五一之一〇。
③ 《汉滨集》卷九《与徐左司论军须钱书》。
④ 《性善堂稿》卷六《重庆府到任条奏便民五事》。

文要求四川总领所应付费用开支。王之望曾申述总领所的窘境："以前总领兼领茶马,是欲那取催收之资,以济军用。今来之望权秦司,却是暗侵总所财物,以供买马。当此军兴调饷之际,以一司所有,供三大司非泛之用,其将何以应给？"①可见,对外支付成为四川总领所的沉重负担,直接影响到其供给川陕战区驻军这一基本职能的发挥。

综上所述,川陕战区掌管军队财政事务的官员自建炎三年(1129)赵开为四川总领开始,之后其名称一度改为都转运使,绍兴十五年(1145)十一月之后,始终设总领一职掌管。四川总领的权限范围较大,但掌管川陕驻军粮饷供应和参与川陕军政事务,是其最重要的职责。至于在军队粮饷供给与财政运营中总领与武将的关系,这将在下文进一步探讨。

第二节　南宋川陕边防财政运营中的权力博弈

总领所是军队后勤物资保障机构,这决定了总领所的主要工作是围绕军队的粮饷供应而展开。对总领所的这一职能,南宋人称："国以兵为威,以食为命,天下四总,无非钱谷之所聚。"②从供应军饷的角度看,总领所的职能似乎比较简单。但总领所设置的初衷并非仅限于供军而已,而是通过掌管军队钱粮,干预军队事务,节制武将的权力,所谓"各专一报发御前军马文字,诸军并听节制。盖使之与闻军事,不独职馈饷云"③。作为总领所的长官,总领实际上承担"馈饷"和"与闻军事"双重任务。时人称："任总饷之寄者,足食与兵,要非难事。惟能使将知忠,使士知义,人人宿饱而无怨,挺然思报其上而不怠。"④这一看法概括了总领所的两种职能,但担任总领一职,既要"足兵食",又要"使将知忠",认为"要非难事",恐怕与史不符。

---

① 《系年要录》卷一九八,绍兴三十二年三月条,第3353页。
② 《宋会要辑稿》食货四四之二〇。
③ 《系年要录》卷一四〇,绍兴十一年五月辛丑条,第2250页。
④ 程珌:《洺水集》卷一四《回宋总领》,文渊阁《四库全书》本。

以四川总领为例,诸多事例表明,在应付军饷的过程中,总领与武将之间冲突不断①,总领不时遭到武将弹劾,由此丢官卸职。在处理总领与武将冲突时,南宋中央的态度往往因形势发展的需要而变化。因此,在总领与武将冲突的背后,含有中央如何掌控地方武将这一核心因素,从中体现出中央与地方关系的内容。以下笔者选取有代表性的四川都转运使、总领与武将权力博弈的事例,作个案分析,观察南宋中央如何通过军队财政管理达到对川陕武将权力的分化,以此实现加强中央集权的目的。

一、赵开、李迨与吴玠的冲突

赵开(1066—1411),字应祥,普州安居人。建炎三年(1129)十月至绍兴六年(1136)八月的七年时间中,赵开主管川陕战区粮饷供应。赵开在川陕战区的理财措施等,学界已有详论②,此处只关注其在理财中与武将的关系。

根据赵开担任官职的性质,分为两个阶段。第一阶段,从建炎三年(1129)十月至绍兴五年(1135)十一月,赵开为"宣抚处置使司随军转运使,专一总领四川财赋"。第二阶段,从绍兴五年(1135)十一月至被罢免,赵开为"四川都转运使"。第一阶段虽有"总领"之称,但赵开只是宣抚司的属员,没有独立的财政权力,从其行事即可见其一斑。首先,赵开是张浚以"承制"的形式任命的,称为"宣抚司随军转运使,专一总领四川财赋"③。之后赵开的升遣掌握在宣抚司手中,绍兴元年(1131)十月甲申,"(张)浚已用便宜,特授开直龙图阁"④就是明证。而且赵开的财政改

---

① 此节专门讨论四川总领与武将的关系,关于四川总领所与四川宣抚司、制置司的关系,参见雷家圣《南宋四川总领所地位的演变——以总领所与宣抚司、制置司的关系为中心》。

② 关于赵开改革盐、茶、酒政等理财措施,参见陈璋:《论南宋初年四川都转运使》;杨倩描:《赵开酒法述评》,载《河北大学学报》1986年第3期;杨师群:《也评赵开酒法——与杨倩描同志商榷》,载《河北大学学报》1989年第1期;胡宁:《论赵开总领四川财赋》,载《西华师范大学学报》2004年第3期。

③ 《系年要录》卷二八,建炎三年十月辛丑条,第565页。

④ 《系年要录》卷四八,绍兴元年十月甲申条,第866页。

革等,均是在宣抚司名义下进行的,如赵开变更盐法,朝臣认为不可行,"诏以其章示浚",由宣抚司决定盐法改革是否进行①。在这一阶段,吴玠等武将与赵开均处在宣抚处置使张浚的统属之下,并没有引起赵开与武将间的冲突。

吴玠为四川宣抚副使之后,赵开才正式拥有节制武将的权力,而此时赵开的官职并不是"总领",也即非四川宣抚司的属员,而是由南宋中央任命的四川都转运使。赵开由四川宣抚司之属员"总领",改为朝廷之"都转运使",隶属关系不同,权力与职责大相径庭。史载,绍兴五年(1135)十一月十六日,中书门下省言:"四川财赋虽有漕臣经画,窃虑无所统属,常赋出入,难以稽考。"②"(赵)开尝论总领财赋,于四路漕计,或不相关,宜正其名,使知有所统属"③,于是中央任赵开为四川都转运使。南宋四川都转运使之设置,筹划军队粮饷与理财是其重要职责,但从其实际权力运行来看,远非如此简单。正如陈璋先生的研究所示,宋代采取强干弱枝政策,严密防范地方军人势力的膨胀,都转运使为朝廷命官,握有财政大权,直接听命于朝廷,致使地方军政权与财政权分离,地方军人势力难以坐大④。赵开所言"宜正其名,使知有所统属",其深刻用意正在于此。在此背景下,作为朝官之赵开与武将吴玠之间的冲突典型反映出南宋川陕边防财政运营中权力博弈的实际状态。

任命赵开为都转运使,是朝廷节制吴玠的重要举措。从川陕战区的行政运行看,"自张浚召还,而川陕宣抚处置副使王似、卢法原,人望素轻,颇不为都统制吴玠所惮"⑤。王似等难以胜任。之后,邵溥为权川陕宣抚副使,与吴玠共同掌管军队粮饷等事,"然自是战守事玠始专行,溥盖不得预"⑥。邵溥亦无力节制吴玠。绍兴六年(1136)正月,邵溥赴行在,节制吴玠的宣抚

---

① 《系年要录》卷三二,建炎四年四月辛卯条,第633页。
② 《宋会要辑稿》食货四九之四二。
③ 《系年要录》卷九五,绍兴五年十一月乙酉条,第1571页。
④ 详见陈璋《论南宋初年四川都转运使》。
⑤ 《系年要录》卷七二,绍兴四年正月戊辰条,第1204页。
⑥ 《系年要录》卷八七,绍兴五年三月壬午条,第1441页。

使等即使在名义上也不存在。其后,吴玠"专治兵事,军马听玠分拨,钱粮令都转运使赵开拘收"①。通过军费节制吴玠,成为中央唯一可用的措施。担任都转运使后,赵开与吴玠的冲突日益白热化,赵开最终为吴玠奏免。

赵开与吴玠的冲突源于军粮问题,主要围绕陆运还是水运展开,其中赵开主张水运,吴玠坚持陆运。

进而言之水运与陆运首先表现为具体粮饷转运方式的不同,"水运迟而省费,陆运速而劳民"②。赵开与吴玠持不同看法,源于出发点不同所致。绍兴六年(1136)六月辛酉,侍御史周秘对陆运与水运作过比较:

> 臣近见川陕宣抚司屡以粮运不继,闻于朝廷,而四川总制财用赵开,亦称所运粮斛,尽已起发。臣不知其孰是也。今漕司之所较者,惟船运之费而已……水运稍远,其行虽迟,而所费至少;陆运稍近,其行虽速,而所费至多。宣抚司欲其速至,则必以陆运为便;总制官欲其省费,则必以水运为便。此大将之所以有言,而漕臣之所以自辩也。③

也即武将着眼于军粮按时供应,因此主张快速陆运,却忽略了陆运成本之大。赵开负责军粮供应,对每一笔开支都计算周详,主张水运,节约运费,节省民力。

进而言之,水运与陆运不仅仅是粮饷转运方式的区别,更涉及到财政权的归属问题,水运与陆运之争的背后是武将对财政权的争夺。

"初,川陕宣抚副使吴玠与随军转运使赵开不合,玠谋为牵制之举,必欲从陆运粮,开执不可,玠迄自为之"。吴玠坚持以陆路运粮,显然突破了"专治军事"的权力范围。此次陆运,两川调夫运米十五万斛至利州,率四十余千而致一斛。"时玠令县官部役,先至者赏,役夫饥病相仍,死于道路"。而专门掌管钱粮之赵开,"惧不敢言",遣主管文字左奉议郎张洙按后期者,而

---

① 《系年要录》卷九七,绍兴六年正月辛巳条,第1600—1601页。
② 《系年要录》卷一一〇,绍兴七年四月丙辰条,第1789页。
③ 《系年要录》卷一〇二,绍兴六年六月辛酉条,第1675—1676页。

张浚"听民以粟输内郡官,募舟载粟挽以上"。结果"玠大怒,以深文诋浚,赖宣抚司置勿问,虽开亦以为难"①。如此看来,吴玠坚持陆运是试图获取财政权力的一种手段而已,至于是否缺乏军粮倒在其次,这是武将势力日益增长的一种反映。吴玠势力的膨胀从军费消耗一项即可见其一斑。绍兴五年(1135),四川收钱物共三千六十余万缗,支出四千六十余万缗,"而玠一军所费为二千三百七十万缗"②。吴玠军费消耗数量巨大,源于开支中的诸多特权所致:

> (张)浚之初入蜀也,在军中者,皆依衔官例给券,有职事人支供给月犒,队下敢效支钱米,其余兵校,则依军额支衣粮及料钱。及玠专为宣抚副使,始别立格例,队官已上依衔官支驿料供给,队下有官人以武艺高下给月粮,又添支绢钱,敢效诸军依军额外,以武艺高下添支银钱,盖以为激劝也。然诸军折色米麦,各以军屯所在之直为准,故米每石,少者八九千,多者至十二千。议者患其不均,然沿袭既久,终莫能革也。③

显然,吴玠上任后军队非正常开支名目繁多,数量巨大,"议者患其不均,然沿袭既久,终莫能革"一语,反映出武将权力之大。曾任权宣抚副使的邵溥,也曾因转运粮饷与吴玠发生冲突。吴玠欲陆运,邵溥坚持水运,认为:"今春驱梁、洋遗民负粮至秦州,饿死十八九,岂可再也?且宣司已取蜀民运脚钱百五十万,其忍复使陆运乎?"④可见,吴玠已经获取蜀民运脚钱一百五十万,再行陆运,意味着得到双倍的军费。

绍兴六年(1136)七月,监察御史刘长源上书:

> 都运赵开应副关外军粮,绍兴五年之数,比绍兴二年四倍,比三年三倍,比四年一倍,每岁倍索,稍有稽缓,直申朝廷,遂云误国。夫粮所以赡兵,必兵倍增然后粮亦倍增,未闻其逐年益兵也。度其私心,盖谓

---

① 《系年要录》卷八〇,绍兴四年九月甲戌条,第1318—1319页。
② 《系年要录》卷九五,绍兴五年十一月丙戌条,第1572页。
③ 《系年要录》卷九七,绍兴六年正月辛巳条,第1601页。
④ 《系年要录》卷九五,绍兴五年十一月丙戌条,第1572页。

倍索粮数,必有亏额,恐因寇至兵溃,欲移罪于漕运之臣,其自谋则善矣,如社稷生灵何?①

如此看来,军费逐年增长,并非士兵数量增加所致。军队"倍索粮数",出现粮饷供给不足的假象,以此来转嫁战争失败的责任。赵开也曾上言应付吴玠军费的情况,"绍兴四年,总为钱一千九百五十五万七千余缗,五年视四年又增四百二十万五千余缗"。并提出解决办法,"军务惟钱粮最为要切,欲乞自都督府节制其调发,则无轻举妄动,枉费钱粮,亏损威势,自都督府节制其用度,则将兵请给,皆可核实裁处,量入为出"②。刘长源认为赵开应付军费,绍兴五年是四年的一倍,然,当事人指出五年比四年的增长数额为四百二十多万,虽然四百二十多万比增长一倍要少得多,但依然是巨大的开支。而且从赵开建议的解决办法看,由都督府节制军费调度,"量入为出",才能避免枉费之举,从此正反映出赵开自身无法做到量入为出,节制武将就更无从谈起了。之所以至此,武将权力强大是根本原因,这正是绍兴初年外患加重,朝廷依赖武将抵抗金兵这一现实情势的反映。

吴玠与赵开的冲突必然影响到整个川陕战区的抗金形势,为化解矛盾,绍兴五年(1135)十月乙卯,南宋任命席益为成都潼川府夔州利州路安抚制置大使。"先是,川陕宣抚副使吴玠与都转运使赵开不咸,玠叠以馈饷不给诉于朝,开亦称老病求罢,故命益往帅。诏以益前执政,序位在宣抚副使之上。逐州兵马并隶大使司,如边防紧切大事,即令宣抚司处置,其调发隶都督府"③。可见,新的权力格局下,吴玠的权力受到一定的限制。绍兴六年(1136)三月,中央再次作出限制吴玠的举措,此次赋予赵开更大的权力。"先是,川陕宣抚副使吴玠数言军前粮乏,水运留滞,缘军食少阙,所系至重,缓急生事,愈害百姓。诏开躬往军前,极力措置水运,如委迟缓,不能接济见今急阙,即随宜从长措置"④。"随宜从长措置"类似于"便宜行事"。

---

① 《系年要录》卷一〇三,绍兴六年七月乙未条,第1687页。
② 《系年要录》卷一〇四,绍兴六年八月癸卯条,第1694页。
③ 《系年要录》卷九四,绍兴五年十月乙卯条,第1556页。
④ 《系年要录》卷九九,绍兴六年三月癸酉条,第1625页。

回过头来看吴玠与赵开究竟有何嫌隙，结论只能从对财政权的争夺中得到解释。李焘撰《赵开墓志铭》称：

> 武安(吴玠)实专治军，于财赋盈虚，初未尝问，惟务足吾军食而已，与公(赵开)素所操持浸异。武安谋为牵制之举，必欲从陆运粮，公执言不可，武安讫自为之。①

仔细推敲李焘的记载，吴玠专治军事，对财赋之事"初未尝问"，只求粮饷充足而已。但随着地位步步上升，与赵开"素所操持浸异，武安谋为牵制之举"，显然其行动受到赵开的限制。一个"谋"字，形象地表明吴玠"必欲从陆运粮"只是一个借口，而且粮饷不济足以成为赵开失职的罪名。事实正是如此。绍兴六年(1136)八月，吴玠与赵开冲突呈白热化，吴玠与赵开不断上书，互相攻击，使得中央不得不作出决定，任命李迨为都转运使，赵开被免。"朝论悉言开与玠、益不可共事，故有是命"②。

宋金战争形势严峻，抵抗金兵的"攘外"任务急于节制武将的"安内"措施，这正是南宋中央处理吴玠与赵开冲突时的考虑之处。基于这一现实需要，中央权衡利弊的结果，就是维持武将在当地的权威，使之继续发挥保边固疆的作用。在水运与陆运之争中，尽管赵开主张的水运具有节省费用与体谅民生的优势，但赵开还是被罢免，原因即在于此。

李迨(？—1148)，郓州东平人。绍兴六年(1136)八月担任四川都转运使，绍兴八年(1138)二月罢免。绍兴六年(1136)八月，为了解决川陕战区武将与财政大臣的冲突，南宋中央先后采取了两项措施。任命李迨代替赵开为都转运使是其一。③

中央采取的另一项措施值得仔细玩味。绍兴六年(1136)八月壬子，中央任命"直宝文阁川陕宣抚司参议官陈远猷充秘阁修撰四川转运副使"。值

---

① 李焘：《赵待制开墓志铭》，载《名臣碑传琬琰之集》中卷三二。
② 《系年要录》卷一○四，绍兴六年八月癸卯条，第1694页。
③ 关于李迨在川陕的理财措施等，参见陈璋《论南宋初年四川都转运使》。

得注意的是,陈远猷由川陕宣抚司属员的身份改任为负责军队供给的转运副使。对于这次任命,史载:"朝廷以吴玠与计臣不和,故用其幕客为副焉。"①显然,针对川陕战区财权与军权分离带来的弊端,中央并未实行合而为一之策,而是将宣抚使属官改任为转运副使。是时,四川都转运使乃李迨。从重新形成的权力格局看,中央明显偏向于吴玠一方。为保障军费安全,先罢赵开之官,后升宣抚使属员为转运副使,中央既坚持兵财分离之祖宗家法,又要解决问题,发挥武将的力量,良苦用心,可见一斑。而事态继续向有利于武将的方向发展,这从对陈远猷的再次任命中得到反映。绍兴七年(1137)七月甲子,"直秘阁修撰四川转运副使陈远猷兼川陕宣抚司参议官,提点本司营田"②。这一任命,意味着陈远猷一人身兼负责军费的四川转运副使与作为宣抚司下属的参议官两任,换句话说,吴玠的"幕客"拥有了掌管本军财政事务的权力,权力的天平明显倒向武将一方。在这一时期,再次发生吴玠上言军队阙食而惩处漕臣之事。绍兴六年(1136)八月辛酉,成都府路转运判官安郊追五官,成都府路转运副使贾若谷降三官,"先是,川陕宣抚副使吴玠言,军前粮食屡阙,伏望勾臣赴行朝应副使唤,免致有误边防,虚负罪责。而抚谕官刘子羽等亦言,得制置大使席益咨目,称郊端坐廨宇,一向弛慢,故贬"③。在上述权力格局下,留给都转运使李迨施展才能的空间已经不大。

中央精心设置的权力模式在实际运行中并没有起到预期的效果。李迨与吴玠冲突不断就是证明,李迨与吴玠之冲突成为南宋川陕边防财政运营中权力博弈之又一典型案例。

绍兴八年(1138)二月乙亥,李迨罢免,"用川陕宣抚副使吴玠奏也"。史载:"迨与玠以职事间积不相能,会给军逾期,利州营妇遮其马首悖詈,迨不自安,乃求去。及是,玠章亦闻。"④可见,二人冲突依然是以粮饷供应问

---

① 《系年要录》卷一〇四,绍兴六年八月壬子条,第1698页。
② 《系年要录》卷一一二,绍兴七年七月甲子条,第1812页。
③ 《系年要录》卷一〇四,绍兴六年八月辛酉条,第1702页。
④ 《系年要录》卷一一八,绍兴八年二月乙亥条,第1907页。

题的形式出现,"给军逾期"成为问题的症结所在。

先看军费开支中吴玠与李迨的冲突。李迨调度军费颇为出色,绍兴七年(1137)五月,因其"能裁抑冗滥",特下诏奖谕①。而且中央令"迨以每岁收支之数具旁通驿奏",现将李迨调查的都转运司的收支情况整理如下②:

时 间	收 入	支 出	缺 额
绍兴四年(1134)	3342万余缗	3393万余缗	51万余缗
绍兴五年(1135)	3060万余缗	4060万余缗	1000万余缗
绍兴六年(1136)		3276万余缗	
绍兴七年(1137)	3667万余缗	3828万余缗	161万余缗

可见,都转运司绍兴四年(1134)至绍兴七年(1137)之间,每年开支大于支出,收入的增长不能满足开支的增长,"支数增多,终是应副不足"。缺额较大,入不敷出,呈恶性循环的发展状态。从李迨的预测看,绍兴七年(1137)"帐内收数,系是额管约收之数,递年有亏无增,其支数系是按例实支之数,递年有添无减。若将来取数稍亏,支数稍添,则不待来年,便有阙少"。由于入不敷出,结果"逐月拖欠大军折估,及梓夔路籴本水脚计司,坐此取怒大将"③。

继续追究财政开支的具体去向,李迨的调查如下:

> 议者皆谓军中支费冗滥,臣初亦疑之,近因检察,乃得其实。且如折估钱一项,每年计钱引一千三百一十七万,以上件折估钱十贯折米一石为率,约计米一百六十八万。今每年应副正色米九十七万(七十九万系水运,八万石系就纳,九万九千石系就籴。)通估钱所折米共二百六十五万。本司不见得宣抚司即今官兵实数,止有绍兴六年,朝廷遣使取旨到诸头项官兵共计六万八千四百四十九人,决无一年用二百六十五万石米之理。其折估钱,不止是官兵坐仓折估,灼然无疑。据诸处粮审院

---

① 《系年要录》卷一一一,绍兴七年五月壬午条,第1796页。
② 同上。
③ 同上。

供到折估钱名色,除官兵各有身分料钱,已系随折估钱过勘外,官员有驿料折估钱、厨料禄粟米、赡家钱、供给钱、月犒钱、旬设钱、支粮钱、添支绢钱,军兵有坐仓折估钱、撺抢又贴射钱、添支食钱、盐米纸笔钱、草估钱,共十四项。但缘官员有驿料折估,军兵有坐仓折估,故特以折估钱总之。又有诸帅诸将公使钱、人吏作匠请给钱,并系于按月折估钱内应副。是致此一项已用刘晏岁入之数,应副不足,此议者所以谓其支费泛滥也。①

可见,官兵折估钱种类繁多,名目不一,是都转运司支出增长的原因之一。按照士兵数量,实际消耗不大。都转运司开支之所以逐年增长,在于以官兵折估钱的名义额外支出。如果说上述情况属当事人李迨的一面之词,使人难以尽信,局外人的评论则更能说明问题。绍兴七年(1137)四月丙辰,都官员外郎冯康国论吴玠军中粮饷供应的情况曰:"军前将佐,俸给优厚,类皆正色,米斛价高,银绢价平,既阙正米,不免折支,每以低价银绢,估折高价之米,所以岁费浩大,钱粮两不给也。"②军中将佐折支优厚导致岁费浩大的看法,与李迨的调查结果如出一辙。

都转运司支出增长的另一原因是军队官员冗滥:

> 诸头项官兵数内,官员一万七千七员,军兵五万七百四十九人(宣抚司上项官员数内,有入队,有不入队两等。近据阆州本司签厅,具到阆州屯驻官兵一万七千九百三十一人,其官员内,有不入队使臣三百三十人,军兵内,有不入队敢勇、效用、义兵、弓箭手共五千八百七十八人。访闻不入队人数,除辎重火头合破数目不多外,余尽是系名冗占之人。所有诸州屯驻官兵去处,本司近备坐攒具旁通朝廷,累行会问,并不报应,未见的确不入队人数。)官员之数,比军兵之数,约计六分之一,军兵请给钱,比官员请给,不及十分之一,即是冗滥在官员,不在军兵。③

---

① 《系年要录》卷一一一,绍兴七年五月壬午条,第1797—1798页。
② 《系年要录》卷一一〇,绍兴七年四月丙辰条,第1789页。
③ 《系年要录》卷一一一,绍兴七年五月壬午条,第1798页。

"冗官"、"冗兵"、"冗费"是宋朝积贫积弱局面产生的重要原因。一般情况下,"冗兵"主要表现为军队人数超过实际需要,徒领粮饷而已。李迨在调查中发现,川陕战区"冗员"并不是"冗兵",而是严重的官员冗滥。"官员之数,比军兵之数,约计六分之一,军兵请给钱,比官员请给,不及十分之一"。单个官员的开支远远多于单个士兵的费用,官员冗滥的结果就是财政开支的大幅度增长,因此就出现兵数不增加,而开支骤涨的现象。

李迨的上述调查还透露出一个信息,即都转运司无法详知军队的情况。李迨调查时曾曰"本司案牍簿籍,并皆不全",缺乏最起码的信息来源。如上所述,都转运司很难获得详细的驻军人数,"所有诸州屯驻官兵去处,本司近备坐攒具旁通朝廷累行会问,并不报应,未见的确不入队人数"。在这次绍兴七年(1137)的上奏中还言,"本司不见得宣抚司即今官兵实数",都转运司得以知晓的军队人数,是通过绍兴六年(1136)"朝廷遣使取旨到诸头项官兵"这一间接途径获取的。都转运司"案牍簿籍,并皆不全",应该说是都转运司的失职。但考虑到都转运司并不能获取军队人数这一最基本的信息,"案牍簿籍,并皆不全"这一"失职"现象,就不仅仅是都转运司单方面的责任,还应进一步追问导致都转运司如此"失职"的深层次原因。对都转运司的核查等,武将"并不报应",抵制都转运司的命令,这才是问题的症结所在。掌管军费开支者事先不能获得如实的军队人数等关键信息,其所支出之数取决于武将的单方面要求。看来,都转运使与武将因军费开支相互扯皮之事的产生,财权与军权分离、互不统属的制度设计是主要原因。

制度设计既然如此,财臣与武将冲突的出现也就不是偶然之事。"去年宣抚司屡以拖欠军兵折估钱,闻之朝廷,赵开亦缘此而罢"①。李迨的遭遇同样如此,"川、陕宣抚使吴玠言都转运使李迨朘刻赏格,迨亦奏玠苛费"②。

---

① 《系年要录》卷一一一,绍兴七年五月壬午条,第1798页。
② 《宋史》卷三八二《勾涛传》,第11772页。按:此处"川、陕宣抚使"当为"川、陕宣抚副使"。《宋史》卷二七《高宗四》载,绍兴四年三月"丙子,以王似为资政殿学士、川陕宣抚使,卢法原为端明殿学士与吴玠并充副使"(第509页)。《宋史》卷三六六《吴玠传》也载:"(绍兴)四年二月,敌复大入,攻仙人关……捷闻,授玠川、陕宣抚副使。四月,复凤、秦、陇三州。"(第11411—11412页)则吴玠于绍兴四年三月起为川陕宣抚副使。《宋史》卷二九《高宗六》载,绍兴九年正月(转下页注)

由于如上述折支钱浩繁、官员冗滥,以及都转运司得不到准确的信息等原因,李迨坦言其供给粮饷的艰难,"本司去年应副折估钱,逐月差官划刷,但缘万数浩瀚,不能如期起发了足"。在李迨看来,"若宣抚司将拨到钱先支军兵,次支使臣,后支将官,虽有拖欠,必不阙事。盖自将官以上,每月请俸,大段优厚故也"。而且从李迨的实地调查看,士兵的粮饷供应并不缺乏,在绵、剑、利州、大安军、兴州等屯驻之地,"间有军兵陈诉拖欠折估钱,至于衣赐,则所在皆有支散不尽数目,粮食亦有探支过一两月,或一两旬者,足见军前衣粮宽剩也"。事实如此,故李迨一针见血地指出,"欲胁持计司,则须以拖欠军兵坐仓折估为辞,此乃宣抚司属官为主将所画之策"。武将权力强大,才导致"计司虽知冗滥,力不能裁节,虽知宽剩,亦未敢除减,但旦夕忧惧岁计不足"①情况的产生。

军费开支中吴玠与李迨的冲突如上所述。再看营田之事中二人的矛盾。南宋初年,为解决军粮问题,驻守各地的武将均兼任营田使一职。绍兴六年(1136)二月,诏川陕宣抚副使吴玠兼本路营田使②。这一任命,意味着武将拥有独立经营和掌管营田的权力。史载,吴玠为宣抚副使兼营田使,治废堰于梁、洋,率军民营田凡六十庄,计田八百五十四顷。对此,李迨奏言:汉中沃野之地,每亩除出粮种外,止收三石为率,约收二十五万石,"乞付本司赡军,可省内郡水运"。显然,李迨主张由都转运司掌管营田。对此请求,

---

(接上页注)"己亥,以吴玠为四川宣抚使"(第539页)。同书卷三六六《吴玠传》也载,绍兴"九年,金人请和。帝以玠功高,授特进、开府仪同三司,迁四川宣抚使"(第11413页)。《系年要录》卷一二九"绍兴九年六月己巳条"载:"四川宣抚使吴玠薨于仙人关治所。"(第2089页)可知,终吴玠一生,自绍兴四年三月至绍兴九年正月为"川、陕宣抚副使",绍兴九年正月至是年六月病逝为"四川宣抚使",吴玠从未担任过"川陕宣抚使"。《系年要录》卷一○四"绍兴六年八月癸卯条"载:"徽猷阁直学士两浙都转运使李迨进职四等,为四川都转运使。"(第1694页)《系年要录》卷一一八"绍兴八年二月乙亥条"载:"龙图阁直学士四川都转运使李迨罢。"(第1907页)则绍兴六年至绍兴八年,李迨为四川都转运使,《宋史·勾涛传》记载李迨与吴玠相争之事,当发生在绍兴八年李迨离任之前。而吴玠绍兴四年三月至绍兴九年正月始终为"川、陕宣抚副使"。

故,《宋史》卷三八二《勾涛传》"川、陕宣抚使吴玠"当改为"川、陕宣抚副使吴玠"。

① 《系年要录》卷一一一,绍兴七年五月壬午条,第1798—1799页。
② 《系年要录》卷九八,绍兴六年二月庚子条,第1609页。

"朝廷难之,但赐玠诏书奖谕"①。此处"朝廷难之"一语不好理解。但联系到另一记载,朝廷为何"难之"就迎刃而解:"剑外诸州之田,自绍兴以来,久为诸大将吴、郭、田、杨及势家豪民所擅,赋入甚薄,议者欲正之而不得其柄。吴氏既破,安观文为宣抚副使,乃尽经量之。"②显然,并不是朝廷不愿收回武将经营关外营田的权力,而是其为大将占有而不能也。武将占有关外之田的状况,直到平叛吴曦之变后才最终解决,"朝廷难之"却非虚言。李迨建议营田经营之权归属都转运司,朝廷非但没有批准,反而对武将予以褒奖。从制度层面讲,营田收入是军费的当然组成部分,既然归属武将掌管,都转运司虽不能干预其经营权,但作为全面统筹军费供给的机构,理应获得营田收入数量等信息。这是都转运使决定是否继续为军队提供粮饷,以及提供多少粮饷的一个重要前提。只有掌握确切的营田收入与军队开支的情况,都转运司的决策才能做到有的放矢。事实情况却刚好相反,李迨上奏曰:

> 臣会问屯田等事,皆不报。止有绍兴六年朝廷遣使取会到陕西路屯田顷亩共六十庄,计田八百五十四顷七十九亩……兼臣近体问得利路兴元府、洋州、陕西路岷州夏麦大熟,皆可就籴。除兴元府、洋州,已委利路转运副使勾光祖措置就籴五十万石外,岷州缘宣抚司属官异议,措置未得。③

同不能知晓军队人数一样,李迨同样无法得知营田收入的情况。上文提到,通过绍兴六年(1136)"朝廷遣使取旨到诸头项官兵",都转运司才得以知晓军队的人数,其获得屯田之顷亩之数,"止有绍兴六年朝廷遣使取会到陕西路屯田顷亩",也不是直接获得,因为"臣会问屯田等事,皆不报"。即使是籴买军粮,"岷州缘宣抚司属官异议,措置未得",最终遭到失败。

吴玠与李迨的冲突最终以李迨的罢免而结束。对吴玠与李迨的冲突,

---

① 《朝野杂记》甲集卷一六《关外营田》,第350页。
② 《朝野杂记》乙集卷一六《关外经量》,第796页。
③ 《系年要录》卷一一一,绍兴七年五月壬午条,第1799页。

朝臣的态度以及中央最后的解决方式仍值得仔细分析。都官员外郎冯康国认为,"冗官、浮费,固当节省,而军中请给,易摇军心,未易轻议"①。赵鼎认为:"二人不咸如此,万一吴玠更失体,则朝廷难处,迨累奏乞祠,且从之。"②显然,朝臣在处理此事时,均倾向于吴玠一方。从朝臣"军中请给,易摇军心"和"万一吴玠更失体,则朝廷难处"的担心看,倾向吴玠与其说是中央对吴玠的支持,毋宁说是因武将势力强大而作出的让步。

值得一提的是高宗的态度。时高宗征求勾涛的意见,勾涛认为:"玠忠在西蜀,纵费,宁可核? 第移迨他路可尔。"吴玠"纵费,宁可核?"与上述冯康国、赵鼎的看法完全一致。对勾涛的建议,"帝然之"③。可见,对武将的让步是中央的一致看法。这种一致的看法并非是对事实对错的判定。中央一度褒奖李迨"能裁抑冗滥"就是证明。而且从李迨的履历看,高宗巡行之时,就任随军辇运,曾任主管车驾巡幸随行左藏库钱物官、尚书户部侍郎、江浙诸路发运使,曾应付韩世忠钱粮、主管都督行府财用,因善于理财多次受到褒奖④。对李迨与吴玠冲突的原委,高宗也很清楚,"迨在帅府,朕熟知其为人,性实不通,然能任怨,乃奉公吏也"⑤。

李迨明了川陕战区财政的痼疾所在,一方面因裁抑军中冗滥获得褒奖,另一方面,因在朝廷依赖武将抗击金兵的背景下被罢免。李迨担任四川都转运使的这一历程,反映出南宋中央力图控制武将,又不得不依赖武将的两难困境。如果把视线拉长,我们发现南宋中央的这一两难困境并未因李迨的罢免而结束。

李迨罢免后,如何处理吴玠的军费问题依然存在。史载:"时议应副玠军须,或言宜付之四路漕臣,或言宜总之制帅。"即朝臣提出两种解决方案,一是以成都府路、潼川府路、利州路、夔州路转运使逐一应付,二是以制置使

---

① 《系年要录》卷一一〇,绍兴七年四月丙辰条,第1788—1789页。
② 《系年要录》卷一一八,绍兴八年二月乙亥条,第1907页。
③ 《宋史》卷三八二《勾涛传》,第11772页。
④ 《宋史》卷三七四《李迨传》,第11593页。
⑤ 《系年要录》卷一一八,绍兴八年二月乙亥条,第1907页。

掌管。但这两种方案均与中央集权体制下地方权力分散的初衷相背离,右正言李谊的担心就是证明:

> 蜀都五十四郡,岁赡玠军近四千万缗,四路漕臣各自为家,岂能通其有无?况又权轻,安能与之抗衡而抑其冗滥。①

既然四川都转运使都无法与武将抗衡,四路漕臣一则不能保证财赋有效的征收,更重要的是四路漕臣人微言轻,无法达到节制武将的目的。李谊的担忧并非空穴来风,《系年要录》所载一事即可证明:"时军阙见粮,玠颇以家财给之,玠行至大安,军妇人小儿饥饿者千百,拥马首而噪,玠大怒,谓曰:'吾当先斩勾光祖,然后自劾以谕汝辈。'光祖时以直秘阁为利州路转运副使故也。"②吴玠因军费问题,试图斩杀利州路转运副使勾光组,这反映出以四路漕臣应付军粮根本无法达到节制武将的作用。

方案二在实行中同样存有弊端:

> 帅臣虽重,而体貌不可削,乃令兼领钱谷,则必坐受羁絷。彼方且约其期会,斥其逋欠,帅臣之威,亦少损矣。又帅臣与主兵之官,尤不可不和,两者皆非所责。

帅臣乃掌管民事的地方大员,兼管钱粮,一旦因此而受到武将约束,造成不和,将导致整个川陕战区军政混乱。而且兼掌军队钱粮,会引起帅臣权力的膨胀,这同样是朝廷不愿看到的结果。基于以上分析,朝臣主张继续设置都转运使掌管军队钱粮,"都漕之职,岂可阙乎?"③

实际情况是,南宋虽没有任命都转运使,但自李谊罢免至绍兴九年(1139)六月吴玠去世,先后任命了几任转运副使掌管军费。钩稽相关资料,仔细排比,仍然能看出其中的演变脉络。上文已经提到川陕宣抚司参议官陈远猷改为四川转运副使,之后又兼任川陕宣抚司参议官。宣抚司属下掌管军费与川陕宣抚副使吴玠掌管没有什么区别。所以,南宋中央采取了任

---

① 《系年要录》卷一一八,绍兴八年二月乙亥条,第1907页。
② 《系年要录》卷一二一,绍兴八年七月条,第1957页。
③ 《系年要录》卷一一八,绍兴八年二月乙亥条,第1907页。

命多个副使相互牵制的措施：

> （绍兴八年二月乙亥）时宣抚司参议官右文殿修撰陈远猷已兼四川转运副使，乃命直秘阁主管四川茶马张深兼权副使，与远猷共事。①
>
> （绍兴八年七月）丙申，直秘阁都大主管成都等路茶马监牧公事张源为四川转运副使，兼权茶马监牧公事。直徽猷阁川陕宣抚使司主管机宜文字高士瑰为四川转运判官，自成都移司利州。②
>
> （绍兴九年五月）壬辰，秘阁修撰四川宣抚司参议官陈远猷复为四川转运副使，俟吴玠辟到参议官日令赴任。③

从上可见，李迨罢免后一直到吴玠去世，先后有陈远猷、张深、张源为四川转运副使，高士瑰为四川转运判官，而且宣抚司参议官兼任转运副使的陈远猷再次只担任转运副使。不难看出，为了解决川陕战区军费问题，南宋中央可谓绞尽脑汁。这也反映出，通过设置专门机构掌管军费来节制武将的艰难。

二、王之望与武将的关系

王之望（1103—1170），字瞻叔，穀城人。绍兴三十年（1160）八月至三十二年（1162）十月，担任四川总领。王之望为总领，正值完颜亮大举进攻南宋，战争频繁，军费开支浩大之时。时中央任命吴璘为四川宣抚使，统一调度驻扎在兴州、兴元府、金州的军队，王之望既要处理在供给粮饷时可能与武将发生的冲突，又要协调各武将相互间的关系，体现出总领所的多重作用。

先看王之望对军中事务的直接参与以及协调武将间的矛盾。

从记载看，绍兴末年发生的宋金战争中，王之望始终参与川陕战区用兵方略等军中事务。王之望《回吴宣抚论退师书》记载其与吴璘讨论用兵策

---

① 《系年要录》卷一一八，绍兴八年二月乙亥条，第1907页。
② 《系年要录》卷一二一，绍兴八年七月丙申条，第1955页。
③ 《系年要录》卷一二八，绍兴九年五月壬辰条，第2075页。

略等：

> 今大军且在河池，相近屯泊，其各分番，归元来营寨，休养战士，度何时可以复出，金知吾回军，敢与不敢，却来侵犯新复州军，使司必有文字闻于朝廷，略愿知其梗概，庶几不至抵牾。①

在这封与吴璘的回书中，王之望专门询问何时出兵等情况，表达了作为总领"略愿知其梗概"，及时获得军中信息的意愿，这也是他作为总领应有的职责。吴璘出兵大散关之时，王之望也提出自己的看法：

> 顷闻此行，士卒锐气，不及前时，果否？方此大暑，师旅征行，百姓转饷，皆是危事，自非万全，岂可轻举，若果未可动，且宜待时，虽闻于朝廷可也。②

大暑之时，四川总领王之望建议军队不要轻易出征，待考量周全，上闻朝廷再行不晚。可见，在军队的用兵策略上，总领拥有相当的发言权。

直接参与军中事务最主要的途径莫过于通过粮饷供给来实现。在军队攻克大散关、和尚原等战略要地之时，王之望并未忘记在取得胜利后对军队的约束：

> 切望戒戢将士，毋杀戮，毋剽掠，广宣朝廷德泽，以救遗民于死亡之中。前所遣红巾，本欲令扰劫贼寨，小人无知，闻间有作过者，宜多出榜文禁止，令其速归，不归者听百姓剿杀。

王之望告诫士兵不杀戮、不剽掠。"闻间有作过者"一语表明，曾经出现过士兵骚扰之事，对此，掌管军饷供给的总领要求武将：

> 诸将立功之人，若能不犯吾令，常赏之外，更特与优加犒劳，费三二十万引不妨。本所虽用度至广，亦当那融应副。若敢违约束，虽有功者，亦深治之。③

从王之望之言看，总领以严格军纪、赏罚分明等措施参与军中事务。

---

① 《汉滨集》卷一〇《回吴宣抚论退师书》。
② 《系年要录》卷一九九，绍兴三十二年五月己酉条，第3372页。
③ 《汉滨集》卷九《与吴宣抚论出征将士书》。

南宋川陕战区武将之间的矛盾,自两宋之交一直存在。值得注意的是,对武将间的矛盾,南宋中央往往采取既利用又反对的态度。这应从加强中央集权的政策中去理解。南宋初年在战争中崛起的吴玠是川陕战区势力最强的一支。吴璘接替吴玠之后,依然如此。为有效防御金兵进攻,也为了形成相互制约的机制,南宋川陕战区形成兴州、兴元府、金州三大都统制统兵体制。完颜亮进攻时,吴璘为兴州都统制,姚仲为兴元府都统制,王彦为金州都统制。三大都统制互不隶属,权倾一时,起到了相互节制的作用。时值金兵进攻,三大都统制统兵体制不利于协调作战,中央任命吴璘为宣抚使统一调度。事实表明,尽管由吴璘统一兵权,但沿袭已久的三大都统制统兵体制的影响依然存在,严重地影响到此次川陕战区的战争进程。在处理武将之间的冲突中,王之望的角色值得关注。王之望对吴璘与王彦矛盾的调解就是典型事例。

在德顺之战中,吴璘调集王彦、姚仲协同作战。但金州都统制王彦与吴璘不和①,未能全力赴战,不作援军支持,致使丧失战机。对此,吴璘"颇怀忿恚,每言及之,声色甚厉"②。

如何及时调和二人间的矛盾,直接关系到战争的成败。其间,作为总领的王之望发挥了重要作用。《论调护吴璘王彦奏札》记载了王之望对二人矛盾的调节,尤其是对王彦的谴责:

> 臣常与调护其间,已而二人各得御札,闻有所训饬,王彦意甚自得。臣问曰:"手诏云何?"王彦曰:"但褒奖耳。"臣曰:"可得观乎?"乃出相示。臣曰:"圣恩待将帅可谓厚矣,然诏意自有抑扬,人臣当居宠思危,公不可以不知。"因指诏中"德顺连兵,烦卿一往"之语,告之曰:"如'烦卿'二字,岂可教至尊再道。"彦不觉悚然。

在王之望的指责下,"彦不复有矜色,起谢曰:'谨受教。'"最终"二人既奉明诏,皆已无事"③。一场武将间的争斗由于总领从中调节,得以避免。

---

① 关于吴璘与王彦不和之事,参见第三章第二节《从三都统制到四都统制》。
② 《汉滨集》卷六《论调护吴璘王彦奏札》。
③ 同上。

再看王之望在军费供应中与武将的关系。

在担任总领期间,王之望与吴璘相处融洽,并没有产生大的冲突。尽管如此,在如何应付吴璘军饷的过程中,王之望始终表现得战战兢兢。王之望多次提到:"孤立一司,独抗三边,与贼对垒,半年于此矣。供须调护之难,更不待言。"王之望甚至担心"一事失当,便触祸机"①。类似此种言辞还有,如"供输调护之难,不言可知,事变之来,千端万绪,一或失当,便触祸机,处势艰危,无甚于此"②。不难看出,担任四川总领在王之望看来如履薄冰,如临深渊。王之望的担心并非没有道理,这源于他对总领所制度的深刻认识。

首先,在制度设计上,川陕战区内武将统兵,总领所理财,财权与兵权分立:

> 兵与财赋,各有攸司,势若提衡,轻重相济。③

四川总领所成为一个独立的财政机构,责任重大,正如王之望之言,"今总所以孤立一司,有限之积,应三军仓卒无穷之须,朝廷在远,无所倚重,虽使古人居此,亦未必无悔"④。

其次,由于"四川总领所与东南事体不同"的特殊性,决定了四川总领肩负更大的责任。李心传曾指出四川总领所的特殊之处,"东南三总领皆仰朝廷科拨,独四川总领专制利源,即有军兴,朝廷亦不问"⑤。王之望经过比较,认为:

> 东南用兵,将帅统军旅,户部总财赋,而朝廷制其予夺盈虚之柄。今四川去朝廷远,而总司不预兵事,凡有调发支费,只得据其所须,色色应副,不过委曲调护而已,比东南事体大段不同。⑥

即四川总领所具有权大、责重、独立性强的特殊性。其实,四川总领所的这

---

① 《汉滨集》卷九《通何内翰书》。
② 《汉滨集》卷一〇《与冯编修书》。
③ 《系年要录》卷一九〇,绍兴三十一年六月辛未条,第3189页。
④ 《汉滨集》卷一〇《与冯编修书》。
⑤ 《朝野杂记》甲集卷一一《总领诸路财赋》,第226页。
⑥ 《汉滨集》卷八《论四川总所与东南事体不同札》。

一特殊性,是上述财权与兵权分立特征的延伸。即是指在运行中四川总领所拥有独立的财政权,非其他总领所相比。从理论上讲,独立的财政权更有利于总领所工作的开展。但总领除掌管军饷供应外,还有稽察军政的责任,这容易造成总领与武将间的利益冲突。绍兴末年宋金战争时期,中央在川陕战区的制度设计是"以吴少保(吴璘)为宣抚,而应干事务,令王制置(王刚中)同共措置,四川军事,有所统一,甚合事宜。是则宣抚制其兵,制置共其谋,而总领主其馈饷"。形成三权分立的格局。在这种权力格局中,总领所处在一个矛盾的核心位置,成为众矢之的,正如王之望的切身体会:

> 兵未必日交,谋未必日用,而馈饷则不可一日有阙。在今日总计,忧责最重,了办为尤难也。四川自置总领司以来,未经用兵,一旦有事,与当时不同,恐或诸司,或有申明不相参照,朝廷行下,临时难以酬应。人最所吝惜者财也,最所贪爱者亦财也。总领一司,于郡县则急其入,于将士则裁其出。职事所行,大抵皆拂逆人情,为众怨之府。①

显然,总领所恰好处在从地方征收财物,然后向军队调剂分配的中间环节。为了保证足够的物资储备,向地方征收财物不可避免,也即"于郡县则急其入"。出于节约开支和节制武将的需要,在向军队供给时,必然按实际需要支出,所谓"于将士则裁其出"。在财赋来源到军费支出两个环节中,总领所始终是一个双方不受欢迎的角色,成为"众怨之府"本身就是三权分立格局的结果。

第三点,在上述三权分立的权力格局中,总领对军队的粮饷供应这一环节更容易产生摩擦。这既有制度自身的原因,还有人为的因素。"兵家举措,事成则乘胜而进,自取功名。逗留则称粮道不继,嫁祸于有司以自解"②。这意味着军队往往在兵败之时,假祸于粮饷不济,使总领所遭受不白之冤。

四川总领所责任重大,独立性较强,又容易与其他权力机构特别是与武

---

① 《系年要录》卷一九〇,绍兴三十一年六月辛未条,第3189页。
② 《汉滨集》卷一〇《与冯编修书》。

将发生摩擦,如何确保总领所正常运行,避免与武将发生冲突,固然依靠武将与总领之间同心一体,肝胆相照。这只是对武将与总领个人素质的一种期待,但并不能彻底解决问题。问题的解决还是应当依赖制度自身。对此,王之望提出几点:

一要明确各自职责。"顾朝廷分司庀职,非为一时,当计久远,处画分明,则易相调护,各得守其职分矣"。分工不同,职掌各异,各司其职,不许出现越权行为。中央要保证总领绝对的财政权。"若非朝廷主张假借,使有以自立,则缓急之际,殆难与财赋作主。事关军国,利害非轻"①。总领是否拥有支配军队开支的绝对权力,显得尤为重要。

二要制定严格的军费开支程序。"应钱粮事务,并合开具的确合用之数,申宣司审实,移文总所应办,遇有急速非泛支费,申奏不及,仰宣制司关报本所,量度应副,不得妄乱耗费"②。制度规定,军费开支先经过宣抚司审核,再交由总领支出;即使在紧急情况下,也先由宣抚司等关报,再行支付。这是避免武将与总领发生冲突的制度保证。

三就是在实际边防财政运营中严格遵守军费开支程序。从总领自身看,要竭尽全力应付军粮,"朝廷遣王官出使,尽总四川财赋,以军马钱粮为职事,或有出入,自应竭力应副,不容阙乏",武将同样有责,"主兵者亦当惜其有无,凡所须索,酌度紧慢,据实关报"。因此为确保军费及时支出,军队的"粮运远近,士卒多少,经由去处"等,总领要确保心中有数③。

但在执行过程中,出现了两种截然相反的结果。第一种就是总领与武将协调一致,各司其职,总领按实供给,军队粮饷不缺。王之望与吴璘之间的关系就是例证。按王之望说,"吴少保宣抚四川,军事有统一,谋谟深远,处置得宜,非特可以制敌,而本所亦差易酬应"④。看来吴璘与王之望之间

---

① 《系年要录》卷一九〇,绍兴三十一年六月辛未条,第3189页。
② 《系年要录》卷一九三,绍兴三十一年十月丙辰条,第3244页。
③ 《系年要录》卷一九〇,绍兴三十一年六月辛未条,第3190页。
④ 《汉滨集》卷八《论运米充备边朝札》。

能够和谐相处。所以如此,主要得益于武将与总领都能在各自的职权范围内行事,严格遵守军粮供应的程序,所谓"四川诸将应有须索,本所必格之以法"①。"当与者,虽多至数十巨万而不吝,不当与者,一钱不可横得,裁之以制,应之以权,而守之以义"②。

执行过程中出现的第二种情况即武将与总领间的冲突,突出表现为王之望与姚仲的关系。

作为川陕战区的重要将领,兴元府都统制姚仲在抗金中,跋扈难制,借战争壮大势力,隐瞒失败的后果,作为总领的王之望及时上报中央:

> 仲贪鄙庸人,殊不晓事,天资狠戾,难可保信。前此粗有矢石之劳,全无谋略,本非大将之才。知金州、兴元,所至掊克,虽赡军常平窠名,亦皆侵用,抱认酒税,擅置坑冶,多占官军义士,以充其役,民不聊生,边事才动,乘时怙乱,便欲凌铄总所,以肆其所欲……兹者原州之败,虽失亡可惜,以之望观之,实为国家之幸,一方之福也。使斯人以稍立功效,朝廷何以处之? 正使无功,其众亦未可遽夺。今自取败衄,天去吾疾,兵虽溃散,而余众可收,私役可复,虚籍可檄,则此一军自此当振。③

在王之望看来,姚仲战争惨败"实为国家之幸,一方之福也"。之所以得出如此结论,从总领所财政管理的角度看,由于姚仲权力强大,致使掌管财赋的总领在平时无法实现对武将的有效节制,也只有趁武将战败之机会才可能实现这一目标。原州之败,对总领所而言,"私役可复,虚籍可檄"。言外之意,原州之败之前,诸如私役士兵、虚占军籍等事总领无法干预。以下事例进一步表明粮饷供给事件如何引起武将与总领间的冲突。

绍兴三十二年(1162)闰二月,吴璘遣姚仲攻大散关,久攻不下,而"(姚)仲久于军,妄谓军士不用命,实赏给之薄,故功且弗成"。时姚仲幕属朱绂以书抵王之望,现将其主要观点转引如下:

---

① 《汉滨集》卷九《又与徐左司书》。
② 《汉滨集》卷一〇《与冯编修书》。
③ 《系年要录》卷二〇〇,绍兴三十二年六月丙寅条,第3379—3380页。

> 闻之诸军斗志不锐,战心不壮,且曰:"使我力战,就能果立微劳,其如赏给在何处,伺候核实保明,申获宣司、总司、旨麾,往返数旬,岂能济急?"大率在今之势,与前既异,不立重赏,何以责人。前宣抚吴公,仅能保守全蜀,盖赏厚而战士用命也。先生详酌事机,别与措置,略于川蜀科敷军须之费十分之一,多与准备给赏钱物近一二百万,自总所移文诸帅,明出晓示,号令诸军,各使立功,以就见赏。谓如散关一处,设使当初有银绢各一二万匹两,钱引一二十万道,椿在凤州,宣抚吴公、节使姚公,以上件赏给,明告诸军,遣二三统制官便宜,各以其所部全军一出,谕之曰:"当进而退,则坐以军法;进而胜捷,能破关隘,则有此重赏。"如是而军不用命,虏不破灭,无有也。①

在朱绂看来,大散关久攻不下,主要原因在于犒赏不足,即"不立重赏,何以责人"。因此要求总领所桩积钱引财务,宣谕犒赏,必能成功。但事实并非如朱绂所言,就日常粮饷供给看,"用兵一百三十日,糗粮、草料、银绢、钱引,所在委积,未尝乏兴"。再看犒赏,"累次喝犒,并朝廷支赐,自是诸军应报稽缓,文字才到,本所立便给散,略无留阻"。显然,日常粮饷并不缺乏,战功犒赏准时无误。实际情况是,"兴元一军,支拨过钱引二十八万道,银绢二千匹两,而糗粮草料与犒设、赏钱之类不与焉"。因此王之望发出"若皆及将士,岂不可以立功?有功赏而未得者,何人也?"的疑问。王之望指出,军队以军饷问题作为军事失利的原因实为转嫁战败的责任:

> 自来兵家行动,若逗挠无功,多是以粮道不继,嫁祸于有司以自解。

而姚仲之军更有甚者,"以无堆垛赏给为词者也"②。面对王之望的质问,在粮饷供给充足的事实面前,姚仲军队很快取得胜利,"四鼓拔之,遂分兵据和尚原,金人走宝鸡"③。这证明战争最初不利,并非源于军饷供给短缺。

综上所述,王之望在担任总领期间,一方面直接参与军队事务,协调武

---

① 《桯史》卷一〇《大散论赏书》,第113—114页。
② 同上书,第114—116页。
③ 《系年要录》卷一九八,绍兴三十二年闰二月癸未条,第3335页。

将间的关系。另一方面在供给军饷中战战兢兢,一度与武将姚仲发生冲突。王之望担任总领的过程,展现出了四川总领所在川陕边防行政运行中供给粮饷、参与用兵策略、协调武将关系等多重作用,同时也反映出担任四川总领一职之艰难。

三、总领对吴挺的制约

继吴玠、吴璘之后,吴挺掌管川陕战区军政大权,史载:"虞丞相既没,朝廷复命吴挺为兴州御前诸军都统制兼知兴州,充利西安抚使。"①从吴挺所担任的官职看,"兴州御前诸军都统制"为兴州驻军最高将领,"知兴州"即为兴州最高行政长官,"利西安抚使"为利州西路最高行政长官。以上吴挺所担任的官职,实际上标志着吴挺集一路大权于一身,形成独霸一方的局面。"武兴守吴挺之横"②就是时人对这一局面的评价。

在吴挺统兵时期,先后有李蘩、赵彦逾、杨辅出任总领,他们一度起到了对其有效的节制。

李蘩(1118—1178),字清叔,崇庆晋原人。李蘩曾知眉州,主管四川茶马,知兴元府、利州东路安抚使,淳熙三年(1176)七月至淳熙五年(1178)为四川总领。川陕战区长期的仕宦生涯与亲身经历,使李蘩始终对武将专擅行为防范有加。

李蘩知眉山时,校成都漕试,"念吴氏世袭兵柄必稔蜀乱",因此在发策时云:"久假人以兵柄,未有不为患者。"对此,"吴挺以为怨"③。

主管四川茶马之时,李蘩同样提出对吴挺的防范。史载,中央曾诏令由吴挺提举买马。吴挺是时已经身兼知兴州、利州西路安抚使、兴州都统制三任,如果再拥有买马之权,无疑如虎添翼。李蘩认为买马之事应当归由茶马司主管,并提出吴挺买马"七害",大略谓:

---

① 《朝野杂记》乙集卷九《赵子直丘宗卿杨嗣勋不欲吴氏世袭》,第648页。
② 《宋史》卷四〇三《贾涉传》,第12210页。
③ 《宋史》卷三九八《李蘩传》,第12119页。

乾道三年以前，吴璘以买马夺御前三衙岁额，故提举茶马官续觱、张德远皆以罪罢。虞允文为之禁止，而后军实仅足。今而命挺，其弊复见。况两司竞买，马直必增，外骄羌夷，内耗国用。又诸军青草钱乃马军资以自赡，十年间托买马以拘收，而实夺之，虽有旨给还，久未施行也。

表面看，李蘩认为吴挺买马，可能导致马价上涨，消耗国用，侵夺官物等。在其背后，实际上是李蘩对吴挺权力继续增大的担忧，史载，"是时，吴氏拥兵再世，公亦欲假是分挺之权，非但为马政请也"①。

李蘩担任四川总领时，曾提出在关外驻军中要"申严私役之禁"②。要理解李蘩"申严私役之禁"一句的真实含义，如果我们联系"关外诸军多为诸将私役者"③的记载，就可看出李蘩之言针对武将所言无疑。

从上三个事例可见李蘩对武将的防范，后人对李蘩"于吴氏之专横，尤切切致意焉"的评价，恰如其分。李蘩既然处处对吴挺防范有加，必然遭到吴挺的报复，二人再次在粮饷供应中直接发生冲突：

公（李蘩——引者）领饷事，（吴）挺缪奏谓军食陈腐，龙、剑米粗黑。孝庙内批，凡再赐公。公奏："此土实不同也。"乃各缄样进呈。上大悦曰："李蘩晓了如此。"于是挺之妄穷矣。④

显然，武将要挟总领的拿手好戏就是以粮饷做文章，所幸的是这次武将与总领的冲突，因孝宗"明断"，总领获胜，武将之谋暴露。

赵彦逾，字德老，淳熙十四年（1187）至绍熙元年（1190）为四川总领。赵彦逾担任总领期间，在核实军籍中力图对武将予以节制，并取得明显效果。史载，淳熙末年，安丙为吴挺所用，任文州漕官，兼利西安抚司金厅。赵彦逾担任总领入蜀，安丙前往迎接：

---

① 《鹤山先生大全文集》卷七八《朝奉大夫太府卿四川总领财赋累赠通奉大夫李公墓志铭》。
② 同上。
③ 《朝野杂记》乙集卷一七《关外诸军多私役》，第819页。
④ 《鹤山先生大全文集》卷七八《朝奉大夫太府卿四川总领财赋累赠通奉大夫李公墓志铭》。

德老见之甚喜,他日从容谓曰:"太尉统众六万,得毋例有虚籍者乎?"安公不敢尽言,则曰:"某所若干,某所若干,以实论之,可五万三四千人耳。"居数月,德老以书来曰:"太尉忠诚如此,曷若损六千人之虚籍,宽四川之重赋,不亦可乎?"挺得书,谓人曰:"赵少卿入蜀尚新,安得知吾虚实,此必安丙告之耳!"乃大怒。①

安丙为文州漕官,兼利州西路安抚司金厅,对吴挺军队了如指掌。赵彦逾利用安丙迎接其入蜀的机会,设法获取吴挺军队的人数,为以后裁减虚籍,减少开支,掌握了第一手信息。其结果,"挺不敢隐"②。在事实面前,吴挺不得不裁减虚籍。

杨辅,字嗣勋,绍熙二年(1191)至绍熙四年(1193)为四川总领。担任总领其间,杨辅试图在核实关外营田、限制军队将佐请给等方面对武将予以节制。尤其是吴挺去世后,在阻止吴氏继续世袭掌军的过程中,杨辅发挥了重要作用。

杨辅核实关外营田显得极为艰难。关外营田自绍兴初年施行,为武将占有,成为武将的私有之物。杨辅担任总领之时,"关外营田凡万四千顷,亩仅输七升"。可见关外营田亩数浩瀚,但所缴纳租税微薄,高额的营田收入归入武将之手。是时,游仲鸿为杨辅幕属,建议核实,"请以兵之当汰者授之田,存赤籍,迟以数年,汰者众,耕者多,则横敛一切之赋可次第以减"。此建议获得杨辅的认可。但实际效果并不如意,史载:"大将吴挺沮而止。"③显然,这次核实关外营田之举以失败而告终。

杨辅在核实营田中虽遭失败,但其限制军队"请给"的措施取得了成功:

四川大军,独武兴为多。自乾道休兵之后,而将佐多阙员,计司因其阙员,遂不复放行请给。至绍熙中,吴武穆挺为帅,杨嗣勋总计,吴挺屡以为言,嗣勋但以俟商量答之。及再请,则以本所乏用,必更俟措画

---

① 《朝野杂记》乙集卷九《安观文诛曦势顺》,第654页。
② 《宋史》卷二四七《赵彦逾传》,第8768页。
③ 《宋史》卷四〇〇《游仲鸿传》,第12149页。

为词。每一书往返,则阅数月。久之,乃遣属官一员往军中面议。自始差至还司时,又已半岁。戎司亦遣其官属来报聘,卒不得要领而归。相持久之,遂已。①

军中虚籍多是川陕战区财政开支居高不下的重要原因,总领所一则不能准确了解具体军队人数,即使知晓也难以有效裁减。上述杨辅利用吴挺军中将佐阙员的机会,以此减少开支,虽军中多方要求,杨辅以钱粮缺乏、遣人面议等方式拖延,维持现状。这一方面体现出总领所在节约军费开支中的"巧妙"之举,另一方面却反映总领节制武将的艰难。

吴挺的去世,为南宋中央解除武将尾大不掉之患提供了难得的机会。在此过程中,我们依然看到杨辅的关键性作用。

绍熙四年(1193)五月吴挺卒。早在吴挺有病之时,"(杨)辅以吴氏世帅武兴,久恐生变,密白二府,早择人望以镇方面"。又贻书时任四川制置使的丘崈曰:"统制官李奭乃吴氏腹心,缓急不可令权军。"②杨辅的这些建议与其先前核实营田、限制军中将佐请给等行为一脉相承。吴挺死后,丘崈根据杨辅的建议,作出一系列旨在改变武将世袭的举措,如乞选他将代吴挺,仍置副帅,别差兴州守臣,并利州西路帅司归兴元,吴挺长子吴曦勿令奔丧等。在此关键时刻,丘崈利用"便宜"之权,"属总领杨辅就近节制诸军"。绍熙五年(1194),朝廷任命张诏为兴州都统制,兼知兴州,以李仁广副之,从而化解危机,"遂革世将之患"③。

综上所述,在吴挺掌控川陕战区军政大权时期,出任总领的李蘩、赵彦逾、杨辅等,从裁汰军中冗员、限制将佐请给等方面一度起到了对吴挺的有效节制。另一方面,在核实关外营田等事中,总领的行动又遭到吴挺的抵制。这既反映出总领在节制武将中的重要性,也再次证明这一措施在执行中的艰难。

---

① 《朝野杂记》乙集卷一七《王德和郭杲争军中阙额人请给(德和减马料附)》,第818页。
② 《宋史》卷三九七《杨辅传》,第12096页。
③ 《宋史》卷三九八《丘崈传》,第12111页。

四、四川总领所的运行与吴曦之变

承接上文,吴挺主掌兴州军政期间,总领一度起到了很好的节制作用,在吴挺死后稳定川陕战区局面中也有突出表现。但川陕战区武将问题并未得到彻底解决,吴曦之变就是例证。关于吴曦之变的研究,成果很多,对吴曦之变发生的原因分析也较深入①。在此,笔者将视线拉长,着眼于吴挺死后一直到吴曦之变后这一"长时段"内四川总领所的角色变动。我们发现,吴曦之变之所以能成功实现的直接原因是总领所在运行中权力步步丧失,直至最后被武将所剥夺。而吴曦之变之所以仅仅存在四十一天就失败,又源于吴曦之变时其财政权力的不稳定。吴曦利用总领所制度的疏漏,成功叛变,又因自身财政权的动摇,而昙花一现。在吴曦之变及其失败的过程中,总领所始终是一个关键因素。对此,日本学者伊原弘较早注意到出身四川的总领所官员在吴曦之变中的政治动向问题②,雷家圣在研究南宋四川总领所地位演变时论及吴曦之变前后四川总领所与宣抚司的关系③。需要特别强调的是,制度分为两个层面,一是中央的制度规定与设计层面,二是制度在地方的具体实施层面。中央的制度规定,在具体地域的实际执行中,往往受不同地理环境、特殊政治情势以及人事关系等的影响,而产生程度不同的变异。这即是说,地方政治在全国统一制度运行的共性之外,还存在各自多样的个性④。本小节中,笔者从南宋四川总领所制度运行的角度出发,通过对吴曦之变中财政因素的研究,分析这一事件背后的深层制度原因,进而揭示南宋地方治理中制度运行与政治事件间复杂的互动关系。

先看吴挺死后到吴曦之变之前,总领对武将的节制。这一时期,先后由张诏、郭杲担任兴州都统制,王宁、陈晔、赵宣善、刘崇之担任总领。绍熙五

---

① 见《导言·研究史回顾》。
② (日)伊原弘:《南宋總領所の任用官——"開禧用兵"前後の四川を中心に》,载礒部武雄编《多賀秋五郎博士古稀记念论文集》,东京不昧堂1983年版。
③ 雷家圣:《南宋四川总领所地位的演变——以总领所与宣抚司、制置司的关系为中心》。
④ 包伟民:《"地方政治史"研究杂想》,载《国际社会科学杂志》(中文版)2009年第3期。

年(1194),张诏代替吴挺,庆元六年(1200)卒于任上,由郭杲接替。郭杲嘉泰元年(1201)卒,嘉泰元年(1201)八月由吴曦接替①。史称:"(张)诏在兴州,甚得士心。"②未见张诏与总领冲突的记载。郭杲担任兴州都统制虽不足两年时间,但与总领冲突不断。

王宁,字德和,常州人,庆元六年(1200)至嘉泰元年(1201)为四川总领。陈晔,字日华,长乐人,嘉泰二年(1202)至开禧元年(1205)为四川总领。王宁节制武将体现在核实军籍、核实关外营田以及减少军中马料等事中。史载:

> 太尉郭杲时为兴州帅,宁、杲旧同寮,相厚善,至是宁欲核其军中缺员将佐,杲不肯,互奏于朝,朝廷用杲言,由此两人有隙。及宁括营田,杲尤不以为是。③

总领掌管军队粮饷供应,拥有稽察军政之权,王宁核实兴州驻军将佐的缺员情况,是做到粮饷准确供应的前提,却遭到武将的抵制。究其原因,粮饷供应关系到军队与武将的切身利益,力图获得更多的粮饷是军队利益的要求,而总领所的性质决定其必须做到如实供给。军队获取较多粮饷的要求,与总领所厉行节约的愿望,二者大相径庭。二者的利益冲突,不会因武将与总领的"私交"就可以避免。郭杲虽与王宁有"同寮"之旧,却不支持其核实将佐缺员之事,原因即在于此。

王宁核实营田与核实军籍一样在武将的抵制下失败。关外营田,"在绍兴中,岁课十二万斛有奇,乾道末损为十万,至嘉泰初才八万斛而已"④。营田亩数日益增加,而课利日渐减少,究其原因,"关外旧有营田,岁收租十余万斛,其田半为吴、郭、田诸家所据,租入甚轻,计司知之而不敢问"⑤。武将成为营田之利的最大受益者。王宁核实关外营田以及失败的前因后果

---

① 《续编两朝纲目备要》卷六,庆元六年条,第107页。
② 《宋史》卷四○二《张诏传》,第12184页。
③ 《续编两朝纲目备要》卷六,庆元六年条,第106页。
④ 《朝野杂记》乙集卷一六《王德和括关外营田》,第795页。
⑤ 《续编两朝纲目备要》卷六,庆元六年条,第106页。

如下：

> 德和分遣官属八人按行……下户惧，皆以实告。独豪民大姓则密赂行遣胥吏，以为无侵，给公据与之，由是有鬻公据之谤矣。诸大姓既不喜郭子明（郭杲——引者），心欲害其事。凤守某人者，大将之弟，郭氏之婿也，遂激而成之。子明亟降榜抚定，至欲调兵。时官属行营田者，凡半岁费总所钱万余缗，州县供亿又倍。德和始议可增三十万斛，及是所增才八千斛，而麦居多焉。未及秋成，德和罢去，陈日华代之，尽返其旧，颗粒不收。①

王宁核实营田，结果只获得下户所占亩数，豪民大姓之家占领之田丝毫未动。王宁核实营田之举，因触及武将的利益，不得不草草收场。即使是获得的些微成效，至其后任陈晔为总领时，也"尽返其旧，颗粒不收"。

由于王宁与郭杲的冲突，一度影响到军事防御：

> 王宁总蜀计，（朱）不弃以客从。文州羌掠省地，郭杲与宁不叶，多调兵以往，期以转输困之。久而乏粮，郡欲增其直，宁靳不予。不弃驰至，问曰："此去军前几何？"曰："百里。""粮之直几何？"曰："每石五千，脚乘四百。"不弃曰："去郡五十里有居民乎？"曰："有之。"不弃驰往，下令增为五千二百，乡民闻之，争来求售，而脚乘亦减半，事遂集。②

显然，在防御文州羌进攻时，郭杲"多调兵以往，期以转输困之"是有意之为，力图以此要挟总领。而王宁"靳不予"，如若不是总领幕属急中应变，造成防御失利的可能性极大。进一步推敲，如果没有总领的允诺，总领所之幕属朱不弃怎能独断专行？可见，此次武将对总领的有意要挟，以总领的让步而结束。

同核实营田一样，王宁减少军中马料的举措遭到郭杲的抵制。"先是，关外诸军廪赐既薄，惟马军所请马料，每石估值七千，而麦每石止直四千而已。于是军士反资马料之赢以自给，故军中有马养人之论"。关外诸军侵占

---

① 《朝野杂记》乙集卷一六《王德和括关外营田》，第795—796页。
② 《续编两朝纲目备要》卷九，开禧二年正月乙巳条，第158页。

马料,从中渔利,出现"马养人"的情况,王宁曾感叹到:"马所食者料耳,未尝食钱也,吾讵知其他耶?"显得无可奈何。对此,王宁"命以正色给之",结果引起戍卒"俱相率叛去"的恶果,即使后来陈晔代替王宁,情况也一仍其旧,史载:"未几,陈日华代德和,军士悉复其故云。"①减少军中马料之事却最终导致了王宁的罢免。史载:

> 先是,兴州摧锋、踏白二军戍黑谷者,骑士月给刍钱甚厚,宁议损之。是秋,戍卒张威等百余人亡入黑谷为盗,有奔北境者。北帅械其二十七人还都统司,(郭)杲戮之而不敢奏。朝廷微闻其事,宁遂坐免。②

戍卒因王宁减少马料逃往金朝,金兵将逃往之兵归还兴州都统司,身为都统制的郭杲竟然"戮之而不敢奏"。推敲其中缘由,整个事件是由军中马料"甚厚"引起,士兵叛逃等均属武将的责任。郭杲杀戮士卒,隐瞒真相,将责任推卸干净。中央明知其事,却将总领罢免,显然源于武将势力强大之故。

从上可见,几任总领对郭杲几乎没有起到节制作用,反而导致自身被罢免。上述事件看似与吴曦之变毫无关系,但从总领所的"长时段"运行看,反映出吴曦之变前总领所的权力步步丧失。回顾本节第一、二、三小节所述武将与总领的关系中,赵开与李迨虽因与吴玠的冲突而被罢免,但中央从未赋予吴玠掌管财赋的权力。姚仲虽然跋扈难制,以粮饷短缺为战事不利的借口,但仍然受到王之望的节制。时至吴挺时期,总领李蘩、赵彦逾在裁减虚籍中依然发挥重要作用,但赵彦逾核实关外营田中的失败,就已经显现出总领在节制武将时的力不从心。时至郭杲之时,总领在节制武将方面完全处于束手无策的状态。这些看似孤立的事件,从总体上却反映出在武将与总领的冲突中总领的势力逐渐衰落的事实,显示出四川总领所节制武将的角色日渐淡化的总趋势。吴曦能成功叛变,正是四川总领所职能步步丧失的结果。

---

① 《朝野杂记》乙集卷一七《王德和郭杲争军中阙额人请给(德和减马料附)》,第818—819页。

② 《续编两朝纲目备要》卷六,庆元六年条,第107页。

再看吴曦统兵时期总领所的运行。嘉泰元年(1201)吴曦任兴州都统制,至开禧三年(1207)叛变,四川总领六年间更换四人。嘉泰元年(1201),总领王宁因与郭杲的冲突而被罢免,由陈晔接任,至开禧元年(1205)结束,期间郭杲已死,兴州都统制为吴曦。从上文所述可见,王宁核实关外营田,曾有些微成效,但"德和罢去,陈日华代之,尽返其旧,颗粒不收"①。王宁减少军中马料,"未几,陈日华代德和,军士悉复其故"②。可见,王宁之前所取得的微小成绩在陈晔为总领时期已荡然无存。史书并未记载陈晔与吴曦的冲突,但陈晔上任,郭杲即死,而由吴曦接替。显而易见,陈晔为总领时期,关外营田再度被武将占有,马料超支等现象继续存在,陈晔丝毫未起到节制吴曦的作用。

从陈晔的罢免及其原因看,依然源于军队粮饷供应:

> (开禧二年)五月十一日,前四川总领陈晔追三官,送沅州安置。以四川安抚制置司言其籴到粟麦,不能觉察,以致粗恶,不堪支遣,有误军计。③

陈晔的罢免与降官,虽由四川制置司提出,但籴买军粮粗恶,"不堪支遣,有误军计"等,却与统兵武将吴曦不无干系。此时四川制置使为程松,开禧北伐开始以后,改程松为四川宣抚使,吴曦为宣抚副使。事实上程松并未起到对吴曦的节制作用。"松将东军三万驻兴元,曦将西军六万驻河池。松至益昌,欲以执政礼责曦庭参,曦闻之,及境而返。松用东西军一千八百人自卫,曦多抽摘以去,松殊不悟"④。时至吴曦之变,程松仓皇逃跑。尽管由程松提出总领陈晔军粮供给失职,恐怕背后主要取决于吴曦,一则军粮供给直接与武将密切相关,再联系上述程松在节制吴曦中的无为之态,这样的推测大致应该不错。

陈晔的接任者是赵善宣,开禧元年(1205)至开禧二年(1206)担任总

---

① 《朝野杂记》乙集卷一六《王德和括关外营田》,第796页。
② 《朝野杂记》乙集卷一七《王德和郭杲争军中阙额人请给(德和减马料附)》,第819页。
③ 《宋会要辑稿》职官七四之二一。
④ 《宋史》卷三九六《程松传》,第12078页。

领。赵善宣的具体事迹不详,但史书留下了其被罢免四川总领的原因:

> (开禧二年六月)十二日,四川总领赵善宣特降三官放罢,以被旨收籴米斛,应副大军,支遣违慢。①

赵善宣依然因军饷供给问题被降官罢职。史书尽管没有关于吴曦与总领赵善宣相互关系的具体记载,但此时吴曦掌兵,赵善宣理财供饷,赵善宣因供军"支遣违慢"而免官,定为吴曦不满所致。

接替赵善宣担任总领的是刘崇之。刘崇之,字智父,开禧二年(1206)至开禧三年(1207)为总领。刘崇之虽名为"总领",但与其前任王宁、陈晔、赵善宣等相比较,存在实质性的区别。王宁等担任总领,虽然对武将的节制效果不大,但从权力格局看,总领所始终是一个独立的财政机构,与都统制司、宣抚司属于平级,没有隶属关系。时至刘崇之为"总领",中央已经将节制财赋的权力赋予吴曦:

> 开禧二年,朝廷议出师,诏曦为四川宣抚副使,仍知兴州,听便宜行事。自绍兴末,王人出总蜀赋,移牒宣司,势均礼敌。而(韩)侂胄以总计隶宣司,副使得节制按劾,而财赋之权又归于曦。②

这意味着此时吴曦拥有完整的财政权,总领与武将由原来的平级关系变为隶属关系,总领所只是吴曦的下属机构而已。史载:

> (开禧二年)三月癸巳,程松宣抚四川,吴曦副之,仍有节制财赋指挥,且许按劾,两军出入,曦得自专。先是,四川计司旧属宣抚司节制,郑刚中在蜀,秦桧恶其专,始命赵德文以少卿为之,自是二司抗衡。至是,转宣抚司节制,刘崇之新除总领,即上章抗论,辞职,不允。③

显然,刘崇之并不满于名义上的"总领"而已,上章抗论,提出辞职。从总领拥有的实际权力看,刘崇之与其前任名同实异。至此,四川总领的财政权力完全丧失,划归武将所有。总领所不再作为一个独立运行的财政机构,

---

① 《宋会要辑稿》职官七四之二二。
② 《宋史》卷四七五《吴曦传》,第13812页。
③ 刘时举:《续宋编年资治通鉴》卷一三,开禧二年三月癸巳条,文渊阁《四库全书》本。

而成为武将的附庸。这一制度改变引起时人的高度警惕。史载：

> （杨）辅知曦有异志，贻书大臣言："自昔兵帅与计臣不相统摄，故总领有报发觉察之权。今所在皆受节制，内忧不轻。"①

杨辅"知曦有异志"虽属夸大之词，但杨辅基于制度层面的分析却极为敏锐，武将与总领隶属关系的变化，使武将由原来受总领节制的地位一变为"节制按核"总领，不管吴曦是否有"异志"，制度的缺陷已经存在发生"内忧"的可能。持同样看法者不乏其人，时起居舍人许奕论曰：

> 总领，王人也，而听宣抚司节制，或为参谋。庙堂之义，外廷莫得闻，护圣之军，半发于外，而禁卫单薄。②

总领地位的改变，原有的内重外轻之势变为外重内轻。朝臣基于制度层面的担忧很快以吴曦的成功叛变得以验证，南宋为此付出了沉重的代价。

前文提到在吴挺统兵时期，游仲鸿为总领杨辅幕属，建议核实关外营田，"大将吴挺沮而止"。时至吴曦担任兴州都统制，游仲鸿为利州路转运判官，"数忤宣抚副使吴曦，曦言仲鸿老病，朝命易他部"③。转运判官从性质上讲，同样属于财政系统，转运判官"数忤"武将，这极有可能会在军费供给方面对军队的行动形成阻力，吴曦因此上奏，将其改任。此事与总领所隶属于吴曦节制相比，尽管显得微不足道，但同样表明一个事实：在川陕战区自上而下的财政领域内，并不存在可以妨碍吴曦行动的因素。

笔者以为，吴曦所以叛变的原因与能够成功叛变的原因二者不是一回事。吴曦为何叛变，主要取决于主观愿望、环境迫使、金人诱惑等等④，而能否成功实现叛变，则需要诸多条件的支持。其中，一个关键性的条件就是拥有足够的物质保障。原属四川总领所的财政权归吴曦所有，标志着这一条

---

① 《宋史》卷三九七《杨辅传》，第12096页。
② 《宋史》卷四〇六《许奕传》，第12267—12268页。
③ 《宋史》卷四〇〇《游仲鸿传》，第12149—12151页。
④ 杨倩描：《"吴曦之乱"析论》，载《浙江学刊》1990年第5期；王智勇：《论吴曦之变》，载四川联合大学古籍整理研究所、四川联合大学宋代文化研究资料中心编《宋代文化研究》第5辑，巴蜀书社1995年版。

件的成熟。在四川总领所的运行进程中,其财政权力始终独立,尽管在对武将的节制中遭到种种抵制与阻挠,尽管有数名总领因此而被罢免,但对武将而言,总领始终是一个有力的制约因素。吴曦之前,各武将忠心报国,退一步讲,即使他们心存"异志",总领所制度的存在所形成的权力制约机制,也会有效地防止将"异志"变为现实。时至吴曦掌管川陕战区军政大权,武将不预财政的统兵政策发生逆转,财政权、行政权、军事权集于武将一身,武将实际上拥有足以叛变的"资本",加之其他因素,叛变的成功实现也就不难理解。

在吴曦之变中,吴曦任命自己的都转运使取代中央任命的总领,史载:"伪四川都转运使徐景望入利州,总领官刘智夫①为所逐。"②刘崇之是我们所见到的所有四川总领中最为狼狈的一个总领。平息叛变后,刘崇之得到严厉的惩处,史载:

> (开禧三年三月二十七日),前四川总领刘崇之追三官,送道州居住。以臣僚言逆曦阴结虏好日久,崇之不能预为之图,追徐景望以伪命至,始封纳牌印。③

作为南宋臣子,每个人都有平叛诛逆的责任,刘崇之因此受到惩罚,理所应当。但因为刘崇之为"总领",在吴曦之变中"不能预为之图",因被吴曦任命的都转运使所逐而遭到惩罚,刘崇之实在是有冤难申。因为在刘崇之担任总领时,中央已经赋予吴曦节制财赋的权力,刘崇之虽为"总领",实际名不副实,制度设计上不具有"预为之图"的职能,同样没有足以"预为之图"的权力。四川总领沦落到"被逐"的境地,实在不应过多地谴责刘崇之本人,总领所权力丧失这一制度缺陷难辞其咎。相反,刘崇之的"被逐",恰恰是四川总领所在川陕战区行政运行中被日益边缘化的形象反映。吴曦所以成功叛变,制度缺陷留有可乘之机是一个关键因素。

---

① 刘崇之,字智父,此处记载为"智夫",当误。见李清馥《闽中理学渊源考》卷六《文忠刘瑞樟先生崇之》,文渊阁《四库全书》本。
② 《续编两朝纲目备要》卷一〇,开禧三年正月己卯条,第175页。
③ 《宋会要辑稿》职官七四之二五。

当然，笔者不认为只是总领所权力的丧失，就足以导致吴曦成功叛变，诸如获得完整的军事权等均是重要原因。史载：吴曦为获得完整的兵权，"譖副都统制王大节，罢之，更不除副帅，而兵权悉归于曦"①。但总领所权力的丧失这一因素，无论如何不能低估。这正如度正对吴曦之变的分析：

> 京师之兵出以戍边，天府之财出以饷军，而州郡之事力如故也。是以曦贼为乱，人人愤切，思食其肉，然敢于抗之者甚少，盖无兵无财，事出仓卒，莫知所以为计耳。②

换句话，川陕战区的兵权与财权居于一身，是造成吴曦成功叛变的直接原因。叶适对此也有一个分析，"绍兴后，竭巴益奉边将，吴曦因以反"③。叶适的结论，将叛变成功实现归为吴曦财政权的强大。

魏了翁总结四川总领所的演变曰：自总领所设置以来，"饷所主财粟，宣制司主军民，二司之不相为谋也久矣"④。也即总领所始终是一个独立运行的机构。在川陕战区，武将掌兵，总领掌财，这是南宋实现中央集权统治的一个重要措施。如上文所述，吴玠与赵开、吴玠与李迨、王之望与姚仲、李蘩与吴挺之间等，冲突不断，矛盾重重，影响了川陕战区行政的正常运行。这是消极的一面。从中央集权角度看，吴曦之变前，尽管武将与总领冲突不断，但川陕战区始终处在中央的掌控之中，这是地方分权体制有利的一面。在南宋中央看来，外患频仍，川陕战区处在防御外敌进攻的前沿，防御外敌固然重要。但，确保中央号令能始终贯彻于川陕战区，同样是重中之重。吴曦之变前，中央在川陕战区事实上能实现以上双重目标。然至吴曦统兵之时，原有的地方分权体制已发生转变：

> 开禧以后，事异前时。吴曦生长边陲，习闻交争之害，而未睹相资之利，密启于韩侂胄，俾宣司得以制财赋之入出，其事似是，而其实不

---

① 《宋史》卷四七五《吴曦传》，第13812页。
② 《性善堂稿》卷六《条奏便民五事》。
③ 《水心先生文集》卷一一《潼州府修城记》。
④ 《鹤山先生大全文集》卷四四《重建四川总领所记》。

然。盖曦既畜无君之心,将托是为乱,而正使由其术而不悟耳。赵季明
善宣、刘志大崇之以是各相继引去。①

吴曦是否早存"无君之心"不得而知,总领赵善宣、刘崇之的失势,吴曦获得财政权确凿无疑。"开禧以后,事异前时"最大之"异",就是军权与财权分离的体制遭到破坏。张邦炜先生指出:"吴曦之叛是四川地方势力与南宋中央政府、吴氏武将集团同南宋文官政权长期矛盾和对立的产物。"②再进一步讲,最终实现地方武将势力强大的关键,就是总领所权力丧失这一点。缺少获取财政权这一环节,单凭武将手中的军权,吴曦成功叛变的几率就大为减小。

总领所在吴曦之变中的作用如上所述。还有一个问题,吴曦之变仅存在了短短的四十一天就以失败告终,这又是什么原因? 已有的研究已经指出几点,如起事仓促,缺乏准备,缺乏金人足够的支持,叛变者的主观能力不够等③。关于财政权在吴曦之变失败中的影响,并未引起研究者的关注。笔者以为,自身财政权的不稳定,是吴曦之变不能长久的一个重要因素。

史书记载平定吴曦之变的功臣,几乎完全一致。《朝野杂记》载"蜀士立功立节次第"称:

> 武兴之变,立功者,安观文为之主,杨巨源、李好义倡率忠义次之,李贵手斩逆贼又次之。若李好古、安癸仲、杨君玉、李坤辰、张林、朱邦宁之徒,协谋举事,又其次也……④

在平叛以及中央的嘉奖中,安丙功居第一,杨巨源与李好义并列。为何以他们三人为主,就可以形成一个足以平叛的力量? 即使是南宋中央也无可奈何的武将势力,何以在短时间内仅凭三人为首的力量就得到解决? 答案应从他们担任的职务中寻找。史载:

---

① 《鹤山先生大全文集》卷四四《重建四川总领所记》。
② 张邦炜:《吴曦叛宋原因何在》。
③ 杨倩描:《"吴曦之乱"析论》;王智勇:《论吴曦之变》。
④ 《朝野杂记》乙集卷九《蜀士立功立节次第》,第655页。

> （开禧三年二月乙亥）四川宣抚副使司随军转运安丙及兴州中军正将李好义、监四川总领所兴州合江仓杨巨源等共诛吴曦，传首诣行在，献于庙社，枭三日，四川平。①

在平叛时，安丙担任四川宣抚副使司随军转运，杨巨源为监四川总领所兴州合江仓，李好义为兴州中军正将。进一步分类，安丙与杨巨源属于财政类官员，李好义属于军事类官员。以上三人为首形成平叛力量，其实反映出吴曦之变时得以依赖的财政因素与军事因素均出现问题。以下分别论述。

先看安丙。李心传对安丙所以能在平叛中发挥中流砥柱的作用，有一个"势顺"的解释：

> 安公为人警敏，凡事尽力，（吴）挺更喜之，为延誉于诸司，改秩而去。及曦为殿帅，安（丙）通判隆庆府，又迁知大安军。比军兴，首辟随军转运。旋以救荒有绩，复迁一官，为朝奉大夫。逮其称王，即除丞相长史、都省事。俄杨、李之议合，安公遂决策诛之。盖居不疑之地，操可致之资，其势顺也。天之佑宋，夫岂偶然哉！②

在李心传看来，吴曦失败，并非偶然。值得注意的是，所谓"势顺"有两点，其一，安丙"居不疑之地"，其二，安丙"操可致之资"。何谓"不疑之地"？有两个原因，一是安丙早在吴挺之时，就已经获得任用，为吴挺所赏识，到吴曦接任，安丙继续留任，政绩突出，委以重任，受知于父子两代，理应为吴曦所"不疑"。二是安丙先被任命为宣抚副使司随军转运使，吴曦之变中，被任为丞相长史、都省事，依然属于吴曦贴身属下，故而"不疑"。何谓"可致之资"？应该从"随军转运使"这一职务去解释。史载：随军转运使，不常置，在行军征讨中，随军措置、供应军马所需粮草，"有军旅之事，则供馈钱粮"③。也即在开禧北伐开始以及吴曦之变中，其军队粮饷供应大权掌握在安丙手中。粮饷供给，是行军出战的重要保障，同样是吴曦得以起事的一大支柱。安丙

---

① 《宋史》三八《宁宗二》，第 744 页。
② 《朝野杂记》乙集卷九《安观文诛曦势顺》，第 654—655 页。
③ 《宋史》卷一六七《职官七·都转运使》，第 3965 页。

担任随军转运使这一职务,实际掌控着吴曦军队物资供给的生命线。安丙以随军转运使的身份能够平定叛乱,在于他拥有足以平叛的物质基础,"可致之资"即是此意。安丙一则是吴曦"不疑"的属下,又掌控吴曦军队的财政大权,拥有"可致之资"。在吴曦之变中,一旦安丙发生动摇,整个叛变就失去得以依赖的基本物资保障,叛变草草结束也就不是意外之事。所谓"势顺"之"势"正是此意。

再看杨巨源。与安丙一样,杨巨源也属于吴曦军队中的财政官员,不同之处是杨巨源"监四川总领所兴州合江仓",属于更为基层的财政官。从杨巨源的履历看,陈晔为总领时,"举为凤州堡子原仓官,驰骋射猎,倾财养士,沿边忠义,咸服其才。分差鱼关粮料院,移监兴州合江赡军仓"。吴曦之变时,"巨源阴有讨贼志,结义士三百人,给其钱粮",积极参与平叛。杨巨源所以能集结三百人的义士,"给其钱粮"是一个重要原因,而这又得益于其担任"分差鱼关粮料院"与"监兴州合江赡军仓"的职务①。在安丙决定平叛时,其担忧"目前兵将,我所知,不能奋起。必得豪杰,乃灭此贼,则丙无复忧"。杨巨源非常肯定地说:"非先生(安丙)不足以主此事,非巨源不足以了此事。"此处记载颇有深意,在杨巨源看来,诛灭吴曦与平叛兵变,"主事"者与"了事"者均为财政官员,也进一步证明财政因素在吴曦兵变中的关键性作用。史载,平叛之后,"(安)丙奏功于朝,以巨源第一"②。安丙与杨巨源的联手,实际上意味着在吴曦之变队伍中,上层财政官员与基层财政官员首先动摇,吴曦之变得以依赖的财政条件不复存在。

吴曦在叛变中非常重视财政权的掌控。叛变后即任命徐景望为四川都转运使,"趋益昌,夺总领所仓库"③。夺总领所仓库,驱逐中央任命的总领刘崇之,显然是试图完全掌控财政权力。但徐景望并不能胜任此职,缺乏足够的威望与势力,不久就被安丙等人诛杀。史载:

---

① 关于四川总领所属官组织以及杨巨源"分差粮料院"之重要性等,参见(日)伊原弘《南宋總領所の任用官——"開禧用兵"前後の四川を中心に》。
② 《宋史》卷四〇二《杨巨源传》,第12194—12196页。
③ 《宋史》卷四七五《吴曦传》,第13813页。

徐景望在利州,逐王人,擅财赋。(安)丙遣弟焕往约诸将,相与拊定,及景望伏诛,军民无敢哗者。于是传檄诸道,按堵如故。①

伪四川都转运使徐景望被诛后,在安丙等的措置之下,川陕战区局势趋于稳定,"传檄诸道,按堵如故",这成为平定叛乱的一个转折点。这也进一步表明,财政因素在整个吴曦兵变和安丙平叛中的关键性作用。吴曦任命的都转运使难以胜任,这再次证明了吴曦之变中财政权的不稳定。

除安丙与杨巨源外,其他财政官员的向背依然重要。吴曦起事时,陈咸为利州路转运判官,"咸留大安军督军粮","曦以咸蜀名士,欲首胁之以令其余,檄咸议事。咸不往"②。"陈咸不受伪命,削发于利州之石鳌"③。显然,吴曦并未得到利州路转运判官的支持,陈咸反而积极响应安丙,出谋划策,参与平叛。前面提到利州路转运判官游仲鸿"数忤"吴曦,被吴曦上奏改任。吴曦之变后,宣抚使程松逃跑,游仲鸿的策划是,"宣威肯留,则吾以积奉二万缗犒兵,护宣威之成都"④。可见,即使是前任利州路转运判官,依然拥有相当的财政力量。夔州路转运判官李埴也是如此,在吴曦之变中,李埴"洁身以自解,举部封而弃之","首以逆曦反状来上"⑤。诸如利州路转运判官陈咸、前利州路转运判官游仲鸿、夔州路转运判官李埴等积极参与平叛,进一步证明吴曦之变时财政权的不稳定。

最后我们来看李好义。平叛所以成功的另一因素就是吴曦军中武将的动摇。李好义名列三大功臣之一,即在于此。"义当击贼,恨无兵权"⑥是平叛前时人普遍的忧虑。李好义之父李定一,曾为兴州中军统制,吴曦之变时,李好义为兴州中军正将,世代掌握兴州军事力量。安丙得知李好义参与平叛,大喜曰:"非统制李定一之子乎?此人既来,断曦之臂矣。"⑦有兴州武

---

① 《宋史》卷四〇二《安丙传》,第12189页。
② 《宋史》卷四一二《陈咸传》,第12389页。
③ 《续编两朝纲目备要》卷一〇,开禧三年正月甲午条,第176页。
④ 《宋史》卷四〇〇《游仲鸿传》,第12151页。
⑤ 《宋会要辑稿》职官七四之二四—二五。
⑥ 《宋史》卷四一二《陈咸传》,第12389页。
⑦ 《宋史》卷四〇二《李好义传》,第12199页。

将内部参与平叛,吴曦起事依赖的军事条件随之瓦解。

《宋史》的作者有一个评论:"曦之畔,向非安丙、杨巨源、李好义之谋,西方之忧莫大焉。"①平叛吴曦之变的功劳记在以上三人之上不是偶然的。在南宋中央没有参与的情况下,在川陕战区内部组织起的平叛力量中,财政官员安丙、杨巨源与武将李好义起到了重要作用。这反映出吴曦之变得以依赖的财政条件与军事条件均不稳定。三大功臣中,财政官员占据二席,一定程度上显示出财政因素在平叛中的关键性作用。纵览吴曦之变的全部过程,四川总领所财政权力的逐步丧失,成为吴曦成功叛变的关键因素,而恰恰又因财政权的不稳定,直接影响到其叛变的长久存在。

平定吴曦之变后,恢复原有的总领所财政独立运行的体制被朝臣提出:

> 至开禧用兵之初,宣抚使程松以私意恳嘱权臣,遂令四川总领所照江淮、湖广体例,并听宣司节制,自是本所财赋两宣司动辄干与,且不时取拨金帛,逆曦包藏祸心,用度无艺。

显然,由于总领所的财政权被宣抚司剥夺,总领所由此失去对武将的节制作用,吴曦任意干预总领所财政事务,以致叛变。痛定思痛,平定叛变后,朝臣的建议就是主张恢复到原有的总领所财政独立运行的轨道上来,即"军政、财赋既有攸司,所当各专任责"②。

将视线拉长,我们看到,四川总领所一旦回归独立运行的正常轨道,武将与总领的冲突将继续延续下去。

吴曦之变平定后,兴州改为沔州,王喜为沔州都统制,陈咸为总领。在军权与财权分离体制下,再次出现武将与总领冲突之事。如嘉定元年(1208)三月发生的"利州兵老小喧閧"之事就是例证。在此事件中,士兵因乏粮,"众共诉于统领官",而统领"王兴祖曰:'汝自见总领白之。'于是突入总领所者近千人"。致使总领陈咸"遁去",宣抚司遣沔州中军统制官来究其事,结果"不敢治"。最后沔州都统制王喜因素爱王兴祖,"故但降为队

---

① 《宋史》卷四〇二《李好义传》,第 12201 页。
② 《宋会要辑稿》职官四一之六六。

将,寻以招成州乱兵复故职"。此事表面看只是士兵聚众闹事,但其背后有武将的支持,实际起作用的是沔州都统制王喜①。在此之前的开禧三年(1207)六月,士兵因粮饷问题几乎起事,"宣抚司初令川路造面棋子,至军前不果用,遣戍卒负之以归,卒多盗食者,总领所命以豁见粮,士汹汹且为变"。最后总领陈咸予以全部捐免,方得以平息②。嘉定元年(1208)十一月,再次发生利州忠义人李大用蓄谋起义之事。此事虽然并未发生,但从起义者的计划看,"初,大用与其徒结集屯驻诸军,欲以其日举事,先纵火焚仓库,然后杀总领,劫掠财赋,又杀转运判官及两统制,据城为变"。将起义的矛头指向掌管军饷的总领所。时至嘉定十二年(1219),兴元军士张福、莫简等作乱,以红巾为号,时任总领杨九鼎被杀。军士起义的矛头再次指向总领所,究其原因,"杨九鼎在蜀,以刻剥致诸军之怨,军士莫简倡乱,杀九鼎,剖其腹,实以金银曰:'使其贪腹饱饫。'"③

以上几个事例中,共有的特征是,武将与士兵均将矛头指向总领。当然南宋朝廷不希望引起军队动乱和士兵起事,但武将与总领的冲突,却是四川总领所运行中的一贯之事,武将与总领的冲突恰恰反映总领所拥有节制武将的权力,成为制约武将势力的重要力量。从这一方面讲,武将与总领的冲突对南宋中央加强集权统治来讲不失为一件幸事,即魏了翁所言"交争之害"之外的"相资之利"④。

① 《续编两朝纲目备要》卷一一,嘉定元年三月条,第195—196页。
② 《续编两朝纲目备要》卷一一,嘉定元年十一月乙丑条,第201—202页。
③ 《鹤林玉露》乙编卷四《安子文自赞》,第190页。
④ 《鹤山先生大全文集》卷四四《重建四川总领所记》。

第五章　南宋川陕边防后勤保障

充足的物资供应是川陕边防得以巩固的重要原因,南宋川陕战区的后勤保障体系包括军费消耗与筹集、军粮消耗与筹集、军粮籴买与转运、屯田与水利建设、武器衣甲营房战马保障等,诸多后勤保障措施在川陕边防行政运行中发挥着重要作用。以下对南宋川陕边防军费、军粮、武器、军衣、营房、战马等的供应情况以及物资供应对川陕民生的影响诸方面逐一展开论述。

第一节　南宋川陕边防后勤保障体系

一、军费消耗与筹集

（一）军费消耗

南宋川陕边防驻军军费消耗数量较大,且不断增长。庄绰曾对南宋初年各地驻军军费做过比较,其中刘光世驻军池阳,月费钱二十六万七千六百九十贯三百文,一年的军费为三百二十万;朝廷每月支付韩世忠钱二十一万余贯,一年当费二百五十万;而"绍兴中,吴玠一军在蜀,岁用至四千万"[①],这远远超出其他地方驻军的军费数量。据《系年要录》载,绍兴四年(1134),四川总领所共收钱物三千三百四十二万余缗,支出三千三百九十四

---

① 《鸡肋编》卷下,第93页。

万余缗,而吴玠一军支出一千九百五十五万缗①。史书还曾提到,赵开应付吴玠钱粮,绍兴四年(1134)为钱一千九百五十五万七千余缗,五年比四年又增加四百二十万五千余缗②。理宗时,吴昌裔将川陕战区的收支进行比较,在赵开掌管财政时,岁收三千三百四十二万,开支尚缺少五十二万有余。在李迨供应军费时,增收至三千六百六十七万,开支仍缺额达一百六十二万,"自是而后,入少出多,调度转急"③。李焘曾将靖康元年(1127)至绍兴二十六年(1156)成都一路财用出入做过统计。兵兴之前,支出之外,尚余五十七万四千三百有余;兵兴之后,入不敷出,支出超过收入的九十四万九千六百,其中"右护军之戍蜀门者,一岁所费为钱几二千三百万",军费开支急剧增长,只得多开源路,"或因旧加取,或创新抑纳"④。

　　造成川陕驻军军费浩大的原因较多,其中军队数量庞大是主要原因。富平之败后,川陕战区驻军始终保持在十万人左右,军队人数多,军费开支必然不少。此外,军队中以虚籍充数冒领军费也是原因之一。在第三章论述兴州军事集团时,对兴州驻军的虚籍冗滥现象已有论述,此类现象在川陕战区其他驻军中也屡见不鲜。虞允文曾提到,金州驻军武将"公取窃取,见于一事,辄以十数万计,贪墨自肆,上下一律,略无忌惮,至军民日用食饮之物,一毫不恤也"。由于武将掌兵难治,致使"未敢明有所究治"。虞允文指出,只拘收到"官库之钱,前后欺隐与显然分取者"就高达五十余万缗。至于诸军折估等钱,"自利州总领所关请,径为回易,隐落干没之数,未敢问也"⑤。绍兴二十六年(1156)十月,潼川府路转运官王之望上言:川陕战区内,民生凋敝,赡军之费虽前后蠲减,但民众不得实惠,"盖其本原实在军中也,军中之费仍旧,则岁计所减必妨"⑥。而军队冗滥在吴玠统兵时尤为严

---

① 《系年要录》卷八三,绍兴四年十二月条,第1372页。
② 《系年要录》卷一〇四,绍兴六年八月癸卯条,第1694页。
③ 吴昌裔:《论救蜀四事疏(理宗时)》,载《历代名臣奏议》卷一〇〇,第1364页。
④ 李焘:《比较图序》,载《成都文类》卷二三。
⑤ 虞允文:《论金州之弊乞加威令于诸将状(孝宗时)》,载《历代名臣奏议》卷二一四,第2807页。
⑥ 《系年要录》卷一七五,绍兴二十六年十月乙未条,第2884页。

重,官员之数达到士兵人数的六分之一,官员请给高于士兵,官员冗滥必然造成军费急速增长①。所以,朝臣认为,只有减月俸于江浙,除布估于广西,蠲税租于荆扬,"裁军冗于全蜀",民众才能得以休息②。显然,四川民众赋税负担沉重的根源在于供给军队,而军中冗员增多,枉费廪给,故民众负担加重。

军队的额外支出同样导致军费开支居高不下。如折估钱一项,川陕驻军除官兵各有身分料钱外,官员还有驿料折估钱、月犒钱等,军兵有坐仓折估钱、草估钱等,名目繁多,支出必然增加。四川都转运使李迨指出,川陕驻军军费开支,"绍兴四年,所收钱物,计三千三百四十二万余缗,比所支计阙五十一万余缗。五年收三千六十万余缗,比所支计阙一千万余缗"。仅仅考虑到折估钱一项,导致入不敷出就不难理解③。再如折色米也导致军费的增加,"各以军屯所在之直为准,故米每石,少者八九千,多者至十二千,议者患其不均,然沿袭既久,终莫能革也"④。

此外,川陕驻军中以军费"回易"牟利,也导致开支增长。虞允文提到,金州武将"贪而多欲,所至以营利为先",私役部曲,修盖廊房,营建第宅,将朝廷降到招军钱银、度牒以和籴为名,公然盗取,民间和籴本钱,多以茶、盐、布等折支。后移帅西路,又"将金州安抚司金银钱引载行,立名支破,计其入己之财,百十钜万"⑤。乾道五年(1169)二月,兴元驻扎御前诸军都统制任天锡因"坐在军侵用官钱数万",被宣抚使虞允文弹劾⑥。武将私占与挪用,军费开支必然有增无减。

(二) 军费筹集

南宋川陕驻军数量多与额外支出大等原因,导致军费开支增长。为解决川陕军费供应问题,南宋采取了诸多筹集军费的措施,以下分别

---

① 《系年要录》卷一一一,绍兴七年五月壬午条,第1798页。
② 《九华集》卷一〇《宽财赋策》。
③ 《系年要录》卷一一一,绍兴七年五月壬午条,第1796页。
④ 《系年要录》卷九七,绍兴六年正月辛巳条,第1601页。
⑤ 虞允文:《论去蜀中二帅疏(孝宗时)》,载《历代名臣奏议》卷二四〇,第3158页。
⑥ 《宋会要辑稿》职官七一之二三。

论述。

1. 增印钱引与发行货币

钱引是兑换钱币的证券和纸币。四川钱引简称川引,川引以铁钱为币值本位,若干年发行一次,称为一界。现将高宗朝川陕战区增印钱引的情况统计如下①:

时　　间	增印钱引的具体情况	资　料　来　源
建炎二年(1128)六月	因利州路增屯西兵,军食不继,成都府路转运判官靳博文以便宜增印钱引62万缗	《系年要录》卷一六,建炎二年六月乙卯条
建炎三年(1129)十一月	宣抚处置使张浚以便宜增印钱引100万缗,以助军食。其后八年间,累增2540万缗	《系年要录》卷二九,建炎三年十一月己酉条
绍兴三年(1133)九月	川陕宣抚司随军转运使赵开增印钱引150万缗	《系年要录》卷六八,绍兴三年九月甲寅条
绍兴三年(1133)十月	川陕宣抚司随军转运使赵开增印钱引200万缗,在夔州路市粮,之后又增印200万缗	《系年要录》卷六九,绍兴三年十月甲午条
绍兴六年(1136)正月	总领四川财赋赵开增印钱引300万缗,以市军储	《系年要录》卷九七,绍兴六年正月丙戌条
绍兴六年(1136)十月	四川制置大使席益以便宜增印钱引300万缗,以市军储	《系年要录》卷一○六,绍兴六年十月壬子条
绍兴九年(1139)九月	川陕宣抚司以便宜增印钱引200万道,支付右护军使用	《系年要录》卷一三二,绍兴九年九月乙未条
绍兴十年(1140)三月	因赡军钱缺420万缗,诏成都府钱引务增印钱引500万道	《系年要录》卷一三四,绍兴十年三月戊子条

---

① 王晓燕《南宋前期的四川财政及其管理》(四川联合大学历史系1998年硕士论文)据《朝野杂记》、《系年要录》、《宋史》、《皇宋中兴两朝圣政》统计,建炎二年至隆兴二年川陕战区增印钱引共14次。本列表在参考王晓燕统计的基础上而成。

(续　表)

时　间	增印钱引的具体情况	资　料　来　源
绍兴十年（1140）五月	川陕宣抚副使胡世将趣印成都钱引500万，籴买军粮	《系年要录》卷一三五，绍兴十年五月己亥条
绍兴十三年（1143）三月	川陕宣抚副使郑刚中增印钱引400万缗，支付右护军使用	《系年要录》卷一四八，绍兴十三年三月辛卯条
绍兴三十一年（1161）十二月	由于收复陕西州军，用度增加，诏四川总领所添印300万道	《系年要录》卷一九五，绍兴三十一年十二月庚子条
绍兴三十二年（1162）闰二月	四川总领所增印钱引100万道，以备边储、犒军	《系年要录》卷一九八，绍兴三十二年闰二月乙未条
绍兴三十二年（1162）六月	虞允文宣谕川陕，增印100万缗	《朝野杂记》甲集卷一六《四川钱引》

　　从上表可见，川陕战区内增印钱引多为供给军队使用，而且数量较大。其中，绍兴十三年（1143）之前增印次数最多，其次是绍兴三十一年（1161）前后。而这两个时间段正是宋金战争最为激烈的时期，反映出战时军费消耗尤为浩大。史载，川陕宣抚司曾"获伪引三十万"，张浚欲严厉惩处，赵开建议，"使引伪，加宣抚使印其上即为真"，张浚采纳其建议①。这相当于又增加了三十万钱引。钱引分界发行，界满后发行新引，收回旧引。由于军费开支浩大，故钱引往往超过每界限额发行，前一界钱引未到界满，又增印新引。这虽能解决一时军费开支的困境，最终导致钱引贬值，物价上涨，正常的货币流通秩序遭到破坏。在一些地方出现"一引之直，仅售百钱"之事，以致"商贾不行，民皆嗟怨"②，直接影响到民众的生活。

　　除增印钱引外，川陕战区内还发行两种地方性货币③。一是关外银会

---

① 《宋史》卷三七四《赵开传》，第11598页。
② 《宋史》卷一八一《食货下三·会子》，第4410页。
③ 参见王晓燕《南宋前期的四川财政及其管理》，第24—25页。

子。绍兴七年(1137),吴玠在河池始置银会子,以银为兑换本位,面额分为一钱或半钱。"凡一钱银会子十四万纸,四纸折钱引一贯。半钱银会子十万纸,每八纸折钱亦如之"。最初在鱼关及阶、成、岷、凤、兴、文六州使用,每年换发一次,"其钱隶军中"。吴玠去世,归属总领所。绍兴十七年(1147)七月,又造于大安军,两年一换。乾道四年(1168)四月,"始增一钱银三万纸。九月,行于文州,其后稍益增,迄今每二年印给六十一万余纸,共折川钱引十五万缗"①。二是铁钱会子,创于隆兴元年(1163),在兴元府、金、洋州使用。面额有三种,分别为三百、二百、一百,每年印二百零四万缗,共折川钱引四十万缗②。以上两种纸币,从起源看,银会子的产生源于军需,最初隶属军队。从流通地区看,银会子流通于关外诸州,铁钱会子流通于兴元府、金州、洋州,这些地区均属边防前沿地带。银会子等的发行与流通,在解决军费供应中具有重要的作用。

直接铸造发行铁钱也是解决军饷开支的一种途径。如绍兴十年(1140)五月,川陕宣抚副使胡世将命陕西都漕司印造陕西绍兴钱五十万贯,应付军费开支③。再如绍兴十五年(1145)七月,因军兴之后,用度日广,钱引印造寖多,"引法弊坏",四川宣抚使郑刚中置利州绍兴监,岁铸钱十万缗,之后增至十五万缗④。

增印钱引和铸造铁钱,对保证川陕驻军的军费开支发挥了重要作用。但由于军费需求增加,频繁增印,违背货币流通规律,引起货币贬值,这是其弊端所在。

2. 截留上供

南宋川陕边防军费开支巨大,将上供钱物截留以供军用在川陕战区内不时出现,对保证军费开支意义较大。

早在南宋政权建立之初,陕西之地尚未被金兵占有,但陕西的抗金

---

① 《朝野杂记》甲集卷一六《关外银会子》,第366页。
② 《朝野杂记》甲集卷一六《铁钱会子》,第367页。
③ 《系年要录》卷一三五,绍兴十年五月己亥条,第2173页。
④ 《系年要录》卷一五四,绍兴十五年七月戊申条,第2477—2478页。

形势极为严峻,保证军费供给显得尤为重要。建炎元年(1127)六月丁亥,朝廷下诏,"陕西六路仍听支诸司钱,及截川纲金银",用来招募士兵支用①。此时南宋政权刚刚建立,中央需用也多,却令陕西截用川纲金银,表明军费开支的增大。再如建炎元年(1127),王𤫽率兵屯驻兴元府,军饷不继,成都府路转运判官赵开等"以便宜截用递岁应输陕西、河东三路纲"②。富平之败后,宋军钱物丧失殆尽,军饷供给严重缺乏。史载:"自军兴以来,蜀纲之应输内藏及内东门司者,皆不至。"③应该上供中央的蜀纲全被截留。建炎四年(1130)十二月,因用度浩繁,宣抚司截陕西、河东、北三路绢纲三十万匹,"令民输其直以赡军",共获钱三百万缗;又截布纲七十余万匹,获钱二百万缗④。绍兴元年(1131)二月,由于行在将行大礼,急需钱银,故中央下诏,令张浚措置津发四川上供金帛赴行在。史载"自置宣抚司,而上供悉为截留,以备军食"。尽管诏令明确要求,但实际情况确是"川、陕用度繁,截留如故"⑤。因川陕驻军急需,故出现违抗诏令之事。

将蜀纲截留供军,南宋中央也予以支持。如绍兴五年(1135)闰二月,川陕宣抚司上奏,请求将四川上供银帛留充赡军使用,高宗曰:"祖宗储积内帑,本以备边陲缓急之用,今方隅多故,军旅未息,宜从所请。"⑥显然,中央也明了截留上供对川陕驻军的重要性。绍兴六年(1136)九月,中央再次批准四川都转运使李迨的请求,将四川上供内藏封桩等钱截留使用⑦。南宋初年,战事频繁,川陕驻军军费开支增长,致使"四川自靖康以来,七年上供,皆为军兴诸处截用"⑧。

---

① 《系年要录》卷六,建炎元年六月丁亥条,第169页。
② 《系年要录》卷一一,建炎元年十二月甲戌条,第255页。
③ 《系年要录》卷三四,建炎四年六月庚辰条,第663页。
④ 《系年要录》卷四〇,建炎四年十二月条,第749—750页。
⑤ 《系年要录》卷四二,绍兴元年二月癸酉条,第764—765页。
⑥ 《系年要录》卷八六,绍兴五年闰二月乙酉条,第1415页。
⑦ 《系年要录》卷一〇五,绍兴六年九月庚辰条,第1708页。
⑧ 《系年要录》卷一一八,绍兴八年三月辛卯条,第1911页。

绍兴三十一年(1161)完颜亮入侵,军饷开支随之增加,在总领王之望的请求下,中央允许将上供钱五十万缗截留使用①。

吴曦之变平定后,"帑藏赤立",总领陈咸措置财用,通过"截四路上供"等,紧张局面才得以缓解②。

仅从以上笔者所搜集到的川陕战区截留上供钱物的事例不难看出,绍兴初年,因兵兴连年,军队开支增大,截留之事出现最多。绍兴三十一年(1161),也因宋金战事再起,截留上供。吴曦之变前后,开支增加,再次出现截留上供之事。截留上供情况的出现,与边防形势的变化大致吻合。这表明军费开支增加之时,截留上供对保证军队供给的重要性。

3. 中央赐予度牒、告身等

度牒,又叫度僧牒,是官府发给僧尼证明身份的文字凭证。为了弥补编民为僧所造成的财政损失,朝廷向出家者收取一定数量的钱财,出卖度牒成为弥补财政亏空的一个手段。告身是官府发给官员证明身份的凭证,出卖告身同样是增加财政收入的途径。为保证军饷供应,南宋中央也将度牒、告身赐予川陕战区,将出卖度牒与告身获得的钱物以充军费。

早在张浚被委以川陕宣抚处置使之时,中央赐予张浚度僧牒二万、紫衣师号五千为军费,其中二万道度牒,"此时为直二百二十万缗"③。紫衣与师号是皇帝对僧道的恩典与荣崇,赐予川陕战区紫衣、师号,以出卖后获得的钱银充作军用。为解决军费供应,宣抚处置使张浚曾以便宜印造绫纸度牒,在川陕、京西出卖,以助军用。由于度牒发放权属中央,在绍兴元年(1131)七月,下诏禁止④。绍兴二年(1132)九月,宣抚处置使司言:已仿朝廷体制,造绫纸度牒,为赡军、修城垒、造戎器之用,"或不如则,乞给降度牒万道"。中央因此赐予度牒五千道⑤。绍兴十一年(1141)正月,川陕宣抚副使胡世

---

① 《系年要录》卷一九四,绍兴三十一年十一月戊戌条,第3286页。
② 《宋史》卷四一二《陈咸传》,第12390页。
③ 《系年要录》卷二五,建炎三年七月庚子条,第514页。
④ 《系年要录》卷四六,绍兴元年七月庚子条,第822页。
⑤ 《系年要录》卷五八,绍兴二年九月辛未条,第1008页。

将上奏:自川中运粮至边界,"昨蒙朝廷支除官补牒,计价二百余缗",但"告牒亦无人肯承买,今欲乞朝廷却行拘收,只乞换度牒,计价二百万缗,充将来籴买搬运之费"①。再如张焘为四川制置使时,军需增加,仅成都一路征收钱银达七十四万七千有余,张焘建言:"昨降度牒二千,称提前引数适相当,愿以此代输。"获得批准②。王刚中为四川制置使时,由于川陕驻军时间长久,军费增大,曾"请给度牒,以贷仓猝急征暴敛之患"③。嘉泰四年(1204)正月,总领陈咸盘量关上积粮,除去腐烂之外,需要籴买补足,中央遂降度牒二万五千道,下总所收籴补填④。

中央赐予度牒、告身,出卖后可填补军费,但弊端不少。绍兴二十九年(1159)三月,许尹出任四川总领,"以备边故,乞空名告身于朝",得八百六十道,其后累年售出五百五十七道,获钱达二百五十万缗。不难看出,出卖告身获利较大。但出卖告身既多,官员人数相应增加,养官之费必多,最后负担又转嫁到民众身上,出现"蜀中大扰"⑤,在所难免。史载:"自川陕军兴,朝廷给官告、截上供、出度牒,总为钱六百余万缗",其中度牒五十道,计钱二万缗,官告钱二百五十万缗⑥,数量不为不多。但度牒、告身出卖也不容易。绍兴末年担任四川总领的王之望提到,为筹集军费,"度牒五千道才卖十之一二,今既减价,必速售也。官告发及五六分,讼词不息,吏缘为奸,有一户入千引而不到官,皆为官吏所干没"⑦。中央赐予川陕战区度牒与告身,出卖之后获得钱物有利于筹集军费,但出卖度牒等只能救一时急用。从长远看,度牒出卖增多,免除赋役负担的僧侣也增多,反而又影响赋税收入。

直接赐予钱银,对筹集军费来讲最易办事。南宋中央不时赐予钱银,用

---

① 《系年要录》卷一三九,绍兴十一年正月条,第2230—2231页。
② 《文忠集·平园续稿二十四》卷六四《资政殿大学士左大中大夫参知政事赠太师张忠定公(焘)神道碑》。
③ 孙觌:《鸿庆居士集》卷三八《宋故资政殿大学士王公墓志铭》,文渊阁《四库全书》本。
④ 《续编两朝纲目备要》卷八,嘉泰四年正月条,第141页。
⑤ 《系年要录》卷一八一,绍兴二十九年三月条,第3010页。
⑥ 《系年要录》卷一九九,绍兴三十二年四月辛巳条,第3362—3363页。
⑦ 《汉滨集》卷一〇《与冯编修书》。

于川陕驻军军饷供应。如绍兴元年(1131)一年内,内外诸军犒赐凡一百六十万缗,"川陕诸军,则宣抚处置司就以川路助赏物帛给之"①。绍兴六年(1136)五月,赐予川陕宣抚副使吴玠四川户部钱十万缗,为随军激赏之费②。再如绍兴十年(1140),成都府路安抚使张焘请赐料外钱五百万缗,以备缓急支用③。绍兴末年兴兵,为此"累次朝廷支降钱物",用于川陕战区军队支用④,等等。

4. 增设赋税名目

南宋川陕战区内,除夏秋两税外,增设新的赋税名目⑤,这是筹集军费和增加财政来源的一条重要渠道。以下将征收数量较大的几种赋税作一梳理。

两川畸零绢估钱。北宋时,由东、西两川每年从二税及和买畸零绢内运绢三十万匹,应副陕西、京西、河东支遣,谓之三路纲运。建炎三年(1129),张浚出使川陕,将其改为支付军食使用,西川每匹为钱十一千,东川每匹十千。绍兴二十五年(1155)七月,每匹减一千。二十七年(1157)三月,再减一千,之后保持在七千左右⑥。

两川激赏绢。建炎四年(1130),宣抚处置使张浚以资助军赏为名,劝谕四川民户,按等第纳绢,凡三十三万余匹,之后成为常赋。绍兴十六年(1146),减利州路绢二万匹。绍兴二十五年(1155),减夔州路绢九千余匹。绍熙末年,改折钱引输纳⑦。

两川绵估钱。"旧例,上三等户皆理正色,而下户每两估钱半千"。杨辅为总领时,每两估钱引二分,而旧输钱者如故。"其他绸丝绫,凡旧来三路正色纲,视此而输其直"⑧。

---

① 《系年要录》卷四七,绍兴元年九月辛亥条,第846页。
② 《系年要录》卷一〇一,绍兴六年五月壬午条,第1654页。
③ 《系年要录》卷一三四,绍兴十年三月丙戌条,第2157页。
④ 《系年要录》卷一九八,绍兴三十二年三月条,第3353页。
⑤ 参见王晓燕《南宋前期的四川财政及其管理》,第16—18页。
⑥ 《朝野杂记》甲集卷一四《两川畸零绢估钱》,第292页。
⑦ 同上书《两川激赏绢》,第293页。
⑧ 同上书《两川绵估钱》,第294页。

西川布估钱。北宋天圣年间,于成都府、邛、蜀、彭、汉州、永康军产麻六郡,岁市官布,每匹给钱三百,作为上供。"军兴以来,遂改理估钱以赡大军",每匹为钱三千。后节次减免,至庆元初年,每匹二千或一千七百①。

白契税钱。宋代典卖田产须交纳印契税,在实际执行中,民众往往隐而不告,称之为白契。绍兴三十一年(1161)军兴,为筹集军费,总领王之望征收白契税钱,凡嫁资、遗嘱及民间葬地,皆令投契纳税,一年收钱四百六十七万余引②。王之望征收白契税钱,受到的指责较多,称其妨农废业、纵吏扰民、违法害教、长奸起讼等,后被废除③。

经总制钱。经总制钱是北宋末至南宋时向地方征收的若干赋税的总称,始于北宋宣和三年(1121),靖康元年(1127)废除。建炎二年(1128),军费开支增长,再次恢复。川陕战区征收经总制钱,南宋初年共五百四十余万缗,之后累次减免,是川陕军费来源的重要组成部分④。

称提钱。称提钱始于绍兴十四年(1144),四川宣抚副使郑刚中命益、梓、利三路茶、盐、酒课及租佃官田应输钱引者,每千别输三十钱为铸本,三路每年共得钱四十三万一千六百九十道二百九十一文,以其二十四万七千缗为铸本,又得其赢余十八万缗,"以助军食之用",之后变为常赋⑤。

折估钱。折估钱"始自绍兴初张德远为川、陕宣抚使日,供给关外大军之名也"。诸军月支正色米之外,又有折支估钱,故以此为名。之后,衣赐、犒赏、供给等通以折估为名,数额增加。如盐折估、酒折估等,一年折估之入达七百一十余万缗⑥。

---

① 《朝野杂记》甲集卷一四《西川布估钱》,第 294 页。
② 《宋史》卷一七四《食货上二·赋税》,第 4223 页。
③ 《宋史》卷三八七《汪应辰传》,第 11880 页。
④ 《朝野杂记》甲集卷一五《总制钱》、《经总制钱额(广西经总制银)》、《四川经总制钱》,第 319—320 页。
⑤ 同上书《称提钱》,第 322 页。
⑥ 同上书《折估钱》,第 323—324 页。

以上是为筹集军费所新增设的几种赋税,除此之外还有许多。赋税不但名目繁多,且在征收时阴取暗夺,"增有额之赋,私应无名之索"①。新增赋税名目多、征收数量大,成为川陕驻军军费来源的重要组成部分,但对民众而言,却是沉重的负担。

5. 酒、盐、茶税收入

酒、盐、茶税收入是宋代财政的一大支柱。为解决川陕驻军军费供应,南宋对四川地区的酒、盐、茶法进行改革,酒、盐、茶税收入成为川陕驻军军费的重要组成部分。

张浚担任川陕宣抚处置使时,为解决军需供应,以赵开为宣抚司随军转运使,专一总领四川财赋。赵开认为,"蜀民已困,惟榷索尚有赢余",指出在酒税征收中的弊端。建炎三年(1129)十月,赵开改革酒法,最先从成都路开始,"先罢公帑卖供给酒,即旧扑买坊场所置隔槽,听民以米赴官自酿,每一斛输钱三千,头子钱二十二,多寡不限数"。绍兴十年(1140),在川峡四路全面推进。从实际效果看,酒法改革之前,四川酒课每年收入为钱一百四十万缗,酒法实行后,递增至六百九十余万缗②,增长幅度较大。据张浚之言,改革酒法后,自建炎四年(1130)春至绍兴元年(1131)秋,增收息钱就达一百四十万缗③。夔州路旧无酒禁,建炎四年(1130)也开始征税。酒法改革前,夔州路有场店一百四十余所,后增加为六百多所,每年收钱高达四万二千九百余引④。

实行新酒法获利较多,但随着征收日久,出现诸多弊端。就在改革酒法之初,"怨詈四起",但由于"酒课已为军食所仰",始终坚持进行⑤。新酒法中的弊端,突出表现在一是征收数额不断加重,二是官吏从中作弊。先看第一点,从成都路酒务看,新酒法实行前,岁课为钱四万八千余缗。新法开始,

---

① 《系年要录》卷一七六,绍兴二十七年正月辛卯条,第2902页。
② 《系年要录》卷二八,建炎三年十月辛丑条,第565页。
③ 《系年要录》卷五三,绍兴二年四月己巳条,第930页。
④ 《朝野杂记》甲集卷一四《夔路酒》,第309页。
⑤ 《系年要录》卷三二,建炎四年四月辛卯条,第633页。

所增至十四万六千余缗。绍兴八年(1138),又改为官监,所入倍增。"自后累益增加",至五十四万八千余缗①。从夔州路的情况看,酒税从无到有,从少到多,逐年增长,"然土荒民少,人不以为便"②。再看第二点。酒法实行之初,"听就务分槽酝卖,官计所入之米而收其课",之后由于亏欠,"则责入米之家认输,不复核其米而第取其钱,民始病矣"③。酒法改革之初,由民众自酿,官府收税。后改为官监,在实际执行中,"又多徇私作过,甚为公私之蠹"④。

酒法改革中虽有种种弊端,但还是一直坚持进行。对川陕战区而言,军费开支浩大,征收酒税势在必行。绍兴二十六年(1156)十二月,知嘉州朱昌裔言,改变酒法等以"应副川陕军食,盖势有不得已者。自后累政,惟务增添,逮今每岁共收盐酒课息钱一千一百余万缗,比之旧额,几四五倍"⑤。从酒税收入所占军费的比重看,四川总领所供给军队钱物,一年支出二千六百六十五万缗,其中酒税为五百五十六万缗⑥。酒税占军费总支出的五分之一还多,高额的收入是酒法始终实行的原因。

盐利收入是川陕驻军军费的重要来源。四川出产井盐,产量较高,"自祖宗以来,皆民间自煮之",每年输课利、钱、银、绢总共八十万缗。绍兴二年(1132),赵开改革盐法,"尽榷之",置合同场,"以稽其出入"。具体办法是,每斤纳引钱二十五,土产税及增添约九钱四分,所过税钱七分,住税一钱有半,每引别输提勘钱六十,其后,又增贴纳等钱。新法实行后,由以前的八十万缗增至四百余万缗。绍兴十一年(1141)和议之后,累次减免,仍有三百余万缗⑦。

新盐法的实行,筹集到大量钱银,但在实行中也是弊端多多。"然咸脉

---

① 《系年要录》卷一二四,绍兴八年十二月条,第2031页。
② 《系年要录》卷一五四,绍兴十五年七月乙巳条,第2477页。
③ 《宋史》卷一八五《食货下七·酒》,第4521页。
④ 《系年要录》卷一八二,绍兴二十九年闰六月戊午条,第3034页。
⑤ 《系年要录》卷一七五,绍兴二十六年十二月甲寅条,第2898页。
⑥ 《朝野杂记》甲集卷一七《四川总领所(二事)》,第391页。
⑦ 《朝野杂记》甲集卷一四《蜀盐》,第299页。

盈缩不常,久之,井户月额不敷,则官但以虚钞付之,而收其算,引法由是坏。井户既为商人所要,因增其斤重以予之,每担有增至百六十斤者。又有逃废绝没之井,许人增其额以承认,小民利于得井,每界递增,盐课益多,遂不可售,而引息土产之输无所从出,由是刻缯相寻,公私皆病"。盐税征收,既受盐井自然因素制约,又有官府、商人从中取利破坏,盐民不堪其扰。此外,为从中渔利,"井户多凿私井,务以斤重多寡相高",导致盐量日增,而盐价日贱①。其中弊端,不一而足。

从盐利收入占军费的比重看,绍兴初年,军费支出二千六百六十五万缗,其中盐税有三百七十五万缗②,将近占军费总支出的百分之十五,为筹集军费用力不少。赵开推行的新盐法曾获得好评,即"赵开盐法最为精密"③。征收大量盐税补充军饷,正是新盐法最为"精密"之处。

茶税收入也是川陕驻军军费的重要来源。"蜀茶旧无榷禁",北宋神宗熙宁年间开始征税,实行官买官卖,设置提举司专门掌管,每年收入三十万。之后有所增加,达五十万缗,最高达一百万缗。建炎初,赵开条上榷茶买马五害,建议"痛减额以苏园户,轻立价以惠行商,如此则私贩衰而盗贼息矣"。建炎二年(1129)十一月,赵开大更茶法,废除北宋以来的官买官卖之法。其具体办法是,印给茶引,使商人至园户市茶,"置合同场以稽其出入,重私商之禁"。买茶每斤所付钱,春为七十,夏为五十,每斤征收过税一钱,住税征一钱五分。在新的茶法下,茶商与茶户自由贸易,官府加强流通中的管理,这样就可以避免官买官卖时产生的官府抑勒茶户的弊端,也可防止私贩而致使茶税丧失。因此,茶商与茶户的积极性较高,茶税收入得以保障。最初茶税收入有一百零五万缗,之后不断增加。绍兴十四年(1144),收入高达二百万,这一数字是北宋最高收入的一倍。史载,"茶马司之富,甲于天下",支出之后还有剩余上供④。

---

① 《朝野杂记》甲集卷一四《蜀盐》,第299—300页。
② 《朝野杂记》甲卷一七《四川总领所(二事)》,第391页。
③ 《朝野杂记》甲集卷一四《蜀盐》,第300页。
④ 同上书《蜀茶》,第305页。

新茶法在实行中也产生弊端，即官府为增加收入，不断增加茶引的息钱，茶商将所增之息钱转嫁到茶户身上，或私自贩卖，一则茶户受损，而且茶税流失。史载："其后物价腾踊，茶商取息颇厚，累政提举官于是增长引息等钱。至绍兴十四年，每茶一引，倍收引钱十二道三百文，比赵开初立法时增及一倍。"①绍兴十七年（1147），都大提举川秦茶马公事韩球尽取园户加饶之茶，将其确定为正额征收，甚至一场增加二十万斤，"民知输官不补所得，于是起为私贩"②。

茶税收入，用来买马是重要一端，同样用来支付军费。绍兴十五年（1145），茶马司岁剩钱二百万缗，宣抚司将其中四十万缗供总领所赡军③。史载：自赵开改革茶法，"怨詈四起，至是主者以为合罢，若谓军费所资，即乞札与宣抚使张浚行之，诏下其说，浚不为之变也"④。新的茶法虽有私贩、扰民等弊端，但军需增加，必然继续维持，正如任川陕宣抚使的王似所言："川、陕屯驻大军，费用浩瀚，漕司所入，止充常赋，诸司钱物，见在不多，累年经费，委是赵开悉力措置，茶盐酒息之类，通计约二千万贯。"⑤赵开之后，掌管军费的官员不断更换，但"于（赵）开条画，毫发无敢变易者，人伟其能"⑥。继任的官员坚持新的税收政策，正反映出新法在解决军费中的重要性。

以上是川陕驻军军费筹集的主要措施。事实上，川陕驻军军费筹集并不限于以上几种，在军费急缺时，临时开辟利源就不可避免。如借贷民众钱物，建炎四年（1130）九月，富平大战，"贷民赋五年，金钱粮帛之运，不绝于道"⑦。再如动用常平钱，为解决军费，"蜀中常平窠名，自军兴皆以移用"，直接影响灾后赈济⑧。军费开支增大，只能设法征取，致使"四川有名无实之钱，递相积压"⑨。

---

① 《系年要录》卷一六七，绍兴二十四年七月壬戌条，第2723页。
② 《系年要录》卷一五六，绍兴十七年十二月庚戌条，第2547页。
③ 《系年要录》卷一六九，绍兴二十五年七月丙辰条，第2755页。
④ 《中兴小纪》卷八，建炎四年四月癸丑条。
⑤ 《系年要录》卷七五，绍兴四年四月庚辰条，第1234页。
⑥ 《系年要录》卷一三九，绍兴十一年正月壬寅条，第2227页。
⑦ 《系年要录》卷三七，建炎四年九月癸丑条，第712页。
⑧ 《系年要录》卷一九二，绍兴三十一年九月丙子条，第3217页。
⑨ 《系年要录》卷二〇〇，绍兴三十二年七月癸亥条，第3393页。

由于筹集军费，南宋四川民众赋税繁多而沉重，时人周南曰：兵兴之后，"西蜀之赋增三数十倍"①。曾任四川制置使的吴猎曰：四川民众的负担，"以养兵言之，岁有二千万之供，取民百端，未易毛举"②。军费开支不断增长，征税日益紧迫，"大则施刑禁，小则行笞箠"③。其间弊端，难以尽数。

二、军粮消耗与筹集

充足的粮食供应是保证战争胜利的关键，所谓军马未动，粮草先行是也。南宋川陕战区战略地位突出，承担的防御任务艰巨，确保足够的粮食供应，是川陕边防军政建设的重中之重。

（一）军粮消耗

川陕驻军的粮食消耗数量多，这既源于军队的实际需要，也有供给过程中一些人为因素所致。驻军数量多，是军粮消耗大的重要原因。在第三章第二节关于兴州驻军数量的分析中我们看到，仅仅兴州驻军的数量少则六七万，甚至达到十万。再加上兴元府与金州的驻军，川陕驻军数量经常保持在十万人左右。如此庞大的驻军，其粮食消耗必然随之增多。张浚担任川陕宣抚处置使时，每年用粮共计一百六十余万石④。绍兴三十年（1160），四川总领所为川陕驻军供应的储备钱物中，其中钱为一千四百四十四万引，粮食二百三十万石，仅仅桩积于沿边的粮食就达九十四万石⑤。乾道末期，川陕驻军人数达九万七千三百三十八人，军队将领从都统制到准备将共有二百八十人，一年所用钱共一千零七十八万七千一百二十四缗，仅用来买粮的钱就达二千三百八十五万缗，实际消耗粮食一百五十八万七千六百七十三斛八斗⑥。可见，粮食消耗在川陕驻军所有消耗中所占比例之大。淳熙三年（1176）七月，朝臣上疏提到，四川总领所每年支付军粮为一百

---

① 《山房集》卷七《庚戌廷对策》。
② 《鹤山先生大全文集》卷八九《敷文阁直学士赠通议大夫吴公行状》。
③ 《九华集》卷六《议虚额疏》。
④ 《鹤山先生大全文集》卷二六《乞检会累牍收回执政恩例奏札（十二月一日）》。
⑤ 《系年要录》卷一八七，绍兴三十年十二月丙寅条，第3136页。
⑥ 《朝野杂记》甲集卷一八《关外军马钱粮数》，第406页。

五十万石①。范成大担任四川制置使时称,西兵十万,岁用米一百四十七万斛②。平定吴曦之变后,川陕驻军由四个都统制统领,四大军每年给粮一百五十万斛③。不难看出,川陕驻军从建炎初年一直到吴曦之变后,军粮消耗始终保持在一百五十万石左右。

以上是川陕驻军每年消耗粮食之数。为确保军粮及时供应,需要在川陕边防前沿储备大量粮食。史载:嘉泰四年(1204)关上积粮达八百余万斛,以致"陈陈相因","至可食者则无几"。但由于边防危机存在,朝廷下令将腐败不堪食用之粮清除,与此同时,加紧购买,继续做好储备,为此降度牒二万五千道,令总领所收籴,补填缺额④。

除军队正常消耗外,川陕驻军虚籍现象严重,武将冒领与私占军粮的现象同样造成军粮消耗的增长。绍兴六年(1136)七月,监察御史刘长源上书指出,川陕驻军的军粮消耗,绍兴五年之数是绍兴二年的四倍、绍兴三年的三倍、绍兴四年的一倍。但这一时间内军队数量并未有大的增长,原因显然在于军队的冒领等所致。刘长源认为,若将军中年五十以上者与有疾者淘汰,"岁用之费,必十省六七"⑤。冒领现象严重,于此可见。虞允文为四川宣抚使时,认为军政蠹坏,民力凋敝,在于"大将之贪与私",经其核实,虚籍达一万七千多人⑥。南宋实行募兵制,士兵家属随军居住,其粮食消耗不是一个小数目。范成大曾指出,川陕驻军士兵贫困,究其致贫之由,在于初招时只是单身,"其后婚娶,人口见多,势不能给"⑦。如若全部供给,粮食消耗必然增加很快。至于川陕驻军官员冗滥,折估钱名目繁多、数量之大,以及武将"回易"等现象,更造成军粮消耗的增长。绍兴七年(1137),都官员外

---

① 《鹤山先生大全文集》卷七八《朝奉大夫太府卿四川总领财赋累赠通奉大夫李公墓志铭》。
② 《文忠集·平园续稿二十一》卷六一《资政殿大学士赠银青光禄大夫范公成大神道碑(庆元元年)》。
③ 《鹤山先生大全文集》卷一九《被召除礼部尚书内引奏事第四札》。
④ 《续编两朝纲目备要》卷八,嘉泰四年正月条,第141页。
⑤ 《系年要录》卷一〇三,绍兴六年七月条,第1687—1688页。
⑥ 《诚斋集》卷一二〇《宋故左丞相节度使雍国公赠太师谥忠肃虞公神道碑》。
⑦ 范成大:《论蜀兵贫乏扎子》,载《范成大佚著辑存》,第35—36页。

郎冯康国论曰：川陕驻军折支较多，将佐俸给优厚，"每以低价银绢，估折高价之米，所以岁费浩大，钱粮两不给也"①。说的就是折支所导致钱粮增长的现象。

除军队正常消耗与私占外，战争毁坏时有发生，在此情况下造成的粮食损失远远超过日常消耗。而战后重新布防储备，军粮需求不断增加。如绍兴四年(1134)九月，富平大战前，物资储备"所在山积"，但一战失败，"金人得胜不追，所获军资不可计"，被金兵全部截获②。再如嘉定十年(1217)，金兵进攻皂郊堡，宋兵大败，金兵获"马数百匹，粮万石"。之后宋军又败于寒山岭等地，丧失粮食二千余石③。嘉定之后，战事不断，金兵进攻天水、成州、西和，"公私所藏，其陷没者不知其几千万万，至于般运钱粮为畔乱之人所夺者，亦复不少"④。既有金兵掠夺，又有"畔乱之人"强取，粮食损失非常大。在川陕边界，流民依附不定，从中渔利。史载：在秦州交界地带"群盗"，"其家口号称十万，精兵号三万"，来往两界，致使关外数郡透漏米麦，入夏以来，"几至绝粒"⑤。

战争焚烧对粮食损失的影响更大。如绍兴末年，宋军攻占巩州，巩州父老数十辈各具米面饷军，"馈积饷物，军门如丘"，但宋军数日即退去，巩州民众失望，"即杀官军后兵辇重者数级并焚馈物而去"⑥。嘉定初年，郑损丧弃关外五州，每年丧失就籴之粮达七八十万斛。绍定五年(1232)以后，"关之内外七十余仓皆为灰烬"⑦。宋军出于战略需要，同样焚烧军粮。如绍兴三年(1133)正月，金兵攻陷金州，王彦认为"敌所以疾驰者，欲因吾粮食以入蜀耳，即尽焚储积"，金兵无粮可食，随之退师⑧。但经此焚烧后，金州的粮

---

① 《系年要录》卷一一〇，绍兴七年四月丙辰条，第1789页。
② 《系年要录》卷三七，建炎四年九月癸丑条，第712页。
③ 《金史》卷一〇三《完颜阿邻传》，第2269页。
④ 《性善堂稿》卷七《上本路运使论夫钱札子》。
⑤ 《昌谷集》卷一一《上庙堂论秦陇群盗札子》。
⑥ 《九华集》卷二四《西陲笔略·巩民思归义》。
⑦ 《鹤山先生大全文集》卷一九《被召除礼部尚书内引奏事第四札》。
⑧ 《系年要录》卷六二，绍兴三年正月乙丑条，第1060页。

食储备为之一空。吴曦之变,虽被平定,但宋军损失惨重,"关外转输,焚毁略尽"①。再如嘉定十一年(1218)四月,金兵进攻西和,宋军"焚庐舍",弃城而遁;金兵占领成州,"获粮七万斛、钱数千万";河池县守将"亦焚县舍",走保清野原;金兵占领黑谷关,"获粮二万斛"。嘉定十二年(1219),宋兵败于七盘子、鸡冠关,褒城县官民"自焚城宇遁"②。金兵掠夺、焚烧,再加宋军自己焚烧,储积物资毁于一旦。战事平定后,势必重新筹集储备,这样所需军粮之数自然就会增多。

南宋川陕驻军军粮实际消耗多、战争损失大,虽然储备不少,但军粮供给不足的现象不时出现,缺粮之事史不乏书。如建炎四年(1130),李彦仙长期坚守陕州,物资储备不足,"食既尽,煮豆以啖其下,而取汁自饮,至是亦尽",陕州最终因粮尽等陷没③。富平之败后,吴玠驻守河池,王彦驻扎金州,"二镇皆饥"。之后刘子羽知兴元府,"通商输粟,二镇遂安"。绍兴三年(1133)正月,金兵大举进攻,刘子羽焚兴元,退守三泉县,由于军粮缺乏,"与士卒取草牙、木甲食之"④。粮饷不足的窘态于此可见。同年四月,统制官王俊收复洋州、兴元府。失地虽然收复,但"新罹兵革,军食益艰",不得不将常平仓储粮用于军用⑤。由于军粮缺乏,甚至还造成军队叛逃之事。如绍兴四年(1134),熙河兰廓路马步军总管关师古由于缺粮,派兵"求粮于伪地",并向朝廷请粮,认为两万士兵屯驻五年,所用粮食只靠岷州管下大潭、长道两县和籴供应,而且宣抚司也不供给,军粮因此缺乏,最后叛降刘豫⑥。

川陕驻军缺粮之事也一直为南宋朝臣所关注。绍兴六年(1136),朝臣曾曰:川陕自军兴以来,仰给于四川者逾十年,虽民众疲于供亿,"而军犹乏于粮饷"⑦。

---

① 《鹤山先生大全文集》卷八九《敷文阁直学士赠通议大夫吴公行状》。
② 《金史》卷一一三《白撒传》,第2484—2485页。
③ 《系年要录》卷三一,建炎四年正月丁巳条,第600页。
④ 《宋史》卷三七〇《刘子羽传》,第11506—11507页。
⑤ 《系年要录》卷六四,绍兴三年四月辛卯条,第1089页。
⑥ 《系年要录》卷七二,绍兴四年正月条,第1208页。
⑦ 张嵲:《紫微集》卷三一《送郑武子序》,《丛书集成》续编本。

汪应辰为四川制置使时,四川州县财力窘迫,但"所在官兵多不能以时支给钱粮"①。李心传记载,诸路有丰储仓,储积粮食以为饥荒、供军之备,"关外亦积粮一百万斛有奇",可见数量不少。但实际却是"不能支一岁"之用②,依然有乏粮之憾。史继刚先生基于高宗朝的史事,也得出川陕军粮的供应一直比较紧张的结论③。

由于军粮不足,导致战争失败之事多有所见。川陕宣抚副使胡世将曾指出,绍兴三年(1133)冬,吴玠丧失和尚原,当时并非兵力不足,"止缘粮尽,遂致不能坚守";绍兴十年(1140),"和尚原所积斛斗不少,缘自五月至今,与敌相拒,已经九月,官军食用垂尽",形势危在旦夕,必须加紧措置储备,以防万一④。再如绍兴三十一年(1161),宋金战事再起,吴璘虽然一度在德顺等地取胜,但之后"吴璘至大虫岭,亦以艰食而退"⑤。金兵经常采取不与宋军正面冲突之策,而是坚持时日,致使宋军军粮不足,再行出击。绍兴五年(1135)十月,知普州喻汝砺就指出这一点,"敌至仙人关,暂攻而不久留者,何也?艰于粮故也"。若金兵长期坚守,之后"轻师以索战,而使吾有大兵久驻之劳;约赍以深入,而使吾有奔命转输之苦"⑥。一旦坚持长久,粮饷不济,宋军不战自屈。看来,战争胜败在很大程度上是由军粮供给多少来决定的。

从上可见,南宋川陕驻军粮食消耗量大,战争损失严重,经常出现缺粮现象,多渠道筹集军粮就显得尤为紧迫。

(二)军粮筹集

粮食供应是军队的生命线。川陕驻军军粮需求量大,南宋为此实行了诸多解决粮食供给的措施,大致有以下几种。

---

① 《嵩山集》卷三五《上汪制置应辰》。
② 《朝野杂记》甲集卷一七《丰储仓(外路积粮)》,第389页。
③ 史继刚:《南宋高宗朝的川陕军粮问题》,载《西南师范大学学报》1999年第2期。
④ 《系年要录》卷一三九,绍兴十一年正月条,第2230页。
⑤ 虞允文:《论秦陇军马钱粮不可弃新复之地(孝宗时)》,载《历代名臣奏议》卷三三六,第4355页。
⑥ 《系年要录》卷九四,绍兴五年十月条,第1561—1562页。

1. 因粮于敌

因粮于敌是兵家常用的解决军粮的措施,以此既可减省民众赋税负担和转输之劳,还可激励士兵勇于取胜,获得更多的粮饷物资等,战争的目的性非常明确。南宋川陕驻军不时通过这一途径,达到供给军队粮饷的目的。试举几例。如绍兴初年,杨从仪坚守和尚原数年,"因粮于敌,馈运减省",解决了粮饷供给的难题,为此受到朝廷嘉奖①。再如绍兴末年德顺等战中,"西师收复三路,所得之粮以五六十万计,吴璘之兵在德顺,蜀无一粒之粟过河池,王彦之兵在商虢,蜀无一粒之粟过上津"。宋军深入敌境,而无粮食过界,显然是通过因粮于敌来解决军队的供给②。宋军此次出击,确实收获粮米不少。史载:宋军既下秦陇,"凡山西厄塞积粟麜聚甚众",之后攻占秦州腊家城,得粮约十八万石,其中浮休寨约五千石,小石寨约二万石,戚姬寨约二万石,水落约一万石,其他还有千百石,前后共达三十五万石之多。攻克河州后,由于行军纪律不严,一度出现武将乘机私占钱物之事,"诸将方籍库藏编什物,人人炫功,不相能者甚众"③。

绍兴末年宋金在川陕战区的对抗,宋军进攻颇为顺利,一个很关键的因素就是因粮于敌这一点。史称:宋军进攻,所至辄下,刘海下秦州,李进下河州,吴挺下巩州,吴璘下德顺,"箪食接涂,士卒不饿,如是何耶? 盖取其郡,即发其郡之仓,战其地,即食其地之粟"④。当然,由于边境地带常年对峙争斗,占领之地所能提供的粮食也不能保持长久。宋军攻克德顺,除德顺军得小麦、粟共四万五千余石外,"僻远城寨难就食,亦有复经金人残破,城寨毁坏,粮料兼无"⑤。看来,因粮于敌的方式虽在战争期间颇有成效,但不是长久之计,而且一旦和议达成,也难以实现因粮于敌的目的。

2. 民众捐献与招诱豪强出献

---

① 《杨从仪墓志》,载《汉中碑石》,第 124—129 页。
② 虞允文:《应诏论进讨胜势兵粮将帅(孝宗时)》,载《历代名臣奏议》卷二三四,第 3082 页。
③ 《九华集》卷二四《西陲笔略·官军因粮于敌》、《西陲笔略·平河之功士以赏薄致怨》。
④ 员兴宗:《请以铺兵运饷粮疏(孝宗时)》,载《历代名臣奏议》卷二六一,第 3415 页。
⑤ 《系年要录》卷一九九,绍兴三十二年四月癸巳条,第 3366 页。

川陕驻军长期屯驻防守和征战,确保了川陕边防的巩固,对保护民众财产与生产、生活的安全发挥了重要作用。川陕驻军英勇作战,深得民众称赞与支持,不少民众自愿将粮食捐献给各地驻军,再加之南宋实行一些奖励措施,鼓励地方豪强出献粮食,以此也可实现对军队的供给。

早在富平之战中,就出现"诸路乡民运刍粟者,络绎未已"的情况①,声势很大。富平之败后,吴玠坚守和尚原,"军食不继,凤翔之民,感其遗惠,相与夜负刍粟输之",吴玠厚偿以银帛,深得民众支持。之后金兵遣兵邀击,还下令保伍相坐,犯者皆死,"而民益冒禁输之,数年然后止"②。和尚原地势险要,当地产粮不多,转运又难,吴玠却取得和尚原之战的胜利,民众供给粮食这一点就显得非常重要。再如绍兴初年,金兵进攻金州,王彦一度退守,达州太守程敦书劝谕民众,民众"争出粟刍",予以支持③。绍兴十一年(1141),川陕宣抚副使胡世将言,"凤翔百姓忠义,不负朝廷,自金人侵犯以来,尚犹赍粮赴杨从仪送纳",极大地减少了粮食搬运之费④。

绍兴末年,宋军攻克巩州,"有父老数十辈,各具米面辇以饷军,至军门曰:'我曹闻大军来,幸甚过望,小民自度无所用力,愿犒从者。'大将纳其馈积饷物,军门如丘"⑤。民众的支持可见一斑。据《四川制置使司给田公据》载,嘉定年间,川陕战事不断,天水麦积山瑞应寺将寺产收入,"尽收赴随军转运司,助献军粮,计二百五十石"⑥。

制定奖励措施,鼓励和招诱豪民出粮,同样可以筹集不少军粮。如绍兴二年(1132)九月辛酉,诏"川陕豪户辇运军储数多者,与补承信郎至进义副尉"⑦。这即是通过授官的形式招诱民众出献粮食。又如绍兴末年战事再起,

---

① 《系年要录》卷三七,建炎四年九月癸丑条,第712页。
② 《系年要录》卷三九,建炎四年十一月条,第741页。
③ 《嵩山集》卷五二《程邛州墓志铭》。
④ 《系年要录》卷一三九,绍兴十一年正月条,第2231页。
⑤ 《九华集》卷二四《西陲笔略·巩民思归义》。
⑥ 转引自李之勤《天水麦积山石窟的题记、碑刻与宋金利州路、凤翔路间的分界线》,载《中国历史地理论丛》1997年第1期。
⑦ 《系年要录》卷五八,绍兴二年九月辛酉条,第1004页。

军粮需求增加,朝廷令劝谕民户献纳,四川总领王之望"亲至梁、洋,谕豪民使之输财"①。嘉定初年,兴元士卒起事叛乱,转掠果、阆之地,通判永康军安蕃"纠合宗族、佃丁数百人,往运军粮"。之后安蕃又担任宣抚司随军转运,置司西和,劝谕流民,耕种田土,移运军粮。从结果看,"民闻之喜,凡漕运物斛、糗粮、茭稿,夙夜尽瘁。漕四十二万三千七百六十石","籴二十万一千二百石",转运至西和鱼关,"为总所省三百四十二万六百五十九券,米三万四千二百六十五石"②。不难看出,民众自愿出粮,参与转运粮饷,积极性较高,成效显著。获得民众的支持与提供的粮米,是川陕边防得以巩固的一个重要因素。

3. 家计寨等自筹粮饷

南宋川陕防御体系中,关外家计寨的作用非常突出。家计寨的物资保障是川陕边防后勤供给体系的组成部分。家计寨兵民合一的特点,决定了其粮食供给由家计寨民众自己就地解决。如岷州的仇池、凤州的秋防原、阶州杨家崖、成州董家山,除了占据险要地势外,"有泉可饮,又为之粮以食,为之屋以居"③。家计寨民众无事则寓于州,有事则归于寨。粮饷等供给充足,军事防守同日常生产两相兼顾。其中岷州的仇池尤为知名,高崒耸拔,"上有良田百亩,可驻万马,飞泉凡九十有一源,大旱可济也"④。家计寨有险可恃,粮米水源充足,防御功能因而加强。隆兴二年(1164)十二月十日德音,成、西和等州,"应州县土豪并山水寨首领,自备钱粮,纠集乡兵"等,应予以推恩褒奖⑤。据《四川制置使司给田公据》载,嘉定十四年,天水麦积山瑞应寺"自本地继准上司指挥拘籍忠勇军……本寺遂雇到穆□……充应忠勇军捍击备敌。切缘本寺乏钱利置,遂于湫池仓关借籴本钱……置买□军器衣甲,用□食并逐人老小粮食,每名计物斛三石,盐茶钱贰拾陆名,每日计钱壹佰贰拾"⑥。绍兴十一年(1141)宋金和议后,以秦

---

① 《系年要录》卷一九八,绍兴三十二年三月辛酉条,第3351页。
② 《鹤山先生大全文集》卷七五《知文州主管华州云台观安君墓志铭》。
③ 李鸣复:《论措置蜀事疏(理宗时)》,载《历代名臣奏议》卷九九,第1353页。
④ 《九华集》卷二四《西陲笔略·四川山寨天设之险》。
⑤ 《宋会要辑稿》兵一之二二。
⑥ 转引自李之勤《天水麦积山石窟的题记、碑刻与宋金利州路、凤翔路间的分界线》。

州为界,而南宋境内的麦积山瑞应寺依靠田产收入等,置办军器衣甲,依然发挥着重要的作用。自备粮食的方式,在川陕驻军军粮供给中的作用不可小视。

4. 分兵就粮

在前文论述南宋中央防范兴州地域集团势力一节中,提到将川陕驻军分散到各地就粮,一方面可以起到分散军队力量的作用,同时也可以解决军粮供应问题,可谓一举两得。南宋将成都路等地籴买的粮食通过嘉陵江运往边防前沿,路途遥远,中间损耗较大,如将军队分散到各地解决粮食供给,就可减少漕运军粮的数量以及民众的劳役负担。正如绍兴九年(1139)二月权礼部侍郎冯楫所言,宋金和议既成,"蜀兵可分往诸州就粮,以省漕运"①。史载:绍兴九年(1139)川陕宣抚副使胡世将曾一度反对移屯军队的作法,认为将军队移屯,地里遥远,缓急勾唤不及。因此建议,"将分屯太远军兵,从臣一面相度,移那就近,其鄜延路未发老小,且令在元屯驻州军存泊"。而且熙河等地田土自经兵火,耕种稀少,得粮不多,只"将杨政所带二万人,分那五千人,于附近本路有粮食处屯驻"②。显然,虽然没有将全部军队分散到各地屯驻,还是将不少士兵移屯到附近地带。实际上,胡世将同样看到分兵就粮的好处,认为在保证边防安全的前提下,可以适当将军队转移到其他地方屯驻就粮,所谓"欲乞量屯军马,将一带关隘,常加整治,鱼关仓见在米斛不多,水运艰难,卒不能致,欲乞常桩留一二十万石,以备缓急"③。若非粮食短缺与水运难致,胡世将恐难作出如此决定。再如绍兴七年(1137)四月,都官员外郎冯康国建言,将吴玠的军队在三月以后九月以前,"除关外防拓合用军马数目外,其余将兵,移屯内郡,歇泊就粮"。再加在梁、洋召集流散耕种所获,一年就可减省蜀中运粮岁二十万斛之多,朝廷下令予以执行④。胡交修也曾提出相同的建议,选择在三月以后、九月以前,只存留守关正兵,

---

① 《系年要录》卷一二六,绍兴九年二月乙卯条,第2049页。
② 《系年要录》卷一三三,绍兴九年十一月癸未条,第2133页。
③ 《系年要录》卷一三一,绍兴九年八月庚午条,第2112页。
④ 《系年要录》卷一一〇,绍兴七年四月丙辰条,第1789页。

其余士兵就粮他州,如此"则守关者水运可给,分戍者陆运可免"。得到朝廷的赞许,命令吴玠予以执行①。可见,在三月与九月之间,各地有粮可食,九月之后,金兵马肥,形势紧急,分散各地的就粮军队回到前沿驻地防守,刚好利用一个时间差,达到军队粮食供应的目的,不失为解决粮食供应与加强防守的良策。高宗曾得意地说,"蜀士频言调发凋弊已甚,今吴玠一军,既分屯关、陕,馈运十省八九"②。又如绍兴九年(1139)七月,以右护军精兵八万余人,三万人分守关隘,五万人分守陕西,"委宣抚司立限,并老小起发诸州就粮"③。

绍兴十一年(1141)宋金和议后,南宋朝廷解除张俊、韩世忠、岳飞兵权。对川陕战区来讲,因防御任务重要,并未实行解除武将兵权的举措,而是采取了分兵就粮分散兵力的办法,"四川大将兵曰兴成阶凤文龙利阆金洋绵房西和州、大安军、兴元隆庆潼川府凡十七郡,亦分屯就粮焉"④。史载:汪应辰为四川制置使时,为免除利州路民众运粮之苦,"徙沿边戍兵就粮内郡"⑤。淳熙四年(1177),李蘩将金州、阶、成等地驻军"稍移于沿流就粮,或近里屯戍",一年减省添支口食五千余石⑥。分兵就粮,起到了减轻民众负担和实现军粮供应的双重目的。

5. 入中法

入中法,就是由朝廷招募商人入纳粮草并转运至沿边规定地点,然后由官府给予钞引,使其到京城或其他地方领取现钱,或换取交引于产区领取茶、盐等获利较高的产品,再进行贩卖的办法。入中的实质就是利用商业渠道,通过给予商人一定的优厚条件,使其参与到军粮的供给中来。既解决了军队粮食的供给,又可以带动商业贸易的发展。南宋商品经济的发展,也为入中军粮提供了有利的条件。

---

① 《宋史》卷三七八《胡交修传》,第11679页。
② 《系年要录》卷一三一,绍兴九年八月庚戌条,第2105页。
③ 《系年要录》卷一三〇,绍兴九年七月壬辰条,第2100页。
④ 《宋史》卷一八七《兵一·禁军上》,第4583页。
⑤ 《宋史》卷三八七《汪应辰传》,第11879页。
⑥ 《宋会要辑稿》兵六之二。

在川陕战区,入中法依然是一个筹集军粮的重要途径。如绍兴四年(1134),川陕宣抚副使吴玠调两川民夫运米十五万斛至利州,但路途消耗较大,饥病相仍,沿途死亡较多。为此,总领所遣官就籴于沿流诸郡,又在兴、利、阆州置场,"听商人入中",以减陆运与水运粮米之数①。绍兴五年(1135)十一月,粮食短缺,为防止运粮扰民,吴玠等"以策诱贾贩,省费十之五"②。再如绍兴十一年(1141),胡世将遣官以银、绢、钱引以高价招诱,兴贩者"趋利而来",极大地减少粮食搬运之费③。

入中所占川陕军粮供应的比例不小。绍兴三十二年(1162)正月,四川总领王之望上言,川陕驻军分隶一十八处,其潼川、兴元府、绵、剑、文、龙、渠、金、洋、阶、成、西和、凤州所用粮料,总领所每年科支本钱就逐州夏秋籴买应付,"其利、阆、两川边、嘉陵,系招诱客贩收籴支遣"④。在十八处屯驻军队中,有多处通过商人入中解决军粮供应,所占比例不小。另一个记载称,川陕驻军中,绵州、剑州、汉中、金州、洋州及关外四州,以籴买当地出产粮米供应,"由利、阆、大安、沔、鱼关沿江上下,则籴之商旅所贩者也"。嘉泰、开禧以来,各种措置军粮的措施收效甚微,但"客贩六十余万者",依然是个不小的数目⑤。还有记载称,在四川总领所每年支付的一百五十余万石军粮中,其中营田岁租与贸易利州诸处夏秋税斛者共计十九万⑥。商人入中筹集到的粮食确实不少。

入中法通过一定的优厚条件来招诱商人参与运粮,但在实际执行中,商人追求高额利润,获利最大者却是商人。黄裳曾曰:"今千里漕粟,商因为利,几以三石而致一石,名为养兵十万,实养三十万人,兵困民穷,职此之由。"⑦入中军粮,为商人提供了一个牟利的机会,至于对川陕驻军的贡献,

---

① 《宋史》卷一七五《食货上三·漕运》,第4260页。
② 《系年要录》卷九五,绍兴五年十一月丙戌条,第1572页。
③ 《系年要录》卷一三九,绍兴十一年正月条,第2231页。
④ 《系年要录》卷一九六,绍兴三十二年正月条,第3316页。
⑤ 《鹤林集》卷三七《西陲八议·广籴》。
⑥ 《鹤山先生大全文集》卷七八《朝奉大夫太府卿四川总领财赋累赠通奉大夫李公墓志铭》。
⑦ 《攻媿集》卷九九《端明殿学士致仕赠资政殿学士黄公墓志铭》。

倒在其次。嘉定年间,川陕战事不断,军粮需求增大,安蕃在利州,"增米直以来商运",解决军粮短缺问题,但"旧例商就官交米,则有出纳之弊",经过一番改革,商人入中再次畅通①。看来只要加强管理,入中之法仍有可取之处。

6. 以常平仓粮米充作军粮

常平仓所储粮米主要用来平准粮价,每年夏秋谷贱,增价收籴,遇谷贵则减价出粜,在荒年可以用作赈济使用。川陕战区由于粮米短缺,南宋还将常平仓粮米用于支付军粮,以解燃眉之急。如绍兴三年(1133)四月,统制官王俊收复洋州、兴元府。失地虽然收复,但新罹兵火,军食益艰,张浚命取粮于内郡,"什邡丞眉山孙坦当督运,请发常平仓以行,遂先诸郡而至",缺粮局面才得以缓解②。再如绍兴末年,宋金兵锋相对,川陕战区军粮供应日增,再次以常平仓粮米支付军粮。朝臣建言:"四川见管常平义仓米六十二万石,乞依两淮、湖广已得旨,令漕臣遣官核实,以备军食。"得到中央的批准③。以常平仓粮米支付军队使用,可解决一时急用,但必然影响到赈灾等事项,如若不是军粮紧缺,一般不会轻易动用常平仓粮米的。

如上所述,南宋川陕战区屯驻军队数量多,军粮消耗大,为此,南宋采取诸多措施,开辟多种渠道予以解决。这些措施在巩固川陕边防中起到了重要作用,其间也弊端重重,反映出军粮供给过程之复杂,任务之艰巨。需要说明的是,还有两种筹集军粮的办法,即籴买与屯田,将分别在以下两节论述。

三、军粮籴买与转运

(一) 军粮籴买

籴买粮食是南宋川陕战区解决军粮供应的重要途径。随着南宋商品经济的发展,政府通过出钱购买粮米来实现对军队的供给,在军队后勤保障中

---

① 《鹤山先生大全文集》卷七五《知文州主管华州云台观安君墓志铭》。
② 《系年要录》卷六四,绍兴三年四月辛卯条,第1089页。
③ 《系年要录》卷一九三,绍兴三十一年十月壬子条,第3239页。

所发挥的作用越来越大。宋朝籴买军粮,名目较多,有和籴、博籴、便籴、俵籴、寄籴、结籴、兑籴、坐籴、配籴等①。南宋川陕战区军粮籴买主要有和籴、科籴、劝籴、对籴、折籴等。所谓和籴,即由政府出钱,于民间直接购买。但在实际执行过程中,官府往往少给钱或者不给钱直接征收,是为科籴。孝宗时,军粮筹集艰难,四川总领李蘩"以本所钱招籴,惧不给,又命劝籴其半,'劝籴'之名自此始"。李昌图为四川总领时,劝籴废除。时至嘉定年间,战事不断,"宣、总司令金、洋、兴元三郡劝籴小麦三十万石",劝籴再次恢复,数量较大②。以对籴方式为川陕战区筹集军粮,在绍兴初年就已实行,"盖每民户税产一石,则科籴亦一石,故谓之对籴焉"③。将民众应承担的各种税钱,折纳为粮食缴纳,即为折籴。籴买军粮的名目多,数量大,为川陕驻军军粮筹集作出了重要贡献。

官府出钱购买的和籴方式最受民众欢迎,取得的效果也较突出。如绍兴二年(1132),王庶知兴元府,"治榷酤与关市之征,得其赢以市军储,有三年之积",招募军队达三万人之多④。李迨筹集军粮时,一度于兴元、洋州籴买夏麦五十万石,岷州籴买二十万石⑤。绍兴十年(1140)战事再起,军粮需求增加,胡世将在兴元收籴米麦五万,在洋州收籴三万;又在成都增印钱引,在阆州设籴买场,就籴成都路米十六万,潼川府路十一万,夔州路三万,尽赴鱼关应付军队支用⑥。可见,在各地籴买粮食数量较大。绍兴末年,王之望为四川总领,趁秋成增籴军食,由于在利、阆州的仓廪桩积不下,运米十万石往兴州桩积。之后吴拱率军往荆襄屯驻,又将籴买的粮米以船运往荆襄,用船二百七十余只⑦,看来籴买军粮确实不少。再如绍熙三年(1192),文州农

---

① 朱家源、王曾瑜:《宋朝的和籴粮草》,载《文史》第 24 辑,中华书局 1985 年版。
② 《宋史》卷三九七《刘甲传》,第 12095 页。
③ 《朝野杂记》乙集卷一六《四川宣抚司科对籴米》,第 805 页。
④ 《系年要录》卷五三,绍兴二年闰四月壬子条,第 946 页。
⑤ 《宋史》卷三七四《李迨传》,第 11595 页。
⑥ 《系年要录》卷一三五,绍兴十年五月己亥条,第 2173 页。
⑦ 《汉滨集》卷八《论运米充备边朝札》。

业丰收,官府"籴米六万余石,创椿积仓贮之"①。

南宋处在边防前沿的关外之地,籴买军粮普遍存在,数量较大。史载,淳熙三年(1192),免除阶、成、和、凤一年之籴,民众得以缓解,"四州粒米狼戾,充箱溢筥,排门求售,较之穰岁,物价反平"②。这从另一方面也证明平时在关外诸州籴买粮米数量之多。李蘩为四川总领时,将以前科籴粮米变为和籴,民众予以大力支持,籴买粮米的场景颇为壮观:

> 边头八月秋田熟,南村北村夜舂粟。大平车子走无轮,载米入场声辘辘。官置斗斛人自量,市价日与时低昂。得钱却载车上去,出门掉臂归山乡。老翁扶杖笑且语,大儿踏歌小儿舞。③

科籴废除后,民众负担减轻,时值丰收,粮价平稳,民众乐于出售粮食。和籴军粮只要粮价合理稳定,效果更佳。如何德方曾监兴元府大军仓,"平概量以市籴,谨簿书以出纳",粮食价钱合理,管理有序,效果自然显著,"斗食以上祖帐,横道十余里不绝"④。

科籴名虽为"籴",实乃"科"征。由于官府不出钱银,获利巨大,一旦军粮需求增加,应付不及,往往依赖科籴解决问题。范成大为四川制置使时指出:

> 和籴之害,凡西兵十万,岁用米一百四十七万斛,兑买省计及营田之外,阙五十二万斛,括兴元、阶、成、西和、凤、文、龙等州民户家业而均科之,每石予钱引四道有半,其二分折茶,实给三引,耗费斛面不与焉。⑤

在实际措置过程中,少给钱引,折茶充数,再加之斛面,民众实得钱引所剩无几。淳熙三年(1176)七月,有朝臣指出,四川总领所岁支川陕驻军军粮为一

---

① 《鹤山先生大全文集》卷八六《故知辰州大夫张君墓志铭》。
② 范成大:《论邦本疏(孝宗时)》,载《历代名臣奏议》卷一〇八,第1448页。
③ 黄裳:《罢籴行》,载许吟雪、许孟青编著《宋代蜀诗辑存》,四川大学出版社2000年版,第172页。
④ 《鹤山先生大全文集》卷七四《朝奉郎新知邛州何君墓志铭》。
⑤ 《文忠集·平园续稿二十一》卷六一《资政殿大学士赠银青光禄大夫范公成大神道碑(庆元元年)》。

百五十余万石,营田岁租与贸易利州诸处夏秋税斛者才十九万,其中一百三十万水运,"七十和籴,六十量产之薄厚而制其数焉。名曰和籴,实科籴也"。在执行中,上三等户财物稍足,尚可应付,"下二等户势必付之揽纳之家,本钱既不可请,姑道责可耳"①。官府在筹集军粮中,"科"而不"籴"相当严重。

至于对籴,弊端更多。在对籴中,"民输米一石,即就籴一石,或半价,或不支,且多取赢"②。民众卖粮少得钱或根本不得钱,故时人称,川陕军粮供给,"蜀民尤以对籴米为患"③。还有记载称:"先是宣抚司取对籴米于四川民户,而潼、遂、果、合诸郡,绝少稻田,自军兴听输以粟。至是,都漕司责令输粳,其已津运者,皆却还之。"④在对籴军粮时,种粟之地要求交纳稻米,对当地民众而言实在难以应付。

在川陕军粮筹集中,还有一种称为预借的方式。预借是宋代的附加税之一。宋代两税按规定不得以预借为名加倍征收,但实际情况是往往有预借一二年甚至六七年者。如平定吴曦之变后,军粮消耗增大,时任四川总领陈咸予以措置,其中就在利州预借米本一百一十余万⑤。川陕驻军粮食消耗之大,预借民众钱粮之事不断,以致"州县累岁相仍"⑥。

(二) 军粮转运

籴买粮食以供军用还有一个关键环节,即将籴买到的军粮转运到边防前沿。川陕战区的军粮仓库较多,分布在前沿各地:

> 武阶之仓、三同庆之仓、七凤集之仓十有一,西和之仓十有五,金、洋之仓二十有七,其大者则如利、沔、兴元,每月各支家粮万石,而鱼关一处,计取财赋,几收十分之四。⑦

---

① 《鹤山先生大全文集》卷七八《朝奉大夫太府卿四川总领财赋累赠通奉大夫李公墓志铭》。
② 《宋史》卷三八七《汪应辰传》,第 11881 页。
③ 《系年要录》卷一七五,绍兴二十六年十月甲子条,第 2892 页。
④ 《系年要录》卷一四一,绍兴十一年九月庚戌条,第 2273 页。
⑤ 《宋史》卷四一二《陈咸传》,第 12390 页。
⑥ 《宋史》卷三八七《汪应辰传》,第 11881 页。
⑦ 《鹤林集》卷一八《论蜀事四失三忧及保蜀三策札子》。

从兴州、金州、兴元府三大屯驻重心,到关外五州之地,凡屯兵之处均有粮仓。由于川陕战区内自然形势险要,交通不利,粮食转运尤为困难。大体讲,川陕军粮转运有两路,一是陆路,一是水路。两路并行,将四川各地的粮米财物源源不断地转运到驻军之地,"水航陆负,自利州至鱼关五六百里之间,相踵不绝"①。水、陆两条军粮转运线,成为川陕驻军名副其实的生命线。

先看陆路转运。以绍兴末年战争期间的运粮为例,绍兴三十一年(1161)九月,权随军转运司公事赵不愚等调利州路民夫九万人运粮至军前:

> 先运五万人三月粮,人日食二升半,计运米十一万三千五百斛,应用五万夫。夫持七斗米,自鱼关至凤州,百八十里,往来六日程,凡四十有八日而毕。除兴元府、兴、洋、利州、大安军不科外,先于剑、阆、巴、蓬四郡调夫万人,循环应副。

之后又值金兵进攻秦州,赵不愚又调利、文、龙等州民夫共三万一千人,每五十人为一队。之后再调彭、汉、绵州、成都府民夫二万人。在具体转运中:

> 然利路诸州,封疆阔远,所起夫皆以县令部押,仍令持两月粮,附收官库,谓之准备钱,民间一夫之费,为七八十千,雇夫以行者又倍。其后运粮十五万五千九百余斛,料二万八千余斛,至黄牛堡,夫粮二万七千九百余斛有畸,民大以为扰。②

所运军粮不可为不多,但路途消耗甚巨,反映出陆运的艰难以及成本之高。

陆运的艰难与弊端主要体现为,一是道路崎岖不平,交通不便;二是中途运粮民夫自身消耗大;三时间要求紧,若管理不善,运夫遭殃。川陕战区内"山险道隘"③,陆路转运军粮,交通条件的限制显而易见。如绍兴四年(1134)九月,吴玠陆运粮食,从两川调民夫运米十五万斛至利州,"率四十

---

① 《汉滨集》卷一〇《与冯编修书》。
② 《系年要录》卷一九二,绍兴三十一年九月庚寅条,第3221—3222页。
③ 《系年要录》卷一一〇,绍兴七年四月丙辰条,第1788页。

余千而致一斛"。为及时运粮,吴玠"令县官部役先至者赏,役夫饥病相仍,死于道路"①。绍兴六年(1136)十一月,再行陆运,"民间率费七十千而致一斛粮,夫死者甚众"②。时人曾指出从四川内地调粮之困顿:

> 自蜀至利,役夫徒手走千里,始得负粮而行,又千里乃至西和。古人以为,千里馈粮,士有饥色,今且倍矣,独奈何?且剑、利调夫,一人之费为钱八万,西州道远,费必倍,以一夫十六万钱计之,直米五十硕。古人以三十钟致一硕为困民,今以五十硕致六斗之粟,利害又相绝矣。③

运粮路途遥远,中途运夫自身消耗不少,陆运的弊端非常明显。员兴宗也曾指出,转运军粮,一夫费钱为一十八万,一夫所运不过六斗,计其米数则是六十钟而致一钟,中途消耗很大,而"军前所得,不过毫丝,民间所损,已甚丘山"。而且"运粮之夫,同日俱发,俱发则无次舍,同招流民,则素寒饿。以寒饿之民,居无次舍之地,其死道路,死霜雪者相踵也"④。所运粮米甚少而路途民众反遭受诸多艰难,乃至丧生,陆运的代价确实很大。

在战争期间,粮道被焚烧等因素也加大了陆运的难度。如嘉定十三年(1220),利州副都统司帐前统领马中和,召集忠义,领兵抗金,为战略需要,"焚烧粮道"⑤。这势必影响到自身军粮供给。焚烧粮道等因素对军粮供给影响很大。对此,时人感叹道:"问之仓庾,则籴本荡矣,粮道绝矣。"⑥军粮供给尚不能保证,何谈边防的巩固。

陆路运粮,雇用民夫,直接影响生产。对此,南宋采取多种措施予以解决。以义士转运军粮就是其中之一。南宋川陕战区义士有兴元良家子、兴元义士、金州保胜军、关外忠勇军等。义士在抗金战斗中英勇作战,

---

① 《系年要录》卷八〇,绍兴四年九月甲戌条,第1318—1319页。
② 《系年要录》卷一〇六,绍兴六年十一月壬午条,第1734页。
③ 张栻:《南轩集》卷三九《夔州路提点刑狱张君墓志铭》,文渊阁《四库全书》本。
④ 员兴宗:《请以铺兵运饷粮疏(孝宗时)》,载《历代名臣奏议》卷二六一,第3415页。
⑤ 《宋会要辑稿》职官六二之一七。
⑥ 《鹤林集》卷一八《论蜀事四失三忧及保蜀三策札子》。

而且不时被征调用来转运军粮,"迩来官司无故占破,俾之刍牧,俾之负担,俾借官吏往来之役"①。也有征调保丁转运军粮的情况。如绍兴二十八年(1158),兴元府都统制姚仲于大安军、巴、蓬州差拨保丁,以备搬运军粮②。还有朝臣提出以铺兵转运军粮,"若陆辇,自河池至成、岷,过长道遂至天水,此一路也。自两当至凤翔,过黄牛遂至大散,此又一路也。登涉山险,运粮之夫常困于是,常死于是"。建议以十五里为一铺,一铺置五十兵,一路置铺不过六十,"铺兵日再往来,一运七斗,再运为一硕有四矣。六十铺之兵,月运二千一百硕,铺计兵月给之费,兼取之民,人计二硕,而硕计五千,不过三万缗"。民间雇夫之费,凡六十有三万缗,以铺兵运粮月减六十万缗。铺兵以三钟而致一钟,民间以六十钟而致一钟,利害相去甚远③。

再看水路运粮。嘉陵江水运是川陕边防物资与粮草转运的重要途径。嘉陵江发源于陕西宝鸡附近,流向为自北向南,流经宝鸡、凤县、两当、徽县、略阳、宁强、广元、南充、合川,在重庆附近汇入长江④。两宋时期,嘉陵江水量充足,水质清澈,适于船只往来。如北宋时吕陶咏道:"嘉陵江水泼蓝青,彻底澄光明鉴形。"⑤南宋时的嘉陵江由于物资转运的需要,更是一派繁忙景象,"夜促清觞醉武兴,晓飞轻舸下嘉陵"⑥。史载:绍兴六年(1136)十一月,封嘉陵江神为善济侯。"江自凤州之梁泉,历兴、利、阆、果、合、恭以入大江。川陕宣抚副使吴玠言,正系饷军漕运水路,望加封爵故也"⑦。封嘉陵江神为侯,无疑显示出嘉陵江在转运物资中的重要性以及中央对嘉陵江水运的高度重视。

---

① 《九华集》卷五《恤义士札子》。
② 《系年要录》卷一八〇,绍兴二十八年十二月甲寅条,第2997页。
③ 员兴宗:《请以铺兵运饷粮疏(孝宗时)》,载《历代名臣奏议》卷二六一,第3416页。
④ 马强:《汉水上游军事历史地理研究》,载马强《汉水上游与蜀道历史地理研究》,四川人民出版社2004年版。
⑤ 吕陶:《净德集》卷三八《见嘉陵》,文渊阁《四库全书》本。
⑥ 《烛湖集》卷一九《自兴州浮嘉陵还益昌》。
⑦ 《系年要录》卷一〇六,绍兴六年十一月戊寅条,第1732—1733页。

嘉陵江水运粮米确实取得了一定的成绩。如绍兴四年（1134）九月，吴玠实行陆运，由于中途损耗大，之后"募舟载粟挽以上，民皆欢呼而去"①。绍兴末年用兵之际，"嘉陵江水平日，春秋之际，其流浅跣可涉也，冬十月，乃运舟舻舳相衔以上，而大潦方涨焉"②。这为水运的进行提供了难得的机会。绍兴三十一年（1161）边隙再开，王之望"自益昌运粮十万石至武兴，及（吴）拱移军，遂以归舟二百七十余艘载其军兼家而下，军过合州，守臣右朝散大夫宇文师申以私钱饷之，军士皆喜"③。嘉陵江北上运粮、南下载兵，其功至伟。再如嘉定初年，陈咸为总领时，"嘉陵江流忽浅，或云金人截上流，咸不动，疏而导之，自益昌至于鱼梁，馈运无阻"④。经过疏通，嘉陵江再次恢复运行，畅通无阻。从水运粮米的数量看，史载：四川总领所每年支付军粮为一百五十余万石，其中一百三十万石就通过水运来供给⑤。水运军粮占所有军粮的百分之八十五还多，水运的重要性可见一斑。绍兴七年（1137），李迨应付吴玠军粮，每年支米九十七万，其中七十九万系水运⑥，水运数量超过总粮数的百分之八十。

　　嘉陵江水运数量大，而且中途费用不大，这是水运的突出特点。时人曾对水、陆运粮作过一个比较。水运之费，就成都一路而言：

　　　　自水运至军前，用钱四贯三百，可致米一石，若使税户自陆路搬运，则每石所用，三倍于水运之直。若值农时，民间雇人搬运，则其所用又三倍于税户自运之费。⑦

不难看出，以水路运粮，减省中途耗费确实不少。但由此引出水运的一个不

---

① 《系年要录》卷八〇，绍兴四年九月甲戌条，第1318—1319页。
② 《九华集》卷二四《西陲笔略·四边用兵祥征甚多》。
③ 《系年要录》卷一八九，绍兴三十一年四月甲辰条，第3161页。
④ 《宋史》卷四一二《陈咸传》，第12390页。
⑤ 《鹤山先生大全文集》卷七八《朝奉大夫太府卿四川总领财赋累赠通奉大夫李公墓志铭》。
⑥ 《系年要录》卷一一一，绍兴七年五月壬午条，1797页。
⑦ 《系年要录》卷一〇二，绍兴六年六月辛酉条，第1676页。

足之处,即路途遥远。嘉陵江自北而南流淌,川陕边防驻军"皆在剑阁之外,岁自嘉、泸诸州泝流漕粟以饷之"①。转运粮米,自南而北逆流而行,速度必慢,所用时日必多。从嘉陵江下游往上游行进耗费的时间,南宋人李流谦称:"半载迢迢住利州,嘉陵江水日夜流。安得却流关下去,载我唯须一叶舟。"②从下游到利州单只小舟尚需要半年时间,如若大船满载粮米,用时也多,"水运泝江千余里,半年始达"③。

水运的另一个不足是嘉陵江水流不稳,水量四季变化较大,造成船只行进的困难,"嘉陵江险,滩碛相望"④;"春夏涨而多覆,秋冬涸而多胶"⑤。显然只有水流合适才能运行,这无疑增大了水路运粮的难度。

若管理不力,人为干扰,水路运粮的难度也会加大。绍兴六年(1136)十月,四川制置大使席益上奏指出:赵开应付吴玠军队粮饷,"臣即考其稽滞之由,方见得见今水运,尚系以前岁计合起之数,盖缘递年登带,以至今日臣准指挥催促,虽据回申,止是泛称已牒逐路运司管认措置装发,并无的确已未起发之数,由臣人微望轻,无以号令诸司"。席益还称赵开"别不应副舟船及水脚钱"等⑥。可见,由于各部门之间相互扯皮、敷衍塞责,致使缺船少钱,水运之效必然不高。至于在水运之前以及中途,官吏抑勒民众,运夫侵盗钱物,更增加了水运的难度。绍兴四年(1134)三月朝臣的上奏清楚地反映出这一点:

> 时议者以为兴、利、阆三州及三泉县,见屯军兵,为四川门钥。有司馈粮,虽用水运,然每令州县抑勒船户装载,失陷官物。今潼川府路岁运二十万斛,每斛支官钱三千二百有奇。成都路岁运六十五万斛,以水路稍远,所支钱又多,通计费钱二百六千万缗。船户既被抑勒,侵欺盗用,巧诈百端,以至自沉舟船,号为抛失,所运米数,失陷大半。⑦

---

① 《絜斋集》卷一三《龙图阁学士通奉大夫尚书黄公行状》。
② 《澹斋集》卷四《喜仲明西归》。
③ 《系年要录》卷一二一,绍兴八年七月条,第1957页。
④ 《系年要录》卷一一〇,绍兴七年四月丙辰条,第1789页。
⑤ 《系年要录》卷一一八,绍兴八年正月戊申条,第1901页。
⑥ 《系年要录》卷一〇六,绍兴六年十月乙巳条,第1722页。
⑦ 《系年要录》卷七四,绍兴四年三月丙寅条,第1225页。

上述措置水运的过程中,先是州县官吏抑勒民户,多支钱引;中途民众侵占粮物,最终导致米斛失陷。弊端的出现,根源于吏治不善与人为破坏。所以,加强管理以防止官吏徇私舞弊是水运军粮中的当务之急。

为了解决嘉陵江水流的季节性变化与人为破坏等带来的困难,四川制置大使席益提出漕运六策,"奏请转般",对水运予以整顿①。其一,"欲于上流水涩之时,并运在阆、利近处,春水生后,一发运至军前,庶免如今年夏秋,顿至阙绝"。也即是掌握嘉陵江水流季节性变化的特征,水浅时桩积,水涨再行。其二,"于利、阆州就籴入中,庶免如今年多支脚钱,而运远路之贵米"。即在相对靠近边防前沿的州郡买粮,避免中途消耗。其三,在泸、叙、嘉、黔等州打造运船,"庶免向来据船之弊,致客旅逃避,弃毁其船,官失指准"。以此防止在措置运粮船只过程中出现的种种弊端。其四,乘秋熟之时于阆州加紧买粮,以应付军前急需。同时在梁、洋就籴,"庶免如向来陆运之弊,人民役死,田莱多荒"。五是由各路漕司负责起发合运之米。六是差官往泸、叙、恭、涪籴买新米,就近发赴军前,以省水运舟船之费②。

席益的如上策略充分考虑到水运的诸多弊端,并采取相应的对策予以革饬,不失为一个扬水运之长以避其短的好方法。绍兴八年(1138),四川制置使胡世将整顿水运,"复前大帅席益转般折运之法,粮储稍充,公私便之"③。显然,席益提出的转搬之法具有很好的效果,"转船折运,于是费十减六七"④。不难看出,经过整治,采用合理的办法,嘉陵江水流变化较大等自然因素的影响得以减弱。看来水运弊端中人为因素居重。

总上两种转运方式,各有利弊。大体看,陆运所用时间少,便于及时解

---

① 关于席益漕运六策的具体实行等,参见陈璋《论南宋初年四川都转运使》。
② 《系年要录》卷一〇六,绍兴六年十一月壬午条,第1733页。
③ 《系年要录》卷一二一,绍兴八年七月条,第1957页。
④ 《老学庵笔记》卷六,第76页。

决军粮供给问题,但劳民伤财。水路运载量大,中途损耗不多,但所用时间太长,兵家行事,讲究战机,以水路供粮容易贻误战机。时人所谓"水运迟而省费,陆运速而劳民"①,就概括得极为准确。

在南宋川陕战区的粮物转运方式问题上,朝臣等争论较多,主要也是由各自考虑问题的出发点不同所致。所谓"宣抚司欲其速至,则必以陆运为便;总制官欲其省费,则必以水运为便"②。双方的主张均合情理。因此,为实现军粮的及时供应,一旦战事兴起,坚持陆运而导致民夫死亡等也就在所难免。至于措置军粮中的扰民现象,时人也显得无可奈何,所谓:

> 蜀人所苦甚者,籴买、般运也。盖籴买不科敷则不能集其事,苟科敷则不能无扰;般运事稍缓则船户独受其弊,急则税户皆被其害。③

郑刚中曾将川陕战区理财之官与唐朝理财名臣刘晏做了一个比较。刘晏时,"江淮之财,转以输军,舟军所至",转运简易。而南宋川陕战区粮饷转运,"蜀道险巇,推挽不进,万山之间,急流盘屈,舟破米沉,则追逮填塞,无有穷已"④。与刘晏相比,川陕驻军军粮转运受到自然条件的限制非常严重。曾任潼川府路转运副使喻汝砺讲到,川陕军粮籴买与转运有四难:

> 米价增长,籴之难;脚直空乏,请之难;舟子凋零,雇之难;江流干淤,运之难。⑤

将军粮籴买及转运中人为干扰与自然限制造成的困境一语道破。

总而言之,川陕军粮籴买与转运,取得了一定的成就,为边防的巩固发挥了重要作用。但其过程却相当艰难,一方面主管军粮的官员设法措置,民众奔波于水陆两条运输线上竭力应付,另一方面军队仍不时出现缺粮现象,

---

① 《系年要录》卷一一〇,绍兴七年四月丙辰条,第1789页。
② 《系年要录》卷一〇二,绍兴六年六月辛酉条,第1676页。
③ 《宋史》卷三七四《李迨传》,第11595页。
④ 《北山集》卷一三《送井都运出峡序》。
⑤ 《系年要录》卷一四一,绍兴十一年九月庚戌条,第2273页。

这充分反映出川陕战区军粮供给的艰难。

四、屯田与水利建设

(一) 屯田与军粮供应

解决南宋川陕驻军军粮供应的另一个方式是屯田与营田。一般认为，营田以民、屯田以兵，两者本有不同。从宋代的情况看，边防地带的土地耕种，不限兵民之分，营田与屯田已名异实同①。南宋时期，在漫长的北部边防地带，屯驻军队数量较大。为解决军粮供应问题，南宋在沿边川陕、荆襄、两淮地区组织招募士兵和流民大力经营屯田、营田事务。沿边屯田营田的推广，成为解决军粮供应问题的重要措施，起到了充实边备、巩固边防的积极作用。上述南宋川陕驻军军粮籴买与转运艰难，弊端丛生，军粮短缺现象时有发生。因此，在军队屯驻地就地开垦生产，就显得尤为重要，"欲省漕运莫如屯田，汉中之地约收二十五万余石，若将一半充不系水运去处岁计米，以一半对减川路籴买、般发岁计米，亦可少宽民力"②。以屯田的方式供给军队，可以避免籴买抑勒与转运扰民等弊端。

南宋川陕战区内农业生产的发展为屯田的进行奠定了坚实的基础。汉中盆地位于秦岭与巴山之间，土地肥沃，气候适宜，水源充足，是汉水上游的一个重要经济区。自北宋以来，这里的农业就很发达。时至南宋，尽管地处宋金对峙的边界地带，但农业生产一度呈现出繁荣的景象。对汉中农业的发展，有诗为证："汉中沃野如关中，四五百里烟濛濛。黄云连天夏麦熟，水稻漠漠吹秋风。七月八月穄䄻红，一家往往收千锺。"③汉中麦稻种植遍野，产量较高。兴州是川陕防线上的一个军事重镇，农业发展也颇有起色，"断垄牛羊入，空山草木青"④。值得注意的是，尽管地处边境，川陕战区的农业生产在耕作技术改进方面也有称道之处，其中以洋州的农业

---

① 史继刚：《宋代屯田、营田问题新探》，载《中国社会经济史研究》1999 年第 2 期。
② 《宋史》卷三七四《李迨传》，第 11595 页。
③ 黄裳：《汉中行》，载《宋代蜀诗辑存》，第 173 页。
④ 张縯：《题沔州诸葛武侯庙》，载《宋诗纪事》卷五三，第 1336 页。

改进最为知名。南宋的洋州,"黍稷肥美,秀色盈野",之后进行农业生产改进,这些改进措施包括"粪秽以肥其田"、"深耕浅种"、疏通水道、修整农具等①。

关外五州地处边防前沿,绍兴八年(1138)宋金和议达成后,为农业生产提供了难得的机会,"梁、洋、秦、凤之间,蝗不入境,岁事大熟"②。绍兴十六年(1146)正月,知西和州程俊提到当地农业的情况,"本州并边多沃壤"③。绍兴末年用兵,时值关外诸州农业丰收,"九月军兴,粮糗及约而办,武都陋邦也,糜棋子造至四万石,他物输军称是"④。再看凤州,也是"红尾锦鸡鸣古埭,绿头花鸭荡幽池"⑤。成州,"其地硗腴皆可耕",物产丰富⑥。

南宋川陕战区在各地农业发展的基础上,积极措置屯田,效果较为显著。南宋川陕屯田的分布范围较广,产量也不低。

先看汉中屯田的情况。早在绍兴初年,川陕战区内的屯田事宜就被提出。当时由于战争影响,流民遍野,朝臣认为,"梁、洋沃壤数百里,环以崇山,南控蜀,北拒秦,东阻金、房,西拒兴、凤,可以战,可以守。今两川之民,往往逃趋蜀中,未敢复业,垦辟既少"。由于军粮不足,下令吴玠等措置。史载:吴玠于兴元、洋、凤、成、岷五郡治官庄屯田,又调兵整治褒城废堰,民知灌溉可恃,参与耕种。从实际效果看,"汉中岁得营田粟万斛"⑦。另一记载称吴玠在汉中屯田,"岁屯田至十万斛",民众复业数万⑧。绍兴七年(1137),吴玠于梁、洋劝诱军民营田,所收近二十万石,减省馈饷不少⑨。吴玠经营屯田的产量,从万斛到十万斛,再到二十万石,成效日益显著。为加

---

① 《劝农文碑》,载《汉中碑石》,第119—120页。
② 虞允文:《论今日事机可战(孝宗时)》,载《历代名臣奏议》卷二三四,第3081页。
③ 《系年要录》卷一五五,绍兴十六年正月丙申条,第2500页。
④ 《九华集》卷二四《西陲笔略·四边用兵祥征甚多》。
⑤ 《增订湖山类稿》卷四《凤州》,第141页。
⑥ 《陇右金石录》卷四《广化寺记》。
⑦ 《系年要录》卷九五,绍兴五年十一月丙戌条,第1572页。
⑧ 明庭杰:《吴武安公功绩记》,载《名臣碑传琬琰之集》上卷一二。
⑨ 《系年要录》卷一一四,绍兴七年九月丁亥条,第1853页。

强对屯田的管理,绍兴五年(1135)十二月,中央诏令在川陕宣抚司设置参谋官一员,兼提点本司屯田公事①。绍兴六年(1136)二月,中央还令吴玠兼任川陕营田使②。

吴璘统兵时期,也曾在汉中屯田,"开田数千顷,民甚利之"③。绍兴年间,金州的农业生产一度因战争遭到破坏,人口锐减。都统制郭浩招辑流亡,开垦营田,获利较多。当时各地驻军均因粮食短缺,向朝廷告急,而郭浩由于营田收入,"独积赢钱十万缗以助户部"④。金州的营田收入除满足当地驻军需求外,还有余额上供中央,其效果确实不错。在金州西门一带,荒田较多,士兵"始锄之以植菜,久而知其利也。则更之以粟麦,历年既久,垦植益勤,遂以足食"⑤。通过改换种植品种,因地制宜生产,满足军粮需求。

经营屯田,管理非常重要。郑刚中为四川宣抚使时,调集军队耕种,一年所收租米就可对减成都路对籴米十二万石,数量不少。"然兵民杂处村疃,为扰百端;又数百里外差民保甲教耕,有二三年不代者,民甚苦之"。知兴元府晁公武确定租额,"等第均敷召佃,放兵及保甲以护边"⑥。通过确定租额、划分土地等第、士兵保护等方式严格管理。据载,郑刚中措置屯田之始,十万之兵仰口待哺,而仓廪也无积蓄,四川民众运粮艰难,难以应急。"于是亟买数千牛,率将士尽耕汉中之田,年来岁得粟近三十万斛"。通过屯田收入,军队粮食不缺,一年为民众减免钱额达五百万缗⑦。再如嘉定十六年(1223),虞刚简在汉中经营屯田,募民耕种,垦田达一百余万亩。"始时麦石为缗十有五,粟二十有五,期年麦十有二,粟十有六"⑧。粮食产量增长,粮价随之回落。

---

① 《系年要录》卷九六,绍兴五年十二月癸丑条,第1590页。
② 《系年要录》卷九八,绍兴六年二月庚子条,第1609页。
③ 王曮:《吴武顺王璘安民保蜀定功同德之碑》,载《名臣碑传琬琰之集》上卷一四。
④ 《宋史》卷三六七《郭浩传》,第11442页。
⑤ 《朝野杂记》乙集卷一七《关外诸军多私役》,第819页。
⑥ 《宋史》卷一七六《食货上四·屯田》,第4273页。
⑦ 《北山集》卷二〇《答柴倅元章》。
⑧ 《鹤山先生大全文集》卷七六《朝请大夫利州路提点刑狱主管冲佑观虞公墓志铭》。

再看关外诸州屯田的情况。关外诸州地处边防前沿,防御任务尤为重要,但由于地形险要,军粮转运显得更为困难,措置屯田以解决军粮的紧迫性更强。关外诸州均有屯田。如绍兴十五年(1145),郑刚中在阶、成二州措置营田,开垦亩数较多,从阶、成至秦州边界,达三千多顷,每年收入十八万斛。由于有充足的营田收入保障,减免成都府路对籴米三分之一,宣抚司激赏钱二十万缗①。西和地处边防最前沿,嘉定初年,阎仲友等在西和屯田,首尾三年,功绩显著②。再如绍兴年间,杨从仪随从吴玠等转战凤州,"首创营田四十屯,民力减省,军食充足"③。绍兴十一年(1141)宋金和议,以秦州为界,南宋置天水县,此地也有屯田。平定吴曦之变后,荒田较多,知县安蕃"拨借耕牛种具,量所垦田散给,皆翕然归耕"④。据《四川制置使司给田公据》载,天水麦积山瑞应寺虽遭破坏,但尚有"山田五十余顷"。之后当地忠义士兵"申宣抚……作屯田",解决粮饷供给⑤。

关外诸州屯田的效果甚佳,成为解决关外驻军军粮供给的重要途径。如绍兴十三年(1143),关外初行营田,开垦田土达一千三百余顷⑥。郑刚中经营关外营田时,在沿边数州垦田,得一千三百四十二顷,每年减省转运粮食四十万斛⑦。营田所得粮米达二十余万斛,以致鱼关、合江上下粮仓皆满,"水运之弊亦十去五六"。之后,郑刚中等又在兴赵原与马岭之间修筑营田大寨,军民安乐,每年减省科敷一百八十万缗⑧。再如绍兴二十一年(1151),关外四州收营田五分租,达二十一万七千余石⑨,所获粮米确实很多。

然从整体发展趋势看,南宋川陕战区内屯田收入逐步减少。在绍兴十

---

① 《系年要录》卷一五三,绍兴十五年正月丁卯条,第2462页。
② 《宋会要辑稿》兵二〇之一五。
③ 《杨从仪墓志》,载《汉中碑石》,第124—129页。
④ 《鹤山先生大全文集》卷七五《知文州主管华州云台观安君墓志铭》。
⑤ 转引自李之勤《天水麦积山石窟的题记、碑刻与宋金利州路、凤翔府路间的分界线》。
⑥ 《系年要录》卷一五〇,绍兴十三年十二月己酉条,第2422页。
⑦ 《方舟集》卷一六《邓承直墓志铭》。
⑧ 《北山集》卷二〇《与楼枢密》。
⑨ 《系年要录》卷一六二,绍兴二十一年十二月癸巳条,第2650页。

五年(1145),阶、成、西和、天水、沔、凤、梁、洋、利九郡营田,共垦田二千六百五十余顷,收入共计一十四万一千零四十九石。淳熙、绍熙间,田亩虽增至七千七百余顷,而所收只有九万八千六百五十余石。时至嘉定年间,收入还不足四五万石①。究其原因,川陕战区屯田中弊端丛生,如武将私占和管理不善等。

从南宋初年起,川陕战区武将及军队由于战功卓著,受到朝廷的嘉赏。其中,将军队屯驻所在地田土赐予武将是重要一端。现将绍兴三年(1133)至十三年(1143)之间中央赏赐川陕武将田土之事整理如下:

时　间	武　将	赐田数	资　料　来　源
绍兴三年(1133)九月	吴　玠	15顷	《系年要录》卷六八,绍兴三年九月庚午条
绍兴三年(1133)九月	郭　浩	10顷	《系年要录》卷六八,绍兴三年九月庚午条
绍兴七年(1137)八月	吴　玠	20顷	《系年要录》卷一一三,绍兴七年八月己酉条
绍兴十二年(1142)六月	吴　璘	50顷	《系年要录》卷一四五,绍兴十二年六月甲申条
绍兴十三年(1143)闰四月	杨　政	50顷	《系年要录》卷一四八,绍兴十三年闰四月庚戌条

南宋朝廷赏赐武将田土动辄数十顷,但与此相比校,私占的数量更大:

剑外诸州之田,自绍兴以来,久为诸大将吴、郭、田、杨及势家豪民所擅,赋入甚薄。②

绍兴初年,各地驻军武将兼领营田使,在吴玠担任营田使时,具体屯田亩数与收入,朝廷并不知晓,难怪朝臣请求下诏存问:"吴玠顷行屯田,常得褒诏,愿问玠近来积谷几何?减饷几何?"③绍兴二十八年(1158)九月,朝臣提出

---

① 《宋会要辑稿》食货六三之一五八。
② 《朝野杂记》乙集卷一六《关外经量》,第796页。
③ 《中兴小纪》卷二四,绍兴八年二月癸亥条。

对关外营田耕种予以改进,因地制宜,改种麦为种稻,"然关外营田,多为诸大将所擅,后不果行"①。推进技术改进尚且困难,至于核实营田数目,收归官府经营,更谈何容易。事实也确实如此。如杨辅为四川总领时,关外营田亩数高达一万四千顷,"亩仅输七升",虽欲革除弊端,但"大将吴挺沮而止"②。营田收入多归入以吴家将为代表的武将之手,时人评论曰:四川民众供给军队,"名曰馈边,实富吴氏"③。王宁为总领时,同样由于营田亩数多,收入少,欲进行核实,而兴州都统制郭杲"尤不以为是",予以阻拦,一度出现"营田户数百噪于庭"之事,最后不了了之④。

  川陕战区屯田之弊还表现在经营中管理混乱,扰民滋事。绍兴十一年(1141),阶、成、西和、凤、金、洋州、兴元府等地,因兵火后,民多失业,故募人耕种,"量收租利而已"。随着开垦面积的增大和农业恢复,"营田之家惧官之增赋也,每三、四岁则率投状退佃,而赂总所之吏,使蠲其租"。从收入看,绍兴年间,岁课达十二万斛有余,乾道末年,减为十万斛,至嘉泰初年仅有八万斛。四川总领王宁曾予以核实,然"下户惧,皆以实告。独豪民大姓则密赂行遣胥吏,以为无侵"。按照最初打算,可增加三十万斛,最终所增只有八千斛,时至后来,达到"颗粒不收"的程度⑤。绍兴十五年(1145),关外四州及兴州、大安军开垦营田有二千六百一十二顷,收入十四万一千四十九石,仅金州一地,垦田五百六十七顷,岁入一万八千六百余石。乾道以后,"强将、豪民利于承佃,故为欠输,得不偿费"。虞允文为宣抚使时,针对营田"军民杂处,侵渔百端"之弊,又于数百里外差科保甲,指教耕田。但在执行中,"间有二、三年不得替者。水旱则令保甲均认租数,民甚苦之。兼所收之租,不偿请给之数"。如兴元府岁收租九千六百七十三石,而种田官兵请给高达一万一千四百四十石,得不偿失⑥。官府只看重最后的收入,不考虑旱涝之

---

① 《系年要录》卷一八〇,绍兴二十八年九月甲申条,第2987页。
② 《宋史》卷四〇〇《游仲鸿传》,第12149页。
③ 《水心先生文集》卷二〇《故礼部尚书龙图阁学士黄公墓志铭》。
④ 《续编两朝纲目备要》卷六,庆元六年条,第106—107页。
⑤ 《朝野杂记》乙集卷一六《王德和括关外营田》,第795—796页。
⑥ 《朝野杂记》甲集卷一六《关外营田》,第350页。

情,强制经营,效率不佳。兴元府营田得不偿失,关外之地更为严重。淳熙五年(1178)闰六月六日,兴州驻扎御前诸军都统制吴挺言,阶、成、西和、凤州并长举县营田,以淳熙三年计之,所得才四万九千余缗,而所费乃一十七万余缗①。关外营田投入高达十四万之多,而收入不足五万。经营营田之得失,于此可见。

此外,在屯田耕种中不考虑田土适宜程度与植物的生长特性,也影响收入。"汉中多湿,田不宜禾麦,因其卑湿,修为稻田",但由于武将反对,坚持种植禾麦,违背植物生长规律。农业耕作,耕牛不可缺少,然在营田之中,"诸庄牛少,凡遇疫损,卒难补填"②。畜力无法保障,单凭人力耕种,其效果可想而知。绍兴二十五年(1155)七月,下令"川路诸军见耕营田,除逃亡死绝外,有占佃民间田地,如人户陈诉,委本路常平司勘验,但有契书干照,即行给还"③。由中央下令归还所占民田,反映出在营田中吞占民田现象时有发生。诏令还曾提到,"淮、蜀、湖、襄之民所种屯田,既困重额,又困苛取,流离之余,口体不充,及遇水旱,收租不及,而催输急于星火"④。官府如此经营,民众等的生产积极性必然受到打击。

战争破坏也是影响屯田效果的重要原因。早在绍兴初年,由于战事不断,"梁、洋田垄丘墟,置之不复为虑"⑤。关外诸州,接近边界,"兵火之余,田莱多荒"⑥。理宗时,据魏了翁称,川陕战区屯田,"大率昔为膏腴,今成荒弃";"原堡多隳,地利悉弃"⑦,战争对屯田的破坏相当严重。

(二) 水利建设

水利是农业的命脉,自古如此。为了筹集军粮,使战区内农业生产与屯田有效开展,兴修水利、合理利用水利资源就显得尤为重要。汉中地区地处

---

① 《宋会要辑稿》食货六三之一五四。
② 《系年要录》卷一八〇,绍兴二十八年九月甲申条,第2987页。
③ 《系年要录》卷一六九,绍兴二十五年七月丙辰条,第2756—2757页。
④ 《宋史》卷一七六《食货上四·屯田》,第4275页。
⑤ 《系年要录》卷九九,绍兴六年三月乙未条,第1635页。
⑥ 《攻媿集》卷九九《端明殿学士致仕赠资政殿学士黄公墓志铭》。
⑦ 《鹤山先生大全文集》卷一六《奏论蜀边垦田事》。

秦岭巴山之间,汉水从中间流过,是农业生产得以进行的重要条件。史载:"褒城县,封汉中,跨据秦陇,控斜谷之岩阻,厥田沃衍,其俗富庶,乐三堰之美。"①褒城的形势中,除地理险要、土壤肥沃外,再加"三堰之美",物资生产得以保障。兴修水利除有利于农业生产外,防止河水泛滥、保护生命财产安全也很重要。如淳熙十一年(1184)五月,"阶州白江水溢,决堤圮城,浸民庐、垒舍、祠庙、寺观甚多"②,造成很大破坏,这同样需要治理。以下将川陕战区内的水利建设作一简要梳理。

绍兴初年,在吴玠统兵时期,兴修水利就已经显示出其重要性。史载:在战争期间,由于军粮缺乏,粮食转运困难,吴玠调集士兵,命梁、洋守将治褒城废堰,民知灌溉可恃,愿归业者数万家③。绍兴六年(1136)九月,吴玠治废堰营田六十庄,垦田八百五十四顷,岁收二十五万石,以助军储,宋廷赐诏奖谕④。绍兴七年(1137)五月,宋廷再次降诏奖谕吴玠等率兵修筑梁、洋废堰之功。由于水道疏通,生产得以进行,朝廷作出决定:"风厉诸将帅,各务究心水利,措置营田。仍命利路监司,候成熟日,具梁、洋渠堰所溉顷亩,所增租税,覆实以闻。"⑤兴修水利全面推进。绍兴九年(1139),四川宣抚司统制官王俊等因修兴元府、洋州堤堰溉田增税,各迁一官,赐诏奖谕⑥。

吴璘统兵时,也在汉中修复褒城古堰。吴璘对官府兴修水利的诸多弊端予以革除。史载:"褒城诸县各有古堰,分水溉田,岁料民田,以多寡赋竹木增修,吏沿为奸,又先道渠久废,水不下溉,利废而赋仍在。"对此吴璘依次废除,开田数千顷⑦。吴璘指挥修堰,声势浩大,民众参与的积极性很高,"畚锸如云,万指齐作"⑧。

---

① 《金石萃编》卷一三三《大宋兴元府褒城县新修至圣文宣王庙记》。
② 《宋史》卷六一《五行一上·水上》,第1332页。
③ 《宋史》卷三六六《吴玠传》,第11413页。
④ 《宋史》卷一七六《食货上四·屯田》,第4272页。
⑤ 《系年要录》卷一一一,绍兴七年五月戊寅条,第1794—1795页。
⑥ 《系年要录》卷一二五,绍兴九年正月癸卯条,第2045页。
⑦ 王曮:《吴武顺王璘安民保蜀定功同德之碑》,载《名臣碑传琬琰之集》上卷一四。
⑧ 《金石萃编》卷一四九《汉中新修堰记》。

兴元府有六堰,引褒水灌溉民田,顷亩浩瀚。兵兴以来,"岁久弗治,堰坏而田多荒"。绍兴十三年(1143)川陕宣抚司都统制杨政率众修复,"亲往督役",六堰修成后,每年减省漕运军粮达计二十余万石。由于汉江之水经常流至城下,杨政又作长堰捍御,"水遂趋南岸,城赖以安"①。兴元府山河堰,地处褒水下游,是汉水上游最著名的水利工程。早在北宋之时,由于经常损坏,予以修复②。绍兴二十二年(1152),利州东路帅臣杨庚对山河堰予以修治,为防止农忙时节扰民,于屯驻将兵内差不入队人并力修治。乾道七年(1171),兴元府山河堰泛滥,御前诸军统制吴拱调兵万人助役,尽修六堰,疏通大小渠六十五,凡溉南郑褒城田二十三万余亩,"昔之瘠薄,今为膏腴"③。同年,四川宣抚使王炎奏,开兴元府山河堰,溉南郑褒城四百九十三万三千亩④。绍熙五年(1194),由于山河堰"六堰尽决",直接影响到农业灌溉,知兴元府章森等出钱万缗,得以修复⑤。

洋州境内,河堰较多,水利发达。绍兴年间,受战争影响,"洋州有杨填等八堰,久废不治"。知洋州杨从仪予以修复,灌溉田亩达五千余顷,"复税租五千余石,又增营田四十四屯"⑥,兴修水利的效果随之显现。

关外之地也有兴修水利的记载。史载:吴挺统兵时,"郡东北有二谷水,挺作二堤以捍之。绍熙二年,水灾暴发入城。挺既振被水者,复增筑长堤,民赖以安"⑦。吴挺始终担任兴州都统制、知兴州、利州西路安抚制置使,其所修水利,当在利州西路境内,通过增筑堤坝,防止江水泛滥。关外之地,白水江流经阶州等地,"武阶为州,倚山并江,旧治北山之上,而艰

---

① 《中兴小纪》卷三〇,绍兴十二年六月甲申条。
② 梁中效:《宋代汉水上游的水利建设和经济发展》,载《中国历史地理论丛》1995年第2期。
③ 《宋史》卷九五《河渠五·岷江》,第2376—2377页。
④ 《宋会要辑稿》食货八之四。
⑤ 《金石萃编》卷一五一《山河堰落成记》。
⑥ 《杨从仪墓志》,载《汉中碑石》,第124—129页。
⑦ 《宋史》卷三六六《吴璘传附吴挺传》,第11423页。

于水,岁有郁回之菌",之后将城迁移,"而水患滋焉"。淳熙年间,修筑长堤护城,堤自西而东七百有七丈,自北而南二百四十有五丈,水患得以避免①。嘉定十二年(1219),为供给军粮,赵彦呐在西和州措置屯田,"修州北水关,募民耕战以守",深得民心②。

总之,南宋在川陕战区内积极兴修水利,在各地措置屯田,对川陕驻军军粮供应贡献不小。在此期间,由于武将私占、管理不善等原因,屯田损失较大,并影响到军粮供给。

五、兵器及战马等保障

关于南宋川陕驻军的兵器、军衣、营房保障的记载不多,只能就已有的资料作简要交代。

(一)兵器供应

充足的武器装备是确保战争胜利的关键因素之一。南宋川陕边防的巩固中,武器供应发挥着重要作用。绍兴三十二年(1162)四月甲戌,四川宣抚使吴璘言:"收复秦洮路,招到正弓兵箭手万人,乞支给器甲。"对吴璘之请,朝廷"命总领所以甲万副予之"。总领所一次性可支付"甲万副",可见川陕战区平时制造与储备器甲不少。史载:

> 自休兵有旨,令成都、潼川、遂宁府、嘉、邛、资、渠州七作院,日造甲;兴元府、兴、阆、成州、大安军、仙人关六作院,日造神臂弓马甲披毡。至是二十年,器械山积。逮军事将兴,令工部侍郎许尹时为总领官,又乞令成都、潼川府、夔州路宪曹二司,取禁军阙额系省钱,益除戎器。于是诸库所管甲至二万副有奇,其余称此。③

从以上资料可见,川陕驻军武器的制造、管理、供应不归军队掌管,而是另设专门机构制造,这一机构称为作院。其中制造衣甲的作院设在成都、潼

---

① 《陇右金石录》卷四《祥渊庙碑》。
② 《宋史》卷四一三《赵彦呐传》,第12399页。
③ 《系年要录》卷一九九,绍兴三十二年四月甲戌条,第3359—3360页。

川、遂宁府、嘉、邛、资、渠州七地,制造弓箭等作院设在兴元府、兴、阆、成州、大安军、仙人关六地。从绍兴十一年(1141)宋金和议,至此时吴璘招兵用武器衣甲的二十年间,作院所造"器械山积",可见所造武器数量之多。由于战争器甲消耗增多,总领所又于夔州路等地征收钱引,增加制造数量,仅衣甲就达至二万副之多,看来川陕驻军的器甲供应比较充足。李心传《四川作院》记载,绍兴十一年(1141)和议后兵器制造,"并属总领所,储之有军库焉。弓弩多至数十万,箭数百万枝"①。也即武器由总领所掌管供应,数量较多。再如,绍兴二十九年(1159)七月,兴元府都统制姚仲上言,增招官兵三千人,"乞下总领所支给器甲",获得批准②。绍兴末年川陕驻军取得如德顺之战等胜利,当与武器供应充足密切相关。据时任总领的王之望言:"诸军关诸器械帐幕旗帜之类,方来未已,皆常岁所无有。"③绍兴末年虞允文出任四川宣谕使,"乞以宣谕司招军例物钱,下四川诸州打造衣甲,应付宣抚司团结陕西弓箭手使用"。由于用量较大,为防止制造与供应中拖沓误事,虞允文请求"下宣谕司,别行措置"④,进行专门掌管。史载:吴挺为兴州都统制时,西和、阶、成、凤、文、龙六州"器械弗缮,挺节冗费,屯工徒,悉创为之"。获得光宗的嘉奖⑤。再如在嘉定初年的战争中,利州副都统司帐前统领马中和率众抗金,"自办己财军器",获得嘉奖⑥。

宋代在战争中已经开始使用火器,但军队装备的常规武器仍以刀、矛、弓、箭、弩、剑、枪、棒、盾牌、甲胄等传统冷兵器为主。这些武器的制造,需要消耗大量木材。史载:绍兴六年(1136)四月辛酉,诏令四川制置大使禁止采伐"禁山林木"。为加强边疆防御,宋朝在边境地带利用天然形成的林木作防护屏障,阻挡外敌进攻。此次中央下诏禁止采伐禁山林木与川陕驻军的

---

① 《朝野杂记》甲集卷一八《四川作院》,第435页。
② 《系年要录》卷一八三,绍兴二十九年七月壬寅条,第3044页。
③ 《系年要录》卷一九〇,绍兴三十一年六月辛未条,第3190页。
④ 虞允文:《请以宣谕司招军例物钱下四川打造衣甲疏(孝宗时)》,载《历代名臣奏议》卷二二四,第2946页。
⑤ 《宋史》卷三六六《吴璘传附吴挺传》,第11423页。
⑥ 《宋会要辑稿》职官六二之一七。

物资供应有关,诏令曰:

> 蜀三面被边,绵亘四百里,山溪险阻,林木障蔽,祖宗时,封禁甚备。前一日,太常博士李弼直面对,论顷岁以来,一切废弛,加以军兴而制器械,运粮而造船筏,自近及远,斫采殆尽,异时障蔽之地,乃四通八达。①

显然,由于制造武器以及转运粮草制造船只,导致禁山林木严重破坏,防御所依赖的天然屏障丧失。嘉定年间,崔与之担任四川制置使,"凡关外林木厚加封殖,以防金人突至"②。由于制造武器、船只等原因,木材消耗较大,时人为之非常担忧,"今伐山通道已久,又多造大斧,所至斫开,可容骑卒"③。

在战争中,也有宋军武器等被金兵掠夺之事。如嘉定十年(1217),金人进攻河池,"获粮二万斛,器械称是"④。嘉定十一年(1218),金兵进攻西和,"获马二百余,牛羊三万,器械军实甚多"⑤。金兵所获器械不少,反映出宋军武器装备较充足。

(二)军衣供应与营房保障

宋代军衣包括春装和冬装两大类,由于存在步、骑军种之分,故军装又分为步军装和马军装。宋军春冬装大致有,春衣:马军提供皂绸衫、白绢汗衫、白绢夹裤、紫罗头巾、绯绢勒帛、白绢衬衣、麻鞋;步军提供皂绸衫、白绢汗衫、白绢夹裤、紫罗头巾、蓝黄搭膊、白绢衬衣、麻鞋。冬衣:马军有皂绸绵披袄、黄绢绵袄子、白绢绵袜头裤、白绢夹袜头裤、紫罗头巾、绯绢勒帛、麻鞋;步军由皂绸绵披袄、黄绢绵袄子、白绢绵袜头裤、紫罗头巾、蓝内搭膊、麻鞋等⑥。南宋川陕驻军军衣也应包括以上诸种。

---

① 《系年要录》卷一〇〇,绍兴六年四月辛酉条,第1646页。
② 《宋史》卷四〇六《崔与之传》,第12261页。
③ 《鹤山先生大全文集》卷三一《知安吉州蒋左史重珍》。
④ 《金史》卷一一三《白撒传》,第2485页。
⑤ 《金史》卷一〇三《乌古论长寿传》,第2272页。
⑥ 史继刚:《试论宋代军队的军服保障问题》,载《青海师范大学学报》2002年第3期。

关于川陕驻军军衣发放，如绍兴七年（1137）李迨实地调查所见，绵、剑、利州、大安军、兴州屯驻军马去处，"间有军兵陈诉拖欠折估钱，至于衣赐，则所在皆有支散不尽数目，粮食亦有探支过一两月，或一两旬者，足见军前衣粮宽剩也"①。绍兴九年（1139）八月，川陕宣谕使楼炤曾提到，"陕西诸军冬衣，已下成都府等路取拨十六万匹"②。乾道末年，川陕驻军的消耗中，其中罗、绢、绫、䌷、布共计六十一万八千七百七十匹③。布帛消耗，正是为了供给军衣。嘉定十年（1217），金兵进攻皂郊堡，宋兵大败，金兵获"马数百匹，粮万石及兵甲衣袄"④，看来战争导致军衣等损失也很严重。

川陕驻军军衣所需绢布由四川民众供给。如李蘩为总领时，"四路故输绢于利、沔、大安诸郡，凡费六千，而关外诸军得绢仅鬻半直。公白制置使，盍令民各输正色估钱之半，匹不过五千，而给军亦如之，军民必谓两便"⑤。绢布征收往往要求民众折换成钱引缴纳，"大军春冬衣绢，以人户税钱每三百文以上科纳绢一匹之类，则是取之几二十倍以上，其于民力，可谓重困"⑥。

绍兴末年，虞允文出任四川宣谕使，王之望担任总领，二人一度因供给军衣不和。王之望曾与吴璘商议，"虑士卒寒冷，乃进期于七月内支衣，令逐家制造冬服，足以卒岁"。之后，虞允文"令科下四川造衲袄四万领"，民间所费百余万引，郡县骚然。王之望认为，由民众制造易扰民滋事，总领所当以官钱制造。之后，总领所"遂以官钱造布衫、布裤各六万事与之"，一月而办，送往军前。"吴璘止令于河池寄库，至今支散未尽者尚多"⑦。上述资料

---

① 《系年要录》卷一一一，绍兴七年五月壬午条，第1798页。
② 《系年要录》卷一三一，绍兴九年八月庚戌条，第2105页。
③ 《朝野杂记》甲集卷一八《关外军马钱粮数》，第406页。
④ 《金史》卷一〇三《完颜阿邻传》，第2269页。
⑤ 《鹤山先生大全文集》卷七八《朝奉大夫太府卿四川总领财赋累赠通奉大夫李公墓志铭》。
⑥ 《嵩山集》卷三五《上汪制置应辰》。
⑦ 《汉滨集》卷六《论造弓箭衣甲奏议》。

提到的军衣种类就有衲袄、布衫、布裤等,数量达数万。

南宋中央对军队营房保障非常重视。绍兴十六年(1146)七月十九日,诏令"诸军寨屋经夏霖雨,不无损坏,令修整,俾各安处"①。淳熙十五年(1188)正月,诏令诸州将营房倒损缺少去处,悉令添造修葺②。关于川陕战区的营房保障,史书仅有零星记载。如绍兴二年(1132),王庶在兴元府筹备军储,"又为亭堠数百,达于秦川"③。亭堠应当是在边界瞭望敌情和传递信息的处所,数量达数百所之多。淳熙年间,兴元府等地出现营房被烧之事。"延烧过本将营舍草屋三百余间",之后加以修复,"支拨官钱收买合用茅草竹木,差拨军兵并工修盖屋舍,应副被火之家居住"④。焚烧营房达三百多间,反映出平常营房数量不少。营房以茅草竹木修造,故易引起火灾,在战争中也容易受到破坏。如嘉定十年(1217),金兵进攻西和州,毁坏"诸隘营屯",成州将领"焚庐舍弃城遁"⑤就是例证。

(三)战马供应

南宋先与金兵对峙,后与蒙军抗衡,金、蒙骑兵势力尤为强大。对南宋而言,要加强防御,并在战争中获胜,加强马政建设就显得极为紧迫。南宋偏安东南,丧失了陕西、河东、河北等重要的产马之地,而东南地区并不适宜养马,只得另辟途径。南宋马匹来源主要有三,一是秦马,二是川马,三是广马,所谓"国家所用之马,西取于蜀,南取于广"⑥。宋室南渡,买马市场大大减少。自绍兴后,川、秦茶马司每年市马九千八百匹,其中黎、叙、文、长宁、南平五州军千匹,系川司主管;宕昌寨、峰贴峡三千八百匹,系秦司主管⑦。绍兴十二年(1142),将川司买马与秦司买马合一,设提举茶马司掌管。

---

① 《宋会要辑稿》兵六之一七。
② 《宋会要辑稿》兵六之二七。
③ 《系年要录》卷五三,绍兴二年闰四月壬子条,第946页。
④ 《文忠集·奉诏录》卷一四七《奉御批并依札子金字牌发兴元指挥》。
⑤ 《金史》卷一一三《白撒传》,第2484页。
⑥ 黄榦:《勉斋集》卷二四《汉阳条奏便民五事》,文渊阁《四库全书》本。
⑦ 《系年要录》卷一五四,绍兴五年十一月癸亥条,第2493页。

关于南宋川秦买马的机构设置、数量、转运等，学术界已有较多研究成果①。此处只关注川陕战区内的马匹供应以及马料供给情况。史载："陕西既陷，买马路久不通。至是（绍兴三年六月）荣州防御使知秦州节制阶文军马吴璘始以茶彩招致小蕃三十八族，以马来市，西马复通，盖起于此。"②南宋川秦买马由专人掌管，而"川茶自来运过陕西秦、凤博马，前此吴玠军截留，以自贸易"③。吴玠自行买马，一则可解决战马供应问题，也可从中获利。绍兴七年（1137）闰十月，高宗对川陕战区武将自行买马颇为不满，"川陕茶当专以博马，闻吴璘军前，向或以博马价易珠玉之属，艰难之际，战马为急"，要求予以禁止④。绍兴二十六年（1156），朝廷批准御前诸军都统制知兴州吴璘的请求，"绍兴十一年，得旨令宕昌寨岁所市西马十分之二给本军，而茶马司积五年不与，今军中有马七千，皆已老大，恐无以备缓急，望令茶马司今岁如额支拨，其余逐旋补还"⑤。这表明，川陕战马由宕昌寨买马供给，占到宕昌寨所买马匹的十分之二，数量达到七千匹。绍兴末年，战事再起，战马需求增长，虞允文令"关外四州之民，凡养马者复其赋役，于是马数岁滋"⑥。与其他地方相比，关外诸州比较适合养马，这样可以减少买马的费用。虞允文除令关外养马外，同时购买战马，"于两月之间，已买及千余匹，并是及格阔壮、有脚艺成熟堪战用者，而新复边郡所买之马皆未至。约至秋冬之间，可及一百纲"。当然所买之马并非全部用于川陕战区，还将部分转运到临安以及其他战区使用⑦。

---

① 关于宋代马政的研究，如冯永林：《宋代的茶马贸易》，载《中国史研究》1986 年第 2 期；杜文玉：《宋代马政研究》，载《中国史研究》1990 年第 2 期。关于南宋马政和川秦买马及其纲运的研究，金宝祥：《南宋马政考》，载《文史杂志》第 1 卷第 9 期，1941 年；林瑞翰：《宋代边郡之马市及马之纲运》，载宋史座谈会编《宋史研究集》第 11 辑，台北"国立编译馆"1979 年版；杨建勇：《宋代川秦市马及其纲运》，四川联合大学历史系 1998 年硕士论文；梁中效：《南宋东西交通大动脉——"马纲"驿路初探》，载《成都大学学报》1996 年第 1 期。
② 《系年要录》卷六六，绍兴三年六月癸丑条，第 1125 页。
③ 《系年要录》卷一二六，绍兴九年二月乙卯条，第 2049 页。
④ 《系年要录》卷一一六，绍兴七年闰十月乙丑条，第 1869 页。
⑤ 《系年要录》卷一七三，绍兴二十六年六月癸酉条，第 2844 页。
⑥ 《诚斋集》卷一二〇《宋故左丞相节度使雍国公赠太师谥忠肃虞公神道碑》。
⑦ 虞允文：《论陕西当推行蕃汉弓箭手旧法疏（孝宗时）》，载《历代名臣奏议》卷二二四，第 2945 页。

南宋三地买马,各处马匹质量不同:

> 秦司之马取于西道,强壮阔大,可备战阵者,谓之战马,宕昌、峰贴峡、文州三场所买是也。川司之马,取于西南诸蕃,格尺短小,不堪披带者,谓之羁縻之马,黎、叙、长宁、南平等六州所出是也。①

宕昌、峰贴峡、文州所买战马,体格强壮,是南宋所买战马中的佼佼者。其他各地所买之马,体形短小。陆游曾曰:"国家一从失西陲,年年买马西南夷。瘴乡所产非权奇,边头岁入几番皮。崔嵬瘦骨带火印,离立欲不禁风吹。"②受自然环境限制,西南之地出产之马,瘦弱难用。在这些地区买马,应只是南宋用来安抚少数民族的一种羁縻策略而已。与此相比,广马也大致如此③。故战争用马,还须依赖秦马。

南宋各处所买战马质量不同,具体分配极为讲究。史载:

> 战阵之马隶于三衙,岁凡百二十纲;羁縻之马,拨于江上,仅五十八纲而止。夫较博买之额,则秦司为重,而川司为轻。论排发之纲,则三衙为多,而江上诸军为少。④

战马的这一分配含义颇深,将秦司所得强壮之马多调集到中央,羁縻之马分配给江上,从战马的数量与质量上确保中央的力量。

南宋川陕战区内使用的是秦司所买之马:

> 朝廷岁买西马五千余匹,川马三千六百匹,广马三千匹。西马惟留二分应付蜀中,余七十一纲每年尽付三衙,而以川、广马分给江上诸军,行之以久,盖有深意。⑤

西马即秦马,由于其体格健壮,将十分之二留在川陕战区,将其他部分转运到中央。而川马与广马体格较小,不堪战斗,应付其他战区。如此看来,南宋中

---

① 《鹤林集》卷三七《西陲八议·互市》。
② 《剑南诗稿校注》卷五《龙眠画马》,第451页。
③ 关于广马的研究,参见刘复生师《宋代"广马"以及相关问题》,载《中国史研究》1995年第3期。
④ 《鹤林集》卷三七《西陲八议·互市》。
⑤ 《文忠集》卷一三七《论马政(淳熙二年八月六日)》。

央的马匹质量最好,数量最多,川陕战区次之,其他战区再次之。仅仅从战马的分配就可看出南宋加强中央军事力量的目的,所谓"盖有深意",即在于此。

南宋在川秦马的购买与转运中,弊端颇多。史载:川秦买马,"十数年来,茶马司以茶绢博易珠犀等物,以致岁计匮乏,不免低价买马,不择驽骥,惟务足额。发纲之时,已有病者"①。买马之人,"监买不职,以病为壮,以短为长,以齿多为齿弱"②。押纲人员,"无人任责,则倒毙数多"③。从宕昌塞、峰贴峡押赴临安,路途遥远,"部送者利其刍粟,多道毙者"④。从购买至转运都存在漏洞。但对川陕战马供应看,由于距离买马之地较近,诸如中途纲运之弊较少,因此也可保证战区内马匹的质量。

南宋川陕战区能够在抗金中发挥抵御作用,战马充足且质量较高、骑兵队伍整齐是重要原因。上述吴玠与吴璘自行买马,除了从中获利之外,也确保了川陕驻军战马的数量与质量。乾道末期,关外驻军战马有一万三千一百四十二匹⑤。吴挺为兴州都统制时,曾一度自行买马,"军中自置互市于宕昌,以来羌马,西路骑兵遂雄天下"⑥。

以吴曦之变为界,川陕战区战马数量呈急速下降的趋势。吴曦之变平定之后,将兴州军事力量予以瓦解。从战马数量的变化看,也有分化兴州势力的意图。史载:"蜀盛时,四戎司马万五千有奇,开禧后,安丙裁去三之一,嘉定损耗过半,比(崔)与之至,马仅五千。"⑦从一万五千匹减少到一万匹,最后仅有五千匹,川陕战区中战马数量急速减少。理宗时,魏了翁上奏提到,"蜀中诸军,旧管九万八千,马二万。嘉定核实,裁为八万二千,马八千,则气势已不逮昔矣"⑧。川陕战区内士兵数量不断减少,战马数量不足,边

---

① 洪遵:《论买马博易札子(高宗时)》,载《历代名臣奏议》卷二四二,第3185页。
② 《九华集》卷七《议国马疏》。
③ 《系年要录》卷一八三,绍兴二十九年九月戊申条,第3056页。
④ 《系年要录》卷一六七,绍兴二十四年十二月庚辰条,第2735页。
⑤ 《朝野杂记》甲集卷一八《关外军马钱粮数》,第406页。
⑥ 《宋史》卷三六六《吴璘传附吴挺传》,第11422页。
⑦ 《宋史》卷四○六《崔与之传》,第12261页。
⑧ 《鹤山先生大全文集》卷一九《被召除礼部尚书内引奏事第四札》。

疆防御必然受到影响。当蒙军崛起之时,川陕战区中的战马数量却不断减少,防线最终被蒙军突破,战马数量减少是原因之一。

马料是川陕战区内战马供应的重要组成部分。绍兴三十二年(1162)正月,四川总领王之望言:川陕驻军分隶一十八处,其中潼川、兴元府、绵、剑、文、龙、渠、金、洋、阶、成、西和、凤州所用粮料,总领所每年科支本钱就逐州夏秋籴买应付,利、阆、两川边、嘉陵,系招诱客贩收籴支遣,只有鱼关、兴州、大安军三处合用粮料,总领所于利、阆州籴买应付,所有马草只于屯驻州军收到税草内应付①。李心传载,"关上诸军马料,旧于沿流诸州和籴",在绍熙五年(1194),始自置场籴买马料,一年用大麦二十五万一千一百四十斛。之后,仅准备军兴之际使用的马料,就在边防前沿桩积达十二余万斛之多②。

在川陕马料供应中,还出现折换成钱引供给之事:

> 关外诸军廪赐既薄,惟马军所请马料,每石估值七千,而麦每石止直四千而已。于是军士反资马料之赢以自给,故军中有马养人之论。

对关外诸军侵占马料,从中渔利,出现"马养人"的情况,时人对此感叹曰:"马所食者料耳,未尝食钱也,吾讵知其他耶?"显得无可奈何③。不难看出,将马料折换成钱引供应,军队从中渔利不少。而且以钱引的方式提供马料,直接影响到草料实际供给。

(四) 非正规军的物资供应

顺便提一下川陕战区内非正规军的物资供应情况。南宋川陕战区内非正规军名目较多,如兴元义士、兴元良家子、金州保胜军、关外忠勇军等。南宋招募义士,一则加强防御,二则寓兵于农,节省开支,所谓"无廪兵之费,有胜兵之实,养威藏武,最为上策"④。南宋川陕战区内非正规军

---

① 《系年要录》卷一九六,绍兴三十二年正月条,第3316页。
② 《朝野杂记》甲集卷一五《关上诸军马料》,第336页。
③ 《朝野杂记》乙集卷一七《王德和郭杲争军中阙额人请给(德和减马料附)》,第818—819页。
④ 范成大:《又论民兵义士札子》,载《范成大佚著辑存》,第27页。

的物资供给比较简单。如绍兴四年(1134)吴玠招两河、关陕流寓及阵亡兵将子弟为良家子,"月给比强弓手"。乾道六年(1170),王能甫招募义士时,月给米、麦各一石。淳熙初年,尚有二百人,岁费钱二万四千缗,米、麦四千八百石。由于物资短缺,"与都统司中分清酒务之息以赡之,然酒息钱实备他用。又私置盐店六所,及收诸津渡盐税以给焉"①。再如绍兴初年王庶招募义士,"每丁蠲家业钱二百千"。绍兴二十八年(1158)姚仲招募时,"止蠲其半",其中官给衣甲兜鍪、神臂弓箭,其他应军中所用,皆自为之。军行,日支粮三升有半②。在战争中,义士往往是作战先锋。如绍兴三十二年(1162)进攻巩州,姚仲"皆拥正军被重甲以自卫,独驱义士衣褚先登,为虏人所拒,歼焉。仅存六千余人"③。又如杨王休知金州时,"岁余以所积,置防边器具,增保胜民兵衣甲,亲给支犒"④。再如嘉定十四年(1221),天水麦积山瑞应寺通过经营田产,"自本地继准上司指挥拘籍忠勇军……本寺遂雇到穆□……充应忠勇军捍击备敌。切缘本寺乏钱利置,遂于湫池仓关借籴本钱……置买□军器衣甲"⑤。上述两例中,金州保胜民兵与天水忠勇军分别获得官府与寺院的器甲资助,装备应该不会太差。

关于非正规军的战马供应,史载乾道六年(1170)十月九日,四川宣抚使王炎言,阶、成、西和、凤州忠勇军,"从来各家多有鞍马,出战无异正兵,近年茶马司不许私下买马,今阙马之家十有七八",而"四州之地,山林陵谷几居其半",无法饲养,只得求助于茶马司⑥。

总体看,川陕战区内非正规军的物资供应与器甲装备在南宋初年较好,随着正规军供给的增大,非正规军装备日益简陋。如南宋初年,王庶

---

① 《朝野杂记》甲集卷一八《兴元良家子(忠义效用 中军敢勇)》,第409页。
② 《系年要录》卷一八〇,绍兴二十八年十二月甲寅条,第2997页。
③ 《朝野杂记》甲集卷一八《利路义士(忠义人)》,第408页。
④ 《攻媿集》卷九一《文华阁待制杨公行状》。
⑤ 《四川制置使司给田公据》,转引自李之勤《天水麦积山石窟的题记、碑刻与宋金利州路、凤翔路间的分界线》。
⑥ 《宋会要辑稿》兵二五之二六—二七。

招募义士,"或与捐本户之徭,又与免本身之役";"大阅则有食钱,出军则有赠给衣粮钱"。之后由于管理不善等,"凡有战事,正军坚甲顾避弗前,义士楮衣驱以先进";"义士舍农而出,枵腹而反,劳则有矣,饱则无之"①。南宋只注重非正规军的使用,而不考虑其物资钱粮供应。非正规军的待遇与正规军相去甚远,要使其在防御中发挥重要作用也就难了。

第二节 战争与物资供应对南宋川陕社会的影响

自富平之败后,南宋川陕战区先与金兵对峙,后与蒙军相持,期间虽有几次议和,但冲突不时出现,即使是和议达成,军队仍需长期驻守防御。战争的直接影响以及供给驻军钱粮物资,给川陕民众的生产和生活带来极大的破坏和影响。

一、关外诸州的凋敝

关外诸州,地处边防前沿,战争与供军对当地的影响最大。军队长期驻守关外地带,当地民众在提供粮草以及转运粮饷中出力最多。史载:"关外阶、成、西和、凤四州,岁苦和籴。而凤州在鱼关前百九十里,系嘉陵江源,滩石水涩。阶、成、西和去江愈远,无由漕运,和籴莫免。"②凤州虽处在嘉陵江源,但江源地带水浅无法运粮,转运粮饷成为当地民众的负担;阶、成、西和三州却远离江流,陆路转运军粮不可避免,所谓"沿边数州之民,又苦差使繁重"③。上文提到,关外之地实行屯田,只要合理经营,民众积极参与,每年提供粮米不少,一旦战事兴起,生产就无从谈起。如绍兴十六年(1146),知西和州程俊上奏西和战后的情况:"本州并边多沃壤,而耕凿或无其人,疲癃

---

① 《九华集》卷五《恤义士札子》。
② 黄震:《黄氏日抄》卷六七《读文集九·范石湖文》,文渊阁《四库全书》本。
③ 赵汝愚:《论荐劾西蜀诸守令奏(孝宗时)》,载《历代名臣奏议》卷一六九,第2227页。

之民,无力复业。"①嘉定年间,制置使董居谊、郑损丧弃关外五州,"并边膏腴之地,人莫敢耕"②。理宗时,李鸣复讲述其在西和犒军的所见,"见其人品强劲,技艺骁勇,问其所管,仅一千四百余人。此大郡也,而其数止此,阶、成、凤可知也"。究其原因,关外之地民众供军负担沉重,不堪其劳,逃离四方,无暇顾及生产③。

至于战争直接导致关外诸州民众丧家破产,更是常事。如绍兴末年战事再起,"边民惩艾建炎初祸难之殷,复议惊徙,成、凤间有女妇婴幼危坠渊谷者,掠郡县财物主名不立者"④。嘉定年间,金兵进攻,"关外五州,流民不下数十万,溃卒满野,以青黄红白巾为识,时出抄掠,而师少财竭,人心皇皇"⑤。理宗时,吴昌裔陈述川陕战区内的情况,"掠成破凤,歼沔毁梁,金、洋、阶、文悉为蹂藉,剑以外,骸骨相枕,剑以内,室家靡宁,居者荷担而立,仕者浮家而下"⑥。战争的影响已经延及内地。关外之地丧失后,更是一片惨象,有诗为证:"蜀自开禧后,西垂畏虞秋。更经两单阏,尽弃五边州。"⑦

逐一比较关外各地在北宋与南宋时期的生产和生活情况,更能体现出战争和供军对社会的影响。

秦州在北宋时,经济繁荣,"号为富庶"⑧。南宋初年陕西五路失陷之前,秦、凤等地与汉中一带,"负贩往来,山谷险绝,皆成蹊径"⑨。秦州与汉中的贸易尚且不错。绍兴十一年(1141)和议,南宋与金以秦州为界,南宋在境内设置天水县。据载,"天水,国郡也,山环合而集,水交流而清,风淳俗厚,自凉抵秦,凡邑无出其右者"。但天水地处边界,直接与金朝接壤,是金

---

① 《系年要录》卷一五五,绍兴十六年正月丙申,第2500页。
② 《鹤山先生大全文集》卷一九《被召除礼部尚书内引奏事第四札》。
③ 李鸣复:《论措置蜀事疏(理宗时)》,载《历代名臣奏议》卷九九,第1354页。
④ 《九华集》卷二四《西陲笔略·边民惊徙状》。
⑤ 《鹤山先生大全文集》卷七九《知达州李君墓表》。
⑥ 吴昌裔:《论蜀变四事状(理宗时)》,载《历代名臣奏议》卷一〇〇,第1359页。
⑦ 《鹤山先生大全文集》卷九二《高龙学》。
⑧ 《续资治通鉴长编》卷四九,咸平四年十月庚戌条,第1078页。
⑨ 《忠正德文集》卷一《论西幸事宜状》。

兵南下首先经过之处,也最先遭到破坏,事实正是这样。兵火之后,"通道邻壤,更戎马蹢践,虽欲经理,非特不暇,而力且不给"①。要想恢复往日的生产与生活就显得心有余而力不足。据《四川制置使司给田公据》载,秦州"缘建炎、绍兴兵火",麦积山瑞应寺的田产被"隔离彼国",即被划入金朝境内的占"三分之二",只剩有"山田五十余顷"②。田土减少,对生产生活的影响必大。开禧嘉定年间,天水经过吴曦之变的影响以及金兵的骚扰,"民自离兵戈,有田者亦弃去"③。宋金以秦州为界,在此地长期对峙,直接导致整个秦州一带经济的衰败。史载:

> 距秦州数十里外,皆平川,所谓秦原是也。承平时四城周遭望之,巍巍一都会,邑屋甚壮。既陷敌之久,余民居止什一。④

秦州以前的升平气象为之一变。

河池是关外重要屯兵之地。吴曦之变,"焚荡其邑",为害甚大⑤。嘉定十年(1217),金兵进攻南宋,皂郊堡、天水军相继沦陷。后又占领西和州,"毁其诸隘营屯",成州守军"焚庐舍弃城遁",河池县守将杨九鼎"亦焚县舍走保清野原"⑥。战争破坏之大由此可见。

黑水谷在西和境内,战争之后,时人所见一片凄凉的景象:

> 自过三泉境,纡回谷道中。居民虽渐复,生理顿成空。败屋翳蒿径,颓墙荒棘丛。稻田多宿莽,麦陇间铺茸。⑦

战后房屋破坏,田土废弃,毫无生机。

与西和相比,战后的阶州、文州等地,其民生景象并无二致。如嘉定十一年(1218),金兵破阶州,阶州流民达数万人之多⑧。文州也因转运粮草民

---

① 《陇右金石录》卷四《天水县三清阁碑》。
② 转引自李之勤《天水麦积山石窟的题记、碑刻与宋金利州路、凤翔路间的分界线》。
③ 《鹤山先生大全文集》卷七五《知文州主管华州云台观安君墓志铭》。
④ 《九华集》卷二四《西陲笔略·秦州徙城北山》。
⑤ 《陇右金石录》卷四《安公祠堂记》。
⑥ 《金史》卷一一三《白撒传》,第2484—2485页。
⑦ 《沧洲尘缶编》卷一一《行黑水谷三十里以耳目闻见有赋》。
⑧ 《鹤山先生大全文集》卷八六《故知辰州大夫张君墓志铭》。

不聊生,所谓"文州地荒民稀,而力役最重"①。

二、汉中的衰落

汉中盆地历来物资丰足,民生殷富。但南宋之时,由于长期遭受川陕战争与军队物资供给的影响,汉中却呈现出日益衰败的景象。这从汉中各州在两宋时期的变化中就可见其一斑。

洋州在北宋时农业就很发达,"洋号曰小州,在蜀最称善地,所乐有江山之胜,其养得鱼稻之饶"②。北宋洋州的商业也很知名,"上通荆楚,旁出岐雍,其中所产,济人急用之助,品目甚众,旦夕赢辇,道路不绝,闾巷井邑,百货填委,实四方商贾贸易毕至之地"。由于洋州与巴、达、金、凤等处相连,在子午、骆谷交通要道,"私商暗旅,出入如织"③。北宋的洋州物产丰富,交通便利,商业贸易活跃,民生殷富。

与北宋的繁盛景象相比,南宋洋州的经济发展走向衰落。除战争破坏外,供给军队钱粮,赋役繁重影响尤大。上文提到茶税收入是军费的重要来源,为获取较多利润,官吏多方苛求。史载:洋州西乡县产茶,"亘陵谷八百余里,山穷险,赋不尽括。使者韩球将增赋以市宠,园户避苛敛转徙,饥馑相藉"④。因官府苛求,洋州茶业遭到破坏。洋州的农业也因供给军队受到影响。因战争影响,洋州民户一度逃离田地,战后"逋户反业,得贷牛出租于官,合诸州累欠至三千余硕,总计者用为实数以给军,边民至破产不能偿"。由于总领所以供军为急务,返回田地的民众再遭苛敛。"郡岁受民租,总赋者辄对籴以给军。先时民输一石以七合为羡,其后并缘十倍之,至是又欲以七升为额"。此处再次显示对籴对民众生产和生活的影响。史载:在兴、洋之间,"多营田,与民田错,官军怙强为扰,田且多荒"⑤。军队强占侵扰,导

---

① 《攻媿集》卷九一《文华阁待制杨公行状》。
② 《丹渊集》卷二八《洋州谢到任表匦》。
③ 《丹渊集》卷三四《奏为乞修洋州城并添兵状》。
④ 《宋史》卷三八八《唐文若传》,第11911页。
⑤ 《南轩集》卷三九《夔州路提点刑狱张君墓志铭》。

致田土荒芜。

比较一下兴元府在北宋与南宋时期的社会状况。北宋时期的兴元府，据文同记载，"川陆宽平，鱼稻丰美"①。由于经济繁荣，民众自然安居乐业，"邑屋富盛，人民繁庶"②。在北宋时，兴元府物产丰富，交通便利，商业贸易也呈现出欣欣向荣的景象。从自然资源看，"平陆延袤，凡数百里。壤土演沃，堰埭棋布，桑麻秔稻之富，引望不及"。从交通与商贸看，"远通樊、邓，旁接秦、陇，贸迁有无者，望利而入"。社会的全面繁荣使兴元府成为四方人士向往之地，"四方来者，颇自占业，殊习异尚，杂处闾里，天下物货，种列于市……公籴私贩，辇负不绝"。兴元府城中民众的日常生活，尤值得称道，"一城之中，民屋错比，连甍接宇，可数万计，生齿杂沓，填斥坊阓"③。

与北宋的繁盛相比，南宋兴元府社会生活退步很大。史载：绍兴三年（1133），知兴元府刘子羽迫于金兵进攻，一度"焚兴元，退守三泉县"，当时"从兵不满三百，与士卒取草牙、木甲食之"④。兴元府焚烧之后，尚不能提供三百人的食粮，经济衰败由此可见。战争对兴元府民众生活的破坏极为严重，"兴元自兵乱以来，城内生荆棘，官民皆茅屋，而帑藏寓僧舍"⑤。这一景象与北宋兴元府"民屋错比"的富庶有天壤之别。供给军队对兴元府的衰败影响也不小。由于战略地位重要，南宋川陕战区内多以武将兼任知州，兴元府也不例外：

> 兴元府比年以来，多以大将知府，往往文法阔略，官吏自恣，一府四县田产，十分之六归于大将之家。又有依托其名以侵渔细民，避免赋役者。每年总领所与本府和籴军粮一色不下三十余万石，止取办于编户，科敛偏重，民益困敝。⑥

---

① 《丹渊集》卷二八《谢就差知兴元府表》。
② 《丹渊集》卷三四《奏为乞置兴元府府学教授状》。
③ 《丹渊集》卷三四《奏为乞修兴元府城及添兵状》。
④ 《宋史》卷三七〇《刘子羽传》，第 11507 页。
⑤ 《系年要录》卷一六四，绍兴二十三年五月庚子条，第 2685 页。
⑥ 汪应辰：《乞差文臣知兴元府札子》，载栾贵明辑《四库辑本别集拾遗》，中华书局 1983 年版，第 99 页。

由于武将知州,疏于民事,私占田土,民众生产与生活受到影响。在川陕战区的粮饷供给中,兴元府等地负担尤重,"民间所余家业不多,科买军粮草料,苦于偏重"①。时至南宋晚期,"山川寂寞非常态,市井萧条似破村。官吏不仁多酷虐,逃民饿死弃儿孙"②。兴元府一片狼藉,破败不堪。

再比较金州在两宋时期的变化。在北宋中期,金州"平政岁丰,士民康乐"③。南宋的金州却呈现出衰败的景象。其中既有战争的影响,也有金州驻军自身的破坏。虞允文绍兴末年为四川宣谕使,其所见金州统兵武将,巧取豪夺民财,肆无忌惮,"辄以十数万计,贪墨自肆,上下一律,略无忌惮,至军民日用食饮之物,一毫不恤也"④,"所至以营利为先",私自贸易比较严重。南宋时金州武将私役部曲,修盖廊房,营建第宅,"以至采柴烧炭,割漆伐木,博坊磨坊",甚至"将朝廷降到招军银并度牒,以和籴为名,公然盗取,民间和籴本钱,多以茶盐布等折支"⑤。军队诸多腐败现象发生,对粮饷钱物诛求无已,民众生产与生活遭受极大的影响。史载:吴曦之变平定后,宣抚副使安丙欲对战区内的土地进行全面经量。当时金州守臣宋子钦上言:"此州疮痍甫瘳,边民恐不可尽其利,官一入境,将散而之四方矣。"最后在土地经量中,将金州排除在外⑥。若非金州过度残破,并不能免除此次经量。显然,金州的衰败已经到了官府已经无法征敛的地步。南宋诗人眼中的金州,也是空旷寂寞之态,"寥寥空馆风号木,浩浩长云雪过窗"⑦。

兴州在两宋时期的变化也反映出战争与供给军队对社会的影响。北宋时期,"山绕兴州万叠青,池开近郭百泉并。昔年种柳人安在?累岁开花藕自生。波暖跳鱼闻乐喜,人来野鸭望船鸣"⑧。兴州山清水秀,民众安居乐

---

① 《系年要录》卷一八〇,绍兴二十八年十二月甲寅条,第2997页。
② 《增订湖山类稿》卷四《兴元府》,第140页。
③ 陈师道:《后山集》卷一二《忘归亭记》,文渊阁《四库全书》本。
④ 虞允文:《论金州之弊乞加威令于诸将状(孝宗时)》,载《历代名臣奏议》卷二一四,第2807页。
⑤ 虞允文:《论去蜀中二帅疏(孝宗时)》,载《历代名臣奏议》卷二四〇,第3158页。
⑥ 《朝野杂记》乙集卷一六《关外经量》,第796页。
⑦ 《紫微集》卷一〇《金州行衙》。
⑧ 苏辙:《栾城集》卷二《兴州新开古东池》,《四部丛刊》初编本。

业。南宋时期兴州是川陕屯驻军队最多的地区,战略地位重要,供给军队的任务非常繁重。开禧三年(1207),吴曦据兴州为叛,兴州遭到很大的破坏。兴州在南宋的社会景况,有诗为证:"非干秋色苦,客意自萧条。"①

利州在两宋时期的变化,也源于战争等的影响。北宋时,利州之民"山居而谷饮,控二蜀之要,耕桑不足,而商贾有余"②。南宋员兴宗记载利州的情况称,"奔驰蜀道三千远,控制秦关百二强。况是太平今有象,边城处处乐耕桑"③。员兴宗乃绍兴、乾道年间人,员兴宗所称,当是这一阶段利州的景况,看来农业生产相当不错。吴曦之变,利州也受影响,"州自乱后,气象荒索"④。南宋晚期的利州,"城因兵破悭歌舞,民为官差失井田。岩谷搜罗追猎户,江湖刻剥及渔船。酒边父老犹能说,五十年前好四川"⑤。利州的衰败,有战火的影响,南宋苛敛无已也是原因之一,过去的繁荣景象已是过眼云烟。

以上从汉中各州在两宋时期的变化分析了战争与供军对社会的影响。下面再从汉中地区整体情况出发进一步探讨这一问题。绍兴初年,战争频繁,大量军队开始集结到川陕沿边地带。绍兴五年(1135),知普州喻汝砺上言:"汉中之地,崄塞沃野,土壤膏腴,物力浩广……今则城池丘墟,屯戍荒圮。"⑥从南宋初年开始,汉中的颓相已经显现。秦岭是南宋防御的一道天然屏障,一旦金兵翻越秦岭就可进入汉中。为加强防御,人为设置险要在所难免。"不但阻绝要害,且置阱于腹中,奸侵轶之骑,敌觇知之不敢南盼"⑦。在平地设置险要,利于防御,却有碍于生产。时人杜范《汉中行》一诗形象地反映出战争对汉中地区的破坏:"思昔汉中殆,俶扰自荒遐。驱侵警边陲,烟氛暗华国。官守既蒙尘,宫庙入异域。"⑧战后的汉中,已失去往日的繁华。

---

① 《紫微集》卷六《兴州道中遇雨》。
② 《栾城集》卷二九《安宗说知利州》。
③ 《九华集》卷三《与利州守》。
④ 《鹤山先生大全文集》卷七五《知文州主管华州云台观安君墓志铭》。
⑤ 《增订湖山类稿》卷四《利州》,第 140 页。
⑥ 《系年要录》卷九四,绍兴五年十月条,第 1562 页。
⑦ 《定斋集》卷一四《故端明殿学士王公行状》。
⑧ 杜范:《清献集》卷二《汉中行》,文渊阁《四库全书》本。

征收钱粮供给军队,对汉中民生影响也大。"梁益之地,久苦重征,自承平时固然。南渡之初,一切取办,关外之众,仰之而给",供军数量大,时间久,"民之困悴,殆嗸嗸无告矣"①。提供军粮是汉中民众的沉重负担,往往名曰和籴,而实同苛敛,"边民苦和籴,实不得一钱,吏且督输旁午,汉中尤以为病"②。"田头刈禾人未归,吏已打门嗔我迟。名为和籴实强取,使我父子长寒饥"③。李蘩出任四川总领时,汉中民众承担军粮供应尤为繁重,黄裳有《汉中行》一诗为证:

> 屯军十万如貔貅,椎牛酾酒不得饱。飞刍挽粟无时休,禾稼登场虽满眼,十有八九归征求。军前输米更和籴,囊括颗粒无干馂。棱棱杀气森平原,虽食我肉不敢言。阵马如云动雷电,戈戟纵撞相腾喧。口边夺食与马齿,马饱人饥无处说。大吏明知但吁叹,百姓俯首当获窃。天高日薄炊烟冷,村落萧条往来绝。④

从黄裳《汉中行》一诗反映出,川陕驻军人数多,供给困难,官府诛求无已,致使民生凋敝,生活无望。

南宋吴泳也有一首《汉中行》,比较了南宋之前与南宋时期汉中的社会变化。南宋以前的情况是:

> 汉中在昔称梁州,坠腴壤沃人烟稠。稻畦连陂翠相属,花树绕屋香不收。年年二月春风尾,户户浇花压醪子。长裙阔袖低盖头,首饰金翘竞奢侈。

南宋之前,汉中人口稠密,农业繁盛,民众生活闲适,宽绰有余。时至南宋,情况为之一变:

> 自从铁骑落武休,胜事扫迹随江流。道傍人荒鸟灭没,独有梨花伴寒食。君不见,当年劫火然,携老扶幼奔南山。又不见,拗项桥边事,七

---

① 薛季宣:《浪语集》卷一七《与四川宣抚王枢密札子》,文渊阁《四库全书》本。
② 《攻媿集》卷九九《端明殿学士致仕赠资政殿学士黄公墓志铭》。
③ 黄裳:《罢籴行》,载《宋代蜀诗辑存》,第 172 页。
④ 黄裳:《汉中行》,载《宋代蜀诗辑存》,第 173 页。

八千兵同日死。死则义魄犹有归,存则偷生漫如此。三人共一碗灯,通夜纺绩衣鬊鬅。八口同半间屋,煮糒椎水常不足。家粮一石五券钱,一半入口一半官。男担军装出边去,女荷畚锸填濠还。①

显而易见,南宋与南宋以前的汉中形成鲜明的对照,民众或死于战火,或流离失所,人口稀少,供军负担沉重,生计无望。

北宋时期,汉中商业繁荣。蜀道交通畅达,川陕之间的茶马、茶盐贸易,使秦陇市场和西南川蜀市场间的经济联系更加密切;强大的经济辐射力,促进了以蜀道为轴线,以成都府、梓州、兴元府、洋州、京兆府、秦州等三府三州为支点的整个蜀道城市带的繁荣②。南宋之时,汉中商业萧条。宋金以秦岭为界,秦岭以北被金兵占有,北宋时期来往于秦岭南北的商业贸易完全停止。宋金和议达成,也只在秦州设有一处榷场。榷场交易,官府对商品的限制非常严格,而且一旦宋金战争发生,榷场关闭。因此南宋川陕战区内的商业贸易根本无法与北宋相比。民众只得通过走私获得生活必需之物,而这又因宋金和议的条款规定以及出于边防安全的考虑,遭到南宋政府的坚决打击。如对"沿边人盗贩解盐,私入川界,侵射盐利"之事,在沿边地带"广布耳目,严行缉捕"③。淳熙十年(1183)九月癸未,吴挺上言:"本司同安抚司增置赏钱,募人告捉盗贩解盐入界,见系出戍官兵把截去处,严行搜捕,外有不系官兵出戍地分,乞行下沿边州郡,督责捕盗官司搜捕。"中央下诏在阶、成、西和、凤州严格执行,毋得透漏,"如未觉察,守令并取旨,重作施行"④。在严密的稽查之下,民间贸易很难进行。再如《舆地纪胜》载:孝宗时,周嗣武"为夔路漕,建言蜀号天险,舍剑门无他道。近岁文州辄开青唐岭,利州辄开马道院,皆不由剑阁,别架栈道,以引商贩,冀收其算,宜杜边境萌隙,悉奏撤之,俱从请"⑤。为加强边疆防御,有意破坏商业贸易得以依赖

---

① 《鹤林集》卷二《汉中行》。
② 梁中效:《宋代蜀道城市与区域经济述论》,载《西南师范大学学报》2004 年第 5 期。
③ 《宋史全文》卷二六下,淳熙七年八月己丑条。
④ 《宋史全文》卷二七上,淳熙十年九月癸未条。
⑤ 《舆地纪胜》卷一八四《利州》,第 5358 页。

的交通路线,致使商业活动根本无法开展,故只有一些边界之民,"多以贩解盐为生,啸聚边境"①,蜀道正常的商业活动基本处于停滞状态。

三、四川赋役加重

南宋川陕战区由于地处战争前沿,受到战争以及供给军队的影响较大。此外,直接受到战争和供军影响的还有四川的成都府路、梓州路和夔州路。南宋时期,这些地区始终承担着为川陕驻军提供粮饷物资的重任,直接或间接地受到影响。至于川陕防线被蒙军突破后,这些地区就直接遭到蒙军铁骑的侵扰。此处作一简要论述。

南宋时期整个四川地区赋税沉重,主要源于供应川陕驻军。时人直接指明这一点:

> 张浚既失五路,力不足以养兵,乃以五路财赋均之西蜀,增立名色,谓之折估,蜀人由是重困。②

从富平之败后川陕驻军以来,四川民众就担负起不断向军队提供粮米、布帛、草料、钱银等的重任。绍兴六年(1136)三月,四川制置大使指出,"四川赡军十年,民力困敝"③。四川除成都府路经济比较发达外,其他地方并不富裕,加之供军,负担更重。事实上,即使是成都府路民众,也为供军殚精竭虑。"成都一路,素号繁华,缘自军兴以来,困于支移折变,日朘月削,寖不可支"④。为解决军费,四川增设诸多赋税名目,诸如对籴之米、激赏之绢、募兵赡家之钱,"比昔时之税,不知几倍"。茶、盐、酒法改革后,"官收九分之息,下无毫末之利"⑤。赋税名目增多,在征收中额外增加又多。蜀中州县税绢之外,有和买、预俵、激赏;税米之外,有远仓、和籴、对籴。战争期间军饷消耗增大实属正常,和平之时,军队额外开支依然如故。"今边鄙无虞,甲

---

① 《朝野杂记》甲集卷一八《利路义士(忠义人)》,第408页。
② 《絜斋集》卷四《论蜀札子一》。
③ 《系年要录》卷九九,绍兴六年三月壬辰条,第1633页。
④ 赵汝愚:《论荐劾西蜀诸守令奏(孝宗时)》,载《历代名臣奏议》卷一六九,第2227页。
⑤ 《系年要录》卷一二八,绍兴九年五月癸卯条,第2080页。

兵不用,总司但给诸屯衣粮耳。而诸州军犹有激犒钱,各不下一二万引,此非横敛乎?"①还有人指出,"蜀自绍兴末年以来,一尘不警,百姓岁输赡军,近二千万缗"。平时供军,数量如此之大,一旦军兴,用度繁兴,"内郡廪庾,取之无锱粒之积;调夫繁夥,倍于常赋;激赏畸零,既减又复"②。"蜀宿重兵,岁月淹久,一岁供亿无虑千万缗,玉垒丰腴,燀于转输,西海羽毛,烬于器甲,而蜀人之力日以殚矣"③。在沉重的赋税负担之下,民众生活受到极大的影响。

税多赋重之外,供军过程中的官吏舞弊对民众的生产生活影响亦不小。由于供军,"川陕宣抚司随军漕臣与总司官属,贪应办之赏,矜措置之能,悉将祖宗两税,旧法折科,辄肆改易,反复纽折,取数务多,折科一改,遂为永例,弃业逃移,由兹而致"④。时人感叹道,"蜀自军兴以来,困于征徭,民力凋弊,官吏既不加恤,又从而诛剥之"⑤;供给军队粮饷数量大,转运之中,官吏无状,弊端丛生。

南宋四川民众力役沉重也源于供军。"四川军兴以来,供亿至重,民不堪命,公私困竭"⑥。在军粮转运中,由于屯兵之地与籴买之地相去遥远,"屯师兴、利,而乃取粮西川,水陆漕运,是民力未有息肩之期也"⑦。在驻军当地转运粮饷,道路不是太远,尚可应付。至于从其他地方转运到边界驻军之地,路途遥远,"益、梓、夔路之民困于科调力役、夫估不已,而又科正夫;水运不给,而重督陆运"⑧。在水、陆两线,民众为转运粮物常年奔波。

金、蒙势力突破川陕战区后,四川直接面临战争的破坏。"北人刈我边陲,突我堂奥,兴、沔、利、阆、绵、剑、潼、遂、彭、汉、成都、嘉、眉莽为盗区"⑨。

---

① 《系年要录》卷一七五,绍兴二十六年闰十月甲子条,第2892页。
② 《鹤山先生大全文集》卷八二《故秘书丞兵部郎官潼川府路转运判官张公墓志铭》。
③ 喻汝砺:《裕蜀策(高宗时)》,载《历代名臣奏议》卷九一,第1254页。
④ 《系年要录》卷一○七,绍兴六年十二月戊申条,第1743页。
⑤ 《系年要录》卷一三二,绍兴九年十月庚午条,第2127页。
⑥ 《系年要录》卷一七五,绍兴二十六年十月乙未条,第2884页。
⑦ 《系年要录》卷一一八,绍兴八年三月甲辰条,第1915页。
⑧ 《鹤林集》卷一八《论蜀事四失三忧及保蜀三策札子》。
⑨ 《鹤林集》卷二○《论坏蜀四证及救蜀五策札子》。

整个四川地区,"沃野千里,荡然无民,离居四方,靡有定所,耕畴不辟,堰务不修"①。南宋后期,在宋蒙大规模的战争中,四川"士夫军民死于兵者,不知几百千万"②。据贾大泉先生的研究,南宋晚期,在战争的影响下,包括战乱死亡和逃散迁徙等,四川人口减少幅度非常大。嘉定十六年(1223)四川有 259 万户,到元朝至元十九年(1282)只剩下 12 万户,也就是说在 60 年间,四川的户口减少了百分之九十五以上。南宋末年四川人口锐减,使四川户口在全国户口中的比重大幅度下降。两宋时期,四川的户数约占全国户数的百分之十至二十,到了元代只占百分之零点七了。从四川的人口密度看,也由南宋嘉定十六年(1223)平均每平方公里 27.2 人,降到元代的 2.17 人。再从成都府路的人口看,在宋蒙战争中,成都府路人口大量减少,由嘉定十六年的 1139790 户,到至元二十七年(1290)只剩 32912 户,减少了百分之九十七以上③。在古代农业社会,人口数量是社会经济发展水平高低的重要指标,整个四川人口的大幅度减少,正反映出当时社会经济的衰败景象。以上只是战争与供应军队对四川人口减少以及对民众生产和生活带来的影响。胡昭曦先生的研究表明,随着川陕防线被突破,蒙军进入四川,导致大量人口向外迁移,其中包括许多知名的学者。学者向外地迁移,使一度兴盛的宋代蜀学出现转移与衰落④。很明显,川陕战争的影响已经不再局限于对生产和生活的破坏,甚至深入到文化领域。

---

① 吴昌裔:《论救蜀四事疏(理宗时)》,载《历代名臣奏议》卷一〇〇,第 1365 页。
② 阳枋:《字溪集》卷一《上宣谕余樵隐书》,文渊阁《四库全书》本。
③ 贾大泉:《宋代四川经济述论》,第 625 页。
④ 胡昭曦:《宋代蜀学的转移与衰落》,载胡昭曦《胡昭曦宋史论集》,西南师范大学出版社 1998 年版。

结　　语

以上分别从南宋川陕战区的战略地位与军事戍防体系、川陕宣抚处置司的运行、兴州地域集团的演变、川陕边防财政运营以及后勤保障五个方面对南宋川陕边防行政运行作了逐一分析。我们获得以下几点认识。

其一，川陕战区是南宋整体防御体系的一个重要组成部分，是南宋实现中兴大业的基地，是保障东南安全的一道坚实的屏障。突出的战略地位决定了南宋朝廷对川陕战区的高度重视。南宋川陕战区的具体军事戍防中，形成兴州、兴元府、金州三大屯驻重心，在军事屯驻重心外，又有关外诸州的护卫，并且以仙人关等关隘为战略据点，其间又有家计寨等防御设施，从而形成一个有机的整体。川陕战区对南宋政权发挥了重要的战略保障作用，是与在川陕战区建立的这一军事戍防体系密不可分的。

其二，宣抚处置司的设置是南宋经略川陕的开始。两宋之际，川陕之地的战略地位凸显；在金兵进攻之下，川陕地区危机四伏，社会秩序处在崩溃的边缘。鉴于北宋以来地方权力削弱的弊端，朝野关于加强地方权力和整合地方力量的呼声此起彼伏。宣抚处置司的设置，就是南宋中央面对危机所作出的积极回应。南宋朝廷因时权变，赋予宣抚处置司"便宜行事"的权力。宣抚处置司的"便宜行事"在强化地方治理的同时，又对中央集权构成威胁，为此中央制定诸多节制之策，最终废除"便宜"之权，罢免张浚。宣抚处置司设置后，与以曲端为代表的地方武将势力发生冲突，经富平之败，地方武将势力遭到打击与分化，一度跋扈难制的地方武将势力问题得到解决。

其三,兴州地域集团的出现是南宋川陕边防行政运行中的一个突出现象。在南宋以兴州为中心的地区,吴氏武将世代统领军队;兴州驻军兵源经历了固定化与本土化的发展趋势;兴州驻军数量与战斗力在川陕战区处于绝对优势;军队长期屯驻于兴州;在兴州,武将与将士、军队与地方民众形成盘根错节式的紧密联系;武将长期知兴州和担任利州西路安抚使,在兴州出现军、政合一的地方行政体制。这些共同决定了在南宋以兴州为中心的地区形成了一个强大的地域势力集团。兴州地域集团的存在与南宋节制武将、削弱地方权力的国策相违背。基于加强中央集权的需要,南宋朝廷采取了诸多措施对兴州地域集团势力予以节制与防范,除吴曦短暂的叛变外,川陕战区始终处在中央的控制之下。

其四,财政运营是川陕边防军政建设的重要组成部分。南宋川陕战区财政管理机构绍兴十五年以前为都转运司,之后一直为四川总领所。四川总领的权限范围较大,但掌管川陕驻军粮饷供应和参与川陕军政事务,是其最重要的职责。四川总领所通过干预军队财政事务,起到分化武将权力的作用,这是南宋中央加强对川陕战区控制的重要措施。在总领所的运行中,总领不时与武将发生冲突,总领所的诸多措施得不到武将的支持,武将往往以粮饷问题挟制总领,总领因与武将不和遭到罢免,这也反映出总领节制武将的艰难。

其五,完善的后勤保障体系是保证川陕战争胜利的关键。为确保充足的物资供应,南宋在川陕战区建立了一整套完备的后勤保障体系,包括军费消耗与筹集、军粮消耗与筹集、军粮籴买与转运、屯田与水利建设、兵器军衣营房战马等保障。南宋多渠道筹集军费军粮等的后勤供给体系,保障了川陕驻军的物资钱粮需求,为川陕边防的巩固发挥了重要作用。另一方面,由于战争的直接影响以及供给驻军钱粮物资,也给当地民众的生产和生活到来极大的破坏和影响,致使南宋关外诸州经济凋敝,汉中之地走向衰落,四川的赋役日趋加重。

进而言之,通过以上的分析,也使我们对南宋在对待祖宗家法和处理中央与地方关系的态度有了更深的理解。

一、祖宗家法：变通与坚守之间

对祖宗家法的重视与强调，是宋朝政治的一大特点。祖宗家法问题，是宋代政治史中诸多事端的纽结所在。学者认为，离开对祖宗家法的深切认识，则难以真正透过表层问题，解开宋代政治史的奥秘；也难以真正把握宋代制度史的精髓①。诸如实行"强干弱枝"、"重内轻外"等均是祖宗家法的重要组成部分。问题在于，世代沿袭的祖宗家法是否在宋朝的政治生活中一成不变？南宋川陕边防行政运行为我们认识这一问题提供了一个典型案例。

南宋川陕边防行政运行，充分体现出南宋朝廷面对形势发展的需要，会不时对祖宗家法予以适当的变革。这在南宋设置宣抚处置司等方面体现得尤为突出。面对金兵的步步南下，自北宋沿袭而来的地方权力削弱、力量分散的弊端暴露无遗，为更好地发挥地方在抗金与安内中的作用，南宋朝廷因时权变，作出了加强地方权力和整合地方力量的举措，将北宋时期的陕西五路与川峡四路整合成一个大的地方行政区，派遣中央大员统一治理，并且赋予其"便宜行事"的权力。原有的地方力量分散、权力薄弱的局面得到改善。这是在新形势下南宋中央对地方行政制度作出的变革，即宣抚处置司的设置。宣抚处置司的设置实际上反映了南宋政府顺势应变的能力，加强中央集权，削弱地方权力的"强干弱枝"的国策为之一变，体现出南宋政府对祖宗家法的变通。但宣抚处置司的"便宜行事"等，又出现地方权力强大之弊，危及中央集权统治。对此，南宋政府废除宣抚处置司的"便宜"之权，将权力收归中央。这又体现出南宋朝廷对祖宗家法的坚守。

宋朝建立伊始，接受唐末和五代武将权力强大的教训，着意实行重文轻武、以文驭武之策，不敢对武将委以全权，授以重兵，而是通过各种制度和办法，削弱将帅的权限。对将帅的防范和猜忌，成了恪守不渝的赵宋家规②。

---

① 邓小南：《试论宋朝的"祖宗之法"：以北宋时期为中心》，载《国学研究》第七卷，北京大学出版社 2000 年版。
② 王曾瑜：《宋朝兵制初探》，第 327 页。

但南宋时期由于川陕战区突出的战略地位,使得中央必须予以武将强大的权力,以便有效地发挥保疆固边的作用,以致在兴州为中心的地区出现了强大的武将势力。宋朝实行文臣知州,而兴州等地却世代由武将知州,在兴州出现军、政合一的统治体制,这又与地方权力分散的祖宗家法不合。也即兴州地域集团的出现,与宋朝一贯实行的节制武将势力、削弱地方权力的祖宗家法相背离,这是南宋朝廷对祖宗家法的变通之处。然,地方势力强大,触及中央集权统治,再次显示出祖宗家法的重要性来。宋廷采取诸如设置宣抚使、制置使节制武将的措施,实际上就是实行"以文驭武"的祖宗家法;通过征调西兵入卫,减少地方兵力,充实中央军事力量,又体现出在兵力分布中"重内轻外"祖宗家法的影响力。地方军权与财权分离,是宋朝一贯的祖宗家法,为节制武将,南宋又设置四川总领所掌管军费,参与军队事务,分化武将的权力。对兴州地域集团的诸多节制,鲜明体现出南宋对"强干弱枝"、"以文驭武"等祖宗家法的坚守。

川陕边防行政运行,形象的展现出南宋朝廷对祖宗家法的变通与坚守。这与学者基于北宋史实得出的结论相一致,即宋代的"祖宗之法"并非至高无上而不可逾越,亦非一成而绝然不变,其内容既时而有所调整补充,也会在一定程度上对以往的成规定法有所背离,但"矫失防弊的原则始终在相对稳定地发生作用"①。

二、中央与地方关系:削弱地方权力与加强边防的困境

中央与地方关系是南宋川陕边防行政运行中贯穿始终的一条主线。中央与地方关系的实质,就是中央与地方之间的权限划分问题,这一问题直接关系到南宋政治上统一局面的实现,同样关乎川陕战区防御功能的发挥。从宣抚处置司的运行、兴州地域集团的演变以及四川总领所的运行中无一不体现出中央与地方互动关系的内容。

在南宋朝廷处理中央与川陕战区的关系时,往往出现削弱地方权力与

---

① 邓小南:《试论宋朝的"祖宗之法":以北宋时期为中心》。

加强边疆防御的两难困境。随着时局的变化,南宋中央在二者之间侧重点不时发生变化。如在宣抚处置司运行中,由于战略防御的需要,宋廷赋予宣抚处置使"便宜行事"的权力,以便临时决断,随机处置,这是加强边疆防御和地方治理的需要。另一方面,宣抚处置使"便宜行事",又出现地方权力强大的局面,随之遭到中央的节制乃至打击,这又直接影响到川陕防御作用的发挥。再如对兴州地域集团的节制中,由兴州、兴元府、金州三大都统制分掌军队,以此削弱兴州的势力,加强中央集权。但又产生权力分散、力量不集中的弊端,直接影响到战争的进程。直到最后又实行四个都统制统兵,致使兵力分散的状况愈演愈烈,边疆防御的功能逐步削弱。再如利州路的分合,从加强中央集权的角度看,将利州东西两路合为一路,由兴元府通掌一路之事,兴州的势力得到制约。但问题在于以兴元府指挥关外诸州的防御,鞭长莫及,防御能力下降。将利州路一分为二,边疆防御的功能得到提升,但同时兴州的地位上升,又影响到中央集权统治。再如从巩固边疆防御的目的看,赋予武将强大的权力,这样可以避免"将从中御"的弊端,但又会出现地方武将势力膨胀的局面。为此,中央设置宣抚使、制置使分化武将的权力,设置总领所掌管军队粮饷供应,稽察军政。权力分属不同机构掌管,实现了中央集权的目的,却造成地方各权力机构之间互相牵制,地方力量得不到统一。川陕边防行政运行中诸如武将与总领的冲突等,决定了战区内部矛盾重重,各机构之间利益争斗不断。战区内部运行的消耗增大,不能集中力量统一对外,防御功能自然下降。

不难看出,南宋朝廷在川陕战区的制度设计中,始终徘徊在是加强边疆防御还是削弱地方权力二者之间。加强边疆防御的前提是赋予地方足够的权力,这却与中央集权统治的主旨相背离。从川陕战区的运行看,拥有强大权力的宣抚处置使遭到罢免,统兵体制从三都统制到四都统制的演变,将利东西两路合为一路等,均体现出南宋在制度设计上实际偏重于加强中央集权,增强边疆防御反而退居其次。

从理论上讲,中央与地方之间应当建立一种相互依存、相互配合的良性互动关系。这种良性互动关系应表现为:在政治统一的基础上,既要保证中央的权威,又要使地方拥有处理所辖区域内事务的自主权。处理中央与地方关系,一是看中央的高度权威是否得到保证;二是看地方的自主权是否得到具体地落实。从南宋川陕战区的行政运行看,地方一度拥有较强的自主性,如宣抚处置司的"便宜行事"、兴州军政合一体制的建立等,但这与南宋为确保中央集权而实行的种种制约措施与机制相比,无疑就显得单薄了许多。既然地方的自主性得不到保证,其职能的有效发挥也就大打折扣。

总括以上两个方面,在川陕边防行政运行中,南宋中央随着形势的变化,实行了一些有别于祖宗家法要求的措施与制度,体现出南宋朝廷的变通性和有别于北宋的新特征;同时,当地方行政运行过于偏离祖宗家法的要求时,又会回到传统的轨道上来,这又表明南宋对北宋政策的延续。南宋川陕边防行政运行中的诸多措施与制度,加强边疆防御的任务固然重要,但确保中央政令在川陕战区的贯彻与执行同样是重中之重。从制度发挥作用的侧重点看,加强中央集权无疑显得更为突出。这表明南宋在地方治理中的具体措施和做法虽然有变化,但加强中央集权的主旨始终没有改变。而这正是南宋川陕边防行政运行中各种错综复杂关系产生的根源所在。

主要参考文献①

一、史料

（元）不著撰人《宋史全文》，影印文渊阁四库全书本。

（宋）蔡戡《定斋集》，丛书集成续编本。

（宋）曹勋《松隐集》，影印文渊阁四库全书本。

（宋）曹彦约《昌谷集》，四库全书珍本初集本。

（宋）晁公遡《嵩山集》，影印文渊阁四库全书本。

（宋）陈傅良《止斋先生文集》，四部丛刊初编本。

（宋）陈亮《陈亮集》，中华书局，1974年。

（宋）陈师道《后山集》，影印文渊阁四库全书本。

陈显远《汉中碑石》，三秦出版社，1996年。

（宋）程珌《洺水集》，影印文渊阁四库全书本。

（宋）程大昌《演繁露续集》，丛书集成新编本。

（宋）程公许《沧洲尘缶编》，四库全书珍本初集本。

（宋）杜大珪《名臣碑传琬琰之集》，影印文渊阁四库全书本。

（宋）杜范《清献集》，影印文渊阁四库全书本。

（宋）度正《性善堂稿》，四库全书珍本初集本。

---

① 本参考文献依编著者姓名音序排列。

(宋)范浚《范香溪先生文集》,四部丛刊续编本。

樊军《〈吴挺碑〉校注》,兰州大学出版社,1993年。

傅增湘《宋代蜀文辑存》,香港龙门书店,1971年。

(宋)高承《事物纪原》,丛书集成新编本。

(宋)郭允蹈《蜀鉴》,巴蜀书社,1985年。

(宋)韩元吉《南涧甲乙稿》,丛书集成新编本。

(明)何乔新《椒邱文集》,影印文渊阁四库全书本。

(宋)洪迈《容斋随笔》,中华书局,2005年。

(宋)洪咨夔《平斋文集》,四部丛刊续编本。

(宋)胡宏《五峰集》,四库全书珍本初集本。

(宋)胡寅《斐然集》,四库全书珍本初集本。

(宋)扈仲荣等《成都文类》,影印文渊阁四库全书本。

(宋)黄榦《勉斋集》,影印文渊阁四库全书本。

(宋)黄公度《知稼翁集》,影印文渊阁四库全书本。

(宋)黄履翁《古今源流至论别集》,影印文渊阁四库全书本。

(明)黄淮、杨士奇《历代名臣奏议》,上海古籍出版社,1989年。

(宋)黄震《黄氏日抄》,影印文渊阁四库全书本。

孔凡礼《范成大佚著辑存》,中华书局,1983年。

(清)厉鹗《宋诗纪事》,上海古籍出版社,1983年。

(宋)李纲《李纲全集》,岳麓书社,2004年。

(宋)黎靖德《朱子语类》,中华书局,1986年。

(宋)李流谦《澹斋集》,影印文渊阁四库全书本。

(清)李清馥《闽中理学渊源考》,影印文渊阁四库全书本。

(宋)李石《方舟集》,四库全书珍本初集本。

(宋)李焘《六朝通鉴博议》,四库全书珍本初集本。

(宋)李焘《续资治通鉴长编》,中华书局,1992年。

(宋)李心传《建炎以来系年要录》,中华书局,1988年。

(宋)李心传《建炎以来朝野杂记》,中华书局,2000年。

（宋）李攸《宋朝事实》，丛书集成新编本。

（宋）林駉《古今源流至论续集》，影印文渊阁四库全书本。

（清）计大受《史林测义》，续修四库全书本。

（宋）刘时举《续宋编年资治通鉴》，影印文渊阁四库全书本。

（宋）刘子翚《屏山集》，影印文渊阁四库全书本。

（唐）柳宗元《柳宗元集》，中华书局，1979年。

（宋）楼钥《攻媿集》，四部丛刊初编本。

（宋）陆游《老学庵笔记》，中华书局，1979年。

（宋）陆游著，钱仲联校注《剑南诗稿校注》，上海古籍出版社，1985年。

栾贵明《四库辑本别集拾遗》，中华书局，1983年。

（宋）罗璧《罗氏识遗》，丛书集成新编本。

（宋）罗大经《鹤林玉露》，中华书局，1983年。

（宋）吕陶《净德集》，影印文渊阁四库全书本。

（元）马端临《文献通考》，浙江古籍出版社，2000年。

（宋）倪朴《倪石陵书》，丛书集成续编本。

（宋）彭龟年《止堂集》，丛书集成新编本。

（清）全祖望撰，朱铸禹汇校集注《全祖望集汇校集注》，上海古籍出版社，2000年。

（宋）邵伯温《邵氏闻见录》，中华书局，1983年。

（明）沈德符《万历野获编补遗》，中华书局，1959年。

（清）沈锡荣《郿县金石遗文》，《石刻史料新编》，台北新文丰出版公司，1986年。

（宋）沈与求《沈忠敏公龟溪集》，四部丛刊续编本。

（宋）史浩《鄮峰真隐漫录》，影印文渊阁四库全书本。

（明）宋濂《元史》，中华书局，1976年。

（元）苏天爵《元文类》，商务印书馆，1936年。

（宋）苏辙《栾城集》，四部丛刊初编本。

（宋）孙觌《鸿庆居士集》，影印文渊阁四库全书本。

(宋)孙应时《烛湖集》,影印文渊阁四库全书本。
(元)脱脱《金史》,中华书局,1975年。
(元)脱脱《宋史》,中华书局,1977年。
(清)王昶《金石萃编》,上海醉六堂石印本。
(宋)王明清《挥麈录》,中华书局上海编辑所,1961年。
(清)王鸣盛《蛾术编》,续修四库全书本。
(宋)王十朋《梅溪先生文集》,四部丛刊初编本。
(宋)王象之《舆地纪胜》,四川大学出版社,2005年。
(宋)王炎《双溪类稿》,影印文渊阁四库全书本。
(宋)汪应辰《文定集》,丛书集成新编本。
(宋)王应麟《困学纪闻》,四部丛刊三编本。
(宋)王应麟《玉海》,江苏古籍出版社、上海书店,1987年。
(宋)汪元量撰,孔凡礼辑校《增订湖山类稿》,中华书局,1984年。
(宋)汪藻《浮溪集》,四部丛刊初编本。
(宋)王质《雪山集》,丛书集成新编本。
(宋)王之道《相山集》,四库全书珍本初集本。
(宋)王之望《汉滨集》,丛书集成续编本。
(宋)卫泾《后乐集》,四库全书珍本初集本。
(宋)魏了翁《鹤山先生大全文集》,四部丛刊初编本。
(宋)文天祥《文天祥全集》,北京市中国书店,1985年。
(宋)文同《丹渊集》,四部丛刊初编本。
(宋)吴泳《鹤林集》,四库全书珍本初集本。
(宋)谢采伯《密斋续笔记》,丛书集成新编本。
(宋)熊克《中兴小纪》,影印文渊阁四库全书本。
许吟雪、许孟青《宋代蜀诗辑存》,四川大学出版社,2000年。
(宋)徐梦莘《三朝北盟会编》,上海古籍出版社,1987年。
(清)徐松《宋会要辑稿》,中华书局,1957年。
(宋)薛季宣《浪语集》,影印文渊阁四库全书本。

（宋）阳枋《字溪集》，影印文渊阁四库全书本。

（宋）杨万里《诚斋集》，四部丛刊初编本。

（宋）叶適《水心先生文集》，四部丛刊初编本。

（宋）佚名《续编两朝纲目备要》，中华书局，1995年。

（清）永瑢《四库全书总目》，中华书局，1965年。

（元）虞集《道园类稿》，元人文集珍本丛刊本，台北新文丰出版公司，1985年。

（元）袁桷《清容居士集》，四部丛刊初编本。

（宋）袁说友《东塘集》，四库全书珍本初集本。

（宋）袁燮《絜斋集》，丛书集成新编本。

（宋）员兴宗《九华集》，四库全书珍本初集本。

（宋）岳珂《桯史》，中华书局，1981年。

（宋）岳珂编，王曾瑜校注《鄂国金佗稡编续编校注》，中华书局，1989年。

（宋）张端义《贵耳集》，中华书局上海编辑所，1958年。

（宋）张纲《华阳集》，四部丛刊三编本。

（宋）张嵲《紫微集》，丛书集成续编本。

（宋）章如愚《群书考索》，书目文献出版社，1992年。

（宋）张栻《南轩集》，影印文渊阁四库全书本。

（宋）张守《毗陵集》，丛书集成新编本。

张维《陇右金石录》，兰州古籍书店，1990年。

（宋）张孝祥《于湖居士文集》，四部丛刊初编本。

张宗泰《鲁岩所学集》，《近代中国史料丛刊》续编，文海出版社，1998年。

（宋）赵鼎《忠正德文集》，乾坤正气集本。

（宋）赵彦卫《云麓漫钞》，中华书局，1996年。

（宋）真德秀《西山先生真文忠公文集》，四部丛刊初编本。

（宋）郑刚中《北山集》，影印文渊阁四库全书本。

(宋)周必大《文忠集》,影印文渊阁四库全书本。
(宋)周密《齐东野语》,中华书局,1983年。
(宋)周南《山房集》,涵芬楼秘笈本。
(宋)朱黼《永嘉朱先生三国六朝五代纪年总辨》,四库全书存目丛书本。
(宋)祝穆撰,祝洙增订《方舆胜览》,中华书局,2003年。
(宋)朱松《韦斋集》,四部丛刊续编本。
(宋)朱熹《朱熹集》,四川教育出版社,1996年。
(清)朱彝尊《曝书亭集》,影印文渊阁四库全书本。
(宋)庄绰《鸡肋编》,中华书局,1983年。
(宋)宗泽《宗忠简公集》,丛书集成新编本。

二、研究专著

蔡东洲、胡宁《安丙研究》,巴蜀书社,2004年。
陈峰《北宋武将群体与相关问题研究》,中华书局,2004年。
陈世松《余玠传》,重庆出版社,1982年。
陈世松《蒙古定蜀史稿》,四川省社会科学院出版社,1985年。
陈世松、匡裕彻、朱清泽、李鹏贵《宋元战争史》,四川省社会科学院出版社,1988年。
龚延明《宋代官职辞典》,中华书局,1997年。
官性根《宋代成都府政研究》,巴蜀书社,2010年。
何冠环《北宋武将研究》,香港中华书局,2003年。
何忠礼、徐吉军《南宋史稿》,杭州大学出版社,1999年。
胡昭曦《宋蒙(元)关系史》,四川大学出版社,1992年。
黄宽重《南宋史研究集》,台北新文丰出版公司,1985年。
黄宽重《宋史丛论》,台北新文丰出版公司,1993年。
黄宽重《南宋军政与文献探索》,台北新文丰出版公司,1990年。
黄宽重《南宋地方武力:地方军与民间自卫武力的探讨》,台北东大图书股份有限公司,2002年。

贾大泉《宋代四川经济述论》,四川省社会科学院出版社,1985年。

蓝勇《四川古代交通路线史》,西南师范大学出版社,1989年

李昌宪《宋代安抚使考》,齐鲁书社,1997年。

李天鸣《宋元战史》,台北食货出版社,1988年。

李之亮《宋川陕大郡守臣易替考》,巴蜀书社,2001年。

林天蔚《宋代史事质疑》,台北商务印书馆,1987年。

林文勋《宋代四川商品经济史研究》,云南大学出版社,1994年。

刘子健《两宋史研究汇编》,台北联经出版事业公司,1987年。

罗文《宋代中央集权制度下之四川》,台北"中国文化大学",1983年。

马强《汉水上游与蜀道历史地理研究》,四川人民出版社,2004年。

陕西军事历史地理概述编写组《陕西军事历史地理概述》,陕西人民出版社,1985年。

沈起炜《宋金战争史略》,湖北人民出版社,1958年。

孙继民《俄藏黑水城所出〈宋西北边境军政文书〉整理与研究》,中华书局,2009年。

王曾瑜《宋朝兵制初探》,中华书局,1983年。

王智勇《南宋吴氏家族的兴亡——宋代武将家族个案研究》,巴蜀书社,1995年。

吴松弟《北方移民与南宋社会变迁》,台北文津出版社,1993年。

杨倩描《吴家将——吴玠吴璘吴挺吴曦合传》,河北大学出版社,1996年。

曾瑞龙《北宋种氏将门之形成》,香港中华书局,2010年。

政协甘肃省庄浪县第四届委员会《吴玠吴璘研究资料选编》,甘肃人民出版社,1997年。

周振鹤《中国文化通志·地方行政制度志》,上海人民出版社,1998年。

(美)韩森著,包伟民译《变迁之神:南宋时期的民间信仰》,浙江人民出版社,1999年。

（美）柯文著,林同奇译《在中国发现历史——中国中心观在美国的兴起》（增订本）,中华书局,2002年。

三、研究论文

包伟民《"地方政治史"研究杂想》,《国际社会科学杂志》（中文版）2009年第3期。

蔡哲修《张浚与川陕的经营（1129—1133）——"南宋偏安局面的形成"研究之二》,《大陆杂志》第99卷第1期。

陈璋《论南宋初年四川都转运使》,《大陆杂志》第41卷第5期。

陈家秀《吴氏武将势力的成长与发展》,《台北师专学报》第11期,1984年。

陈家秀《吴氏武将对四川之统治及南宋的对策》,《台北师专学报》第12期,1985年。

陈君静《近三十年来美国的中国地方史研究》,《史学史研究》2002年第1期。

陈世松《南宋四川历任制置使》,《西南师范学院学报》1982年第3期。

邓小南《试论宋朝的"祖宗之法"：以北宋时期为中心》,《国学研究》第7卷,北京大学出版社,2000年。

邓小南《走向"活"的制度史——以宋代官僚政治制度史研究为例的点滴思考》,包伟民主编《宋代制度史研究百年（1900—2000）》,商务印书馆,2004年。

杜文玉《宋代马政研究》,《中国史研究》1990年第2期。

范立舟《论南宋立国后的战略构想与军事部署》,范立舟主编《历史文献与传统文化》第9集,南方出版社,2002年。

方健《再论张浚——兼答阎邦本同志》,岳飞研究会编《岳飞研究》第4辑,中华书局,1996年。

冯永林《宋代的茶马贸易》,《中国史研究》1986年第2期。

傅璇琮、孔凡礼《陆游与王炎的汉中交游》,《杭州师范学院学报》1995

年第 5 期。

傅璇琮、孔凡礼《陆游南郑从军诗失传探密——兼论南宋抗金大将王炎的悲剧命运》,《文学遗产》2001 年第 4 期。

葛绍欧《北宋对四川的经营》,宋史座谈会编《宋史研究集》第 16 辑,台北"国立编译馆",1986 年。

关文发《试论南宋时期四川的战略地位》,《西南师范学院学报》1982 年第 1 期。

韩茂莉《宋代川峡地区农业生产述论》,《中国史研究》1992 年第 4 期。

胡宁《论赵开总领四川财赋》,《西华师范大学学报》2004 年第 3 期。

胡海建《也论曲端——全祖望〈鲒埼亭集·曲端论〉读后》,《广西民族学院学报》2002 年第 6 期。

胡昭曦《宋代蜀学的转移与衰落》,胡昭曦《胡昭曦宋史论集》,西南师范大学出版社,1998 年。

黄宽重《海峡两岸宋史研究动向》,《历史研究》1993 年第 3 期。

黄盛璋《川陕交通的历史发展》,《地理学报》1957 年第 11 期。

华山《南宋初年的宋金陕西之战》,《历史教学》1955 年第 6 期。

贾大泉《宋代四川地区的茶叶和茶政》,《历史研究》1980 年第 4 期。

贾大泉《宋代四川与吐蕃等族的茶马贸易》,《西藏研究》1982 年第 1 期。

贾大泉《井盐与宋代四川的政治和经济》,《西南师范学院学报》1983 年第 3 期。

贾大泉《宋代四川的酒政》,《社会科学研究》1983 年第 4 期。

贾大泉《宋代四川的农村商品生产》,《西南师范学院学报》1985 年第 1 期。

贾大泉《宋代四川城市经济的发展》,《四川大学学报》1986 年第 2 期。

金宝祥《南宋马政考》,《文史杂志》第 1 卷第 9 期,1941 年。

孔凡礼《都堂一纸诏　千载恨悠悠——王炎治边业绩及其悲剧结局叙略》,《文史知识》1995 年第 11 期。

雷震《南宋时期汉中的屯田与水利》,《汉中师范学院学报》1999年第2期。

雷家圣《南宋高宗收兵权与总领所的设置》,《逢甲人文社会学报》2008年第16期。

雷家圣《南宋四川总领所地位的演变——以总领所与宣抚司、制置司的关系为中心》,《台湾师大历史学报》2009年第41期。

李蔚《吴玠吴璘抗金事迹述评》,《兰州大学学报》1963年第2期。

李蔚《略论曲端》,《兰州大学学报》1981年第1期。

李昌宪《宋代四川帅司路考述》,《文史》第44辑,中华书局,1998年。

李贵录《"曲端冤狱"与南宋初年的陕西陷失》,《南开学报》2002年第6期。

李清凌《南宋秦陇军民的抗金斗争》,《历史教学与研究》,1985年。

李裕民《折氏家族研究》,《陕西师范大学学报》1998年第2期。

李裕民《宋江余党二次造反考——史斌与宋江史事新探》,《陕西师范大学学报》2001年第3期。

李之亮《关于宋代郡守的几个问题》,王水照、何寄澎、李伟国主编《新宋学》第2辑,上海辞书出版社,2003年。

李之勤《天水麦积山石窟的题记、碑刻与宋金利州路、凤翔路间的分界线》,《中国历史地理论丛》1997年第1期。

李中锋《宋代利州路政区沿革考述》,四川大学古籍整理研究所、四川大学宋代文化研究中心编《宋代文化研究》第11辑,线装书局,2002年。

梁天锡《张浚执政兼宣抚处置使考》,宋史座谈会编《宋史研究集》第26辑,台北"国立编译馆",1997年。

梁中效《宋代汉水上游的水利建设和经济发展》,《中国历史地理论丛》1995年第2期。

梁中效《汉中安康在南宋时期的战略地位》,《汉中师范学院学报》1996年第1期。

梁中效《南宋东西交通大动脉——"马纲"驿路初探》,《成都大学学报》

1996年第1期。

梁中效《宋代蜀道城市与区域经济述论》,《西南师范大学学报》2004年第5期。

林瑞翰《宋代边郡之马市及马之纲运》,宋史座谈会编《宋史研究集》第11辑,台北"国立编译馆",1979年。

林天蔚《南宋时强干弱枝政策是否动摇?——四川特殊化之分析》,香港大学《东方文化》第18卷第1、2期,1980年。

林文勋《北宋四川特殊化政策考析》,云南大学历史系编《纪念李埏教授从事学术活动五十周年史学论文集》,云南大学出版社,1992年。

刘敏《安丙述评》,《中国文化论坛》2001年第1期。

柳定生《张浚与虞允文》,《文史杂志》第2卷第4期,1942年。

刘复生《宋代"广马"以及相关问题》,《中国史研究》1995年第3期。

苗书梅《宋代知州及其职能》,《史学月刊》1998年第6期。

穆朝庆《论南宋科举中的"类省试"》,《中州学刊》1987年第6期。

宁可《宋代重文轻武风气的形成》,《学林漫录》三集,中华书局,1981年。

史继刚《南宋高宗朝的川陕军粮问题》,《西南师范大学学报》1999年第2期。

史继刚《宋代屯田、营田问题新探》,《中国社会经济史研究》1999年第2期。

史继刚《试论宋代军队的军服保障问题》,《青海师范大学学报》2002年第3期。

史念海《秦岭巴山间在历史上的军事活动及其战地》,《河山集》四集,陕西师范大学出版社,1991年。

史念海《论我国历史上东西对立的局面和南北对立的局面》,《中国历史地理论丛》1992年第1期。

史念海《汉中历史地理》,《河山集》六集,山西人民出版社,1997年。

孙国栋《唐宋之际社会门第之消融——唐宋之际社会转变研究之一》,

孙国栋《唐宋史论丛》，上海古籍出版社，2010年。

孙继民《关于黑水城所出一件宋代军事文书的考释》，孙继民《唐代瀚海军文书研究》，甘肃文化出版社，2002年。

唐云梅《安丙及其家庭成员考略》，《中国历史文物》2002年第6期。

王德忠《张浚新论》，《东北师大学报》1992年第3期。

王晓燕《南宋前期的四川财政及其管理》，四川联合大学历史系1998年硕士论文。

王曾瑜《宋金富平之战》，《中州学刊》1983年第1期。

王曾瑜《和尚原和仙人关之战述评》，《西南师范学院学报》1983年第2期。

王曾瑜《南宋对金第二次战争的重要战役述评》，北京大学中国中古史研究中心编《纪念陈寅恪先生诞辰百年学术论文集》，北京大学出版社，1989年。

王曾瑜《宋代宣抚使等的属官体制》，《文史》第22辑，中华书局，1984年。

王智勇《论吴曦之变》，四川联合大学古籍整理研究所、四川联合大学宋代文化研究资料中心编《宋代文化研究》第5辑，巴蜀书社，1995年。

王智勇《吴氏世将与南宋政治》，《中国史研究》1996年第4期。

王智勇《论曲端》，四川大学古籍整理研究所、四川大学宋代文化研究中心编《宋代文化研究》第8辑，巴蜀书社，1999年。

王智勇《论宋、金德顺之战》，《四川大学学报》2003年第4期。

魏天安《南宋川陕买马制度》，何忠礼主编《南宋史及南宋都城临安研究》上，人民出版社，2009年。

吴泰《南宋初宋金陕西"富平之战"述论》，《西南师范学院学报》1983年第3期。

吴擎华《试论宋代四川经济特殊性》，《中华文化论坛》2004年第1期。

邢义田《从"如故事"和"便宜行事"看汉代行政中的经常与权变》，邢义田《秦汉史论稿》，台北东大图书公司，1987年。

熊梅《南宋利州路分合考论》,《历史地理》第 22 辑,上海人民出版社,2007 年。

徐规《南宋绍兴十年前后"内外大军"人数考》,《杭州大学学报》1978 年第 3 期。

阎邦本《对〈张浚事迹述评〉的几点商榷》,《四川师范学院学报》1989 年第 2 期。

阎邦本《对〈张浚事迹述评〉的几点商榷之二》,《四川师范学院学报》1992 年第 5 期。

阎邦本《读〈再论张浚:答阎邦本同志〉》,《四川师范学院学报》1998 年第 1 期。

杨德泉《张浚事迹述评》,邓广铭、郦家驹等主编《宋史研究论文集》,河南人民出版社,1984 年。

杨建勇《宋代川秦市马及其纲运》,四川联合大学历史系 1998 年硕士论文。

杨倩描《赵开酒法述评》,《河北大学学报》1986 年第 3 期。

杨倩描《吴玠吴璘家族考》,《河北学刊》1990 年第 2 期。

杨倩描《"吴曦之乱"析论》,《浙江学刊》1990 年第 5 期。

杨倩描《南宋郭氏军事集团述论》,《山西大学学报》1991 年第 1 期。

杨师群《也评赵开酒法——与杨倩描同志商榷》,《河北大学学报》1989 年第 1 期。

姚从吾《余玠评传》,宋史座谈会编《宋史研究集》第 4 辑,台北"国立编译馆",1969 年。

游自勇《墨诏、墨敕与唐五代的政务运行》,《历史研究》2005 年第 5 期。

余蔚、任海平《北宋川峡四路的政治特殊性分析》,《历史地理》第 17 辑,上海人民出版社,2001 年。

余蔚《论南宋宣抚使和制置使制度》,《中华文史论丛》2007 年第 1 辑。

张邦炜《吴曦叛宋原因何在》,《天府新论》1992 年第 5 期。

张邦炜、陈盈洁《范成大治蜀述论》,《四川师范大学学报》2004 年第

5 期。

张希清《南宋科举类省试述论》,邓广铭、王云海等主编《宋史研究论文集》,河南大学出版社,1993 年。

张政烺《宋四川安抚制置副使知重庆府彭大雅事辑》,张政烺《张政烺文史论集》,中华书局,2004 年。

赵俪生《靖康、建炎间各种民间武装势力性质的分析》,《文史哲》1956 年第 11 期。

朱家源、王曾瑜《宋朝的和籴粮草》,《文史》第 24 辑,中华书局,1985 年。

朱瑞熙《论南宋中期四川的重要官员安丙》,朱瑞熙、王曾瑜、蔡东洲主编《宋史研究论文集》第 11 辑,巴蜀书社,2006 年。

祝尚书《论南宋的四川"类省试"》,《四川师范大学学报》2003 年第 5 期。

(韩)裴淑姬《南宋四川类省试及其授官、考官的特点》,何忠礼主编《南宋史及南宋都城临安研究》下,人民出版社,2009 年。

(日)内藤湖南《概括的唐宋时代观》,刘俊文主编,黄约瑟译《日本学者研究中国史论著选译》第一卷,中华书局,1992 年。

(日)伊原弘《南宋總領所の任用官——"開禧用兵"前後の四川を中心に》,磯部武雄编《多贺秋五郎博士古稀记念论文集》,东京不昧堂,1983 年。

(比)魏希德撰,刘成国、李梅编译《美国宋史研究的新趋向:地方宗教与政治文化》,《中国史研究动态》2011 年第 3 期。

后　　记

　　呈献给读者的这本小书是在我博士学位论文的基础上修改完成的。若从选题算起,这篇关于南宋川陕边防行政运行体制的论文写了将近九年的时间。期间经历的辛酸甘苦,历历在目:确定选题的彷徨、抄录资料的辛劳、调整思路的困顿、等待论文外审的焦虑、答辩后的轻松、论文被学术期刊录用的喜悦……不过,在论文即将出版之际,心中最想表达的除了感谢,还是感谢!

　　2003年秋天,我离开求学七年的兰州,有幸考取四川大学历史文化学院刘复生老师的博士生。自入学之日起,刘老师就为我初步确定了选题范围,直到最后确定现在的论文题目,使我摆脱了入校初的迷惘状态。清楚地记得,在绿荫环绕的绿阳村,我们师兄弟几人围坐在刘老师身旁,亲聆教诲。在每周星期三固定一次的交流学习中,渐渐地,自己的思路日趋清晰,慢慢领略到学术研究的乐趣,似有窥见学术门径之感。在三年的学习中,就论文切入角度的选择、结构安排,直到最后修改、定稿,刘老师给予了悉心的指导,使得论文得以顺利完成。三年的博生研究生学习,置身四川大学浓厚的学术氛围,亲受恩师耐心教泽,使我获益良多。博士毕业以来,刘老师依然关心学子的学习、生活与工作,每每取得一点成绩向刘老师汇报时,总能得到刘老师的肯定和热情鼓励。殷殷之情,永铭我心。若说本书在学术研究中能有值得肯定的地方,首先应归功于刘老师的教导。师恩难忘,在此向刘老师致以衷心的感谢!

论文写就后,曾呈请首都师范大学李华瑞先生、河南大学程民生先生、西北大学陈峰先生、北京师范大学游彪先生、陕西师范大学韩小忙先生评审。诸位先生除肯定论文的成绩外,还提出许多修改意见和建议。尤其是李华瑞先生和陈峰先生,在之后几次全国宋史研究会的年会上,提醒我要扩大学术视野,不能限于论文题目中的"川陕"而谈论"川陕"等,对我教益良多。在论文答辩会上,胡昭曦先生、张邦炜先生、蔡崇榜先生、舒大刚先生、杨耀坤先生同样提出许多宝贵的意见。张邦炜先生早年求学兰州,所以有更多的接触,多次聆听先生论学,如沐春风。诸位先生的教诲为我毕业以来修改论文和进一步钻研指明了方向,在此谨向诸位老师深表感谢!

西北师范大学是我的母校。自1996年读本科、研究生,留校任教,一直到现在,我在师大已经度过了近十五年的时间。师大春日香气四溢的丁香花,树荫下的琅琅书声,图书馆里埋头苦读的身影,已经成为我生活的一部分。感谢师大对我多年的培养,有幸成为师大的一员,在此继续教学、研习。李清凌先生是我的硕士生导师,这些年来一直给予我生活、工作、学习中许多帮助与鼓励,并始终关注论文的写作,提出了许多很好的建议,令我受益匪浅。先生之为人、治学,均是我的学习的楷模。西北师大文史学院院长田澍先生,自我留校工作以来,给予学习和工作上诸多关心,教我进步,促我成长。侯丕勋先生在论文提纲设计与修改中也提出了很多建议。李并成先生是历史地理研究的专家,每次就论文中有关历史地理等问题向先生请教,总能得到耐心细致的解答。西北师大历史系是一个温暖的集体,在平日的学习与工作中,与诸位老师相处,其乐融融。南京师范大学刘进宝先生是敦煌学研究的专家,向先生请教问学,扩大视野,关爱有加。谨向他们表示感谢!

多年来,我一直得到宋史学界师友的诸多帮助。每次参加全国宋史研究会年会,总能结识更多的朋友,得到师友的指教。2010年8月底我有幸受邀参加在台湾召开的"挑战与回应:九至十四世纪中国史的演变与理解"国际学术研讨会,这是一次难得的问学机缘。会议上热烈的学术讨论,受益匪浅;我宣读的论文得到邓小南、黄宽重、柳立言、戴建国等宋史学界前辈的评议和指导,惠我良多。在此向诸位师友说声谢谢!

与杭州社科院"南宋史研究中心"的合作这已经是第三次了。2006年，四川大学历史文化学院粟品孝老师承担杭州社科院"南宋史研究丛书"《南宋军事史》的撰写，承粟老师关爱，我参与其中一章内容的撰写，此书已由上海古籍出版社出版。2009年，中国社会科学杂志社与"南宋史研究中心"联合编辑《国际社会科学杂志》（中文版）"文明史中的南宋"专号，笔者的习作通过评审并予以刊发。此次我的博士论文能作为"南宋史研究博士文库"出版，要特别感谢南宋史研究中心主任何忠礼先生。2010年8月在武汉大学召开的宋史研讨会期间，我向何先生表达有意出版博士论文的愿望，何先生愉快答应，并称必须通过匿名专家的评审。2011年1月，我收到南宋史研究中心转来的"专家审阅意见书"，从逻辑推敲、用词不切、提法欠妥、时间有误、错字漏字等，审阅意见密密麻麻地整整写了两页。对匿名专家的仔细审阅与严谨的治学态度感佩之至，也对自己研学功力不精和写作中的粗心汗颜不已。现在出版的论文系大量吸收了评审专家的意见修改而成。在这里，我向尚不知姓名的评审专家深表由衷的敬意和真诚的感谢！

还要感谢多年来与我切磋论学的好友。三年博士求学期间，与师兄韦兵同处一室，在平时的交流中启发良多。学友方燕、官性根、杨建宏、马强、杨怀源、黄小彤、王化平、申红义、黄达远、杨同军、杜正乾、秦炳坤等在学习中多有帮助。在论文资料搜集过程中，好友韩毅、周保明、魏丹、刘小平、铁爱花、杨惠玲、李福泉、尚季芳、郑峰、赵明仁、陶新华、朱奎泽、赵炳林等给予诸多帮助。台湾雷家圣学兄还赠送日本学者的研究论文，减少了往返各地查阅资料中的奔波之苦。还要提到的是魏峰学兄，七年师大的同窗共读，每逢把酒畅叙，好不快意。而此次论文的出版，更是有劳魏峰兄。能与诸位同道好友切磋交流，乃人生幸事也！

感谢我的父母！父母的爱和宽容是我不断前行的动力，使我能一直在学习与工作中坚定信心，继续努力。感谢我的妻子潘春辉，论文的写作与修改一直有她的支持与帮助。小女何苗的出生，使我的人生变得更加丰富，愿她快乐成长。

这是我的第一本学术著作，尽管显得很稚嫩，还存在诸多不尽完善的地方,但对我而言却有着别样的意义,这是自己这些年来学习和生活的一个小结。想来自己关于南宋川陕地区的研究已经坚持了这么多年,南宋川陕的过去陪伴我走过了这么多年。每每拿起一幅地图,目光不由得转向此处:

兴州、金州、兴元府……

汉中、川北、陇南……

和尚原、大散岭、仙人关……

一个个熟悉得不能再熟悉的名字,依稀如梦来……

何玉红

2011 年 11 月 22 日

再版后记

时间过得真快！

我的博士学位论文《南宋川陕边防行政运行体制研究》2012年由上海古籍出版社出版，已经有10年的时间过去了。回想起2006年夏季在四川大学文科楼参加论文答辩的情形，依旧历历，好像就在昨日。

自论文出版以来，得到了学界师友的关注。2013年，王艺洁和刁培俊教授在《宋史研究论丛》发表书评《困局中的博弈：追索南宋川陕边防行政运行体制之历史实像》，肯定和鼓励有加，其中关于"阅读疑惑和增益空间"的内容，无疑更有价值，启发着新的思考。在2014年杭州举行的"10—13世纪中国国家与社会"国际学术研讨会暨中国宋史研究会第16届年会上，拙作荣幸获得第八届邓广铭学术奖励基金二等奖，深受鼓舞。在近些年有关南宋军事史等研究中，拙作不时被学界同仁征引。无论是对其中一些观点的赞同，还是提出进一步深化的问题，看到拙作以注脚或旁证的形式出现在宋史先进们的新成果中，是我作为一名研究者最感欣慰的。

拙作是自己学术之路的起点，我自然格外珍爱。当然一直沉浸在一个议题中，好处是材料熟悉，容易从不同角度生发出新文章。但囿于其中，只知其一，有着诸多不足。大致到2015年，我感觉很难再在这一领域有所推进，就有了寻找新课题的急切心情。力求走出博士论文，现在还在摸索之中。但无论如何走，不管走到哪里，每当在研究中产生疑虑或遇到障碍时，只要想起当年在刘复生老师指导下苦读研学的情形，心中就又充满了力量。

拙作参够有机会再版,要再次感谢杭州市社会科学院南宋史研究中心的大力支持,好友魏峰兄于其间费心操持,上海古籍出版社陈丽娟老师用心编辑,使得再版工作在较短时间内顺利完成。博士生杨耀斌和殷荣辉与我一起逐一校对史料,对书中不少文字、史料的错讹等做了更正和修改。在此向他们致以真诚的感谢!

何玉红
2023 年 3 月 18 日于西北师范大学

图书在版编目（CIP）数据

南宋川陕边防行政运行体制研究／何玉红著．—上海：上海古籍出版社，2023.5
（南宋及南宋都城临安研究系列丛书·博士文库）
ISBN 978-7-5732-0679-4

Ⅰ.①南… Ⅱ.①何… Ⅲ.①边防—行政管理体制—研究—四川—南宋②边防—行政管理体制—研究—陕西—南宋 Ⅳ.①D691.2

中国国家版本馆 CIP 数据核字（2023）第 057463 号

南宋及南宋都城临安研究系列丛书·博士文库
南宋川陕边防行政运行体制研究　　何玉红　著

责任编辑	陈丽娟
出版发行	上海古籍出版社
	地址：上海市闵行区号景路159弄1—5号A座5F　邮编：201101
	（1）网址：www.guji.com.cn
	（2）E-mail：gujil@guji.com.cn
	（3）易文网网址：www.ewen.co
印　刷	上海颛辉印刷厂有限公司
开　本	787×1092 毫米　1/16
印　张	23.5
字　数	300 千
版印次	2023 年 5 月第 1 版　2023 年 5 月第 1 次印刷
书　号	ISBN 978-7-5732-0679-4/K·3363
定　价	118.00 元

版权所有　翻印必究　印装差错　负责调换